本册目録

光緒三年二月初一日至光緒五年三月二十九日
（1877年3月15日—1879年4月20日）

桃花聖解盦日記癸集第二集

桃花聖解盦日記己集第二集

光緒三年二月初一日至七月二十一日(1877年3月15日—1877年8月29日)

光緒三年丁丑二月丁亥朔　晴和。作書致繆小山，借《北齊書》一帙。作書致孺初。作書致紱丈。作片致敦夫。夢漁來。趙心泉來。得雲門二十七日保定書。得小山復、紱丈復。仲彝來。晚邀夢漁、孺初、敦夫、小山、弢夫、仲彝飲豐樓，余招秋菱、霞芬，夜半後歸。

初二日戊子　春社日。晴和，午後有大風。是日以社日花朝，本欲約弢夫、仲彝出游南下窪、陶然亭及龍樹、龍泉諸寺，以應踏青挑菜故事。弢夫早已入城，午又忽有大風，塵沙可畏，乃改計東行。遍訪歌園，皆以輟樂，遂詣牧莊久談。傍晚牧莊邀同敦夫、仲彝飲豐樓，余招秋菱、霞芬、琴香，夜分後歸。

初三日己丑　晴。剃頭。

初四日庚寅　晨至午晴，下午多陰。譚硯孫來。同縣新舉人沈維善來。眘録近日所作碑帖跋尾。

漢敦煌太守裴岑紀功碑跋永和二年

光緒游桃之歲涂月，同年孫叔蕃吏部持此本過余，屬爲審定。余未得所謂翻本及西安翻刻本參證之，無由臆決。惟據此本而言，則『除西域之』下明是『疢』字，非『灰』字；『立海祠』明是

『海』字，非『德』字。其碑本在巴爾庫爾即巴里坤。淖爾之旁，淖爾，譯言海，即《漢書》所謂蒲類海也。立海祠者，如《漢志》所載，益州滇池有黑水祠，上郡膚施有原水祠，此類甚著。若作德祠，則無義矣。叔蕃頗疑覃谿言作『疢』、作『海』者爲翻本。余嘗謂古物惟其適情，收藏惟其自憙耳。此本字體雄渾，古色蒼然，亦非翻刻所能，不必刻舟求劍。

漢析里郙閣頌跋 建寧三年

此亦申如塡補刻本。洪文惠《隸釋》所闕字如『溢』下爲『滔』、『川』上爲『瞰』，皆尚隱隱可辨。『育』下爲『孑』，則不可識矣。如塡所補者，雖描摹字畫，意在逼真，而散弱無結構，視原本之渾逸，相判天淵。其造語亦淺拙，明是以意爲之。或疑其別得舊搨，不知以文惠之好古，在南宋時尚不得見，況如塡乎？惟此實是補刻，非重刻，陳子文辨之，是也。析里西狹摩崖至今完好，而此遭竄亂，甚可惋恨。明人之妄，往往如是。

劉宋寧州刺史㸑龍顏碑跋 大明二年

碑在雲南曲靖府陸涼州之東南二十里貞元堡。道光初，阮文達總督雲貴，始於荒阜上得之，因覆以亭，爲之題識。今聞其亭已毀，碑亦仆矣。『㸑』即『爨』字，六朝俗體之一。碑云：君諱龍顏，字仕德，建寧同樂人。子文銘德於《春秋》，斑朗紹縱於季葉。斑彪删定《漢記》，斑固述脩《道訓》。爰暨漢末，菜邑於㸑，因氏焉。廼祖肅，魏尚書僕射、河南尹，遷運庸蜀，流薄南入，樹安九世，百葉雲興，瑛豪繼體，於兹而美。祖晉寧、建寧二郡太守，龍驤將軍，寧州刺史。考龍驤輔國將軍，疑郡監軍，晉寧、建寧二郡太守，追謚寧州刺史、邛都縣侯。君承尚書之玄孫，監軍之令子也。本州禮命，三辟別駕從事史，舉義熙十年秀才，除郎中。相國西鎮，遷南蠻府行參軍，除試守建寧太守，本州司馬、長史，除散騎侍郎。進無休容，退無愠色。忠誠簡於帝心，芳風宣於天邑。除龍驤將軍，試守晉寧太守，襲封邛都縣侯，遷護鎮蠻校尉、寧州刺史。享年六十一歲，在丙戌十二月上旬薨，追贈中軍。故吏建寧趙疑之、巴郡杜萇子等刊石樹碑，褒尚烋烈。長子驎弘，早終；次弟驎紹，次弟驎暄，次弟驎崇。嗣孫碩子、碩思、碩疑、碩羅、碩疑、碩疑、碩萬、碩疑、碩俗。大明二年，歲在戊戌，九月上旬壬子，府主簿益州杜萇子文、建寧爨道慶作。

文共八百四字，此其大略也。漫滅者數十字。書體方勁，在楷、隸之間。碑額二十四字，曰『宋故龍驤將軍護鎮蠻校尉寧州刺史邛都縣侯爨使君之碑』。據阮賜卿《文選樓詩》注，言碑額爲篆文，此仍是楷書，蓋阮誤耳。又有碑陰，此本失之。寧州即今雲南，晉寧即今雲南府，建寧即今曲靖府，同樂即曲靖之南寧縣及陸凉州。爨氏不知所自始，氏姓諸書，皆不詳其族望。《戰國策》二十二有魏將爨襄，則得姓甚早。此云其先出於斑氏，蓋不可信，然亦足備一說。謂斑出於鬬斑，與《漢書・敘傳》同。班本俗字，此從古作斑者，是也。其曰祖肅，魏尚書僕射、河南尹。考林寶《元和姓纂》云：後漢河南尹爨肅，見謝承《後漢書》。是肅由漢入魏者，即此人也。

玩此碑文，似肅之後人流轉庸蜀，始籍南土。龍顔三世，皆官建寧、晉寧二郡太守，寧州刺史。雖出於朝命，已同蕃酋世襲之例。當時羈縻荒遠，若武都楊氏等類，皆如此。《蜀志》稱建寧大姓交阯刺史爨深，《華陽國志》稱昌寧大姓領軍爨習。蓋爨氏自漢、蜀迄宋、齊，枝葉遍於南州，世爲州長，梁以後遂據其地，名之曰爨蠻。至唐又有東爨、西爨之分。《新唐書》言西爨至隋開皇時爨瓚之子翫襲位入朝，文帝誅之，諸子没爲奴。唐高祖復以其子弘達爲刺史，奉父喪歸，爨氏遂微。然考鄭回所撰《南詔德化碑》，載天寶末有南寧州都督爨歸王、昆州刺史爨日進、黎州刺史爨祺、求州爨守懿、螺山大鬼主爨彦昌、南寧州大鬼主爨崇道等，陷殺越巂都督竹靈倩，攻破安寧。是西爨雖微，而東爨尚甚盛也。自天寶以後，地入蒙氏，遂不可考，爨氏亦無有表見者矣。碑文贍暢，其後系以頌，曰『巍巍靈山』至『千載垂功』，凡四言二十八句，文亦馴雅。以後文句錯出，頗不可讀。有『祖已薨背，考志存銘記。良願不遂，奄然早終。嗣孫碩子等』及『故記之』等語，似其長子卒後，嗣孫碩子等始立此碑，故於頌後附記其事。考龍顔以宋文帝元嘉二十三年丙戌卒，而碑於孝武大明二年戊戌立，相去十二年，自爲後立無疑也。劉宋石刻，惟此一事，不獨爲滇南第二古物也。

後魏咸陽太守劉玉墓志銘跋 孝昌三年

劉玉，史無可考，志稱其爲弘農胡城人。考魏避顯祖諱，改弘農郡爲恒農郡，屬雍州，後屬秦州，此即漢之弘農郡也。眉批：顯祖諱弘，高祖諱宏，父子兩世名皆同音，故余此跋，於『弘』字皆不易作『宏』，恐相溷也。又分置西恒農郡，領恒農一縣，即漢之弘農縣也。明帝孝昌中置西恒農、陳留二郡，此并二郡名爲一郡，當時僑置以居流人，故有此名，實止一郡也。領恒農、胡城、南頓三縣，屬潁州。其地在今安徽潁州府竟，胡城在今阜陽縣竟，古之胡子國也。魏時荆州亦有恒農郡及東恒農郡。恒農當在今河南南陽府竟，東恒農當在今陝西興安府、湖北鄖陽府之竟。又潁州亦有東恒農郡，其地亦當在今安徽竟内。東魏孝静帝興和中又於汲郡立義州，置恒農郡，在今衛輝府汲縣地。凡七恒農郡，皆不作『弘』。此志直作『弘農』，不避魏諱。孝昌三年，歲在丁未，而云丙午，皆似可疑。其志文先曰遠祖司徒寬之苗，而後敘其從李陵出討匈奴，同没於邊。考劉寬爲漢靈帝時司徒，計去陵降匈奴，已二百六十餘年。此文自是當時不識古今者所爲。觀其首云：厥初基胄，與日月同開。其語甚誕，不足責也。玉之曾祖名初万頭，祖名可洛侯，皆夷狄之名。魏人有車路頭、叱列頭、費也頭等名，北狄種類有烏洛侯部。是玉之姓劉，亦衛辰、庫仁之比。故初万頭授爲阿渾地汗，蓋亦匈奴之別一小部落。其父名獨略之，又不載玉之行事官閥，但云假咸陽太守，蓋不過以部類羈縻之。其中頗有不可解語，而字有八分遺意。匈奴作凶奴，勳迹作薰迹，雖諧聲不異，而古未見有通用者。亞作亞，獨爲近古。茅土作矛土，是省文。暎讀平聲，叶入庚部，寘叶入真部，皆古音之廑存。官作官，則俗字矣。

後魏比丘法生爲文帝及北海王母子造像銘跋 景明四年

此亦龍門造像之一，在宣武帝景明四年。北海王詳，獻文帝子，其母則高太妃也。時詳方以太傅、司徒録尚書事，至明年正始元年五月即被廢死，然則奉佛之報安在哉？銘文甚清雅，爲造像中所廑見。字尤渾厚古逸，得鍾太傅遺法。其首云：『夫抗音投澗，美惡必朗；振服依河，長短交目。斯乃德音道俗，水鏡古今。』其『抗音』之『音』，乃『景』字之借；『德音』之『音』，乃『蔭』字之借。兩字皆借用也。下云：『傲逢孝文皇帝，專心於寶，又遇北海母子，崇信於二京。』『寶』上當脱一『三』字，方與下『二京』相對。又云：『思樹芥子，庶幾須彌。』亦佳語也。

魏驃騎大將軍定州刺史尚書令李憲墓志銘跋 元象元年

憲，《魏書》《北史》皆附其祖順傳。史稱順趙郡平棘人，而志作趙國柏仁人。考《漢志》，平棘屬常山郡，柏人屬趙國；《晉志》平棘、柏人俱屬趙國；《魏・地形志》則平棘屬趙郡，柏人屬南趙郡。柏人，今順德府之唐山縣。平棘，今趙州之南竟，與唐山接壤，故可通稱。其作柏仁者，據《元和郡縣志》，謂後魏改人爲仁。蓋『人』『仁』字本通。今《地形志》仍作人，此當從碑者也。其曰大父太尉宣公，即順也。史稱順追贈太尉公、高平王，謚曰宣王。此作宣公者，當時以三公爲重，不以王爵爲貴。其曰考安南使君，史稱憲父式，官平東將軍、西兖州刺史、濮陽侯。考魏晉及南北朝，將軍有四征、四鎮、四安、四平之差。《魏・官氏志》：四安第二品下，四平從第二品上。式以非罪被誅，史不言其後有褒贈，據此則當是追贈安南將軍，可補史闕。其曰『初在庚寅，遭家多難』云云，即指式兄弟被誅事。惟事在顯祖皇興四年，歲在庚戌，此作庚寅，偶然筆誤。其曰『有客汲□□，勇義忘身』云云，指當時藏匿憲事，汲是此客之姓。考《魏書・節義傳》云：『汲固，東郡梁城人』，『爲兖州從事。刺史李氏坐事被收，吏民皆送之河上。時式子憲生始滿月，式大言於衆曰：「程嬰、杵臼，何如人也？」固曰：「今古豈殊。」遂潛還不顧，『徑來入城，於式婦閨抱憲歸藏』，『事尋泄，固乃携憲逃遁，遇赦始歸。』憲『長育至十餘歲，恒呼固夫婦爲郎、婆』。憲傳止言式兄敷之子伯和走竄被執，伯和之子孝祖年小藏免，而憲事略之。其曰祕書内小者，即祕書中散，蓋當時之俗稱。餘敘内外歷官，皆與史同。惟出爲趙郡内史，本傳作趙郡太守。考獻文帝子趙郡靈王幹，累世襲封，漢晉以後，凡郡爲王國者，太守皆稱内史。魏收《地形志序》云：『内史及相，仍代相沿。魏自明、莊，寇難紛糺，攻伐既廣，啓土逾衆，王公錫社，一地累封，不可備舉，故總以爲郡。』是《魏書》之概作『太守』者，乃從便文。此作『内史』爲是。又出爲趙郡時，加建威將軍，及由趙郡徵爲大將軍長史、吏部郎中，以憂去；又徵爲太子中庶子、尚書左丞，固辭不起：皆爲史所不載。憲以明帝孝昌二年鎮壽陽，爲梁兵所敗，以城降。旋求還國，既至，下廷尉。三年秋，憲女婿安樂王鑒據相州反，靈太后以鑒心懷劫脅，遂賜憲死。此志亦敘淪陷之事，而云吴人雅挹風概，義而還之，乃盤水氂纓，自拘司敗，雖蘖異人生，而禍從地起，知與不知，莫不銜涕，不言鑒反之事，以爲之諱。所載贈官，悉與史同，惟不言出於孝武永熙中耳。長子希遠爲州主簿，史亦略之。又子長鈞，字孝友，開府參軍。史不載長鈞之字，又稱其興和中爲梁州驃騎府長史。興和在元象之後，蓋其後所歷官也。志先出長子希遠，次出子長鈞，其下曰第二子希宗、第三子希仁、第四子騫、第五子希禮，蓋長鈞是庶長子，故不列行次。史稱憲壽陽之戰，遣長鈞將兵，又稱其爲希遠兄，斷可識矣。史又於希禮下别出一行云：『希遠庶長兄劍，興和中梁州驃騎府長史。』此志既無劍名，而時地與官又皆與長鈞同，蓋史之誤文，實即一人也。志稱其夫人河間邢氏，州主簿肅之女；希遠妻廣平宋氏，吏部尚書弁之女；長鈞妻河南元氏，司空公孟和之女；希宗妻博陵崔氏，儀同三司楷之子；希仁妻博陵崔氏，儀同三司孝芬之女；騫妻及希禮妻皆范陽盧氏。又憲五女，長長輝，適博陵司徒静穆公崔秉之子龍驤將軍、營州刺史、安平男仲哲；次仲儀，適勃海侍御史高□之子冀州司馬□；次叔婉，適博陵廷尉卿逸之子兖州刺史、漁陽縣開國男巨；次季嬪，適尚書左僕射安樂武康王元銓史作詮。之子司空公、安樂王鑒；次稚媛，適滎陽青州刺史鄭瓊之子驃騎將軍、左光禄大夫道邕：皆史所例不能詳。古人若北齊盧懷仁著《中表實録》二十卷，見《北齊書·盧潛傳》。南齊有《永元中表簿》六卷，梁有《大同四年中表簿》三卷，俱見《舊唐書·經籍志》。近儒全謝山嘗輯《歷朝人物親表録》。蓋衣冠門地，世爲婚姻，亦别流品者所不可不知，故詳著之，以資采摭。又以見婿婦之父牽連入志，古有斯例，非元、明人所創，不得動以韓、歐法繩之。志文極華贍，銘亦典雅，近年出土之石最有關系者。通體完善，其漫滅者僅十三字，可貴也。憲葬於静帝元象元年，故此碑或以東魏目之。

東魏比丘洪寶造像銘跋天平二年

此銘字亦頗似鍾太傅，旁爲方格，無一漫患。其文有曰：『務聖寺檀主張法壽於熙平二年捨宅造寺，息榮遷、脩和、行慈、仁孝刊石建像。』檀主即檀越，熙平爲孝明帝年號，榮遷等蓋其四子之名。其起語云『霝真玄郭』，『霝』即『靈』字，『郭』即『廓』字。『廓』本俗字，依《説文》當作『霩』。

東魏輔國將軍齊州刺史高湛墓志銘跋元象二年

湛與齊神武同族同時，又與神武之子武成同名，而史籍泯然，采同姓名者，亦未之及。志敘湛終於家，而静帝詔有『臨難殉軀，奄從非命』之文。殉軀，與捐軀異，此謂其守南荆州時忘身徇國，遂以勞死也。錢竹汀惜碑不著其死於何人之手，王述庵辨正之，王説是也。清人作清公，以指高克，不知何據。其云慕申、穆之遺風者，謂申公、穆生；云追牧、馬之逸藻者，牧是枚字之誤，謂枚皋、司馬相如也。

又跋

阮文達謂孝静詔中字而不名，尊之，是制詔異例。案自後漢迄南北朝人，往往以字行，當時公私稱謂，率多不别。故《北齊書・斛律金傳》，顯祖『詔金第二子豐樂爲武衛大將軍』。豐樂名羨，自有傳，而詔亦稱其字，非尊之也。范書、陳志往往稱人字，後人譏爲非史法，不知當日紀載固如此也。觀唐時若房玄齡、高季輔、温彦博、程知節、秦叔寶、尉遲敬德，多以字行，是唐初風俗尚如此。

東魏太保太尉公劉懿墓志銘跋興和二年

此即劉貴也，死於東魏時，而爲高齊功臣，配享神武廟。惟《魏書》《齊書》《北史》皆作劉貴，不書其字，而此稱名懿，字貴珍。蓋貴本傾亂武夫，目不知書，或嫌懿字繁重，而以字之首一字行耳。史稱貴爲秀容陽曲人，而此作弘農華陰人，系籍迴别。考秀容爲今山西之忻州，陽曲即今太原府陽曲縣。此縣治已屢易，今縣非復昔縣，惟縣竟總不相越耳。《魏書·地形志》秀容郡所領無陽曲，而陽曲隸永安郡。其隸秀容，不知何時，史亦無可考。又弘農亦不避魏諱，或疑此志當作於齊時。志明書貴以興和二年正月葬，斷無後始埋銘之理，且其銘末書子婦爲大丞相高王之女，則非齊時明甚，此皆可疑者也。其曰祖給事、父肆州，皆不書其名。史稱貴父乾贈肆州刺史，其祖名則不可考。文云德潤於身，則給事亦是贈官耳。其載貴歷官，皆與本傳同。云大將軍騎兵參軍者，大將軍即爾朱榮，傳作爾朱榮府騎兵參軍。志不出榮名，蓋有所諱。傳言貴爲榮所任遇，又爲爾朱世隆抗莊帝行臺元顯恭，及神武起義，始叛從神武，故志文一概略之。第一酋長爲史所失書。當時有領兵酋長、治民酋長，分第一、第二、第三之差，魏、齊功臣，多兼此官，見於《魏書》高湖、爾朱榮等傳及《北齊書·神武紀》、斛律金等傳。又《趙郡王琛傳》言領六州九酋長大都督，蓋酋長領降附諸部落，故多以雄豪武人爲之。《隋志》：流内比視官，第一領人酋長，從第三品。貴所兼者即此也。其除直閣將軍、左中郎將、散騎常侍、鎮西將軍、驃騎將軍、驃騎大將軍，皆爲史所略；卒之年月及所載贈官，悉與史合。史言其謚忠武，志獨闕之。志稱其葬於肆盧鄉孝義里。考肆州本治秀容，肆盧舊爲郡，太平真君中入於秀容，爲屬縣，其地即在今忻州西。而《地形志》於秀容下注曰：有肆盧城。蓋即貴所葬之肆盧鄉。凡大中正、中正皆取本州之人，貴爲肆州大中正，卒又葬肆盧，則史稱爲秀容陽曲人者固確。而此碑題額稱貴兼郟、肆二州大中正，郟即『陝』之俗，非河南郟縣之郟。此郟自古未立州名。《地形志》：陝州領恒農郡。此漢之弘農郡。而華陰縣自東漢以來皆屬弘農，元魏雖屬華山郡，而地望不隔，故可通稱。或貴占籍兩州，因以傳、志互異也。志稱貴妻常山王之孫、尚書左僕射元生之女。考魏昭成帝孫遵封常山王，至遵孫陪斤，坐事國除。陪斤弟忠，官右僕射。忠子暉，官左僕射。陪斤子昭，贈左僕射。又遵五世孫文遥晞之子。北齊左僕射。此外無爲僕射，亦無名生者，蓋亦是贈官，史偶佚其名耳。其稱長子元孫、嗣子洪徽，皆與史同。元孫官至撫軍將軍、將軍、銀青光禄大夫、都督肆州刺史，而史止云員外郎、肆州中正。洪徽官散騎常侍、千牛備身，而史云齊武平末假儀同三司、奏門下事。又洪徽外尚有次子肆州主簿徽彦、少子徽祖二人。元孫娶司徒公元恭之女，洪徽娶神武第三女，皆足以裨史闕。其文整齊完美，蓋出其時能手若温、邢之徒。貴寵位甚盛，而文止列敘官爵，絶無事實，惟『入後，君自解巾入仕，撫劍從戎』至『降年不永，奄從晨露』，以虚辭美其行能，亦不過十數語。又其贈官位極公師，而止稱之曰君，此非後世所及者也。北碑多俗繆字，此獨無有，惟『莊』『壯』皆作『庄』耳。

又跋

此碑道光時出，完好無一闕泐，惟名字、郡縣與史不同，故好古之士，争寶是碑，而無人知爲即劉貴者。余按其官階而得之，爲之大快。錢、王不作，讀史益稀，片石韓陵，與誰共語？其郡縣之異，前跋已詳之；其名之異，前跋謂是武夫所爲，此語非無稽也。高齊時如斛律金不識『金』字，指屋角爲之；庫狄干署名作『干』字，逆上畫之，時人謂之穿錐；又有武將王周者，署名先爲『吉』，而後成其外。足證貴不稱懿而稱貴者，蓋亦嫌署名『懿』字不便故也。後人不可因史而疑碑，亦不可據碑而疑史。自非善讀書人，不必講此事也。

東魏勃海太守王偃墓志銘跋 武定元年

此志光緒元年三月始出於山東陵縣東門外之劉家莊，有碑額篆書陽文曰『魏故勃此字左泐，當是『勃』字。海□王君墓銘。』文曰：『君諱偃，字槃虎，太原晉陽人。祖芬，安復侯、駙馬都尉、相國府參軍、給事中、太子虎賁中郎將、江夏王司馬帶盱眙太守。父五龍，右衛將軍、兗冀二州刺史、新淦縣開國侯。偃由奉朝請遷給事中、右衛將軍、光禄勳、廬陵勃海二郡太守。武定元年閏月卒，案是年閏正月。年七十五，葬於臨齊城東六里。」偃三世通顯，而《魏》《齊》諸史，皆無可考。此志文辭份雅，北碑中所廑見。字尤古秀，極有篆隸法，首尾無一剥蝕，近日出土之石以此爲最。志中如『狄』作『狘』，『盱眙』作『⿰阝于⿰阝台』，『淦』作『塗』，皆訛變字。『蓋』作『⿰巾盍』，『老』作『⿺乚先』，是魏世行用俗字。其云『化潭禽篳』，『潭』即『覃』；『篳』即『蓽』，用《詩・行葦》爲公劉恩及草木，三家舊說也。銘辭有曰：『如彼瓍⿰王侯，聲價遠聞。』『隨侯』作『瓍⿰王侯』，因其爲珠而偏旁皆加『玉』，此古人隨事制字之遺意。如齊有丁公，而《說文》引作『玎』，以謚爲作主之用，而天子諸侯用玉石作主也。近歲山西新出之《盂鼎銘》，『文王』『武王』作『玟』『珷』，皆其例矣。

北齊定國寺碑銘跋天保八年

定州定國寺碑文，駢體，凡一千九百五十四字。銘辭四言，凡八十八句。碑文言：定州朱山有禪師僧樹，於此創寺，廿有餘年，趙郡王高叡更造塔鑄像。考叡爲神武弟趙郡王琛之子，《北齊書》本傳言叡以天保二年出爲定州刺史，加撫軍將軍、六州大都督。三年，加儀同三司。碑稱使持節都督定幽安平東燕滄瀛諸軍事、撫軍將軍、儀同三司、定州刺史、六州大都督，皆與史合。又曰：□此字漫滅，蓋是『下』字。車迄今，初歷七祀。考本傳言：七年，改滄州刺史。八年，除北朔州刺史。此碑作於八年，而稱其尚在定州，似當以碑爲正也。碑文極頌叡之善政。案：高齊文襄、文宣、武成兄弟窮凶極暴，犬彘不爲，而諸王則多賢者。叡與神武子彭城王浟、任城王湝，文襄子廣寧王孝珩、蘭陵王長恭，皆一時之雋。叡、浟咸稱良牧，而叡尤賢。此碑悉力鋪張，當非溢美。碑末自云無愧之辭，蓋不虛也。文極博麗高縟，運事警切，徵用内典甚夥，銘亦佳語絡繹。《北史·祖珽傳》云：并州定國寺新成，『神武謂陳元康、温子昇曰：「昔作芒山寺碑文，時稱妙絶。今定國寺碑，當使誰作詞也？」元康因薦珽才學』，『乃給筆札，二日内成，其文甚麗』。可知當時隆重佛事，琳宫紺宇，侈耀鴻文。此碑亦必邢、魏、陽、祖諸人所爲，惜寓齋無書，各家文集又佚，無可考耳。書法嚴重，亦歐、虞之先聲。

碑於道光時出土，吴荷屋中丞《筠清館》已著録。惟玩碑文，前述朱山之勝，後曰定州定國寺禪師僧樹身重戒珠云云，其後乃述叡之行事德政，以及崇信佛法，而曰：因以其寺，名粤□□。宣尼論至道之時，乃有斯稱；軒轅念天師之教，且符今旨。『粤』即『曰』字，下二字漫滅，當是寺名。下又曰：寺去州城餘二百里。疑朱山不在定州，而僧樹本爲定州定國寺僧，愛此山閑曠，因結禪室。叡始爲之置田立寺名。其字雖不可辯，決非『定國』二字。且以『宣尼』四語文意推之，亦非定國之義。故荷屋題爲《高叡修佛寺碑》，不云《定國寺碑》也。碑在今靈壽縣。翁覃谿《復初齋集》有跋，題作《北齊祁林山寺碑》，云黄小松始拓得之。地僻多虎，不可再拓。

北齊雲門寺法懃禪師銘跋 大寧二年

文稱：禪師，俗姓張氏，河東伊氏縣人，年六十九臈，大寧二年歲在壬午，正月五日薨於雲門寺，奉殯龍巖。考武成以大寧二年四月改元河清，此在正月，故猶稱大寧。『臈』不知何字，疑即『臘』也。僧死稱薨，亦爲創見。魏、齊、隋、唐，崇奉緇流，往往有此僭妄，形於文字，宋以後則無之矣。其文甚雅鍊，亦續《弘明集》者所當亟采。八分書勢兼篆籀，尤飛動可觀。北齊石刻分書，此爲僅有。石新出土，首尾完好，行字間方格井然。其字『鉅鹿』作『鉅鏕』，『移』作『袳』，『邪』作

『耶』，『朽』作『杇』，皆當時俗字。『測』作『惻』，是通假字。『泗』作『四』，文有曰：『悽雲雨四，悲木啼吟。』『悽雲雨四』者，謂雲興而雨如涕泗也。考『四』字，古尺積畫作『亖』，今《説文》以『亖』爲籀文，『𦉼』爲古文，『四』爲篆文，或有以『𦉼』爲即鼻，『泗』字象形者。此作『四』，亦可證古有是説也。『代』作『伐』，則誤筆矣。

隋鳳泉寺舍利塔銘仁壽元年

文云：仁壽元年，歲次辛酉十月十五日乙丑，皇帝謹於岐州岐山縣鳳泉寺奉安舍利，敬造靈塔。願太祖武元皇帝、武明皇太后云云。是隋文所自爲者也。末有『舍利塔下銘』五字，文字精絶，無一筆率爾跳行空格，規制謹嚴，自是當日廷臣奉詔所爲，非同草野緇徒隨意刻石，故超出於諸塔銘數等，極可愛玩。

初五日辛卯　日澹風輕，春光甚麗，晡時微陰。是日温暖，可試綿衣。作書致颬民，託其代買花樹。牧莊來。禔盦來。族姪厚齋書來，薦僕人，且贈墨四笏。

李申耆《歷代地理韵編今釋》用力甚勤，頗稱完密。今日偶取閲之，蓋不無漏舛。如西城下失注北魏縣荆州東恒農郡，以《魏書・地形志》於此『城』字誤作『域』，李氏遂於入聲十三職中別出西域一縣，不知魏收於此縣下明注：二漢屬漢中，晉屬魏興。則其爲西城無疑，且亦萬無以西域名縣之理。惟不知此即西城，遂并東恒農亦迷其處，以爲今河南南陽府内鄉縣地，不知在今陝西興安府、湖北鄖陽府接壤之竟也。地理之學，紛如亂絲，誠理董爲難矣。又今直隸之定州，始於北魏道武帝天興三年，由安州改，歷齊、周、隋初皆因之，而李氏以爲始於唐，亦誤。

大凡著述不能無誤，以閻百詩之博學强識，自誇爲不漏不誤，錢竹汀猶笑之，況它人乎？然著書以地理及金石爲尤難。如宋人王象之《輿地碑目》，余嘗隨手翻得一葉，其江陰軍下云：崇聖院銅鐘銘，唐太子弘冀所置。案：此乃南唐元宗之太子，後主之兄，謚爲文獻者，王氏蓋誤認爲高宗之太子弘，故列於開元、天寶之上，不知高宗太子是單名弘，此在江陰，必南唐所置者也。又近人劉寶楠《漢石例》一書，亦爲精覈，余亦嘗偶一翻之。其二千石稱碑例中列竹邑侯相張壽碑，不知竹邑是縣名。漢晉之制，縣爲侯國者，其令長亦稱相。張壽乃縣長，非郡國守相秩二千石也。此皆史學之最淺者，失之眉睫，愈見其難。

夜二更後密雨，至五更止。郊原當遍沾足矣，此真甘澤也。畿輔窮甚，得此黨少蘇乎！是日曾祖妣忌日，以貧甚，明日并祭。

初六日壬辰　薄晴，多風，晡後陰。戌初二刻十三分春分，二月中。祀先。陳培之送來碩卿歲暮廣州書。山陰新舉人壽慶慈來。颬民來。是日感寒，又昧爽時疾動，日間以供饋稍勞，過午始食。傍晚風益勁，遂覺熱發，小極。

閱杭大宗《三國志補注》。所采大半自《世説注》《水經注》《太平御覽》及漢、晉諸書，其中如《三少帝紀》諫議大夫孔晏乂上疏云云，據第十六卷注，稱孔乂字元儁，證此處『晏』字爲衍文，以與何晏疏連綴，下又統言晏乂而誤。此類頗有糾正，其它曼衍爲多。《四庫提要》歷摘其疏處，然尚有未盡者。如《明帝紀》行五銖錢一條，《補注》引杜氏《通典》載司馬芝議云云。不知此明載《晉書·食貨志》，乃舍之而引《通典》，是不尋其源也。《賈詡傳》以詡爲太尉一條，《補注》引《太平御覽》稱《齊職儀》曰：黄初二年，詔灾害『勿貶三公』，遂爲永制』，不知此明載《文帝紀》中，是複出本書也。其書通題《道古堂外集》，總編卷數，校刻粗疏，誤字甚多。

夜有小偷入聽事，竊坐褥及帽架去。終夕大風，復寒。
邸鈔：沈葆楨奏特參庸劣不職各員：安徽銅陵縣知縣邢士銘，湖北，監生。江西豐城縣知縣項珂，錢唐，附貢。江蘇候補知縣關樞、陸爾發、余秉籛，兩淮候補鹽大使錢福熙，江蘇上海縣縣丞周恭先，山陰，監生。均請即行革職；江蘇松江府知府楊永杰，湖北，軍功。身體軟弱，辦事模棱，請以通判選用；安徽候補直隸州知州趙元善，請以州判選用；江蘇江都縣知縣譚祖慶，南豐，監生。請以縣丞選用；安徽候補同知直隸州知州胡志章、兩淮候補鹽知事陳大年，均請勒令休致。從之。

初七日癸巳　晨及上午澹晴，午後陰，終日大風，甚寒。身熱漸退，多卧閱書。得紱丈書，即復。得星丈書，饋蘇州蝦子醬二十包，即復，報以自製饅頭一盤。夜晴。

邸鈔：編修楊霽乙丑探花，漢軍人。授江蘇松江府知府。

初八日甲午　晨至午晴，下午微陰。閱《北齊書》。得弢夫書，即復。夜陰。

初九日乙未　晨及上午澹晴，午陰，下午薄晴，晡後陰曀，有風。閱《北齊書》。仲彝來。孫鏡江來。

邸鈔：孚郡王奕譓薨。宣宗第九子也。詔：朕叔親王銜孚郡王，秉性和平，持躬端謹，自幼仰承皇祖宣宗成皇帝慈愛。皇考文宗顯皇帝誼篤友于，封爲郡王，令在上書房讀書。穆宗毅皇帝踐祚之初，令在内廷行走，並管理武英殿樂部事務。同治十一年，奉兩宫皇太后懿旨，賞加親王銜。朕御極後，派令管理正藍旗漢軍都統事務，均能恪恭將事，倍著勤勞。前因患病，賞假調理，復派人看視，方冀漸次就痊，長承寵眷，遽聞薨逝，震悼實深。著賞給陀羅經被，派惠郡王奕詳即日帶領侍衛十員代朕前往奠醊，並派總管内務府大臣茂林辦理喪事。一切事宜，官爲經理。加恩照親王例賜恤。謚曰敬。

安徽按察使謝膺禧奏病難速痊，請開缺調理。許之。以安廬滁和道王思沂歸安，癸丑。爲安徽按察使。以通政司副使鍾濂爲光禄寺卿。以翰林院侍講學士文治爲詹事府少詹事。

初十日丙申　晨至午晴，下午陰曀，有風。

《北齊書·邢劭傳》『除衛將軍、國子祭酒，以親老還鄉』，『丁母憂，哀毁過禮』，其下曰『後楊愔與魏收及劭請置學。及修立明堂，奏曰』云云，至『靈太后令曰：「配饗大禮，爲國之本。比以戎馬在郊，未遑修繕。今四表晏寧，當敕有司，别議經始」』，此一段文字，近儒錢竹汀氏考正，以爲《李崇傳》中事，誤入於此。李百藥此傳已亡，後人以《北史》補入，而《北史·劭傳》與《崇傳》連，不知何時錯雜耳。案：錢説甚精。崇此奏，明載《魏書》本傳，『靈太后令曰』云云，文亦悉同。《北史·劭傳》，魏收作『魏元叉』，又載『靈太后令』，以後復有『除中書監』至『遷尚書令，加侍中』一段，則《北齊書》所無。此皆崇之官。《劭傳》此奏在孝武太昌之後，安得尚有靈太后？蓋取《北史》補《北齊書》者，覺其時不應有元叉，乃將『元叉』二字改作『收』，而忘『靈太后』三字；又覺其官與後文敘劭之官不合，故又去此數行。惟《北史》載其奏，自『二爨兩學，盛自虞、殷』起，故其上止稱請置學奏。此書則自『世室明堂，顯於周夏』起，與《崇傳》所奏悉同，又似反據《魏書》增入。且《崇傳》此奏是崇一人所上，並不連元叉等名，此皆不可解者。總之，以此書《劭傳》言之，自『哀毁過禮』以下，當云『後累遷太常卿、中書監、攝國子祭酒』云云，以至『授特進，卒』，則劭之本末也。而自『楊愔與魏收』句起，直至『别議經始』句，悉當削去。至劭之嘗被疏出，及卒於何時，皆未詳載。據《魏收傳》稱，收於温子昇、邢劭稍爲後進，劭既被疏出，子昇以罪幽死，收遂大被任用。《許惇傳》稱同郡邢劭爲中書監，德望甚高。惇與劭競中正，遂憑附宋欽道，出劭爲刺史。此傳所不可闕者也。

《北齊書·儒林傳》序甚佳，其敘述學術源流，時俗興廢，言詳指簡，不可不讀。其《文苑傳》序亦甚詳。高齊累世，淫凶酷暴，所不忍言，而其待民頗寬，又知重儒愛士，縻以好爵，一時橫經揮翰之流，類能引置講帷，擢居文館，其隱退者亦得雍容弦誦，優養林泉。故兩傳中人物亦頗可觀，所當憎而知其善也。

邸鈔：詔：孚郡王福晉加恩賞給郡王半俸，以資養贍。詔：協辦大學士、吏部尚書載齡補内大臣。左都御史全慶補正藍旗漢軍都統。前兖沂曹濟道成允補安徽安廬滁和道。

十一日丁酉　終日霒陰，寒甚。得雲門保定書。作片致繆小山，還所借《三國志補注》等書。小山來，久談。楊雪漁自杭州來。夜雪。

十二日戊戌　晨及上午晴，午陰，下午晴陰相間，終日多風，甚寒。得陳訏堂師正月二十六日書，言已於去冬十月丁母憂。同縣新舉人周慶蕃來。

十三日己亥　晴寒。剃頭。黄同年福楙來，不見。仲彝來。夜梅卿邀同夢漁、敦夫、蕚庭、仲彝飲豐樓，余招秋蓤、霞芬，二更時歸。月皎如晝。

十四日庚子　終日薄晴。得弢夫書，約明日福壽堂觀劇，即復。夜閲《北魏書》。

邸鈔：命左都御史全慶、刑部左侍郎袁保恒、左副都御史童華、通政司副使夏家鎬爲直省舉人覆試閲卷大臣。

十五日辛丑　陰。弢夫來，偕仲彝同至福壽堂觀劇，晚飲豐樓，弢夫更邀牧莊、梅卿，余招秋蓤、霞芬，二鼓後歸。夜有溦雨，五更月出。

邸鈔：兩宮皇太后懿旨：穆宗毅皇帝龍馭上賓，倏經三載，本年三月即届釋服之期。歲月如流，彌深悽愴。我朝定制，皇帝於釋服後一切慶典均應次第舉行。惟現在梓宫尚未奉安，且皇帝尚在冲齡，有未能親行之處，除朝賀大典均仍照常舉行外，所有年終勤政殿賞蒙古王公茶飯，中正殿看跳步扎克、賞剌麻茶，正月間紫光閣筵宴蒙古王公、外國使臣，均著暫緩舉行。

十六日壬寅　晴。得星丈書，即復。偕仲彝、梅卿手談。颷民來。蓴庭來。終日無謂相對，不得讀書，甚可惜也。補栽紅杏一樹，紫丁香一樹，深紅欒枝一樹，榆葉梅兩樹。近日典質俱窮，廚烟不繼，厚禄故人，書問都絶。而買花貰酒，風味不忘，當使後人想其憒憒耳。

閲《北魏書》。東漢以後，舉士者大率孝廉、秀才兩途。孝廉猶唐之明經，秀才猶唐之進士。故孝策經學，秀策文藝。世尚漸偏，以文爲重。至南北朝，遂積重秀才。《魏書・邢巒傳》：『有司奏策秀、孝，詔曰：「秀孝殊問，經權異策。邢巒才清，可令策秀。」』《北齊書・李廣傳》：廣求舉秀才，州郡以廣經儒，慮其不嫻文辭，難之。《劉晝傳》：晝舉秀才，對策不中，自恨無文藻，乃專意爲文。《文選》所載南齊王融永明九年、永明十一年策秀才文，梁任昉天監三年策秀才文，皆務尚華藻。《北齊・文苑傳》所載樊遜秀才對策，文極贍麗。沿至隋時，杜正倫一家三秀才，甚爲當時稱美。至於唐世，遂無人應舉，而進士始爲極選矣。

今人稱善鑽營者曰『尖頭子』，其來甚久。《魏書・郭祚傳》：祚子景尚，『善事權寵，世號之曰「郭尖」』。又《李崇傳》：崇子世哲，『性傾巧，善事人』，『世號爲「李錐」』。足見俗語皆有所本。

邸鈔：上諭：前因給事中王書瑞奏浙江覆訊民人葛品連身死一案，意存瞻徇，特派胡瑞瀾提訊。嗣據該侍郎仍照原擬具奏，經刑部以情節岐異議駁。旋據都察院奏，浙江紳士汪樹屏等聯名呈控，降旨提交刑部審訊。經刑部提集人證，調取葛品連屍棺驗明，實係因病身死，並非服毒，當將相驗不實之知縣劉錫彤革審。並據御史王昕奏，承審大員任意瞻徇，復諭令刑部徹底根究。兹據該部審明定擬具奏，此案已革餘杭縣知縣劉錫彤因誤認屍毒，刑逼葛畢氏、楊乃武妄供因奸謀斃葛品連，枉坐重罪，荒謬已極，著照所擬，從重發往黑龍江效力贖罪，不准收贖。前杭州府知府陳魯，於所屬知縣相驗錯誤，豪無覺察，並不究明確情，率行具詳，實屬玩視人命；寧波府知府邊葆誠，嘉興縣知縣羅子森，候補知縣顧德恒、龔世潼承審此案，未能詳細訊究，草率定案；候補知縣鄭錫滜，經巡撫派令密查案情，含混稟覆；均著照所擬革職。巡撫楊昌濬據詳具題，既不能查出冤情，迨京控覆審，又不能據實平反，且於奉旨交胡瑞瀾提訊後，復以問官並無嚴刑逼供等詞，嘵嘵置辨，意存迴護，尤屬非是。侍郎胡瑞瀾於特旨交審要案，所訊情節既與原題不符，未能究詰根由，詳加覆驗，率行奏結，殊屬大負委任。楊昌濬、胡瑞瀾均著即行革職。餘著照所擬完結。人命重案，罪名出入攸關，全在承審各員盡心研鞫，期無枉縱。此次葛品連身死一案，該巡撫等訊辦不實，始終回護，幾至二命慘罹重辟，殊出情理之外。嗣後各直省督撫等務當督飭屬員，悉心研究，不得稍涉輕率，用副朝廷明慎用刑至意。

十七日癸卯　晴。終日閱《魏書》。弢夫來夜談。

邸鈔：以署禮部左侍郎、候補侍郎郭嵩燾爲兵部左侍郎，未到任以前，仍以左副都御史童華署理。以吏部右侍郎徐桐兼署禮部左侍郎。以江寧布政使梅啓照南昌人，壬子庶吉士。爲浙江巡撫。

十八日甲辰　陰曀，大風，下午風少止，薄晴。作書致弢夫。添栽紫荆一樹。牧莊來。弢夫來。子蓴來。晚偕牧莊同車詣豐樓赴弢夫之招，坐有楊定旉及孫仲容兄弟，夜二更歸。復偕子蓴、梅卿戲擲采籌，至四鼓散。山陰新舉人薛葆元來。

邸鈔：以湖北布政使孫衣言調補江寧布政使，即赴新任，毋庸來京請訓。以前福建布政使潘霨爲湖北布政使。詔：梅啓照即赴浙江巡撫新任，毋庸來京請訓，未到任以前，著布政使衛榮光暫行護理。以通政使司通政使志和爲内閣學士，兼禮部侍郎銜。

十九日乙巳　晴暖，有風。得星丈書。張香濤來。得伯寅書，饋銀二十兩，即復謝，犒使六千。陶心雲、孫子宜自越計偕入都來寓，卸車即移居大通旅店，偕仲彝、梅卿步往看之。潘伯循來。再得伯寅書，饋松花卵二十枚，雨前茶四瓶，即復謝。晚詣豐樓，邀牧莊、子蒓、定夷、弢夫及孫仲容兄弟夜飲，余招秋蔆、霞芬，二鼓後歸。三得伯寅書。僕人岑福自杭來，復乞自效，姑留之。是日付買花錢二十一千。得王氏妹書，子宜附來者。付秋蔆、霞芬車飯錢八千，豐樓下賞三千，車錢二千。

邸鈔：以體仁閣大學士寶鋆爲武英殿大學士。英桂授體仁閣大學士。

二十日丙午　晴暖。始去裘。祖考及張節孝忌日。孺初來。張瓞民來，言即日歸南皮，爲子娶婦。此人窮老無一技，見者無不厭之。余以其喜談節義，憐而與之周旋，乃屢來聒擾，不自知其陋劣，意殊厭倦矣。今日贈以京錢十千，建麯四匣，芽茶兩瓶，此後勿復爲煩也！雲門來，贈銀四兩。孫仲容來。仲彝來。陶心雲、孫子宜來。夜邀雲門、心雲、子宜、梅卿飲豐樓，并招秋蔆、霞芬，二更時歸。付秋蔆、霞芬錢四千，豐樓下賞三千，車錢二千。

邸鈔：給事中景隆授浙江湖州府知府。

二十一日丁未　晴。得伯寅書，即復。午後出門，詣紱丈、伯寅、夢漁、廔伯、香濤、雲門，俱晤。余不好詣人，往往數月一出。今日至伯寅家，門者固拒不内，余强之而後通，此由伯寅久不見客，不足怪也。至香濤家，其烏合之僕，見拒尤力。余叱而徑入。然坐客次至歷兩時許，主人猶不出，亦未有以杯水見與者。都中士大夫惡習，倉頭廬兒，撊然慢客，視爲固然。余既非爲性命忍須臾，又非欲以學問相質，而輕取此辱，良以憮然。閉門不堅，是余過也。又答拜同鄉計偕之客十數人而歸。得雲門書，饋保定醬菜四瓶，直隸輿圖一紙。楊蓉初來，不值。孫仲容送來湖北新刻《國策》一部，《稽古録》一部。香濤饋銀二十兩。得伯寅書，贈《洗冤録詳義》四部。蕚庭來，不值。子蓴來，雲門來，共談至四更後去。作書復伯寅。是日付賃屋銀八兩，自去年訖。付車錢三千。

邸鈔：上諭：御史鄧慶麟奏内務府候補郎中那隆阿與酒醋房庫掌中祥朋比爲奸，承辦差務，任意浮冒，以致物議沸騰，請飭開去差使等語。著總管内務府大臣認真查辦，據實具奏。

二十二日戊申　子正初刻十一分清明，三月節。竟日晴和，春光甚麗。祀曾祖考妣、祖考妣、本生祖考妣、先考妣，下午畢事，焚楮錢四挂。得伯寅書。作書致牧莊，贈以《洗冤録詳義》一部。作片致蕚庭。作書致弢夫。子宜來。曾之撰同年來。山桃、迎春花俱盛開，李花亦將放，丁香、紅杏吐苞垂坼，楊柳半已青青。春事漸深，不勝羈客之感。付供饋食物等錢二十六千，銅了鳥錢四千二百。

邸鈔：劉秉璋奏甄别才不稱職各員：江西永新縣知縣蕭玉春、萬載縣知縣杜紹斌山陰，監生。人地均不相宜，請即徹任，遇有相當缺出，酌量補用；萬年縣知縣李植寶坻，舉人。年力漸衰，難期勝任，請開缺，以教職銓選；試用知縣徐道昌老病昏庸，候補知縣錢坦心地糊塗，均請勒令休致。從之。

二十三日己酉　竟日澹晴。作書致繆小山。作書致雲門。得孫仲容書，贈湖北新刻《樂府詩集》一部，即復謝。剃頭。補栽垂柳一樹。紱丈來，麐伯來，雲門來，香濤來，夢漁來，晚邀諸公小飲寓齋。二更時紱丈先去，諸君至夜分去，雲門至四更去。招霞芬、秋菱兩郎來，烟水性靈，遠勝當今名士。余非樂冶游者，惟以前日聞金石牙郎之諂數碑目，此在香濤坐上。今夕聞翰林熱客之夸詡衙門，江湖窮老之妄言佛鬼，胸中作惡，耳畔滿塵，得兩郎以解穢耳。先生古之傷心，今之獨行，此中陶寫，豈足語巍科捷徑人知之。付肴饌錢五十四千，客車飯七千，秋、霞車飯八千。

邸鈔：以□□□朱德明爲福建汀州鎮總兵。

二十四日庚戌　晨溦雨，上午漸密，午後益淒淒，有雷聲，晚稍止。得雲門書，贈《詞律》一部。彦清來。得繆小山書。心雲來。子宜來。夜彦清邀同心雲、子宜、梅卿、雲門至豐樓小飲，余招秋蔆、霞芬，二鼓後歸。大妹寄來笋乾、茶葉、菸絲。三妹寄來龍眼肉一筒，青魚乾兩尾，鯗脯一段，大鰕腊一斤。三妹所適不天，嬛嬛孑立，拮据辦此，遠道寄將。余本意不復入闈，而食物先至，爲之進退維谷。鮑益甫入都，送來内子所寄茶葉、龍眼、菸絲共一簍。付霞芬四金。此郎甚孝，而其父病瘵方篤，故以此助湯藥之資。付秋蔆、霞芬車飯錢四千，車錢二千。

二十五日辛亥　陰曀溽潤。以梅卿明日四十初度，約仲彝、弢夫、彦清、雲門共邀之福壽堂觀劇，并邀心雲、子宜。饋梅卿蒸鳧、鯗肩、饅頭、絲麵。得季弟正月二十日書，家事乖牾之甚，不勝憂念。晡後偕梅卿同車詣福壽堂，晚復偕諸君至豐樓，公請梅卿及心雲、子宜。余招秋蔆、霞芬，夜二鼓歸。陳葉封偕其從弟玉泉廷璐及令子彬華來，俱去年舉於鄉者。又有同邑李孝廉式如、周孝廉慶熊、程孝廉儀洛來，皆不值。付送禮物錢十九千三百，秋蔆、霞芬車飯錢四千。

邸鈔：上諭：給事中郭從矩奏京控發審案件請飭明定章程一摺。據稱近來京控案件，往往濫列多名，意存傾陷，並有頂替包攬教唆等弊。此等刁風，斷不可長。嗣後各直省督撫，於京控發回案件呈内牽連之人，務須詳慎，分別提訊，不得濫及無辜，致滋拖累。其在京各衙門收呈後照例解回者，應如何將原告抱告年貌供招查訊確實之處，著該部明定章程，以杜弊端。至京控發交各省之案，該督撫往往仍交原問官審訊，該員意存回護，輒照原審擬結，致多冤抑。嗣後該督撫等於京控各案，不得仍交原問覆審。倘承審之員有意瞻徇，即行從嚴參辦，以重刑讞。　湖北督糧道何維鍵安徽，監生。准調漢黄德道。禮部郎中惲彦琦大興，乙未進士。選湖北督糧道。

二十六日壬子　微晴，多陰，有風，頗寒。爲梅卿書壽聯，又爲趙心泉書七十壽聯。作書致雲門，得復。作書招芷秋。梅卿邀同陳葉封兄弟及仲彝午飲，纔進杯箸，即覺中寒，入内小睡。夜梅卿復招同仲彝、彦清、弢夫、心雲、子宜、雲門、霞芬飲，二更許散。閲丁儉卿《頤志堂叢書·周易述傳》。

邸鈔：以候補四品京堂徐用儀嘉興，舉人，軍機章京。爲太僕寺少卿。内閣侍讀學士陳廷經因病奏請開缺。許之。上諭：涂宗瀛奏官軍勦捕匪徒，生擒首要一摺。廣西馬平縣革生藍生翠藉要挾減糧爲名，煽惑鄉愚，糾黨滋擾。經道員易元泰等督兵勦辦，該匪膽敢（拒）〔聚〕衆抗拒。官軍合力進攻，於上年十二月間在老歪山水巖内將藍生翠擒獲，並先後緝獲著名匪徒多名正法，民情現已安謐。仍著將餘匪趕緊緝拏，毋任漏〈網〉。出力之道員易元泰著賞給三代一品封典，並賞换哈希巴巴圖魯名號；總兵莫雲成著交軍機處記名，遇有兩廣總兵缺出，請旨簡用，並賞加提督銜：以示鼓勵。上諭：御史劉曾奏賤役冒籍朦考，請旨斥革一摺。牛守仁即牛珍，又名牛升，曾在廣西懷集靈川賀縣署内充當門丁，輒敢句串劣衿，冒入臨桂縣籍，令其子牛光斗朦混應試，倖中舉人。賤役冒籍朦考，有干例禁，亟應嚴行懲辦。牛光斗著即行斥革，並著廣西巡撫飭屬查名牛守仁，如有朦捐官職情弊，著一併斥革，按律懲辦，以澄流品。　户部郎中沈鋐歸安，舉人。補福建道監察御史。

二十七日癸丑　晴暖，有風。得弢夫書，饋鮝脯四尾，楊梅諸一瓶。弢夫來。作片致牧莊，託轉取香光越釀兩罎。作書致孫鏡江，爲庚午團拜事。趙心泉七十生日，饋酒兩罎，楹聯一副。得心雲書，惠甌紬一端，紫豪筆一匣，仙居朮兩匣，化州橘紅四枚，牙茶兩瓶，白菊兩瓶，龍眼一簍，筍乾一簍，青魚乾一尾，幽菽兩瓶，作書復謝，反紬、筆、朮、菊、橘紅，犒使四千。同邑朱孝廉承烈來，錢唐吳孝廉慶坻來，皆去年新得舉者。心雲再送甌紬等物來，受紬及橘紅，作書復謝，犒使二千。鮑益甫來，并饋鯗脯一肩，茶葉一筥。得陶方之模去年小除夕秦州書，并惠銀二十四兩。

閲丁儉卿《周易述傳》，共二卷，述程傳而多以史事證之，如楊誠齋、先莊簡之比，間亦采鄭義及諸家説附之。又《周易訟卦淺説》一卷，其意爲淮人好訟者戒，故詞務淺顯易解而已。

邸鈔：以順天府府丞王家璧調補奉天府府丞兼學政。原任楊書香病故。

二十八日甲寅　晴暖。子宜書來，饋鯗脯兩肩，南棗、笋乾、芥乾各一簍，桂花、梅、玫瑰茶、青豆各一瓶，藕粉兩瓶，作書復謝，反鯗脯、笋乾，犒使四千。得族弟品芳去年十二月書。子宜再送脯笋來，復受一脯。朱蓉生來。子宜來。夜梅卿邀同子蓴、子宜、心雲、雲門小飲，至三鼓散。

閲丁儉卿《尚書餘論》一卷。凡二十三條，皆證明《僞古文孔傳》爲王肅所作，與《家語》《孔叢子》《論語孔注》《孝經孔傳》皆一手僞書，其詞甚辨。其謂馬融《忠經》，乃别一馬融，是唐時居士撰《絳囊經》者，故其序有云『臣融巖野之臣』，又於『民』字皆避作『人』，『治』字皆避作『理』。《兆人章》云：『此兆人之忠也。』《冢臣章》云：『正國安人。』《武備章》云：『王者立武以威四方，安萬人也。』皆避太宗諱。《天地神明章》：『昔在至理，又國一則萬人理。』《政理章》：『夫化之以德，理之上也；施之以政，理之中也；懲之以刑，理之下也。德者爲理之本也。』皆避高宗諱。『國一則萬人理』句，又兼避太宗、高宗諱。　爲唐人無疑，所以《宋・藝文志》始著録，而《絳囊經》亦始著録於《崇文總目》，非託名於漢之馬季長也。　論甚精覈，足發千古之疑。

沈匏廬《交翠軒筆記》云：《夢溪筆談・謬誤》一條：嘗有人負才名，後爲進士狀首。謫官知海州，晝水便廳掩障，自爲之記曰：設於聽事，以代反坫。人莫不怪之。竊意其心，以爲邦君屏塞門，管氏亦屏塞門，邦君有兩君之好，有反坫，管氏亦有反坫，其文相屬，故謬以屏爲反坫耳。以上皆存《中説》。案《説文》『土』部：『坫，屏也。』坫自有屏訓，不得譏此君之謬。惟反坫則非屏耳。今《論語》作『樹塞門』，而此作『屏塞門』。按《爾雅·釋宮》：『屏謂之樹。』二字義皆可通。《集解》引鄭注，人君有别外内，於門樹屏以蔽之。則經文本作『屏』字，北宋本尚不誤。以上皆匏廬説。慈銘案：《夢溪》所指之人，謂胡旦也，其誤用反坫不必言。至夢溪改『樹』爲『屏』，以宋英宗諱『曙』，避『樹』字嫌名，故用『屏』字，自唐《石經》及皇、邢兩疏，皆無異文。《雅》訓『屏謂之樹』，正釋《論語》此經。匏廬乃謂經文本作『屏』，不免好異之見。鄭君以《魯論》兼采《齊古》，其本或與今異。若謂宋本尚不誤，則大繆矣。

邸鈔：以光禄寺少卿潘斯濂爲順天府府丞。黎培敬奏特參庸劣不職各員：貴州候補知府景時暘、彭瀾、唐日華、陳齡，候補同知直隸州知州洪壽錕，候補同知東燦南、郝映奎、謝允貴，候補通判馮寶森，候補知州何光祖，候補知縣林發棠、王啓賢、李瓊林均請即行革職；候補同知直隸州知州鄭鵠，候補同知曾清傳，試用通判夏承恩，候補知縣史宬耀、熊其光均請以府經歷降補；開泰縣知縣陳世坊、龍泉縣知縣胡大楨、大塘州州判潘際恩均請勒令休致；平越直隸州知州傅大亨、古州同知李世依均請以原品休致；清鎮縣知縣唐開運、鎮寧州知州李昶元均請開缺留省另行酌補。又奏參佐雜教職貴州候補縣丞唐時中等五人均請即行革職。從之。黎培敬奏特參武職各員：貴州總兵葉正雄、補用副將陳治道均請革職，永不敘用；補用副將羅鵬飛、總兵童三元、荔波營游擊毛長春、仁懷營都司何其仁、平越營游擊王恩貴均請即行革職；大定協都司陳萬鎰、思南營守備湯志純均請以千總降補。從之。

二十九日乙卯　晨陰，上午薄晴，下午晴。陳逸山來，尚卧，不晤。得子尊書。得禔盦七絶四首，約上巳極樂寺看花，即復。得弢夫書。同年知單來，約三月二十二日文昌館團拜演戲，先一日至長春寺公祭鐫山師，每人率資三十二千。復弢夫書。補栽楊柳兩樹。彥清來。

閱丁儉卿《禹貢集釋》，共三卷。其書采取衆說，而附以己意者又低一格書之。大恉主馬、班、桑、酈、許、鄭，而正胡氏《錐指》之失，務明古學，簡覈可傳。

是日暄暖，始換薄綿。作書致王廉生。蔣某同年來，駱長椿孝廉來，俱不見。付趙心泉壽聯錢十七千，楊柳錢四千，蘭英齋點心錢三千，車壁波黎錢二千。

三十日丙辰　晴暖。李花、欒枝、榆葉梅俱盛開。出門答拜郁秀山、陳葉封、玉泉兄弟、田杏村、孫子宜、陶心雲、鮑益夫、敦夫兄弟、何達夫，俱晤。詣陳逸山，不值。又答同鄉公車十餘人而歸。逸山來，不值。牧莊來。雲門來，子宜來，心雲來，夜飯後談至二更時去。得禔盦書。印結局送來是月公費銀十兩四錢。

三月丁巳朔　晨至午澹晴，下午陰曀有雷，傍晚陰有溦雨，夜初更後雷雹大作，密雨，至二更後止。作書致逸山，作片致孺初，俱約今晚飲豐樓。剃頭。王芝仙偕其叔竹泉來。得沈曉湖去年十二月書，并寄來上虞連樂川作愚志狀，乞爲家傳，先送潤筆番銀六十圓。得逸山復。禔盦來。仲彝來。傍晚詣牧莊談。牧莊邀同禔盦、仲彝、子宜、心雲、雲門夜飲豐樓，余招秋薐、霞芬。二更雨後余邀牧莊、仲彝、雲門、心雲飲秋薐家，四更後歸。甥作酬應，極無謂也。付秋薐酒錢三十千，下賞十千，霞芬、秋薐車飯四千，自賞車夫四千，客車二千。

初二日戊午　晴。弢夫來。作片致益夫、敦夫，得復。朱蓉生饋鯗脯兩肩，犒使二千。庭中花木頗盛，春光極麗，足供嘯傲。繆小山來。夜作致內子書，寄回番銀四十圓。又作致彥僑書，切戒其與婦家訟及反目娶妾之事，反覆千言，不啻痛哭，而道愧爲家督，不能率由義方，徒聞閉户之撾，已緩纓冠之救，如其克改，吾家之福也。又作致彥僑婦書。姬人買綿段褂一領，付錢百千。

邸鈔：上諭：御史劉錫金奏官員堂會演戲仍應禁止一摺。穆宗毅皇帝梓宮尚未永遠奉安，大小臣工均受先帝厚恩，現在雖經釋服，若遽照常宴樂，自必有所不忍。所有官員等演戲宴會，仍著概行禁止。以太常寺少卿恩霙爲太僕寺卿。

初三日己未　晨霧，上午陰，午後大風，微晴，寒甚。禮部取試卷來，填寫三場履歷付之。作書致王廉生。紱丈招飲，辭之。午後詣敦夫，以家書并洋銀託寄。即進宣武門，出阜成門，濠流深廣，大風激波，頗有江湖之觀。經西直門，過高梁橋，水原甚盛，風浪益怒。日加未抵極樂寺，海棠紅萼未坼，杏、李俱已過花，惟楧梅、丁香、梨花方盛，顛蕩風中，亦將零落矣。禔盦、彥清、心雲、子宜、梅卿已先至，雲門後來，禔盦具饌極豐。酒初行，霞芬亦來，酒半而去。夕陽各散，晚歸。得廉生書。得紱丈書，即復。陳汝翼入都，贈白銅水烟筒一枝。是日付霞芬佐酒錢二十千，車飯錢八千，自賞車夫錢九千，補買考具錢十四千七百，禮部投卷錢二千。

初四日庚申　晴，下午大風，傍晚止。史寶卿來，得季弟二月八日書，并寄洋銀十圓；大妹寄魚昔一罎；寶卿饋鮝脯一肩，龍井茶兩瓶。

閱丁儉卿《毛鄭詩釋》，共四卷。前有道光壬午自序，稱是少時所爲。本名《毛詩古學》，其後删存十五，改題今名。然實卓然漢學也。末附《書段氏校定毛詩故訓傳後》一篇，補正金壇意必之失，足爲功臣。又附《詩序證文》一篇，《毛傳格言録》一篇。付岑福工食等錢十二千五百，更夫兩月工錢十四千，又另分錢一千四百，升兒工食等錢三千八百，劉媪工食等錢七千五百。

初五日辛酉　晴。雲門來。得王廉生書，即復。作片致蓴庭，得復。作片致繆小山，得復。作書致牧莊，饋闈中食物。作片招秋蔆來，以聞霞芬昨日喪其父，贈以洋銀六圓，屬秋蔆轉致之。得牧莊復。作書致心雲、子宜，饋闈中食物。仲彝來，饋以闈中食物。得心雲復。作片致廖伯，得復。心雲、子宜來，共夜飯，談至二更後去。得伯寅書，饋彘脯、醋鵝卵、煎刀魚、比目魚，作書復謝，返彘脯，報以青魚乾一尾，犒使二千。孺初來。以玫瑰茶一瓶、青豆一小合贈秋蔆，題曰『紅情緑意』。

邸鈔：詔：陝西延綏鎮總兵、記名提督劉厚基，久歷戎行，戰功迭著，現在病故，殊堪憫惻，著交部照提督在軍營立功後病故例議恤。從左宗棠奏請也。　以□□□□譚仁芳爲延綏鎮總兵。

初六日壬戌　晴暖。雲門來。得繆小山書。姬人病齒日久，昨今轉劇，喉角楚棘，不能下咽，夜請汝翼來診脉撰方。子蓴來，不晤。

邸鈔：命大學士寶鋆鑲白，戊戌。爲丁丑科會試正考官，吏部尚書毛昶熙、武陟，乙巳。刑部右侍郎錢寶廉、嘉善，庚戌。內閣學士宗室崑岡正藍，壬戌。爲副考官，編修陳理泰、張端卿等，給事中夏獻馨等，吏部郎中沈源深，禮部員外郎光熙十八人爲同考官。

初七日癸亥　晴暖。辰初三刻五分穀雨，三月中。作書唁訏堂師，由信局寄去。剃頭。子宜來。下午入城，寓東磚門外崇驍騎家，付賃寓銀四兩七錢五分。饋雲門闈中食物。弢夫來。仲彝來。紫泉來。雲門來。汝翼來。夜月暈。

邸鈔：户部郎中劉餘慶長安，丙辰。授湖南長沙府遺缺知府。旋以常德府何樞調長沙，餘慶補常德。

初八日甲子　晴暖。早起入闈，坐文字舍。酉刻早卧。

初九日乙丑　晴暖。丑刻題紙到，辰刻起視，首題『脩己以安百姓，脩己以安百姓』，次題『言而世爲天下則』，三題『見賢焉然後用之』，詩題『露苗烟蕊滿山春得烟字』。戌刻詩文悉成，亥刻卧。夜有大風數過。

初十日丙寅　晨陰，旋雨作，上午漸密，午後大雨，雷震，晡後稍止。晨起謄真，午交卷，冒大雨出闈。雲門同至寓午飯。賞號軍錢四千。

十一日丁卯　晴。早起入闈，坐暑字舍。夜月甚佳。

十二日戊辰　晨陰，上午雨作，午後漸密，入夜苦雨，至曉不絶聲。子刻題紙到，巳刻起作文，不起草。至夜初更，五藝皆完，即卧。

十三日己巳　密雨，向晨稍止，旋復作，上午密雨，午止。早起補草，辰刻交卷，巳刻冒雨出闈。

邸鈔：左庶子啓秀升翰林院侍講學士。

十四日庚午　晨至上午晴，午微陰，大風，下午晴。巳刻入闈，坐藏字舍。夜月殊佳，早睡。

邸鈔：上諭：朕奉慈安端裕康慶昭和莊敬皇太后、慈禧端佑康頤昭豫莊誠皇太后懿旨，惇親王奕誴等奏遵旨相度太廟中殿位次，請飭廷臣會議一摺。據稱我朝自順治初年創定廟制，迄今列聖享殿龕位，已與九間之數相符。穆宗毅皇帝、孝哲毅皇后神牌升祔位次，鉅典攸關，著王大臣、大學士、六部九卿、翰詹科道虔詣太廟，敬謹相度後，會同惇親王奕誴等妥議具奏。

十五日辛未　晴，午後熱甚。晨起作五策，不起草，至夜初更，正草皆完。是日不快，竟日不食。夜卧不能寐，五更疾動。賞號軍錢二千。

邸鈔：劉光明補廣東碣石鎮總兵。

十六日壬申　晨陰，上午後微晴，多陰。黎明交卷，偕同舍湖州同年王者香蘭出闈，即坐車出城還寓。姬人病甚，齒不可啓，顋頰腫一二倍，蓋牙風也，延山西人范如盛治之。仲彝邀同彥清、弢夫飲豐樓，傍晚赴之，招霞芬，夜一更後歸。

邸鈔：陝西巡撫譚鍾麟奏參庸劣各員：耀州知州楊吉雲、候補知縣李宗蔭等均請革職查辦。從之。江蘇巡撫吴元炳奏參庸劣各員：候補同知王家麟、婁縣知縣汪坤厚等均請革職；候補同知樊毓桂、候補知縣邵龍光均請降爲縣丞。從之。署四川總督文格奏參不職各員：前署劍州知州余履恒、安縣知縣和清杰、署慶符縣知縣胡壽昌等均請革職；滎經縣知縣石會昌湖北，進士。請勒令休致。從之。

十七日癸酉　晴，有風。繆小山來，趙心泉來，譚研孫來，均不晤。敦夫來。金忠甫約後日飲，辭之。寶卿來，馬叔良來，均不晤。同司孚馨、明保、震興約十九日飲且園，辭之。子蓴邀夜飲豐樓，偕彥清、仲彝、弢夫、牧莊同往，余招秋菱、霞芬。一更酒畢，邀諸君飲秋菱家，復招霞芬，徹曙始歸。付秋菱酒局錢三十千，下賞十千，客車錢七千。車夫娶婦賞錢十千。其婦來謁，賞錢八千。又秋菱、霞芬車飯錢四千。

邸鈔：詔：孚敬郡王無子，以奕棟之子宗室載煌改名載沛，承繼孚敬郡王爲嗣，封爲多羅貝勒。

十八日甲戌　晴，下午陰。潘星丈來。子縝來。雲門來。殷萼庭來。請蕭山湯孝廉鼎煊來，爲姬人診脉撰方。

孫鏡江來，以趙廿二年群臣上壽石拓本一幅見贈。此石咸豐初出正定之某山，篆文十二字，曰：『趙廿二年八月丙寅群臣上醻』，此石背別有真書一行，曰：『監軍判官濟陰郁久閭明達。』大興劉太守位坦嘗考之，以篆爲西漢刻，真書爲北魏題名。案：西漢惟高帝子趙幽王友之子遂立二十六年，其廿二年爲文帝後六年癸未。又景帝子趙敬肅王彭祖立六十三年，其廿二年爲武帝元光元年丁未。考《漢書・武帝紀》，是年七月癸未，日有蝕之。如日食在月朔，則八月望前有丙寅矣。漢制，諸侯王在國，得自紀年，臣其官屬。東都以後，官屬不稱臣矣。則此或是敬肅王彭祖所爲也。文帝後六年月日無可考。『郁久閭』爲代北三字姓，而《魏書·官氏志》無之。『明達』是其名。惟監軍判官，元魏所未有，疑是唐人題名耳。

弢夫來。寶卿來。雲門來。紫泉來。心雲來。夜雲門邀同心雲、紫泉及潘伯循飲宴賓齋，余招霞芬，一更後歸。付賞岑福錢六千，順兒三千，更夫三千，老梁二千，蔣升二千，桂兒一千，劉媼二千，爲試事勞也。又弟三場號軍送所留食器等來，賞錢五千。

十九日乙亥 陰，微晴。終日小極，多卧。禔盦來，張子虞來，均不晤。許星叔光禄送來王松谿去冬江右書，并惠銀十兩，又致劉緘三師奠銀十二兩，犒許使二千。得子縝書，饋銀八兩，柿貍脯一具，龍井茶兩瓶，即復謝。受物反銀，犒使二千。得鏡江書，爲公奠緘三師事，即復。作書致伯寅，饋柿貍脯。繆小山約後明日飲萬福居，辭之。敦夫約後明日飲豐樓。得伯寅復，言明日上陵。夜有微雨。

二十日丙子 晨薄晴，午後陰，晡後霒陰，夜雨。夢漁來。紱丈饋方。偕梅卿、仲彝作采籌之戲。子宜來。陶少篔來。王子獻來，饋堯脯兩肩，茶葉兩瓶，犒使四千。得星丈書。子宜來，延之入室，談至晚，同坐車至龍源樓，赴心雲之招，坐有秋伊、汝翼、弢夫、雲門、子縝、少篔，余招霞芬，夜二更後歸。近日脾濕大發，坐即思卧，車中假寐，不覺睡熟，至門久之始醒，猶不知何地也。昔人問劉儀同宅，竟有是事矣。聞昨日宗室二名榜發，盛伯希中式。

邸鈔：上諭：御史鄧華熙奏賤役之子蒙捐冒考，請旨斥革懲辦一摺。廣東番禺縣人何炳南迭充南海、番禺、東莞各縣門丁，膽敢令其子何伯麒蒙考入學，並捐主事，又令其次子何駿聲改名何瑞榮，冒入順天籍，中式丙子科舉人，實屬不安本分，亟應嚴行懲辦。主事何伯麒、舉人何瑞榮均著即行斥革，交劉坤一、張兆棟將何炳南一併按律懲辦，以儆效尤而清流品。

二十一日丁丑　晴。鍾仲龢來，不晤。朱蓉生來。上午偕諸同年至長椿寺公祭劉緘三師，見仙洲夫人及其嗣子曾枚，面交松谿所寄奠銀。午後答詣寶卿、益夫、敦夫，俱晤。入城答拜譚研孫，不值。出城詣潘星丈、陳汝翼，皆晤。歸寓飯。雲門來，弢夫來，俱不值。雲門再來，述子縝意，仍以所反銀見贈。張香濤來。晡後答拜朱同年光榮，不值。詣繆小山、王竹泉、子獻，皆不值。傍晚至豐樓赴敦夫之招，坐有牧莊、竹泉、芝仙、弢夫，余招秋蓤、霞芬，二更時歸。潘鳳洲來，不值。付兩次送考接考車錢十四千，昨夜飲車錢三千，霞芬車飯二千。

二十二日戊寅　晨日出，旋陰，上午復晴。酉正二刻三分立夏，四月節。連日疾動。卧閲惠氏《周易述》。買石榴兩盆，黄薔薇四株，付花直八千。傍晚詣逸山，不值。答詣湯孝廉、周篔叔、弢夫，俱不值。詣大宏廟訪子縝昆仲、雲門、子宜。即赴子縝豐樓之招，坐有彦清、伯循、仲彝、子宜、雲門、心雲，余招秋蓤、霞芬，二更後歸。偕彦清、仲彝夜談。付秋、霞車飯四千。

二十三日己卯　終日陰曀。得繆小山書，送來川東姚觀察觀元所寄《類篇》《集韵》《禮部韵略》《説文校議》共四種，皆姚君新刻者。作書復謝，犒使二千。王竹泉來。子獻來。子獻借去詩稿兩册。夢漁來，不晤。謝惺齋邀飲如松館，辭之。吴松堂來。秦秋伊來，陳孝廉燕昌來。秋伊饋龍眼一合，岕茶一合，龍井茶兩瓶。剃頭。作片致馨伯，辭今夕宴賓齋之飲。傍晚詣豐樓赴彦清之招，坐有秋伊、汝翼、子縝、雲門，余招秋蓤、霞芬，夜二鼓歸。閲全氏《鮚埼亭集外編》。比日外牽應酬，内擾疾疢，酒食錮於臟腑，方藥亂其視聽，久荒鉛槧，幾斷簡編。昨以攲枕餘閑，床頭讀《易》，未畢一卦，已覺昏怠。今夕出飲微醉，神氣稍舒，因平生最愛鮚埼、潛研、北江三家之書，故剪燈先閲是集，冀以起滯祛煩，漸理故業。我有先正，嚮往彌深。

二十四日庚辰　陰曀，午有微雨，夜密雨徹旦。晨起詣宴賓齋，邀孺初、逸山、繆小山、朱蓉生、彦清、仲彝飲。午後詣天樂園赴弢夫觀劇之招，有宣化二伶演《玉屏烟》《新安驛》兩齣，皆佳。傍晚弢夫邀飲豐樓，辭之歸。洗足。夜苦咳嗽。付宴賓酒家庸賞四千，客僕車飯六千。

二十五日辛巳　晨至上午密雨，午後霃陰。閲《鮚埼亭集》。

二十六日壬午　晨至上午晴，午後晴陰埃皆，地氣潮濕。曬書。午偕仲彝詣天寧寺赴秋伊之招，主人及汝翼、子縝、弢夫、雲門、心雲、少篔俱已至。紫藤一架，作花正穠，疊錦垂珠，香艷歕溢，覺五雲華蓋無此麗也。余獨坐其下，賞詠久之。其圃之東籬，牡丹亦已開，然寒儉殊甚。設飲於塔射山房，晡後酒畢，時零雨適過，夕陽半開，綠陰白雲，與相映接。偕諸君坐北户下，憑檻望西山，謂不減故鄉烟景也。日晚入城，偕弢夫還寓，復同赴汝翼、馥荃之招，坐有仲彝、子縝兄弟，余招霞芬。夜三鼓後陳翔翰舍人邀飲景龢，辭之而歸。夢漁來，不值。曾君表同年送來《瘍科心得集》一册，嘉慶時無錫高秉鈞所著，共三卷，每證爲一論。燈下閲之，頗有名理。六淫七情之感，豈不險哉。付霞芬銀四兩，廿一日、廿二日、廿四日車錢十六千。

邸鈔：詔定是科會試中額三百二十三名，浙江得二十五名。以詹事府詹事錫珍爲通政使司通政使。

二十七日癸未　終日密雨，至夜徹旦。閲《鮚埼亭集》。作書致笣仙，辭今日廣和之飲。張香濤屬劉氏孤邀江浙數人飲龍源樓，爲賻鎸山師歸葬資。此事余已與同榜諸君有成言矣，不必聽人指摩也,不往。子縝、雲門來,談至夜飯後去。夜雨聲甚苦,假寐聽之,倚一曼聲,以柬弢夫。

二十八日甲申　雨,終日不絕。得王廉生書贈王偃墓志一通,即復謝,犒使一千。湯彰甫約明日飲豐樓,辭之。子宜、心雲來。終日補寫日記。夜密雨徹旦,床几蒸潤,焚香倚燭,檐霤瀧瀧,不能成寐,更賦曼聲,柬子縝、子宜、雲門、心雲。付石炭錢二十千。

二十九日乙酉小盡　曉雨,至日加巳稍止,午晴,下午雨,有雷,晡後晴。殷蓴庭饋饅頭、蒸凫,即復謝,犒使二千。雲門書來,招飲豐樓,即復,辭之。印結局送來是月公費銀廿二兩三錢。洗足。補録近日所作詩詞共七首。詩三,詞四。

上巳日禔盦招集極樂寺看海棠携霞芬同往是日大風花尚未開

簪盍春明慰寂寥,重三携酒款僧寮。風聲挾樹全趨水,山色浮青欲過橋。弱柳低垂留客醉,好花遲發避人嬌。年年不負尋春約,又向高梁趁錦鑣。

偕諸同年長椿寺展鎸山師殯過師舊宅愴然賦詩

蕭寺淒涼絮酒陳,望衡華屋倍傷神。隔年撰杖都疑夢,去春公宴師於此。買地栽花已屬人。骨肉一門虞殯聚,令子仙洲及其婦皆殯此寺。園林半畝别家春。素旐歸葬知何日,慚愧侯芭老病身。

暮春秦勉鉏招同汝翼子縝兩庶常弢夫仲彝雲門文沖集天寧寺塔射山房憶去年春亦與勉鉏飲此會者八人以良辰美景賞心樂事分韵余得良字久而未作今爲補之

餘春選蕭侶,勝地依崇岡。林深窈以闢,面塔開僧房。心閑得物曠,吉日兼辰良。玉醴既斟酌,蘭俎羅甘芳。結契略言賞,微醉資方羊。憑欄俯後圃,衆卉敷天香。嘉木漸以長,緑陰晞微陽。濛濛雜雨氣,晻晻含靈光。西山一何媚,掃黛窺東墻。静聽禽語樂,遠度鐘聲長。烟景亦云足，何必思故鄉。

瀟湘夜雨 春將盡矣，雨聲蕭瑟，入夜彌繁。燈下倚此柬弢夫，熨夢懷人，知有同感也。

開遍荼蘼，飛殘榆莢，送春已自無聊。黄昏無奈雨瀟瀟。愁更照、菱花瘦影，看半臂、寒到今朝。偏長是、朱闌愛憑，倦彈雲翹。紅箋纔去，果騮宛轉，馱得人嬌。暫偎他翠袖，容易香銷。拼一晌、温存軟語，銀燈下、懶炙瓊簫。重簾外、春泥琬屧，花葉莫輕招。

南浦 連宵苦雨，倚燭不眠，賦此寄子縝、雲門、子宜、文冲諸子寺廬。

簾重雨垂垂，到黄昏，又是晴期無準。微醉更添衣，熏篝膩，先到江南梅信。扶頭睡味，殢人依舊年時病。多恐銀荷燈照處，閑了水晶雙枕。　夢中還問紅樓，衹紗窗似霧，琴絃微潤。燕子不歸來，葳蕤鎖，斜閣秋千花影。空階點滴，漏聲遥隔重門静。爲想禪床同聽客，凋得幾絲青鬢。

露華 京師天寧寺有緑牡丹一本，間歲作花，今春開時往看不得，則前一日爲一朱邸移去矣。

琳宫最憶，有鹿女銜來，分外嬌絶。借與露華，輕把黛螺微拂。似曾萼緑初胎，换了玉環標格，留仙住。回頭暗看，唾痕凝碧。　春風幾度相識。衹倚遍闌干，誰忍攀摘。賦就睡妝，偏漏宓妃消息。帶鬟轉入朱門，可比墜樓顔色。燈影下，何時翠蛾重出。

漢宫春 春晚遍訪白紙坊諸寺觀金章宗、李宸妃像不得。

舊事金源。記明昌多暇，曾創瓊華。昭陽艷稱第一，長駐輦車。環肥略似，照團圝、明月争差。看一樣，宸妃仙李，玉魚應笑南家。　遺像同留蕭寺，勝青城北去，零落龍沙。滄桑幾回過劫，閑數宫鴉。闍黎遍問，遜蓮臺、猶奉袈裟。明孝定李太后九蓮菩薩像，今在城外慈壽寺，其重摹本在慈仁寺。孝純劉太后像，今猶供長椿寺中，披袈裟僧帽，有兩幅。惆悵是，春風依舊，卷簾處處楊花。『三十六宫簾盡卷，東風無處不楊花』，章宗詩也。

夏四月丙戌朔　晨晴，上午晴陰相間，午陰，下午有雨，傍晚日景又見。今日本約秋伊、汝翼、弢夫、雲門、子宜及仲彝兄弟聽春臺部，晚飲豐樓，以積雨成潦，街巷泥深數尺，時聞覆車，作書致秋伊，作片分致汝翼、弢夫，告展飲期。陶孝廉方琯來，子縝之兄也。得雲門書及集飲龍樹寺啓，以與潘伯循、子宜、子縝、少篔於初四日治具見招也，即復。得弢夫書，即復。彦清來。犒秋伊使二千。

初二日丁亥　晴，晡後有風。子獻來。夢漁來。竇卿來。弢夫來。得星丈書。薔薇花開，傍晚客去，庭院爽潔，閑行理詠，清興稍來。夜雲合，初更澂雨，三更後密雨，達旦有聲。田疇已足，又有水潦之憂矣。

邸鈔：詔：奉恩鎮國公奕詢尚未過繼有人，著奕根之子宗室載蕉改名載澤，承繼奕詢爲嗣，封爲奉恩輔國公。

初三日戊子　晴。雲門來。剃頭。買芍藥植之盆中。殷君執中來，蕚庭之兄也。傍晚梅卿邀飲豐樓，同車往，坐有潘伯循、仲彝、秋伊、弢夫、子宜、心雲、紫泉諸君。余招秋菱、霞芬，以明日赴妙峰山燒香，屬其代爲姬人禱疾，自書香板付之，二更時歸。夜陰晦，風寒如深秋。付秋、霞車飯四千。

初四日己丑　晨密雨，至上午稍止，終日霒陰，晚大雨。施敏先邀飲嵩雲草堂，在上斜街，去冬河南人所新建也，辭之。午偕仲彝同車詣龍樹寺赴子縝、子宜、紫泉、雲門、伯循、少篔之招，坐有秋伊、定甹、弢夫、敦夫、汝翼、心雲、王舍人朝瀚、孫仲容兄弟，列飲蒹葭簃。新綠滿畦，濕雲罨樹，郊居風景，不辨京華，固由結境之偏，亦藉素心之樂。余招秋菱，久談始去，薄暮散歸。浙江按察使升竹山來。此君户部同司，去年由河東道擢浙臬，今始入覲也。不值。其名犯先君子諱。付車錢二千，秋菱車飯四千。得牧莊書，約後日飲豐樓。

初五日庚寅　晴，下午陰，晡後復晴。是日有風，頗爽，溽氣稍收，然過寒，恐未晴也。梅卿饋蒸鳧、筒麵，犒使四千。沈松亭邀飲，辭之。植槐一樹，又買玉簪花兩盆，剪秋羅兩盆。得王廉生書，即復。買長畫桌一，置之床後，以庋書籍。床側列勺藥四盆，不日花時，可以擁書相對矣。季士周約後日飲廣和居，蓴庭約後日飲宴賓齋，俱辭之。寫簡約諸同人後日集塔射山房，以與弢夫、定夷、仲彝、仲容醵飲也。付畫桌錢二十七千，花樹錢十千，岑福工食錢十千，更夫七千，順兒二千，門房表糊錢六千，京報錢二千五百。作片致弢夫，得復。得雲門書，并近詞《滿庭芳》一闋，語甚婉麗，惜不免刻畫無鹽耳。五更疾動。

初六日辛卯　晴，下午微陰。得弢夫書，饋鯗六尾，金橘諸一器，即復謝，報以綿菸二斤，犒使一千。作書致王子獻，以舊稿駢文一册借鈔之。得吴松堂書，約後日飲廣和居，辭之。寫殿卷一開。傍晚赴牧莊豐樓之招，初更酒未半而歸。是日闈中進呈前十名試卷，聞第一直隸人，文皆惡劣不堪。

初七日壬辰　晴。午前答拜殷蓴庭兄弟，即出城赴天寧寺之集，到者鮑益夫、史賓卿、汝翼、彦清、心雲、少篔、子縝、雲門、子宜、孫仲容兄弟及仲彝、弢夫，賓主共十四人，余招秋菱、霞芬。酒邊左史，小寄閑情，老輩風流，賢者不免。今衣冠掃地，争事冶游，樂部人才，亦以日劣，風會頹靡，蓋與翰林不殊。其酒肉貴游，風塵熱吏，皆改趨北里，恣狎淫倡，揮霍之餘，偶亦波及。而冷官朝隱，舉子計偕，往往託興春游，陶情夏課，酒罏時集，燈宴無虚，清濁不分，流品遂雜。其惑者，至於遍徵斷袖，不擇艾豭，妍媸互淆，雌雄莫辨。其稍知自愛，謬附鍾情，如江夏彭侍郎視學江左，歲以十金寄黎艷儂。丹徒楊大理得視學安徽之命，即偏許諸郎，厚分囊橐。而四川方臬使、江西李布政去年述職至都，皆徹夜笙歌，揮金鉅萬。泰和張京兆莅治神都，亦復輕賚時出。其下此者，益無論焉。余以冗官病廢，勞心著述，同人過愛，時以酒食相邀，冀爲排遣，雖甚勉强，偶亦追從。秋、霞兩郎，實所心賞，杖頭稍足，花葉時招。而魑魅喜人，浮游撼樹，遂疵瑕顔叔，瘢垢魯男，增飾惡言，快弄利口。其相愛者，復勸泯其事迹，隱厥姓名。豈知野馬滿空，何傷白日；雜花亂倚，奚爲孤松？既爲之矣，諱之何益？若夫同集之友，所眷各殊，或隱諱於家庭，或嫌疑於風影，其下伎之名字，亦羞污於簡編。故一概略之，非每集所召止此二人焉，特發其凡於此。傍晚歸。作片致季士周、吴松堂，俱約明晚飲豐樓。汝翼邀夜飲，辭之。付寺坐錢十二千，廚人賞錢十五千，秋湊車飯六千，霞芬車飯四千，酒錢十千八百。

邸鈔：詔：福州將軍文煜留京供職。以綏遠城將軍慶春調補福州將軍，以察哈爾都統瑞聯爲綏遠城將軍，以青州副都統春福爲察哈爾都統。詔：廣東陽江鎮總兵衛佐邦准其開缺，回籍調理。以馬復震爲陽江鎮總兵，以麥龍韜爲廣西右江鎮總兵。馬復震，桐城人，進士宗槤曾孫，工部主事瑞辰孫，孝廉方正三俊子。祖、父皆死寇難，復震以雲騎尉從曾國藩軍，始以淮勇立功，至記名總兵、管帶北洋操江火輪兵船。

初八日癸巳　晴陰相間，天氣頗躁熱，晚有溦雨，即止。饋范醫酒一壜，彘脯一肩，茶葉兩瓶。得殷萼庭書，即復。朱炳熊同年之祖母喪，送分兩千。梳頭。傍晚詣豐樓，邀王竹泉、子獻、吴松堂、弢夫、仲彝、梅卿小飲，余招霞芬，夜二更後歸。季士周來，不值。

三代以下惟恐不好名，其言誠是也。然好名亦有君子小人之別。嚴流品，峻崖岸，崇名節，尚清議，主持絶學，不恥沉淪，拒絶非分，不顧貧賤，此君子也；雖或議論少激，意見少偏，不失爲聖人之徒。廣要結，爭聲譽，逞浮辯，恃客氣，索隱行怪，厚自標異，外驕内諂，敢爲詭誕，此小人也；雖或飾詐行方，露才揚己，終入於下流之目。今有人焉，耆慾滿其中，囚垢飾其外，鶩虚聲以嚇腐鼠，剿雜覽以驅群羊，無一藝之可名，無一事之求是，而夜郎自大，鳳皇不如，深妒道真，惡聞勝己，豈知轉眴之間，冰消日出，狐貉噉盡，草木同歸，豈不悲哉！今日客坐間偶有所感，聊復論之。

是日送鎸山師家銀二兩；買湖縐袷衣裏外裁及金銀羅，共銀九兩三錢。付車錢四千，霞芬車飯四千，酒家庸賞三千。

邸鈔：以前寧夏將軍穆圖善爲青州副都統。河南巡撫李慶翱奏特參庸劣各員汝州直隸州知州舒亨熙、候補知縣鄭廷璧等。詔休致、降革有差。

初九日甲午　辰初三刻十三分小滿，四月中。上午晴，下午多陰。神祠籤詩，始於五代，靈諭之事，多載稗官。京師正陽門右關帝祠籤，自明以來，歷著奇驗；而陶然亭文昌神籤，近世亦有靈應。余己未、庚申嘗兩禱關廟，所言亦徵。今老矣，日暮途遠，應試之事，自此遂絶。昨洗沐素食一日，今晨起盥漱畢，即驅車至前門禱關帝廟及觀音堂，還至陶然亭禱文昌閣。關廟籤詩云：『一般行貨好招邀，積少成多自富饒。常把他人比自己，管須日後勝今朝。』文昌籤云：『愛君兄弟有聲華，桃李雖春未有花。遥約和風新草木，定知仙骨變黄芽。』皆不知何祥也。文昌籤詩，道光初江寧周臬使開麒嘗占得之，周爲癸未探花，次句應之。午前歸。子宜來。得紱丈書，即復。汝翼邀夜飲福興居，辭之。傍晚詣豐樓，偕梅卿、仲彝、王子獻、史寶卿、鮑益夫小飲，余招秋菱。夜二更歸，有雹，四更有雷雨。付王九兩次天寧寺車錢二十千。買兩柳木凳，付直七千。車飯四千。

初十日乙未　晨大雷急雨，上午霃陰，時有零雨，午稍霽，下午有日景，晡後又陰，有微雨，傍晚晴。勺藥及月季、石榴花俱開，晚景甚媚。孫鏡江來。付賃屋銀四兩。付綺帶錢三千二百。夜晴。

十一日丙申　晴。得紱丈書。雲門來。子蓴來。牧莊來。是日報紅録，雲門、紫泉皆中。紹府共中五人，山陰得三人：程儀洛、潘遹、俞麟振。（此處塗抹）庚午同榜，僅中一杭人蔣某，則吾不忍目之矣。國家取士，至於如此，使我猶與此曹角逐，尚得謂之靦然人面哉！剃頭。

邸鈔：上諭：李元華奏已革知州更名就幕，請驅逐回籍等語。山東藩署幕友李晴川，本名李鏡清，曾任山西渾源州知州，因案參革，復潛來山東，謀充幕友，希圖招摇，殊屬不安本分，著即驅逐回籍，不准逗留。

十二日丁酉　晴。作書招弢夫談。弢夫來。子縝來。子宜來。心雲來。少篔來。子蓴來。雲門來。紫泉來。逸山來。廖雲輊來。夢漁來，不晤。雲輊招飲嘉穎堂，辭之。偕子宜、心雲夜談。

十三日戊戌　晴。比日驟熱。閱《説文》，倦甚多卧。晡後取闈卷，爲第五房編修臧濟臣所點抹。鼠輩何足責哉！得王子獻書，還駢文，且告十五日南歸，即復。傍晚仲彝邀至豐樓，同牧莊、子宜、子縝、心雲夜飲，余招秋蓤、霞芬。二更時梅卿邀飲霞芬家，余招秋蓤，將曉始歸。付秋、霞車飯四千。

十四日己亥　晴。張香濤來，不晤。上午出門詣錢笓仙、濮紫泉，俱不值。詣楊蓉初、繆小山、孫仲容，俱晤。送王竹泉、芝仙行，不值。詣子宜、子縝、雲門、心雲，俱晤。雲門邀飲豐樓，余招秋蓤、霞芬。晡後子縝邀飲景龢，余招秋蓤。夜二更後，酒未闌，先歸。前紹興副將謝青雲總戎來，宋偉度太守來，夢漁來，寶卿來，俱不值。江敬所來，言十九日南還，不值。付車錢四千。

十五日庚子　晴。得心雲書，約三慶園觀劇。逸山來。讀《史通》。下午赴心雲之招，觀霞芬及琴香之徒岫芬演劇。日晚彦清邀飲豐樓，余招秋蓤、霞芬、岫芬，夜二更後歸。鮑益夫、敦夫來，言十九日旋里，不值。是夕望，連夜月甚佳。付岫芬左酒錢八千，車飯二千，秋、霞車飯四千。

十六日辛丑　晴。寶卿來。子蓴來。作書致紫泉，索還《後漢書》六册，得復。

邸鈔：以候補三四品京堂文暉爲通政司副使。左宗棠奏署烏魯木齊提督成瑞患病，懇請開缺回旗調理。許之。以雲南普洱鎮總兵博昌爲烏魯木齊提督，以□□□□左啓龍爲普洱鎮總兵。

十七日壬寅　晴，晡後陰，旋有雷雨，晚晴。作片致益夫、敦夫。子宜來，談至夜飯後去。少篔饋銀四兩。

十八日癸卯　晴，上午頗鬱溽，下午風起，覺有爽意。雲門來。益夫來。

得鄞人郭傳璞孝廉書，以素紙乞書，并以鈔本張陶庵岱《瑯嬛文集》兩册見示。前有王白岳雨謙、祁雪瓢豸佳兩序。《陶庵全集》向藏李柯谿小李山房，後歸一賈人子孫姓，詳見余丙辰日記。此集皆序記小文，詼諧鄙里，爲明季山林中下品惡派。惟所載《越山五佚記》，雖文甚俗劣，而小有裨於志乘。五佚者，一曹山，二吼山，三怪山，四黄琢山，五蛾眉山也。又有《快園記》，言園爲御史大夫五雲韓公别業，有翦韭亭，載郡志，後歸韓氏婿諸公旦，改名快園，明末以歸陶庵。觀記中所稱，蓋即錦鱗橋之韓衙池也。又《興復大能仁寺記》，言嘉靖丙辰胡總制豪奪爲吕相國花園，寺及佛像一日盡毁，住僧無漏憤而自經死。吕氏後造無量庵於城西墻下，以奉寺之伽藍，又塑吕文安、葵陽、姜山三先生像於寺。最後祁德公以三千金復之。胡總制即胡宗憲，吕相國花園即繆木園也。此二事亦可采附郡志。

作書致江敬所，饋以高麗參四枝，松門鮝兩尾，越茗一瓶。復郭孝廉書。夜閱《説文句讀》，并題籤跗。

十九日甲辰　晴熱，下午有風，頗凉。得秋伊書，饋豆蔻百粒，并所繪桃花横幅。得史實卿書，即復。作書致敦夫、益夫，作片致宋偉度，俱約今晚飲豐樓。午後答拜宋偉度、江敬所、謝青芸，俱不值。詣秋伊，晤談，即歸。剃頭。弢夫來。晚邀秋伊、弢夫、禔盦、彦清、仲彝、子宜飲豐樓，余招秋菱、霞芬、琴香，至夜三更歸。付秋、霞、琴車飯六千，酒家庸賞三千，車錢二千。

邸鈔：詔：署吉林將軍古尼音布回錦州副都統本任。以盛京刑部侍郎銘安署理吉林將軍，以盛京兵部侍郎繼格兼署刑部侍郎。詔：前雲南臨元鎮總兵麟志賞給頭等侍衛，在大門上行走。

二十日乙巳　晴。得宋偉度書。敦夫來。得江敬所書，并以令嗣士才《重建饒州府學記》一首來質，即復。午偕仲彝、彥清過大宏廟。禔盦邀至三慶園觀春臺班演劇。傍晚仲彝邀飲豐樓。夜一更後，酒未闌，先歸。得紱丈書，饋藥酒一瓶。閲《説文句讀》。

邸鈔：右庶子興廉轉補左庶子，翰林院侍讀桂昂升右庶子。

二十一日丙午　晴，熱甚。作書復紱丈。得弢夫書，即復。管惠農饋仙居大結野朮三枚，犒使一千。殷君執中饋賓榔木扇一柄，建麯八匣，犒使二千。爲曾君表書扇，即作片致之，得復。夢漁來，不晤。牧莊來。閲《史通》。夜大風。

邸鈔：詔：荆州將軍希元、杭州將軍果勒敏均加恩在紫禁城内騎馬。　以候補五品京堂劉錫鴻爲光禄寺少卿。

二十二日丁未　晨晴，上午微陰，下午風，有零雨，傍晚晴，晚風，甚涼。得伯寅書，饋茶葉四瓶，即復謝。再得伯寅書，即復。宋偉度來，久談。得逸山書，招飲，辭之。三得伯寅書，言即日復有西陵之行，且派抖晾實録。閲《史通》。昨夕舊疾兩動，晨起課僕澆花，又料檢家具，躬事汛掃，勞勩頗甚，時時疲卧。四得伯寅書，饋銀十六兩，即復謝，犒使六千。

二十三日戊申　晴涼。子宜來，心雲來，弢夫來，彥清來，暢談竟日。

邸鈔：以鑲白旗漢軍副都統、三等承恩公廣科爲西安將軍。

二十四日己酉　晴。得子宜書，約至廣和樓觀劇。午後偕彥清、仲彝同往，爨演甚惡。傍晚子宜邀飲豐樓。遇管惠農、葛逸仙諸君，先邀小飲。夜同汝翼、雲門、弢夫及子縝昆季飲，余招秋菱、琴香、霞芬。二更後心雲邀飲景龢。四鼓，酒未畢，先歸。夜子初二刻一分芒種，五月節。是夕涼甚。付車錢四千五百，三花車飯六千。

邸鈔：載慶補授鑲白旗漢軍副都統，熙拉布補授奉宸苑卿。　狀元王仁堪，閩人，中書。榜眼金聯沅，孝感人，軍機中書。探花朱賡颺。華亭人，吏部七品小京官。

二十五日庚戌　晴，有風，頗涼。剃頭。下午出門詣宋偉度，不晤。詣益夫、敦夫、寶卿，久談。詣逸山。其邸中棗花盛開，緑陰如幕，窗檻幽潔，清香暗生，覺落落有出塵想也。詣弢夫，不值，晚歸。付車錢四千。

二十六日辛亥　晴，晡後陰，傍晚有雨。早間族子寬來，狀甚狼狽，云已辭北路廳館，寓旅店中。語言不倫，似染風疾。予家氣運頹替至斯，可太息也。爲加衣履，送回店中，屬守邸人善視之。紱丈來。作片致何達夫，屬其往視寬姪。逸山來，廖雲鼇來。傍晚逸山邀飲豐樓，余招秋菱、霞芬，夜一更後歸。

邸鈔：上諭：古尼音布等奏廳官匿案不報，懇請革職一摺。吉林伯都訥廳民高真明殺死高真生一家十一命，凶犯脱逃。該廳官斌綬業經驗明，延至三月有餘，並不通詳，實屬有心諱匿。署伯都訥理事、同知斌綬著即行革職，以爲玩視人命者戒。　山東濟南府知府豫山准升濟東泰武臨兵備道。刑部郎中錫恩授濟南府遺缺知府。

二十七日壬子　晴，午陰，下午雲合，有雷，晡後開霽。得繆小山書，送來姚彥侍所刻《咫晉齋叢書》八册，姚舜牧《孝經疑問》一卷，惲敬《十二章圖説》二卷，吴玉搢《説文引經考》二卷，薛傳均《説文答問疏證》六卷，姚晏《中州金石目》四卷，《蘇齋唐碑選》一卷，汪士鋐《瘞鶴銘圖考》一卷，宋千佛寺僧《咽喉脉證通論》一卷，惲敬《大雲山房雜記》一卷，姚舜牧《藥言》一卷，共十種。即復。作書致弢夫。心雲來，子宜來，弢夫來，清談終日。趙心泉來。傍晚梅卿招同仲彝飲豐樓，余招秋蓤、霞芬，夜二更時歸。殷君執中來，不值。

二十八日癸丑　晴。得敦夫書，言初一日南歸。子宜來。得弢夫書。仲彝邀慶樂園觀劇。下午至大宏廟晤汝翼、子縝諸君，即偕心雲同詣戲園，遇牧莊、益夫、敦夫。傍晚子縝邀飲豐樓，余招岫芬、秋蓤、霞芬，夜二更後歸。殷蓴庭來，不值。同彦清、仲彝夜談。付雕翎扇一柄錢三十千，湘竹細根金泥摺扇一柄錢十千，秋、霞、岫三花車飯六千，岫芬佐酒錢八千。

邸鈔：庶吉士散館，陳翥等五十八人俱授編修，涂廉鍔等三人授檢討，朱鏡清等十四人以部屬用，陳光煦等二十三人以知縣用。陳翥即汝翼，試『三階平則風雨時賦』得館元，子縝、繆小山、朱蓉生皆留館。雲南臨安府知府石峻准升迤南兵備道。給事中許廷桂授臨安府知府。

二十九日甲寅小盡　晨密雨，上午陰，午後雷雨，下午陰，晡後漸晴，凉甚。本生祖父忌日。益夫、敦夫來。作書致季弟，寄以雕翎扇一柄，《洗冤録》一部。作書致内子，寄以高麗參、核桃人、建麯、廣皮。作書致三妹，寄以摺扇一柄及麗參、桃仁、建麯。又致大妹、二妹各參藥少許。以二伯父、二伯母誥命一軸寄從弟詩舫。以《洗冤録》一部致族弟竹樓。作書致益夫、敦夫兄弟，贈以糕餅、核桃人各一匣，以家書各件託其附去。以蒸鳧、豚肩、杏子、櫻桃詒梅卿，皆今日祭餘也。爲紫藤作架，以所儲枯柳作柱材，付木工錢十五千，其下可容一席地耳。竹垞、漁洋皆手植朱藤留於京邸，至今以爲佳話。先正風流，庶幾似之。付供饋錢十三千，核桃錢七千二百，送鮑禮錢六千八百。印結局送來是月公費銀十八兩六錢。

五月乙卯朔　晴，有風，歊暴，甚熱。早作書致子縝、子宜。得子宜復。子縝來。雲門來。褆盦來。得紱丈書，饋節餅、杏子，即復謝。楊定旉來。得潘鳳洲書，以將援例爲中書來取印結，余素不蓄此也。以燒鷄、杏子饋殷蕚庭。晡後詣益夫、敦夫送行。晚詣蕚庭兄弟，即歸。夜偕仲彝、彦清至正一祠觀演《五采輿》雜齣，天明始歸。

邸鈔：詔：左都御史金慶，協辦大學士、兵部尚書沈桂芬教習庶吉士。詔：本日引見之前翰林編修陸懋宗以檢討用。

初二日丙辰　晴。褆盦來。作書致伯寅。作書致逸山。兩得伯寅書，饋銀二十兩，即復謝，犒使六千。得逸山復。夜得褆盦書，招飲綺春堂，即復，辭之。閱吴山夫《説文引經考》。其取證雖較吴氏雲蒸書爲博，而於許君義例未能深知，誤文竄語，無所别白。又以原書爲次，不如吴氏分經爲類，便於檢尋。是日熱更甚，晚猶歊鬱。

邸鈔：詔：奉兩宫皇太后懿旨，翰林院侍講張佩綸奏敬獻升祔禮儀，以備采擇，並昭穆位次及考證異同各摺片，著王大臣、大學士、六部九卿、翰詹科道歸入會議摺内一併妥議具奏。其疏請建太宗文皇帝世室，謂我朝聖聖相承，皆當爲百世不遷之廟，廟數有定，而宗無定，請展後殿兩旁各建世室云云。不知周之文武世室即在九廟之中，謂之文武二祧，是世室即祧也。世室無定數，又何據乎？　宗人府左宗人、貝子載容奏假期届滿，舊疾未痊，懇請開去差使，並停俸。詔：載容准其開去一切差使，安心調理，加恩賞食全俸。以户部郎中吴廷芬爲内閣侍讀學士。

初三日丁巳　晴。得弢夫書，爲余謀節事甚力。得伯寅書，借閲日記，即復。作書致弢夫，贈以《滂喜齋叢書》一部，《洗冤録》一部，《咫晉齋叢書》一部。子宜來，饋節禮四金，心雲亦饋節禮四金，此不敢當者也。弢夫來。剃頭。得伯寅書。作書饋紱丈醬肘、梅糕，得復。雲門來。心雲來。付寶森堂書直十金，爲《經籍籑詁》及《望谿集》之直，計餘直及去年所賒，尚如此數也。夜邀仲彝、心雲、汝翼、弢夫、雲門飲熙春堂，并招霞芬。付秋菱銀十兩，霞芬百千，又銀二兩。天明始歸。付秋菱下賞十千，車錢二千，客車二千。

邸鈔：以貝勒奕劻爲宗人府左宗人。貝勒奕絪補正黃旗蒙古都統。前福州將軍文煜補内大臣。皆載容遺缺。以候補四品京堂懷塔布爲太常寺少卿。

初四日戊午　晴，晡後陰。牧莊來。殷心齋約後明日午飲，辭之。蕚庭饋饅頭、蒸鷄。竇卿來，何達夫來。濮紫泉來。是日倦甚，晡後罷卧，遂不見客。雲門來夜談。

邸鈔：以國子監祭酒松森爲詹事府詹事。刑部左侍郎袁保恒請給假回籍營葬。詔賞假兩月，以内閣學士馮譽驥署理刑部左侍郎。

初五日己未　晨陰，上午雲合，旋霽，午微晴，下午雲又合，復霽，晡後雷，有雨，傍晚晴，晚霞甚麗。子宜來。心雲來。午同梅卿邀仲彝、弢夫、心雲、子宜小飲。秋、霞兩郎來叩節，賞秋菱銀二兩，霞芬錢廿千，其僕皆十千。晡時散。少箕來。付米錢二百四十四千，石炭錢八十六千，兩月賃屋銀八兩，豐樓酒食錢百千，宴賓齋酒食錢三十五千二百，岑福工食十千、節賞十千，更夫工食七千、節賞三千，楊媪節賞四千，升兒工食三千、節賞三千，胡氏僕媪節賞共二十千，各長班節賞五千，甘井水夫錢十二千，京報錢二千九百，永兒叩節賞錢十千。此節從子宜暫假四十金，得以過去，然所負尚過半也。

邸鈔：詔：吏部左侍郎恩承之母許氏年屆百齡，精神强固，洵爲熙朝人瑞，著南書房翰林書扁額一方賞給，以示殊榮。所有例賞，仍著禮部核議具奏。從正白旗滿洲都統恭親王等奏請也。

初六日庚申　晴熱。閱《類篇》。晡後少篔招飲杏春堂，晚偕仲彝同車往，坐有汝翼、子縝、雲門，余招秋菱、霞芬，夜二更後歸。是日得詞二闋。

滿江紅詠晚霞

淺淺情天，拖逗出、絳霄花影。正日晚，天孫繡罷，懶收雲錦。緑樹接邊紅欲彈，鳳城銜處明逾靚。更額黄、無限夕陽山，西南映。　江上思，誰相證。山外意，何時盡？似端相人面，醉波微暈。錦帶書從天半寄，紫羅巾欲風前贈。衹消魂、能得幾時看，明河近。

玉漏遲

傍花蓮漏滴。疏窗曲檻，句留凉夕。下了香車，相見倍相憐惜。生恨明燈婉孌，似偏照、深紅羞靨。還轉向，銀屏影底，情伊偷隔。　自從繫定紅絲，恁密見疏逢，暗添華髮。似此多情，翻悔那回相識。拼得青衫化淚，總不換、天涯離別。團扇底，私語怕教人説。

初七日辛酉　陰晴不定，下午有雨，晚晴。作書致子宜，饋以蝦子醬、鯗脯。作書致寬姪，饋以鷄肉果餌，屬其静養，且早還元氏。而僕人歸言其風疾依然。芋町族伯父其將不祀乎？善人無後，天道何如！得雲門書。何達夫來。閱《類篇》。傍晚小雨初過，餘映益明，坐庭下讀書，緑陰清潤，頗有佳趣。是日付天寧寺酒錢十千，玉竹齋裝表漢碑錢三千八百，文采齋寫官銜門封錢四千，名片錢一千八百。

初八日壬戌　上午晴，下午微陰。雲門來。豉夫來。夜梅卿邀同仲彝、豉夫、心雲飲霞芬家，余招秋菱，五鼓始歸。

邸鈔：上諭：御史鄧慶麟奏軍功勞績保舉初任候補道府直隸州知州，請變通章程，不准酌補題調要缺一摺，著吏部議奏。

初九日癸亥　晴，熱甚。彦清來，午後招飲春馥，作書辭之。閲《類篇》。剃頭。晚偕梅卿邀彦清、汝翼、子縝、仲彝、弢夫、子宜飲豐樓，晤禔盦及張子虞、潘鳳洲，余招秋蔆、霞芬。二鼓後子縝邀飲雁儂家，余再招秋蔆、霞芬，天明始歸。付車錢四千，秋、霞車飯四千。

初十日甲子　晴，熱甚。閲崔秋谷《吾亦廬稿》。以明日夏至，先祀故寓公。張公束明經以將爲江西縣令，入都來訪，出所著《説文佚字考》一卷、詞一卷屬閲，又爲趙桐孫寄來鍾子勤《春秋穀梁經傳補注》一部。鍾名文烝，字朝美，又字伯孅，嘉善人，道光丙午舉人，桐孫之師也。書凡廿四卷，全載范注而詳補其闕，訂正其誤，博采衆説，深研義例，用數十年始成。近出諸書中爲卓然足傳矣。前有自序二首，論經、論傳及略例各數十則，後有自題詩二首，其門人沈善登庶常書後二首。晚有風。

邸鈔：新科進士孫宗錫、孫宗穀等七十八人俱改爲翰林院庶吉士，李徵庸等百一人俱分部學習，榮垕等十三人俱以内閣中書用，吴傳紱等百二人俱以知縣即用，兵部候補郎中陳浚疇等八人俱以郎中、員外、主事即補，餘皆歸班銓選。引見未到之榮桂、覃夢榕二名，該衙門照例辦理。宗錫、宗穀皆善化人，故侍講學士鼎臣之子。雲門、紫泉皆入翰林。浙江得庶常者九人，楊晨、楊文瑩皆與焉。紹興二人：山陰潘遹、蕭山黄某。

十一日乙丑　申正二刻十一分夏至，五月中。晴陰不定，下午有雨。祀曾祖考妣、祖考妣、本生祖考妣、先考妣，至晡畢事。子宜來。雲門約廣德樓觀劇。心雲再作片來，邀晡後往觀，并招霞芬同去。日晚雲門邀飲豐樓，余招秋蔆、霞芬，三更後歸。付秋、霞車飯六千。

邸鈔：上諭：給事中郭從矩奏請飭整頓士習一摺。殿廷考試宜如何謹守禮法，乃本年殿試竟有貢士争取題紙，任意喧嘩，實屬不成事體。嗣後著禮部先期曉諭，毋許再蹈故習，如有不守規矩者，即著指名嚴行參辦。故事：殿試題紙下時，士子先行三跪九叩首，禮畢皆跪，大臣監之司官以次授題訖始皆起。今年題紙甫到，人爭攫取，多裂去首二道，碎紙狼藉遍地。有不得題者，百十人復爭持主者索再給，主者不得已，乃別以一紙榜帖殿柱使觀之。蓋柜東子弟，悉以曳白登科，於是策試於廷者十九亡賴矣。擬題皆歷科陳言，字字可宿構，而狀元王仁堪尚持筆不能下，措辭里鄙，無不可笑。有常熟人管高福者，以『腎』『腸』字單擡，『我皇上』『我』字雙擡，亦得居三甲。朝考日，試『畏天之威於時保之論』『雪白茶蘼紅寶相八韵詩』。有福建人謝章鋌揣摩論題之意，執政以媚夷人也，遂援引漢唐，力申以小事大之義。沈吳江素主夷人，得之大喜，欲置高等，有力爭之者，始退三等。直隸人王鳳藻，詩文皆他人爲之，而書不能成字，詩之首句『看罷茶蘼了』書作『看羆』，亦僅置三等。其不能成文者數十人，皆知識爲之代作，公然扶書執筆，東西傳遞。監試王大臣臨視嘻笑，恬不爲怪。蓋法紀蕩然，廉耻喪盡，時事可知，不須識者矣。

十二日丙寅　晴，熱甚。仲彝再邀至廣德樓觀劇，以比日春臺班演《渾元合》雜齣，備諸神鬼變相也。招霞芬、秋菱同往。晚汝翼邀飲豐樓，坐平臺上，風月甚清，招秋菱、霞芬、岫芬、菱仙。二更後汝翼邀飲馥荃，再招秋菱、霞芬，天明始歸。夢漁來，不值。付秋、霞車飯八千，岫、菱左酒及車飯二十千，車錢四千。

邸鈔：上諭：沈葆楨奏請調道員以資治理一摺。段起著准其調補江南徐州道，所遺江西督糧道員缺，著吳世熊調補。七月吏部奏駁隔省對調，與例不符，復特旨准調，後不爲例。然江西人言段起前在江右，貪穢妄爲，人人切齒，不敢復往，故有此調耳。

十三日丁卯　晴暑鬱悶，下午多陰，傍晚雲合，晚大風，夜大雨，至三更後止。吳編修大澂來，不見。作書致弢夫。雲門來。牧莊來。晚邀彥清、仲彝、子宜、弢夫飲豐樓，餞彥清之密雲也。溯狂飈而往，耳鼻間塵土皆滿，坐未定而雨。招霞芬、秋菱，二鼓後冒大雨而歸。是日還子宜銀二十兩，皆姬人節縮日用所積。主人奇窘，此輩亦良苦耳。付秋、霞車飯四千，車錢四千。

邸鈔：上諭：左宗棠奏官軍會克吐魯番城詳細情形一摺。本年三月間，提督張曜等督率各軍，由哈密、巴里坤分道疾馳，攻拔七克騰木及闢展等城，復將連木沁、勝金台等處次第攻克，擒斬甚多。賊衆不支，由西北竄向吐魯番城。官軍馬步並進，當將吐魯番滿漢兩城同時克復，收撫降回，均令各安生業。左宗棠籌畫調度，均合機宜；張曜等迅赴相機，剿辦得手，此次出力員弁，自應量予獎勵：廣東陸路提督張曜著賞給一等輕車都尉，仍兼一雲騎尉世職；提督劉占彪、孫金彪均賞給頭品頂帶；宋賢聲、何玉超均賞穿黃馬褂。餘升賞有差。宋聲平補授廣東陽江鎮總兵。李鴻章奏馬復震已於二年十二月卒於軍，旋疏稱復震剿辦粤、捻各匪，安徽、浙江、陝西等省卓著戰功，曾國藩嘗稱其詩沉雄似杜甫，左宗棠嘗爲請改文職。才兼文武，又研究西國水師兵法。准軍之興，及海上兵船，皆復震所創始。年未四十，積勞遽殁，請旨從優議恤，並宣付史館立傳。從之。

十四日戊辰　晴陰埃𣆶，午有雨。閲《穀梁補注》。換冷布窗。紫泉來。黄編修國瑾來，不見。晚雲合，有雨，旋月出，夜一更大雷雨，二更雨稍稀，三更後止。

邸鈔：上諭：額勒和布等奏特參勒索蒙古各旗銀物之侍衛，請旨嚴議一摺。頭等侍衛孝順奉派致祭已故貝子通噶拉克瓦齊爾，行抵該游牧，每日索取布匹銀兩，至致祭時飭令備送衣服銀物，並有若不豫備，即不致祭之語。經該台吉等交給銀緞，始行致祭。經過喀爾沁等臺，每臺需索羊隻等折銀。似此任意騷擾，貪婪不職，殊出情理之外。僅予嚴加議處，不足蔽辜。孝順著即行革職，交部治罪，其勒索銀物，並著追繳給還。

十五日己巳　晨陰，上午晴陰相間，下午晴。是日頗清涼。閲《穀梁補注》。得紱丈書，以近作五古七首見示，即復。蕚庭來。夜月甚佳。洗足。是日買紈扇三柄，京錢卅四千。

十六日庚午　晴，晡後陰。是日有風，甚凉爽。早起爲秋蓤書扇，作小楷五百字。此亦游戲海鷗之意，下士聞之，當大笑作蒼蠅聲。心雲來。作書致子縝，以團扇二柄乞畫蘭。得子縝復。是日又買紈扇二柄，京錢十二千六百。夜仲彜邀飲德春，余招秋菱、霞芬，四鼓後歸。趙心泉約後日午飲，且觀劇，復書辭之。

邸鈔：翰林院侍講景善壬子。轉侍讀，編修尚賢甲戌。升侍講。御史李宏謨升禮科給事中。上諭：沈葆楨等奏殉難大員懇請建祠立傳並可否予謚一摺。已故護理江蘇按察使、蘇州府知府朱鈞於咸豐十年在江蘇省城力戰被害，業經議恤。兹據稱，該故員善政頗多，遺愛在民，該省紳士呈請恩施。朱鈞准於江蘇省城捐建專祠，由地方官春秋致祭，並宣付國史館立傳。所請予謚，著禮部議奏。旋部駁不予謚。上諭：沈葆楨、何璟、丁日昌奏新設海疆要缺知府揀員請調一摺。福建新設臺北府知府，著准其以江蘇海州直隸州知州林達泉試署。

十七日辛未　晨微陰，上午晴，有風，甚爽。作書致子縝，以『秋江菱榜晚霞時』團扇，屬與雲門、子宜共題一詞。子縝來。子宜來。以岱南閣本《孫子十家注》、孫頤谷《讀書脞録》、王伯申《經傳釋詞》《字典考證》四種贈子宜。作書致逸山，乞畫湖塘村居圖。午後詣梅卿、仲彜，出永定門十里，游碧霞元君廟，土人所謂南頂也。自初一日開廟，至今日止，游人甚盛。廟中高松百餘株，皆因樹蓋苫，設棚酤飲，袪熏騰緑，錯坐其間。廟外有橋，橋西有土阜，曰九龍山，山下爲凉水河，河上跨橋三洞，曰永勝橋，正對南苑之大紅門。橋之南北東西架席棚，爲游人憩息之所，酒幟茶檣，櫛比而立。梅卿邀同小飲。臨河灑然，凉風四起。南望苑中，樹色蔚深，濃緑無際。西山遠映，層青繚烟。時已夕陽，山之上下，皆設闌檻。釵光鬟影，直接水次。彈詞絃索，相間而作。雖帝都春色，略似翰苑人才，鍾嫫弄姿，等諸自鄶。所可流連者，山水清暉，大有江鄉風景耳。酒家具饌，亦頗精潔。近日之游，此爲樂矣。都中有五頂之稱，皆碧霞元君廟之在郊外者，惟中南爲勝。中頂在右安門外，地近豐臺，花圃水畦，野趣饒洽。歲以四月一日開廟，而南頂以天橋盤馬，流水游龍，趫捷相逐，沿爲故事，故游者尤多焉。晚歸。得逸山書。夜心雲邀飲景龢堂，余招飲秋蔆。素不喜飲歌郎家，比之屢出，以知好留連，甥爲應赴，實非本懷。今夕差覺歡暢耳。三更後歸，付車錢七千五百。是日得詩詞各一首。

偕匡伯仲彝游南頂

古廟松陰午夏凉，繞門烟景似江鄉。西山掃黛依城闕，流水含情入苑墻。樹影直穿游騎駛，波痕對裊酒旗長。笙歌漸散衣香亂，已見平疇滿夕陽。

三姝媚夏夕偕秋蔆飲霞芬室

鑪烟歌扇裊。又花間招携，金尊頻倒。翠管筵前，正袖霞低拂，鏡菱偷照。背了銀荷，衫暗並、端相嬌小。水樣湘簾，偏借銀蟾，映人雙笑。　惆悵年時懷抱，看舊眷新嬌，一般風調。密字珍珠，算酒邊心事，抵伊多少。白髮催人，償幾度、蛾眉低掃。但願歡紅愁翠，相依未老。

邸鈔：上諭：梅啓照奏局員虧欠鉅款，請拏問監追查抄備抵一摺。浙江已革補用知府趙寳申虧欠海塘捐輸正雜各款銀九百六十餘兩，洋銀三萬九千圓，錢四十餘千，屢經勒限嚴催，輒敢飾辭延宕，實屬抗玩已極。趙寳申著即拏問監追，按律懲辦，所有該革員原籍家産著江蘇督撫查抄備抵，其省寓資財一併查抄，以重公項。上論：四川順慶府知府李書賓、廣西平樂府知府文廷琛、陝西興安府知府楊壽均著開缺，送部引見。

十八日壬申　晴。𢧵夫饋龍井茶一瓶，作書復謝。寫單約宋偉度、趙心泉、張玉珊、殷心齋諸君後日聽樂部并小飲。作片致心泉。心齋來辭行，不晤。得紱丈書，索所商近詩，即復。雲門來夜談。

上諭：刑部奏現審案内牽涉司員請旨解任並派員會審一摺。據稱現訊河南武舉劉金華被控搶劫一案，劉金華赴部呈控户部郎中王守愚帶領家人李升向索銀票，允向陝西司問官説情，業經用銀换票付給，因恐干重罪，赴部投首。當將此案改調四川司派員會訊，並傳王守愚及家人李升與假冒王守愚之孫二到案質訊，供詞閃鑠，劉金華亦未能指實問官究係何人，惟員外郎朱蔭穀曾經承審。請將王守愚、朱蔭穀暫行解任，並派大臣會審等語。案關司員因案詐贓虚實，均應徹底根究。著派毛昶熙、恩承會同刑部詳細研鞫。户部郎中王守愚、刑部員外郎朱蔭穀均著暫行解任，候選衛守備劉金華著暫行停選，一併聽候傳訊。王守愚，開封人，故閩浙總督懿德之孫，膏粱騃豎耳。朱蔭穀，海寧人，辛亥舉人，招摇納賄，與主事山陰朱福榮有『二朱』之目。

十九日癸酉　晴，有風。比日頗爽。閲《穀梁補注》。寶卿來。梅卿邀晚飲豐樓，固辭不得。余近來蹤迹，屢在酒家，或以惜别嫛婗，或以寓情陶寫，然十之七八，甥作應酬，愒日疲神，多非得已。縮三旬之舉火，求一刻之暫歡，志士以之悲懷，寒人因而霣涕者矣。今夕招霞芬，坐間戲語子宜、心雲：『此非靈均香草，實爲莊生寓言，視之如塗車芻靈可也。』二更後散，仲彝邀飲春馥，不往。

邸鈔：吏部郎中何耀綸授四川順慶府知府。

二十日甲戌　晴，熱甚。弢夫來。上午偕仲彝至廣德樓，心泉已至，公束、偉度、蓴庭、弢夫、梅卿先後來觀劇。至晚邀諸君飲豐樓，余招霞芬，二更後散。梅卿邀飲景龢，不往。是日冒暑請客，客又不擇，亦徵逐之困矣。付坐錢八千，酒家庸賞四千，車錢四千，秋、霞車飯六千。

邸鈔：何璟、丁日昌奏請爲前署福建延建邵道袁績懋、代理延平府事候補知府金萬清予謚建祠。袁績懋，宛平籍武進人，道光丁未榜眼，由編修特旨改主事，捐升道員。金萬清，會稽人，道光甲辰進士。詔：袁績懋、金萬清於咸豐年間先後勦辦粵匪，力竭捐軀，業經奉旨優恤。兹據該督等奏稱袁績懋署理道篆，深得民心，力保危城，死事最烈，著准其於祖籍江蘇常州府及死事之福建順昌縣建立專祠。至所請及金萬清予謚之處，著禮部議奏。旋部駁不予謚。

二十一日乙亥　晴。作書致弢夫。坐聽事讀書。得雲門書，約後日飲且園，即復。得弢夫書。余以昨夕有不快，於坐人褊中護前忿氣，遂激詆訶，所及多有失言。自愧學力不成，老而愈放，讀書所得，全爲客氣所乘，既乖養心，徒滋忤俗。醒悟之後，因與弢夫言之。弢夫復書言無此事，固由見愛之篤，亦知余之不能受盡言耳。夜子縝邀飲景龢，初更往，招秋薐、霞芬，四鼓後歸。

二十二日丙子　晴。得公束書，即復，并爲跋《寒松閣詞》，還之。得雲門書，即復。得禔盦書，招飲景龢。閱《穀梁補注》。爲心雲書扇。晡後禔盦再作片來，速坐車往，已酒闌矣。少篔邀夜飲豐樓，余招秋薐、霞芬，二鼓時歸。

二十三日丁丑　晴。得弢夫書，即復。剃頭。爲心雲、子宜書扇。謝夢漁來，廣西人鍾編修德祥來，張公束來，俱不晤。夢漁比來七次，皆不值。鍾君甲戌自闈入都，爲傅節子附書來，曾相往還；近日又先託汝翼、子縝爲之先容。公束來，爲秀水鍾坦妻金烈婦乞文字，皆意欲延接者，而僕輩以余不憙見客概辭之。雲門書來速飲。宋偉度來，此則余所不欲見者而雰入，可厭也。將詣且園矣，以借同居者之車，爲僕輩所侮。此小人恒態，本不足校，而忿懥之氣，不能自克，肝逆大上，言動失度，遂作書致雲門辭飲。雲門自來邀飲，晚同車往，子縝、子宜、禔盦、弢夫、仲彝、心雲、少篔皆在，汝翼、潘伯循同作主人，諸君先爲余招秋薐、霞芬，三更散歸。付秋、霞車飯四千。

二十四日戊寅　晨陰，有澂雨，即止，上午晴陰相間，午晴，下午有急雨。傍晚晴，晚又小雨，夜密雨數作。朱蓉生來。晨偕蓉生詣長椿寺送劉緘三師柩歸葬南皮，仙洲及其婦柩亦隨往。龐俊卿、張香濤、桑叔雅諸君皆在。嫠孤孑孓，祖送寥寥，素旐疲羸，參差即路，風日增其慘黯，行路爲之累唏矣。聞香濤言劉氏祖塋尚有隙地，此去三棺淺殔，坏土僅封，然道路往還，宗親會葬，計其所費，已及千金，營祭立碑，更無他策，悲哉！日中共視其啓輀始返。詣何達夫、史寶卿，晤達夫。詣大宏廟送子縝、心雲之行，晤子縝。詣牧莊，不值，午後歸。爲仲彝書扇，又以泥金書團扇一柄致仲彝尊人安軒年丈，又爲梅卿以泥金書扇。饋仲彝食物。夜偕仲彝同車出飲，至虎坊橋遇暴雨亟歸。方受甫户部以今日出殯，送奠分四千。付車錢七千。

邸鈔：西安左翼副都統圖明額奏病難速痊，懇請開缺回旗調理。詔：圖明額准其開缺，所署西安將軍印務，俟廣科到任後再行交卸回旗。

二十五日己卯　晴，溽暑蒸鬱。雲門來。作書致陳逸山。逸山性粗，語言無次，跅弛特甚，深致昵於余。余以爲坦白無它腸也。逸山又屢以伯寅、香濤、王廉生、李學士相詆之言告余，余以諸君皆與逸山厚，而逸山獨袒余者，爲士窮相恤也，由是益親之。乃前日雲門述香濤言，則逸山所至毁余有耳不忍聞者。人情險巇，固如是哉！得紱丈書，借《日下舊聞》諸書。仲彝自豐樓作片來堅夜飲之約，即復書辭之。心雲來辭行，夜談，至三更去。

邸鈔：上諭：何璟、丁日昌奏福建省城驟遭大水，現籌撫恤等語。本年五月間，福建省城雨水過多，山水驟發，海潮上泛，城内外水深五六尺至丈餘不等。業經何璟等督率員弁，將被難居民救出安插。該省連年猝被水灾，民情困苦，殊堪矜憫。著何璟等督飭地方官妥籌撫恤，毋任一夫失所。省城内外人民田禾有無傷損，並上游各府縣水勢若何，是否成灾，著即查明具奏。其應如何籌撥款項，采買米石，以資振濟之處，並著迅速辦理，用副朝廷廑念災黎至意。二十日上諭：山西巡撫曾國荃奏山西上年秋稼未登，春夏又復亢旱，秋苗未能播種，各屬自開倉放賑，飢民就食者多，倉穀不敷，亟須籌款振濟。覽奏情形，殊殷軫念。加恩著照所請，即將該省本年應解京餉劃留銀二十萬兩，由曾國荃飭屬采買糧米，分別振恤。又沈葆楨奏請互調道員一摺，言徐州災歉頻年，去年旱，繼以蝗，蕩析離居，圖不勝繪。今歲麥收雖報五六分，而沿江蝻孽孳生，秋糧在不可知之數。又聞前日甘肅六百里急奏，至言降回復變，固原失守，陝西震動。二十日夜三更時西南有白氣冲天，逾時始散，深可憂也。以印務參領秀斌爲西安左翼副都統。御史吴鴻恩選授廣西平樂府知府。

二十六日庚辰　晨陰，上午微晴，下午晴。早起送仲彝還宜昌。得紱丈書，即復。得子縝書，言今日行，不及來别爲恨。牧莊來，久談，至夜二更時去。

邸鈔：詔：前翰林院侍講學士徐郙仍在南書房行走。

二十七日辛巳　巳正初刻九分小暑，六月節。晨至上午密雨時作，午後稍霽，晡後晴，晚陰，有小雨，即止。謝麐伯來，不晤。弢夫來。雲門來。是日頗凉。

邸鈔：詔：凉州副都統額爾慶額賞給副都統銜，爲古城領隊大臣。以甘肅督標中軍副將崇志爲凉州副都統。

二十八日壬午　晴，酷熱，有風。得雲門書。作書致孺初，致弢夫，致張公束。得陳逸山書，力辨無毀余事，且言孺初大病。得弢夫復。禔盦來辭行，并贈海寧白菊花兩包，乾菜一包。晡後大風雲合，傍晚復霽，晚風，甚凉。

邸鈔：兩宫皇太后懿旨：禮部題皇帝萬壽聖節正值齋戒之期，援照成案，請欽選一日行慶賀禮等語。皇帝萬壽著於六月二十六日行慶賀禮，嗣後即照此旨行。

二十九日癸未　晴。作書致逸山，問孺初疾，饋以白菊、乾菜。作書致雲門。得逸山復。雲門來，言今日已與少質、汝翼移寓繩匠胡衕。晚坐庭際讀書，作詩柬弢夫、雲門。

夏晚讀書簡弢夫雲門

人世日逼仄，得閑還讀書。眠餐支老境，文字慰窮途。時見王郎過，相鄰樊子居。不知門外事，花竹篓吾廬。

邸鈔：前江西督糧道王必達授甘肅安肅道。

三十日甲申　晨微陰，上午晴。早起步詣雷陽館視孺初疾，晤陳逸山，面詰以所聞，其辭枝梧之甚。此人果非君子，以後絶之可也。總之諸人之毁余者，以近日酒邊轣迹頗多耳。余之寄託，固非此輩所知，即實有鍾情，亦何與癡兒事，而煩鼠輩饒舌哉？都中所謂賢士大夫，以脂韋爲經濟，以穿窬爲學問，奴顔婢膝，無所不爲，不知清夜捫心，何以見天日、對妻子。而於離衆獨立者，視若仇讎；潔志不屑者，加之糞土。徒自狀其蜉蝣而已。丈夫行事，光明洞達，雖鬼蜮群行，亦何傷於豪末乎？《易》之大過，君子以獨立不懼，我則知之矣。上午欲詣雲門諸子寓，以日景甚烈，遂歸。作書，并寫昨詩致雲門。張公束來。爲弢夫作小楷便面，書霞詞四闋，更賦《蝶戀花》一闋足之。

邸鈔：以□□□格楚克爲理藩院額外侍郎。

六月乙酉朔　終日多陰，小雨時作。作書致弢夫。剃頭。弢夫來。雲門來。朱鏡清庶常新改刑部，蔣其章進士分發甘肅，俱來拜，不見。雲門邀同弢夫至歌樓觀劇。傍晚余爲禔盦餞行，邀弢夫、雲門、少質同飲豐樓，招秋蓤、霞芬。禔盦欲呼岫芬與别，余不得已，亦並召之。夜二更後歸。是日在歌樓晤粵西鍾西筠編修，言即日從軍臺灣。西筠，南寧人，少經寇亂，久客閩中，前年傅節子附書來言其工詩文，能讀書，蓋邕管之士特出之秀矣。印結局送來前月分公費銀二十三兩三錢。付三花車飯六千，酒保賞三千。

初二日丙戌　晨陰，上午陰晴相間，下午晴。是日頗凉爽。作片問孺老疾，知其少愈，甚慰。作書致星丈，爲弢夫、子宜乞畫便面，并饋白菊花一瓶。作書致伯寅。閱《經義叢鈔》。得星丈復、伯寅復。作片致雲門諸君。得雲門復。得弢夫書。晚詣弢夫，邀至堅春從秋蔆飲，并邀汝翼、少箕、雲門偕來夜談。招芷秋，不至。招霞芬。四更後歸。付秋蔆酒錢三十千，下賞十千，車錢五千，客車四千，贈霞錢四十千。

初三日丁亥　晴，酷熱。晨卧甫起，宋偉度邀飲堅春，余素不憙隨人徵逐，以前兩晤偉度，勤勤相訂，且言在坐惟有紱丈，昨秋蔆又爲言，此席專爲紱丈與余而設，不得已午後赴之。紱丈已早至，又有蘇人張志堅編修、洪修撰鈞。肴饌頗潔。余招霞芬。日昳而散。修撰固邀再飲韓潭，半道驅車歸。得趙心泉書，約初八日夜宴且園。閱《經義述聞》。夜大風。洗足。

初四日戊子　晨風雨，甚凉，聞西山有雪，上午後晴，終日凉爽。作書致雲門，擬爲十刹海積水潭之游。夢漁來。雲門來。少箕來。方作書致弢夫，約共游南窪龍樹、陶然兩寺，而日景已烈，不堪適野，遂清談至晚。雲門邀飲豐樓。余招秋蔆、霞芬、琴香、來飛坐，亦留之，三更後歸。庭前盆中所植月季、榴花比日盛開，一朵並蒂雙花，一朵並蒂雙花上又出重臺一花。此極難得者，以詞紀之。霞芬采抹麗花爲余綴團扇中殆遍，亦賦一詞。此平等法中消遣也。夜凉，去草席。

解語花 庭中千葉石榴雙花並蒂，上又出重臺一花，賦此索同人和。

猩英細蔟，絳瓣匀敷，紺蕚雙趺展。乍分還斂，薰風裏，相倚又相遮掩。重臺更艷，認高處、五雲襛顫。是甚時、蠟鳳三珠，齊向枝頭見。可似尹邢婉變，又身輕掌上，來舞飛燕。朝酣深淺，紅裙並，偏讓暗擡嬌面。芳心數點，還密意、如人旋轉。長願依、深翠朱旛，不作去飛紅怨。

珍珠簾霞芬以茉莉遍綴秋菱所書團扇，風香襲袖，露顆沾衣，密意重重，素心脉脉。采蘭贈若，非所云聞；解佩緘璫，方斯詎遠。惆悵之結，情見乎辭。

是誰琢就珍珠蕊。露苞含，多少温存深意。恰到半開時，又素馨如醉。見説琳宮新采得，便暗取、荷囊深繫。偷寄。恁背人低數，相思何事。偏稱小扇輕紈，配綽約簪花，瓊瑤勻綴。卅喜算團圞，看細排心字。比似丁香猶款密，好結取、從頭盟誓。休棄。便金篋緘香，見時長記。眉批：『恁背人』（十）〔九〕字本作『問紅豆相思，幽情知未』，又擬改『看點點相思，化將清淚』，兹用夢窗體。

初五日己丑　晴，尚有凉意。作書致雲門。雲門來，暢談，至日昳去。張公東來，以近日安徽新刻《陶淵明集》兩册見贈。此即北齊陽休之所編十卷本也。卷七爲《五孝傳》，卷九、卷十爲《聖賢群輔録》。咸豐辛酉，獨山莫氏得旌德縮刻宋本，其中宋諱缺筆，至寧宗嫌名『廓』字，知爲慶元以後刻矣。《桃花源記》『欣然規往』，不作『親往』。《群輔録》比時本多八十餘字。莫子偲題識謂與毛斧季《祕本書目》所稱宋板《淵明集》皆合。桐城徐氏醵金重刊之，頗精緻可觀。

初六日庚寅　初伏。晴，午後歊熱如前。孫鏡江來。署吏送養廉銀九兩三錢來，付車錢三千。更夫崔以今日罷庸，付錢二十千。

邸鈔：詔：初八日親詣大高殿祈雨，分遣惇親王奕誴詣時應宫，恭親王奕訢詣昭顯廟，惠郡王奕詳詣宣仁廟，貝勒載治詣凝和廟拈香。上諭：御史鄧華熙奏廣東省北被水大概情形，請旨飭查，妥籌賑撫各摺片。據稱廣東北江長堤綿亘，爲清遠等縣屏障。本年四五月間雨水過多，江河泛濫，石角圍堤決口百數十丈。此外河堤復潰塌十餘處。又聞連州五月間山水斗發，居民淹斃萬餘人，訓導康贊修漂流不知下落，四野田廬均被淹没等語。著該督撫即行查明，詳細具奏，並即勘明被灾輕重，妥籌撫恤，毋任一夫失所。一面將河堤決口速籌堵築，以資捍衛。至所稱廣州府城，立有惠濟義倉，請飭酌提租息銀兩，以爲辦賑之需，並停免由鄰省至該省穀米釐捐，嚴飭釐廠不得創立名目擅抽米船船頭銀，禁止省河私設米步把持糧價諸弊，均著該督撫酌度辦理。户科給事中邊寶泉授陝西督糧道。得伯寅書，即復。

初七日辛卯　晨微陰，頗凉，上午後晴，酷熱。感凉，不快。作片問孺初疾。作書致雲門，得復。得伯寅書。爲雲門書扇。寫榴花詞致伯寅。付衣鋪銀九兩二錢又錢八千，爲段袍及整飾衣綫之直。

初八日壬辰　晴，酷熱。得星丈書，以粤東桃花人面果兩匣見饋，并送子宜、弢夫畫扇來，即復謝。宋偉度來。雲門來。剃頭。贈梅卿桂花茶葉一瓶，桃花果一匣。傍晚詣弢夫，不值，遂至且園赴心泉之招。肴覈甚盛。坐客有張府尹澐卿、孫學士毓汶、張觀準御史及安徽一妄市儈龔姓。趙、孫二君固請招酒糾，且徵笛師，余不得已，亦召秋菱、霞芬。霞芬已入城，而秋菱與龔儈接坐，亦酒邊之辱矣。夜二更後宋偉度催飲熙春，因逃席赴之，并招岫芬，四更後歸。弢夫來，不值。

初九日癸巳　晴，酷熱。得雲門書，即復。以京錢十千交紫泉，屬陽湖女士左錫惠繪『秋江菱榜晚霞時』團扇。得少篔書。繆小山來。弢夫來夜談。始食西瓜。

初十日甲午　晴，酷熱，有風，歊暴，晡後微陰。雲門來，作竟日談。魯琪光編修來，洪鈞修撰來，均不見。比日傷風，鼽涕不快，晚坐庭下閲《唐兩京城坊考》。得紱丈書，饋燖肉，即復謝。

邸鈔：上諭：御史鄧慶麟奏甘茶引地被歸化城私茶侵占，請交督臣派員設局經理，並停理藩院茶票一摺，著該衙門議奏。

十一日乙未　晨至午後密雨時作，晡後晴，蒸溽益不堪。得星丈書，問『鵲起』二字之義。午浴。復星丈書。作書致雲門，得復。盛伯希來，不見。咳嗽又作。閲孫頤谷《讀書脞録》。夜二更時大雨。僕人杜升去，付錢二千。

十二日丙申　晴，酷暑。張公束來，得趙桐孫書，以所著《琴鶴山房詩鈔》五卷屬商定，且乞序。得星丈書，即復。得弢夫書，即復。閲胡廷佩《訂訛雜録》。再得弢夫書。閲趙桐孫詩。桐孫博學有文，其詩長於隸事，凡感時詠史之作，頗有佳篇，而於狀景述情，迺鮮工者，遠不逮其駢文。弢夫來。晚有風，稍凉。弢夫邀同公束、雲門飲豐樓，余招琴香、霞芬，夜二鼓後歸。付王九車錢十千，琴、霞車飯四千。廚子孔以初十日受庸，今日付庸錢七千，中保一千。

邸鈔：以翰林院侍讀景善爲國子監祭酒。

十三日丁酉　寅初二刻四分大暑，六月中。晨至上午陰，傍午晴，酷暑如前，下午陰，傍晚有風，少凉。感暍不快。

閲《訂訛雜録》。考據之學，愈後愈難，如『高唐神女夢』一條，辨《文選》刻本，於《神女賦》中『王』『玉』二字顛倒互訛，遂以宋玉之夢爲襄王之夢。《四庫提要》謂姚寬《西谿叢語》已言之，譏鳴玉未見其書，不知沈括《夢谿筆談補》先辨之甚詳。存中北宋人，又較令威爲早矣。以夢神女屬襄王，唐人詩已屢用之，蓋其沿誤甚久。

夜密雨數作，三鼓後尤緊。

十四日戊戌　晨小雨，上午漸止，終日霃陰。得雲門書，約晚飲豐樓，即復。閲汪韓門《文選理學權輿》。雲門來。傍晚赴雲門之招，坐惟鄞人董覺軒與弢夫耳。余招秋蓤、霞芬，二更歸。夜凉，五更時須薄綿矣。雲門薦僕人張順來。

邸鈔：兩宫皇太后懿旨：本日據禮親王世鐸等奏，穆宗毅皇帝、孝哲毅皇后升祔位次，遵旨敬謹相度，會議具奏。醇親王奕譞奏請定久遠至計。詹事府少詹事文治、鴻臚寺卿徐樹銘、内閣侍讀學士鍾佩賢、鴻臚寺少卿文碩、國子監司業寶廷奏敬陳管見各摺片。著派惇親王奕誴，恭親王奕訢，醇親王奕譞，御前大臣、軍機大臣、大學士、侍郎翁同龢、夏同善，禮部太常寺堂官，將王大臣等所奏各摺片詳細閱看，再行妥議具奏。摺八件、片二件、説帖五件併發。

十五日己亥　晨大風，晴凉，竟日有風。上午詣孫鏡江家拜其太夫人七十壽。詣雷陽館視孺初疾，已能杖而起矣。詣張公束看姚氏新宅。答拜洪修撰而歸。剃頭。戴夔元户部來。（此處塗抹）窮途寂寞，自附作達語，其醖藉亦名士所不諱。然必揣其性趣，稱厥風流，出入有程，醒醉有度，情在遠近，語半諧莊，方不至屢舞傞傞，浸淫掃地。而竹林難選，壚側誰明，奴隸搜其管弦，屠酤亂其尊俎，不免沙泥均涅，鷄鳳同群。余之溷迹其間，宜爲不知我者所笑也。作書致子宜保定，并爲寄家書及扇面去。作書致弢夫。同司喬峰、陳守和兩員外約明日飲樂椿園，辭之。傍晚坐庭下讀《穀梁經傳補注》。夜月甚佳，是夕望，凉可藉綿。付孫母壽分八千，車錢二千。

十六日庚子　中伏。晴，早晚尚凉。作片致寶卿，詢其山西之行。閲《穀梁補注》。寶卿來。弢夫來。

十七日辛丑　晴。得紱丈書，索閲日記，即復。雲門來。作書致弢夫。作片致紫泉。弢夫來。閲《禮記正義·王制》《祭法》，皆言天子七廟，與《穀梁》合。此自爲王者之通制，不主文、武世室而言。蓋《王制》既云『三昭三穆』，自當連高祖之父祖數之。此周之尚文，以多爲貴也。文、武世室爲特立，當如王肅言，權禮所施，非常廟之數也。世室制與廟別，故經典無九廟之文。惟常制，已祧之主皆入太祖之廟。周以有文、武世室，故先公之主，藏后稷之廟，成、康以下之主，依昭穆分藏文、武世室，自當如鄭君説以文、武爲二祧也。《周禮·春官》：守祧，奄八人。《疏》以天子七廟，通姜嫄爲八廟者是也。周公、成王時止有后稷、文、武三廟，而七廟之制早定，故守祧之奄，先設是數，若世室則其時不得豫定也。『祧』字不見《説文》，《祭法》及《春官》鄭注皆曰『遠廟爲祧』，蓋別乎近廟而言之。『祧』與『廟』對文則別，散文則通，故在《周禮·春官》曰『守祧』，曰『廟祧』，在《儀禮》及《左傳》曰『先君之祧』，《左傳》又曰『豐氏之祧』，此散文不別之證。凡主之已祧者曰祧，廟之將祧者亦曰祧，故鄭君曰祧之爲言超也。超上者，美名也。或據《説文》『兆，畔也，爲四時界，祭其中』，謂兆即祧，不知兆是兆域字，非祧字，廟安得爲四時界以祭？此妄説也。《大戴禮》《荀子》皆曰有天下者事七世，可知七廟者後王之通制。周以文、武功德之盛，又別立兩世室，故後世遂有九廟之説，明世室不在七廟中也。祧有四時之享嘗，又上而爲壇爲墠則有禱，又上而爲鬼則有薦，鄭君《祭法》注云：凡鬼者薦而不祭。禘祫則皆合食，是雖遠而百世未嘗不至孝饗也。東漢以後稱宗始濫，至唐而無帝不宗，然親廟以三昭三穆爲限，廟以九爲定法，周之文百世而不易者也。晉至康帝時廟已十一室，而世仍限以七。唐玄宗始准周制爲九室，至宣宗時廟已十一室，而昭穆仍各限以三。蓋以景帝當后稷爲太祖，高祖、太宗當文、武世室，廟準乎九而世仍限以七也。

十八日壬寅　晴，酷熱，晚有雷電，小雨。

殷以前親廟皆四，後世自晉汔明，開國之君皆立四親廟。國朝亦止追尊肇、興、景、顯四祖，是固謂百王之成憲，不可易也。太祖創業，世祖定鼎，聖祖混壹華夏，故皆稱祖，誠以稱祖者百世不祧，稱宗者親盡則祧，又萬世之成法也。世祖時創定廟制，分中殿爲九間九室，聖意淵深，明示世數有定限也。宣宗時以郊壇配位有數，詔以三祖五宗爲定，是郊配尚以地限，况廟制一定，不可變也。禮時爲大，順次之，宜次之。今九室已滿而祧太宗，所謂時也順也宜也。太宗既祧，而禘祫則從四祖以配食於前殿，又有陵殿以昭嚴事，有奉先殿以展孝養，盡禮盡文，何嫌何疑？而朝無知禮，士不通經，妄爲揣摹，附會遷就，或請建世室，或請創別廟，務爲不根之談，輕壞大原之禮。而禮官萬青藜者，至請分中殿爲十一室，百僚群而和之，貽笑千古，可太息矣。國朝以太祖高皇帝準周后稷爲太祖，以世祖章皇帝、聖祖仁皇帝準周文、武世室，其後則以三昭三穆爲斷，率由成憲，無容擬議者也。

作書致雲門，乞散藥，得復。得紱丈書，還日記。得星丈書，復借日記，即復。

閱郭嵩燾侍郎《使西紀程》，自丙子十月十七日於上海拜疏出洋，至十二月八日抵英吉利倫敦止。倫敦者，英夷都城也。記道里所見，極意夸飾。大率謂其法度嚴明，仁義兼至，富强未艾，寰海歸心。其尤悖者，一云以夷狄爲大忌，以和爲大辱，實自南宋始。西洋立國二千年，政教修明，具有本末，與遼、金崛起一時，倏盛倏衰，情形絶異。其至中國，惟務通商而已，而窟穴已深，逼處憑陵，智力兼勝，所以應付之方，并不得以和論。無故懸一和字，以爲劫持朝廷之資，哆口張目，以自快其議論，至有謂寧可覆國亡家不可言和者。京師已屢聞此言，誠不意宋、明諸儒，議論流傳，爲害之烈，一至斯也。一云西洋以智力相勝垂二千年，麥西、即摩西。羅馬、麥加迭爲盛衰，而建國如故。近年英、法、俄、美、德諸大國，角立稱雄，創爲萬國公法，以信義相先，尤重邦交之誼，致情盡禮，質有其文，視春秋列國，殆遠勝之。而俄羅斯盡北漠之地，由興安嶺出黑龍江，悉括其東北地以達松花江，與日本相接。英吉利起極西，通地中海，以收印度諸部，盡有南洋之利，而建藩部香港，設重兵駐之。比地度力，足稱二霸，而環中國逼處以相窺伺，高掌遠蹠，鷹揚虎視，以日廓其富强之基，而絶不一逞兵縱暴，以掠奪爲心。其構兵中國，猶展轉據理争辨，持重而後發，此豈中國高談闊論、虚憍以自張大時哉？輕重緩急，無足深論。而西洋立國自有本末，誠得其道，則相輔以致富强，由此而保國千年可也。不得其道，其禍亦反是云云。嵩燾自前年在福建被召時，即上疏痛劾滇撫岑毓英，以此大爲清議所賤。入都以後，衆詬益叢，下流所歸，幾不忍聞。去年夷人至長沙，將建天主堂，其鄉人以嵩燾主之也，群欲焚其家。值湖南鄉試，幾至罷考。迨此書出，而通商衙門爲之刊行，凡有血氣者無不切齒。於是湖北人何金壽以編修爲日講官，出疏嚴劾之。有詔毁板，而流布已廣矣。嵩燾之爲此言，誠不知是何肺肝！而爲之刻者，又何心也！嵩燾力詆議論虚憍之害，然士夫之肯爲此議論者，有幾人哉？烏虖！余特録存其言，所以深著其罪，而時勢之岌岌，亦可因之以見。其尚緩步低聲，背公營私，以冀苟安於旦夕也，哀哉！

再得星丈書，還日記，即復。

十九日癸卯　晴，下午多陰，酷暑益熾。陳逸山送所畫湖塘村居圖團扇來。畫極細密，用墨尤佳，可愛也，作書復謝。得雲門書，即復。夜微凉，待月久坐，得詩五首。連夕疾動。

夏夜獨坐待月思故山

明霞隱隱絳河灣，舉酒峙躇想玉顏。風定一簾妨燭入，花深三徑惜琴閑。天涯詩思偏宜夜，故國秋聲欲滿山。爲問舊時松栝影，可仍流采照人間。

自題湖塘村居圖四首

久客勞勞未得還，故鄉無改舊林巒。谿橋曲抱漁村隱，竹樹深藏草閣寒。新水一湖人放櫂，夕陽千嶂客憑闌。游巖少有烟霞癖，頭白青山畫裏看。

將母當年卜徙家，只期終老課桑麻。雨晴繞圃看蔬甲，月出四鄰聞紡車。小舍周遮三徑竹，輕兜來往一村花。傷心莫遂閑居願，流落皋魚兩鬢華。

海外争傳四大洲，窮荒烟島足奇游。談天縱欲超三界，埋骨惟須辦一丘。率土已無乾净地，仙山長見鬼神愁。龍沙桑梓誰曾懺，蟣虱容身祇芥舟。

八口飄零各一天，先人馬鬣未成阡。誰營安道居山宅，虛繫思光上岸船。猶幸干戈留後死，喜無兒女累衰年。玄亭儻有侯芭在，爲望他時辦墓田。

二十日甲辰　微陰，上午晴，晡後陰，晚有澂雨數點。是日酷暑，鬱溽益甚。同縣章石卿壽康本名貞，自蜀入都，以知縣赴部，來見，并贈所刻《絶妙好詞箋》一部，《會稽三賦注》一部，《華陽國志》一部，《漢書地理志斠注》一部，《富順石刻三種》。章君生長京師，後隨其父富興縣丞任，幼喜買書，不肯爲制藝應試。今年三十一，收藏舊籍精槧極多，勤於校勘，恂恂謙謹，吾鄉僅見之佳士也。雲門來，以今日所填詞兩闋見示，因留夜飯，談至一更後去。得彂夫書，即復，并饋白菊花一瓶。雲門和余《珍珠簾》詞，極爲幽綺，又前日爲余題秋江菱榜晚霞時圖《賀新郎》詞，亦甚婉麗，附録於此。

珍珠簾和茉莉團扇之詠

小花私貯羅囊底。玉釭前，一種温馨初試。小扇倩輕盈，更泥他纖指。一握真珠親贈與，當纕佩、襟邊長繫。風細。問明月圓時，好花開未？　別有却扇風情，且茶甌罷點，鬢翹休綴。不借采絲穿，怎盡成連理。喜字迴環三十六，最難得、花花相對。臨睡。定羅帳風來，幽香如醉。

賀新郎 題秋江菱榜晚霞圖

照影情波裏。映秋汀、菱花一翦，晚霞明麗。鏡裏春人紅裳薄，剛似芙蓉並蒂。有無限、夕陽詩思。蘸取明珠多少淚，染情天一抹鮫綃紫。渾未隔，絳河水。　瀟湘舊愛牽芳芷。甚新來、凉蘋罷採，玉璫雙繫。側帽花間填詞客，祇辨香吟粉醉。早料理、雙鬟釵費。一舸霞川尋夢去，喚楊枝作姊桃根妹。誰會得，五湖意。

二十一日乙巳　晴，午前後微陰，酷暑。姚寶勳户部來，尚卧，不晤。此君嘉興人，來乞壽文者，去年肯夫、近日張公東俱已爲之先容。彭府尹祖賢來，爲近議修《順天府志》也，以大興陳主事某所擬凡例總目一册屬閲。此事體大，而又前無所因，僅有明萬曆間謝尚書杰、沈尚書應文餘姚人，謚莊敏，《明史》無傳。所撰志六卷，蓋草略不成書，余亦未嘗見也。得仲彝是月七日滬瀆書。得雲門書，即復。作書致雲門。姚伯庸約後明日午飲，辭之。少篔、雲門來。雲門邀夜飲豐樓，余招秋菱、霞芬。二更後少篔邀飲杏春，余再招秋、霞兩郎，四鼓後歸。月色漸佳，坐看久之，天明始睡。得心雲是月六日滬上書。

二十二日丙午　晴，酷熱。得弢夫書。得紱丈書，即復。署中知會七月朔時享太廟，派陪祀。夜有風，頗涼。剃頭。

二十三日丁未　晴陰相間。彦清來，雲門來，留共早飯。得彭芍庭府尹書，并送來《畿輔通志》等九函，又鈔本《乾道臨安志》一册，共三卷。本愛日精廬張氏藏書，前有杭堇浦、厲樊榭兩跋，後歸桐城姚左都元之。左都任浙江學政時，屬海寧訓導錢警石泰吉以蔣光煦所藏陸香圃三間草堂鈔本、吴兔床拜經樓鈔本手校一過。書尾有警石題識。今爲翁叔平侍郎所藏。作書復芍庭。余以修志事既匪易，而經費又甚絀，且余名爲總纂，而共事者有一無知識之大興陳某、狂謬自炫之同年生潘某，分纂者有終日淫昏之杭人姚某、著名輕妄之粤人張某，又總纂之上有監纂者故按察謝膺禧等五人，意不得行，肘且多掣，已決計辭之，因先於書中言其略。彦清邀飲春馥，因作書分致公束、寶卿、小山、石卿夜飲豐樓。兩得公束書。小山偕石卿來。午後偕雲門同車詣春馥。小室向西，鬱悶不可耐。晡後弢夫來，余遂出詣牧莊，邀之偕至豐樓。傍晚小山、石卿、彦清、弢夫先後來。余招秋湲、琴香。酒將闌，公束偕姚伯庸來。夜二更後散歸。付酒家庸賞三千，車錢七千。得子宜十三日保定書。

邸鈔：上諭：都察院奏湖北民人胡佐懷以朦利壞法等詞赴該衙門呈訴。據稱該民人之父胡士禮前被詹啓綸毆斃一案，詹啓綸業經奉旨絞候，旋有營官吴東山主使詹焕章來京商通提塘田明經等，爲詹啓綸營脱罪名。適有御史鄧慶麟具奏，軍營官弁獲罪，例許聲敘。詹焕章、吴希之即在刑部及黄安縣本籍捏稱詹啓綸家陣亡有人，並有田明經等持鄧慶麟奏稿到詹家索銀等語。案關人命重情，朋謀脱罪，牽涉言官，虚實亟應徹底根究，著交刑部嚴訊。所有在逃之吴希之、詹焕章，著步軍統領衙門、順天府、五城、直隸總督一體嚴拏務獲。御史鄧慶麟著聽候傳質。劉坤一、張兆棟奏特參廣東雷州府知府崇齡請開缺回省當差；羅定州知州黄光周、閩縣，進士。清遠縣鄭曉如曲阜，舉人。均請勒令休致；候補知縣鄧復興請即革職。從之。

二十四日戊申　終日多陰。作書致雲門，得復。午後步訪雲門、少篔，遇潘鳳洲及潘伯馴，一則自附名士而逞妄言，一則自喜暴貴而學倨傲，此詣人之厄也。傍晚雲門邀同少篔飲豐樓，余招秋湲、琴香、霞芬，鳥獸不可與同群，吾非斯人之徒與而誰與哉。夜二更後歸，家人方聽盲翁鼓詞。四更始睡，有溦雨。付三花車飯六千。

邸鈔：翰林院侍講貴恒轉補侍讀，編修烏拉布升侍講。

二十五日己酉　曉雨漸密，上午大雨，逮闇稍疏，夜又密雨，至二更後稍止。寶卿以將赴山西，來話別。

二十六日庚戌　晴，午前微陰，鬱溽特甚。作書致雲門，得復。作書致彭芍庭，再辭志局。繆小山來。得芍庭復。

夜閱周彥廣淙《臨安志》。卷一爲《行在所》，分宮闕、皇子府、宗廟、郊社、三省、臺閣、學校、經筵、宮觀、廟宇、苑囿、院、所、三衙、寺監、司、倉、場、庫、局、府第、館驛、軍營二十三門。卷二《紀州郡》，分沿革、星野、風俗、州境、縣、鎮、城廂、城社、户口、廨舍、學校、科舉、軍營、坊市、界分、橋梁、物産、土貢、税務、倉庫、館驛、亭、堂、樓、觀、閣、軒二十七門。卷三爲《牧守》，自吳全琮至宋周淙共百九十人。其《宗廟門》附欑宮云：『安穆、安恭皇后欑宮在錢湖門外三里修吉寺。莊文太子欑所在錢湖門外二里寶林院。』安穆、安恭，皆孝宗潛邸時妃，一氏郭，一氏夏，後改謚成穆、成恭者。吾越寶山無二后欑宮。觀此知其先時權厝之地，其後葬何所，則不可考矣。莊文太子，即高宗太子旉也。其《沿革門》首曰『大都督臨安府餘杭郡寧海軍節度，治錢唐、仁和二縣』。其曰『大都督臨安府』者，南宋新加之名，時已升杭州爲臨安府，故不更標杭州之名。然餘杭郡爲隋、唐之制，當時已無此名，而此仍稱之者，以唐開元之制，州必兼繫郡名，汔宋相沿。南宋雖升爲府，但去州名而不去郡名，是升州爲府，非升郡爲府也。自晉、宋州鎮加將軍者稱府，隋始於雄要之郡置總管府，至唐有都督府，分上中下三等，而蜀郡號成都府，梁州號興元府，乃始有府名。眉批：唐時若以西京爲京兆府，洛州爲河南府，并州爲太原府，荆州爲江陵府，皆即郡名爲府，不別立府名。宋時京兆、河南、太原、江陵、成都等府皆仍唐制。　宋時若開封、歸德、大名、襄陽以及臨安、紹興、平江、建康、建寧、嘉興、鎮江、隆興等，府名日多，皆都督府之府，非三公兩府之府，故此曰『大都督臨安府』也。元有總管府、散府之分，於是府名遍天下，而非以爲尊貴矣。嘗謂州之稱，至隋始小，而地亦陜；府之名，至元始濫，而位亦卑。今人皆不知稱府爲何義，故附論之。終卷皆紀州治之事，故止著錢唐、仁和兩縣境，而不及屬縣。據《直齋書録解題》，稱此志本十五卷，其卷四以下門類若何，不可考矣。《牧守》吳東安郡太守全琮下即繼以唐貞觀中杭州刺史柳冲，至宋太平興國三年，以錢氏納土，除水部郎中范旻爲考功郎中知杭州後，始稍可考，皆稱引史傳，詳載字籍、官階及除授歲月，間亦附紀政績，體例最善。付刷染舊衣錢十千，付義園中元楮鏹錢五千。

二十七日辛亥　晴，上午微陰，溽暑如前。牧莊來，暢談竟日。作書致弢夫，得復。

二十八日壬子　戌初三刻九分立秋，七月節。晴，蒸溽酷暑。今上萬壽節。雲門來，談至夜二更時去。晚有風，夜電，三鼓後復雨，有聲。

二十九日癸丑小盡　晨密雨，旋止，上午日出，下午大雨數作，日景旋出，黴溽益甚，傍晚大雨，逮闇止。彦清來。雲門來。剃頭。同司掌印郎中松安之父、故杭州將軍國佐廷國瑞明日開吊，送奠分四千。彦清邀同公束、雲門、陳鈞堂午飲豐樓，余招秋蔆、霞芬，晡後歸。付秋、霞車飯四千，車錢二千。夜時聞雨聲。

比日閱邸鈔諸王大臣所議升祔摺片説帖。禮邸諸王及閣部院寺公疏略云：道光元年，大學士、軍機大臣曹振鏞等會議奉先殿後殿龕座一摺，稱後殿七楹供奉太祖至仁宗七龕，今擬中楹列龕三，東次楹、西次楹各列龕二，其餘四楹分爲八所。宣宗特從所請。與其傅會古制，徒事更張，不如恪守成規，可垂久遠。今太廟中殿九楹，太廟爲太祖之廟，中殿中楹不加改飾，其東西各四楹，請敬仿奉先殿成案，分爲十六所。此疏禮部所主也。醇親王疏略云：祧廟之禮，本係歷朝經制，無可避忌，欲垂久遠之圖，須籌變通之舉。文宗御極之初，特旨將來停舉郊配，後人奉爲成憲。皇帝以宗支入承大統，自不敢上儗列聖，可否恭請皇太后諭令皇帝明降諭旨，曉示天下，自今以往，不得援百世不祧之例，一循古禮，親盡則祧。又言：古制，祧主藏於夾室，歲暮奉以合享，衾褥之屬收庫。我朝太廟，向無夾室之名，恐後人或以祧主無藏所，致生異議。竊思後殿東西二稍間，似與夾室相近，東西兩廡，亦似與庫無殊，若藏主於室，藏器於廡，正與古制相合。刑部左侍郎袁保恒議頗援引古制，而云請於太廟中殿太祖左右爲世室，世室左右別建昭穆六代親廟，擬於舊制。九楹東西各展兩楹，爲十三楹，奉太祖居中，兩旁各六楹，爲左右世室，自太宗至穆宗均先崇奉世室，仍留其餘以待後來之有大功德者。中殿左右隨墻之外、大墻之内，特建兩廟，各三楹，以爲三昭三穆。通政使錫珍議請於後殿之後，增修一殿，移奉肇、興、景、顯四代帝后，而改後殿爲世室，先移奉太宗於中一室。鴻臚寺卿徐樹銘初議請於中殿之左建穆宗寢廟，其祭享則同在前殿；復疏請如袁保恒説，建昭穆廟於中殿左右。内閣侍讀學士鍾佩賢疏大略如醇邸指。其公疏中不會銜者，少詹事文治有疏有議，司業寶廷有疏有片奏有議，鴻臚寺少卿文碩有兩疏，皆不肯同禮部議。文碩所請與徐樹銘初議同，而謂當建寢殿九楹，中奉穆宗，兩旁留備他年夾室之用，今則稱東殿，將來即爲昭世室。其言與袁、徐兩君同屬無稽。惟文少詹請復古七廟之制，而爲太宗、世祖、聖祖建世廟三，世宗以下爲六親廟，則親盡遞遷；寶司業言亦略同，皆援據詳明。而司業詆並龕爲諸臣惟求簡略，大變古制，其言尤爲侃侃。有曰王大臣初次相度時奏稱，若敬仿奉先殿並龕成案，似於太廟體制不足以昭隆重，是王大臣等亦知此議之非。古之廟制，同宮異廟，自漢改爲同堂異室，相沿至今，古制遂失，論者非之。今雖不能復古，豈可再變？萬世之下，將謂同堂異室自漢始，同室異龕自我朝始，何以示後乎？亦一時之讜議矣。

秋七月甲寅朔　晨至上午薄晴多陰，午後密雨時作。上親嘗太廟，慈銘陪祀。得子縝前月十日上海書。得牧莊書，并惠藕兩把，即復謝，犒使一千。印結局送來前月分公費銀十五兩。閱段茂堂氏《經韵樓集》。自丙辰十月間閲此一過，以後惟看《學海堂經解》中摘録本。今日向牧莊借得此集，相距二十二年，學無寸進，貧病益不可支，而桑榆已迫矣，曷勝慨歎！夜時有小雨，秋聲颯然，羈人多思。是日浴。

邸鈔：四川候補知府彭名湜授成都府遺缺知府。成都知府李德良捐升道員，旋以雅州府徐景戟調補成都府，彭名湜補雅州府。

初二日乙卯　晴凉，有風。作書致雲門，饋以藕四挺。上午答拜彭芍亭、姚伯庸、繆小山、章碩卿，俱晤，午後歸。雲門來。同司焦君恒清約初四日飲嵩雲草堂。閲《經韵樓集》。傍晚風，益凉，可著袷衣，夜去簟，須綿被矣。付張順庸錢十千，順兒三千，車錢三千。

邸鈔：四川總督丁寶楨奏特參庸劣不職各員：眉州直隸州知州河清，滿洲，進士。署酉陽直隸州知州姚文濬，署資州知州、酉陽直隸州知州黄加焜，仁壽縣知縣王履興，南都縣知縣羅秀書，陝西，舉人。遂寧縣知縣孫海，甘肅，拔貢。署閬中縣知縣、郫縣知縣陳慶熙，山陰，舉人。雙流縣知縣彭琬，鄰水縣知縣富拉渾，綿竹縣知縣楊塏，開縣知縣鄭繼昌，彭水縣知縣張文珍，署什邡縣知縣、黔江縣知縣潘貽薪，永寧縣知縣李泳平，湖北，舉人。候補知縣謝紹安均請革職；候補同知宋大奎、張超，候補通判史悠賢、曾暄、郭爾鍵，候補知州英順，候補知縣杜衍慶、福倫，營山縣知縣復成，定遠縣知縣姜由範，華陽縣知縣陳枝蓮湖北，舉人。在各署任、本任内虧挪津貼、捐輸等項銀兩，屢催不繳，輒敢藉詞狡展，實屬膽玩，均請革職，勒限兩月嚴追完解。從之。

初三日丙辰　晨至午晴，有風，下午小雨時作，晡後晴，傍晚虹東見，復雨，入夜止。作片致少筤。得彂夫書。

閲《經韵樓集》。其考據之精者，大恉已具《説文解字注》中，而微言緒論，尚覺探索不盡。惟與顧千里争『西學』『四學』一字是非，窮篇累牘，至於毒詈醜訐，且於顧所著《禮記考異》《文選考異》亦牽連攻詆，殊失儒者氣象。在顧雖非段匹，而亦爲段累不少。經學千秋之公言，不必如是忿争也。

初四日丁巳　晴。作書致雲門。作書致繆小山、章碩卿。潘星丈來。彂夫來。雲門來。陳鈞堂送南中新印《爾雅正義》來，即復謝，并以郭晚香所寄《張陶庵集》屬其交還郭君。得章碩卿復。劉緘師嗣孫曾枚自南皮葬親畢還京，來謁。得星丈書。閲《經韵樓集》。季士周來，不晤。

初五日戊午　晴，炎熱復熾。作書致章碩卿，以碩卿欲借鈔《乾道臨安志》，因勸其刻之。作書致牧莊，屬其向鍾氏貰酒兩瓮。作書致雲門。史恩緒舍人約後日早飲且觀劇，辭之。得雲門復。得牧莊復書。得彂夫書，即復。閲《經韵樓集》。夜雜校群書。付圬人修屋錢七千三百八十，付張順采辦祭品錢十二千三百。

初六日己未　晴，熱甚。作書致彂夫。潘星丈七十雙壽，書楹聯祝之，云：『燕許文章，踵華八坐；倪回福禄，凌曜雙星。』并以酒二壜、燭一對、米麵一盤爲饋。剃頭。得彂夫書。劉仙洲夫人有祖母喪，又族弟小圃喪其婦胡氏，皆以明日開吊來訃，各送奠分四千。雲門來。明日先君子生辰，距先子之生嘉慶戊辰，七十年矣。鮮民孤露，久絶稱觴；冥壽之言，江浙所尚。汎廬鋪席，聊以申哀。晚設神坐，焚香燭，供茶湯、酒果、點心。梅卿惠燭、楮、鮮果。付采辦祭品錢四十千，胡使錢三千。

初七日庚申　末伏。晴，酷熱。早起，先位前供茶湯、香燭、瓜果。少篔來，雲門來，梅卿來，汝翼來。雲門饋銀八兩，此必不敢受者也。少篔、汝翼饋燭、楮。午上饋十四簋，酒三巡，晡後焚楮鏹。晚邀雲門、弢夫、少篔、梅卿小飲。

邸鈔：兩宮皇太后懿旨：前據禮親王世鐸等遵議穆宗毅皇帝、孝哲毅皇后升祔位次各摺片，當派惇親王奕誴等再行妥議，並諭令李鴻章議奏。昨據李鴻章奏，因時立制，以增修龕座爲宜。本日據惇親王奕誴等奏請仍照前議辦理。列聖廟亭中殿龕位，已與九楹之數相符，該親王等奏請敬將東西各四楹仿照道光元年增修奉先殿後殿龕座成案，修理改飾，即著照所議行。所有應行事宜，著該衙門敬謹辦理。至醇親王奕譞前奏廟楹規制有限，國家統緒無窮，請定久遠至計，自今以往，不援百世不祧等語，著將原摺片二件存軍機處，並將此次諭旨及該親王摺片另録一分存毓慶宮。自此而世世不祧，遂爲定制。歷朝相傳，廟祧之法，聖王制禮之精心，孝子事親之盛禮，一旦盡亡矣。惜哉！以我聖清而有此舉也。宰相須用讀書人。合肥位出兜鍪，不學無術，孤負聖恩，貽笑萬世。使湘鄉尚在，必不至此也。合肥疏云：『禮文殘闕，古制難詳。七廟、九廟之文，漢世已無定說。』此疏不知何人代草，其誣經蔑古，亦可謂悍然無忌憚者矣。

初八日辛酉　晨陰，上午微晴，午晴，下午陰。得雲門書。上午詣星丈家拜壽，晤譜琴兄弟。即出詣雲門、汝翼、少篔，謝其昨來與家祭，俱不值。訪弢夫，亦不值，遂歸。得霞郎書，約今日觀蛛絲之劇。譚研孫來，得陳邁夫六月十八日安慶書，以其尊人伯海丈殁於五月七日來赴，且具行述哀啓，乞一文字。伯海丈以癸酉冬自淮安新興場鹽大使告病就養邁夫安慶寓中，次年歸江西新城鍾谿里，今年七十三矣。憶甲子之夏，丈年六十，德夫乞文爲壽，丈甚喜之，書致德夫，謂得此文可不恨，它日即可爲吾墓志。辛未之春，丈致書於余，且寄數金爲贈。余迄今未曾報書，而丈已作古人矣。感念德夫墓草已十餘宿，兩世交情，悽然曷已！作書致弢夫。夜半復雨。得弢夫書，即復。

初九日壬戌　晨陰，微雨，上午陰，午後薄晴，下午陰。作書致雲門，得復。昨以家人聽盲者彈詞，徹夜不得安寐，今日倦甚，看書多卧。雲門來。弢夫來。傍晚弢夫邀同雲門飲豐樓，余招秋薐、霞芬。夜雨，二更後大雨數作。雲門邀飲佩春，再招秋薐、霞芬。四更雨止，五更歸，天明始睡。

初十日癸亥　晨及午晴，下午暴風，大雨如注，晚晴，蒸溽，復熱。閲《潛丘劄記》。殷蕚庭來，久始去。大風時，屋後街一京官家大樹拔起，壓倒室，一嬰兒死，餘傷者數人，亦僅事也。付賃屋銀四兩。

十一日甲子　晴，鬱溽，極熱。閲《潛丘劄記》。作書致雲門，得復。紱丈來。得彭芍庭書，并贈其家刻《御書六種》，即復，以《畿輔通志》等九函還之。夜得詞一闋。作書致繆小山。

雙雙燕自題『秋江菱榜晚霞時』圖意

滲金艇子，趁青幔風前，載愁容與。山光鬢影，同鬥鏡中眉嫵。纔聽柔聲雁艣，已漸入、菱歌深處。多情，畹晚紅霞，半帶寒烟汀渚。　延佇，蘅皋日暮。託淺淺微波，暗通心愫。沅江香歇，來共水葒花語。消得斜陽幾度，又撩亂、天邊孤鶩。何時約定紅闌，看足五湖風雨。

十二日乙丑　晴。慈安皇太后聖壽節。得繆小山書。前日雲門饋助祭銀兩，作書辭還。雲門復書，言甚篤摯，是深知我貧也。今日賦詩爲謝，并綴小啓，録之於此。文本可不存，以志良友之貺耳。

謝樊雲門庶常惠先君子生日祭銀啓

大火流西，清風成節。後甞祭之六日，直先人之誕辰。歲在彊梧，算盈七躖。萊衣換葛，久絶稱觴之期；禮堂授經，已迷鑿楹之處。治魚菽以充薦，藐音容其莫追。難援税服之文，虚設事存之禮。夫周禮猶醵，非所語於朋施；饋食將賓，詎反資其家具。吾弟孝能錫類，廉欲潤人。猥分陔蘭之餐，來左楚茨之祭。晏嬰逼儉，得豐弋卯之筵；顧歡永懷，免廢蓼莪之什。深銘寒露，載戢高風。

彦清來，雲門來。湖南人向梅修光謙來，不晤。雲門邀同彦清、弢夫、少篔晚飲豐樓，余招霞芬，至夜二更後歸。月色清綺，過梁家園，行積水中，有烟景之觀。得詩一首。

偕雲門夜過梁家園

纔隔笙歌地，便無塵市喧。秋光生積水，月色定空園。去馬催街柝，殘燈識寺門。應知宵暑盡，捉麈一談玄。

邸鈔：烏里雅蘇臺將軍額勒和布奏病難速痊，懇請開缺調理。許之。以成都副都統宗室恒訓爲烏里雅蘇臺將軍。

十三日丙寅　晴，酷熱，午後微陰。張公束來。王中允先謙來，言浙江書局已罷，所刻《三通》僅十餘卷而輟。此巡撫梅君意也，所爲俱憒憒可笑，浙人轉思前政矣。王君又言江西先刻《武英殿叢書》，甫得半，而巡撫劉秉璋檄止之，可與浙事作對。余戲謂：『梅、劉皆翰林出身，何以其舉動不及前任楊、劉兩秀才？足見貴衙門皆讀書種子也。』中允大笑而出。近有翰林無耻之徒，不識一字而妄自尊大，每告後進以多讀經史及文章體裁，此類是也。閱《交翠軒筆記》。爲公東閱所著《說文佚字考》，且題簡端數語，即作書還之。夜月甚佳，坐凉久之。

邸鈔：興京副都統色楞額調補成都副都統，鳳皇城城守尉宗室同吉授興京副都統。

十四日丁卯　晴，酷熱。弢夫來。作書致雲門，問汝翼疾，得復。剃頭。閱馬元伯氏《毛詩傳箋通釋》。於國朝近儒之說多所折衷，其引太平戚氏學標《毛詩證讀》一書，余未之見也。書中誤字頗多，今日略加校勘，精神劣甚，便覺困惙。以明日中元節，先祀故寓公。夜月甚佳，二更後有雲，陰。

十五日戊辰　巳正一刻十分處暑，七月中。晴。先君子忌日，以素饌供曾祖考妣以下，瓜四盤，果六盤，饅頭、杏酪，晡畢事，焚楮錢。作書致雲門。得雲門書，并和前夕看月詩。得公束書。弢夫來，借去《漢書》四册。作片致公束。夜月甚佳。先像前供香燭茗飲。四更時月蝕。

邸鈔：上諭：左宗棠奏山西藩司任意取巧，紊亂餉章，請飭部議處一摺。山西每月應協西征餉銀，自應遵照向章，盡力籌解。據左宗棠奏，山西藩司林壽圖到任後蒙混具詳，將應解西征餉銀，按照同治六年每月二萬兩核算，置同治八年户部核定每月五萬兩成案於不問，指實餉爲虛數，巧避不及八成處分，實屬紊亂餉章，請飭部詳查成案，將林壽圖議處等語。著户部查明成案，據實具奏。

十六日己巳　晨微陰，上午晴，下午陰，夜雨數作。上午詣雲門、少篔視汝翼疾，午後同詣弢夫。雲門邀至豐樓小飲。弢夫邀至天樂園觀劇，嘈雜鬱悶，熱不可耐，而西伶演劇頗佳。傍晚邀繆小山、章碩卿、張公束及少篔、弢夫、雲門飲豐樓，余招秋菱，夜二更後歸。是夕望。付車錢四千，酒家庸賞四千，重表任熊仕女直幀錢五千，刷染羅衫錢二千三百。

邸鈔：詔：江寧府屬之上元、江寧、句容、六合、江浦五縣額征漕糧等米，均減免十分之三，以紓民力。從兩江總督沈葆楨等請也。　户部右侍郎翁同龢奏請賞假回籍修墓。詔：賞假兩月，以刑部右侍郎錢寶廉兼署户部右侍郎。

十七日庚午　晴，酷熱。彥清來。雲門來，久談。閲《毛詩傳箋通釋》。夜月佳甚。

邸鈔：詔：截留河南未解京餉銀十萬兩及光緒元年漕折尾欠銀四萬七千九百餘兩采辦糧食，以振河南飢民。從巡撫李慶翱請也。　鑲藍旗滿洲副都統興林卒。詔旨褒恤。以吏部右侍郎崇綺調補鑲藍旗滿洲副都統，内閣學士桂全補授鑲黃旗漢軍副都統。

十八日辛未　晨及上午陰，午晴，晡後陰，有雷，微雨，傍晚晴，夜月出佳絶。得弢夫書，饋緋霞緣雪杯一對，受其一，作書復謝。閲《毛詩傳箋通釋》。夜得詞二闋。

新雁過妝樓 初秋既望，皎月澄霄，凉思滿懷，悄然有憶，不自知其言哀已深也。

玉宇澄空。初凉地，秋聲漸到梧桐。小庭夜静，愁緒碎攪吟蛩。窣地闌干誰共倚，亂螢暗度竹間風。恁匆匆，絳河舊影，來約新鴻。　争知星期乍過，怎鈿簫翠管，取次成空。謝家池畔，香霧自上簾櫳。清輝暗憐玉臂，怕重到針樓疑夢中。星星鬢，便嬋鬟如故，妝鏡羞同。

月邊嬌 前詞既成，幽深以怨，因賦此闋柬弢夫，即譜弢夫今日書中語也。然曲終調苦，意更深矣。

雨過天街，早鈿陌新凉，紅箋傳信。畫屏烟細，珠燈露泫，翻襯月邊人靚。鸞槐雁柱，借慢撚、句留花影。晶簾隔處，暫記取、香肩低並。　似聞扇底鶯聲，夜來還憶，舊游輕俊。茂陵人老，長門賦斷，零落字中金粉。吟腰瘦盡，問甚處、霓裳堪聽。徘徊桂樹，祇露盤承冷。

邸鈔：吏科給事中王道源轉刑科掌印給事中。王書瑞病故。　詔：襲一等毅勇侯曾紀澤加恩以四五品京堂候補。

十九日壬申　晴。作書致孺初問疾。作書致雲門。作片致孫鏡江。得孺初復。閲《毛詩傳箋通釋》。得雲門書。得張公束書，并題『秋江菱榜晚霞時』圖《二郎神》詞一闋。再得雲門書。傍晚答拜向梅修，不值，即詣牧莊談。牧莊邀同弢夫夜飲豐樓，余偕牧莊招秋蔆，偕弢夫招霞芬。凡招霞芬，必偕弢夫，前略之者，省文從可知。二鼓時歸，月色甚佳。雲門來談，達旦始睡。付車錢二千，雙花車飯四千，螺菸錢三千，鼓詞錢四千，且園主人宜同年宜屋奠分一千。

二十日癸酉　上午晴，午後霒陰，傍晚小雨，旋止，晚又雨。早疾發，憊甚。章碩卿來，不晤。作書致雲門，問汝翼疾。弢夫來。剃頭。夜雨聲滴歷達旦。

二十一日甲戌　密雨，至晡稍止，旋復雨，晚霽，有風。是日驟凉，須綿衣。作書致公束。補鈔《毛詩傳箋通釋》一葉。所藏本闕，前日借得牧莊本鈔之。作書致牧莊，還《傳箋通釋》，贈以《新斠注漢書地理志》及《説文校議》，得復。

偶閲張謙中《復古編》。此書辨析精嚴，爲治小學者之津轄，然亦有太拘者。如聯綿字中謂伏犧必作虙虧，作羲通，作伏犧非；琵琶必作枇杷，作琵琶非；袈裟必作加沙，作袈裟非。案伏犧本無定字，《管子》作虙戲，亦作虙羲，《莊子》作伏戲，鄭君《周禮·太卜》注作虙戲，《禮·月令》注作宓戲，《易釋文》引孟京《易》俱作伏戲，此皆古字也。作虙作戲爲最古，宓即虙之省，羲即戲之通，作伏作犧爲最後。若作虧，則惟《太卜》及《月令》。《釋文》兩引又作虧。張氏謂必作虙虧，不知何據矣。琵琶胡樂，起於漢世，其字本篆文所無，要不得以木之枇杷當之。作隸書者自當從俗作琵琶，若作篆則用榐䃜可也。袈裟僧衣，起於東晉以後，梵言本無定字，亦當從俗書之，作篆則或用加沙耳。

桃花聖解盦日記庚集第二集

光緒三年七月二十二日至十一月二十九日(1877年8月30日—1878年1月2日)

光緒三年丁丑七月二十二日乙亥　晨至午晴,下午陰,晡後晴,有風,甚凉。得雲門書。蔣某得甘肅知縣,來辭行,不見。張公束將作令江西,來辭行。得史寶卿十一日太原書。雲門來。彦清來。少篔邀同孫、樊兩君夜飲豐樓,余招秋菱、霞芬,二更後歸。讀《後漢書》,至四更始寢。

邸鈔:兵部郎中廣蔭授山西雁平道。

二十三日丙子　晴。湖南按察使傅君慶貽來,人甚篤謹,年亦老矣。作書并寫前作《月邊嬌》詞致弢夫,得復。孫子宜自清苑來。雲門來。作致趙桐孫天津書,并爲其詩集作跋。作致王松谿江西書。又致族弟小帆書。作片致公束,贈以新刻《會稽三賦》,以致桐孫、松谿、小帆三書託寄。夜梅卿邀同子宜、雲門飲福興居,弢夫亦來,余偕弢夫、梅卿招霞芬,三鼓後歸。

二十四日丁丑　晴,稍熱。弢夫來。作書致章碩卿,得復。得雲門書。閱《華陽國志》。繆小山來。雲門邀同牧莊、竹篔、弢夫、子宜晚飲豐樓,余偕牧莊招秋菱,偕弢夫招霞芬,夜二更後歸。讀《後漢書》。

邸鈔:浙江巡撫梅啓照爲故浙江布政使蔣益澧請謚。許之。旋予謚果敏。

二十五日戊寅　晴,復熱。讀《後漢書》。子宜來。雲門來。作書致弢夫。傍晚偕雲門、子宜步詣弢夫。弢夫邀同牧莊夜飲豐樓，余仍偕二君招秋蕿、霞芬，二鼓後歸。

邸鈔：命左都御史全慶充崇文門正監督，副都統尚宗瑞充副監督。上諭：銘安等奏請將剿賊不力及縱賊殃民之帶兵各員懲辦一摺。吉林五常堡地突有馬賊，焚掠所屬山河屯一晝夜之久。協領志超並不親剿，又不派隊往援，實屬畏葸無能。該員前於馬賊焚搶二道河口時，並有聞驚潛行回家避賊情事，居心尤爲巧滑。志超著革職，永不敘用。委參領防禦雙全縱賊遠颺，復出言懈怠軍心，情節尤爲可惡。雙全著革職，發往軍臺效力贖罪，限滿不准投效軍營，保留開復，以示懲儆。佐領吉升阿派剿漂河、松嶺一帶賊匪，未能得力，著摘去頂翎，留營差遣。嗣後帶兵員弁，如敢玩泄因循，仍蹈從前積習，即著銘安等將貽誤軍機、不能用命之將領嚴行懲治。協領、佐領以上各員，請旨正法；防禦以下各員，即在軍前正法。果能力圖振作，殺賊立功，准其破格保奬。上諭：前因左宗棠奏參山西藩司任意取巧、紊亂餉章等情，當令户部查明具奏。兹據奏稱同治八年二月，經該部奏定，山西每月應協左宗棠軍餉銀三萬兩，並原協穆圖善軍餉銀一萬兩，又米價銀一萬兩，實應共協西征軍餉銀五萬兩。前山西巡撫鮑源深據布政使林壽圖詳奏稱每月止應解銀二萬兩，與部定餉章不符。鮑源深固屬失於詳察，林壽圖之貽誤軍餉，實屬咎無可辭等語。山西布政使林壽圖不遵照户部奏定餉章，蒙混具詳，非尋常貽誤軍餉可比，著交部議處。前山西巡撫鮑源深僅據林壽圖詳請具奏，不將歷届成案詳查，亦有不合，著一併交部議處。

二十六日己卯　晴，熱甚。孫鏡江來，不晤，以爲舍弟所篆屏幅四見交。弢夫來，以孫仲容所贈劉孟瞻文淇《楚漢諸侯疆域志》三卷見交。牧莊邀同子宜、弢夫、雲門、章碩卿夜飲豐樓，余仍偕牧、弢兩君招秋蕿、霞芬，三鼓後歸。四更後始睡。是夕得詞一闋。

壽樓春 初秋連夕偕諸子飲豐樓，作此以紀一時人地，恨不得倩菱人霞侣擫笛歌之也。

聽新秋鳴蟬。漸催人暮靄，風露初娟。尚有尋春仙侣，共馳華箋。珠市曲，銅街前。認酒旗、青樓高懸。又鬟影清尊，袿薰畫燭，花惹一庭烟。人生幾，開芳筵。况文園賣賦，難换金錢。那得朱顔長駐，素蟾長圓。菱鏡小，霞衣鮮。漫揣量、卿憐儂憐。要休忘連宵，雙雙玉去人團扇邊。

二十七日庚辰　晴，酷熱。作書并詞致雲門。答拜傅哲生按察，不值。詣謝廖伯，不晤。詣雲門視汝翼疾，午前歸。安徽王按察思沂來，不值。得廖伯書。昨閲左東閣宗棠劾林壽圖言山西餉事疏，今日閲沈總督葆楨乞減上元等五縣漕糧三分疏及五月間請互調江西督糧道段起、江南徐海道吴世熊疏，皆深切詳盡，近時之佳疏也。雲門來夜談，至二更去。

二十八日辛巳　晴，酷熱。得竹篔書，贈李敬堂集《鶴徵録》、李既汸富孫《鶴徵後録》一部，李武曾《秋錦山房詩集》一部，及龍井茶一瓶，蝦子一包，即復謝，犒使一千。得章碩卿書，送《地理志斠注》兩部，《絶妙好詞箋》一部，此弢夫所轉乞者也。即復謝，犒使一千。剃頭。作書并《地理志》等致弢夫。

閲錢唐黄菊人曾《瓶隱山房詞》。菊人，道光時舉人，官直隸知縣。詞共八卷，律細音諧，致嚴去上平入之辨，而吐屬名雋，用字極新，遠出同時黄韵珊、姚梅伯、張海門之上，可與沈閏生、周稚圭相驂驔也。今略最其數首云。

瑶花 繡毬花

瓊蕤琢就，玉屑裝成，襯綃窗清絶。朝天素面相望處，虢國纔離宫闕。晶簾隔破，化多少、玲瓏明月。盼幾番、約到團圓，費得芳心千疊。盈盈移上闌干，看粉翅飛停，誰辨胡蝶。攢空細瓣，依樣有、一綫春風穿結。横枝小繫，誤白打、人來偷掣。只摘下、蹴向鞋尖，又散滿身香雪。

一枝春 素心蘭

媚雪娟春，寫芬芳、只合玉平壺冰裹。紅塵未滓，尚想故山風味。無言契賞。算惟此、素心知己。誰印取、琴意詩情，受得瓣香烏几。相思佩環天際。對依依小影，佳人差擬。盟留寸許，斷了寄書雙鯉。瀟湘路杳，任摇淡、夢痕簾底。空剩有、娥月籠花，夜來唤起。

高陽臺 書碧桃譜舊事

玉洞情悰，石坪消息，流鶯不報王昌。迢遞屏山，斷雲空鎖巫陽。花前忽墮春風笑，剖合歡、桃核仍雙。惜年光，裙帶而今，薦了羅囊。　回頭重憶紅泥閣，有香盟荔錦，小影蘭釭。萬縷情絲，那堪兜到兜娘。人間多少無題事，儘填詞、黄九描將。待商量，鈿笛樓中，重譜餘腔。

花心動 秋海棠

凉暈圓姿，倚娟娟、燕支一叢匀淺。烟晚露初，點點星星，薄命畫來妝面。玉屏燒燭春成夢，剩蛩砌、半篝燈顫。儘零落、墻陰細雨，冷魂誰唤。　寂寂筠簾乍卷。怎平一樣看花，别成凄眷。道是淚痕，道是愁根，都作可憐紅泫。小檀心已和風碎，那更有、離腸催斷。幾多恨，朱絲暗中替綰。

齊天樂 萬花筒

略同剪綵成奇幻，春光個中窺取。鑿空深深，旋機小小，儘把東風關住。紅摇翠舞。甚錦樣繁華，撤來如黍。目笑相看，蝶蜂知否者般趣。　團圞輪向素手，象生偏爛漫，珠蕊紛吐。混沌香天，迷離色界，賺煞癡兒騃女。芳心寄與。任暗裹句留，一睛偷注。細響玲瓏，錯疑花遞語。

無悶 小周后提鞋圖

花艷昭陽，鴛夢未諧，金縷同心私結。正剗韈來時，露苔愁濕。自聽房中奏好，便天上人間無分別。宮絃換了，燒槽舊譜，可憐聲闋。閑立。鳳鉤窄。記帳護鵝梨，暗籠香屑。又幾度銀屏點殘，歌節清絕。梅邊夢影，只合伴、紅羅亭前雪。怕唱到、入破家山，剩照一弓涼月。

沁園春 淚

玉滴冰凝，一個蓮儂，銀釭背彈。認芳痕舊漬，鴛綃帶皺，啼妝新掩，蝶袖生寒。閣住星眸，界來雪靨，兩點屏山雨後看。何時化，化紅棠秋色，青竹香斑。臨岐話到闌干，當盈掬珍珠贈別難。更輕車遠道，唾壺暈濕，長門永夜，夢簟催殘。恨血憐鵑，同心抱蠟，一鏡潮生曉不乾。雙拋處，向愛河流出，都作情瀾。

前調 魂

曲院虛櫺，悄悄冥冥，東風寫將。豈從冰鏤出，十分耐冷，借花團就，一樣生香。縹緲甘癡，瞢騰苦醉，短夢憑騎蝶過墻。驚還定，是犀株小膽，獨怯空房。仙乎一任悠揚，摜裊向情絲作縷長。恰登山便化，神娥暮雨，離家偶伴，倩女斜陽。擪笛防飛，寄書欲斷，殘魄窺人月半廊。雙栖好，有紅衾真個，銷得檀郎。

百宜嬌 鳳皇山吊宋芙蓉閣故址

龕火飄暉，鴿鈴收響，留得一抔芳土。闌竟沉香，池空洗粉，不見内人憑處。霜飛鏡面，儘冷落、芙蓉宮譜。有深宵、鬼語青蘿，月痕來畫淒楚。銅輦夢、秋衾幾度。驀地叫鵂鶹，滿山吹霧。鳳鈿拋晨，鸞笙歇夕，忍說從征嬌女。楊絲亂捲，更莫問、玉牌詩句。剩當年，紅草多情，泣燕支雨。

霓裳中序第一 綠珠墮樓

重樓錦宴撤。百尺春風化秋雪。忼慨報郎時節。碎一顆神珠，酬他斛平十。燕支盡濕。看麝泥、吹綠芳血。人何在？艷魂中夜，縹渺墮明月。　飄瞥。雲屏夢結。想笛裏、涼聲未闋。無端雌鳳訴別。歎步障分飛，珊瑚敲折。萬花金谷泣，總一樣、紅摧紫裂。梧陰路，石闌淒雨，點點井波咽。

摸魚兒 潘妃蓮花

正丁東、曉開鈴殿，依稀人在仙境。屠沽天子鍾情地，蓮瓣一雙紅迎。羅襪稱。悄不許、禿平鶯啼斷凌波影。宮妝自靚。望日暮簾櫳，珊珊來未，知道玉兒肯。　憑消受，可惜西風易警。黃金空鑄恩幸。長廊響屧埋荒綠，又躡沼吳行徑。花共命。怕閱武堂前，楊柳同淒冷。繁華夢醒。歎麝壁香消，虎釵聲斷，鸞步杳然靜。

桂枝香 中宗點籌

春風破隙，被鯨面雛兒，翠帷銜入。剛是瑤宮弛禁，采骰爭色。垂簾虛借君王箸，歎靈犀、密輸鸞帟。夢驚雙陸，依然留印，老鸚餘迹。　李天下、誰家管得。總付却蛾眉，掌中輕擲。有個微覷，局外指頭彈血。一梟未殺天戈動，怕金盤、紅雨吹濕。至今還剩，桑韋殘唱，可堪重拍。

高陽臺 樓梯

花艷深藏，雲斜暗度，步虛唱出聲聲。月到偏難，周圍密牖疏櫺。玉腰一搦承趺怯，攢扶人、殘醉伶仃。最魂銷、響屧高低，隔著銀屏。　良宵記得攜燈別，款吹蘭小語，欲下還停。曲曲闌干，陽臺舊路曾經。紅樓天樣迷離處，甚唐胡、喚也無靈。把相思、摺疊看來，都在瑶扃。

夏日燕釁堂吊舊曲

別離人。聽蟬琴暗咽，流水凄魂。櫻桃徑裏，記曾破歌唇。流雲散雪都零落，只銀紅、舊譜猶存。問墜歡留得，檀床金縷，幾個朝昏。　綺夢尚生温。有緗奩剩稿，網户殘尊。蘭屏怕倚，認一抹啼痕。小鶯還戀墻西柳，甚匆匆、换了芳春。枉醉游重到，凉烟飄閣，細草當門。

望海潮登六和塔

兀撑吴嶺，平分越界，浮圖永鎮山椒。孤柱駕鼇，神鈴怖鴿，長雲絶頂相招。梯旋一螺凹。借佛輪上轉，直犯星杓。大好秋來，萬枝燈火亂中宵。　西風兩度看潮。有塔平龍唤起，雪樣驚濤。人語半空，江流亘古，胸懷壯得憑高。斜日送歸橈。聽笛聲吹出，九姓漁舠。蹋月重游寺門，容我挂詩瓢。

皆足爲玉田、碧山嗣響。其長調完美之作，已略盡此矣。至小令之佳者，《浣谿紗》云：

道韞樓西緑柳長。不關情也想衣裳。天風況戛佩聲凉。　明月到窗聞放筆，篆烟過樹聽燒香。惱人無奈是紅墻。

仙館玲瓏闢水西。碧雲紅袖兩依依。幾生修得到雙栖。　咳月闌邊驚唾鶴，問花簾外誤譍鸝。遲眠起早總相宜。

一翦風摇末麗枝。紗屏秋夢織絲絲。晚妝宜早卸妝遲。　酒醒微聞抽鏡屜，夜凉還見下簾衣。銷魂最是未眠時。自注：鏡屜，見庾信《鏡賦》。

一陣風移菡萏香。小紅樓在水雲鄉。今宵秋暑散銀塘。　笙舌巧吹花影暖，鏡臍圓浸月波涼。卷簾人試藕絲裳。自注：鏡臍，見《佩楚軒客談》。

《生查子》云：

香消畫被紅，燈掩秋屏黑。不敢向人啼，淚點心頭濕。　菱寒一鏡盟，苔鎖重門迹。簾外雨瀟瀟，又近黄昏戌。

《卜算子》云：

單舸載儂來，一笛吹郎去。幾簇榴花鏡閣紅，都是烘愁處。　悶掩枇杷門，懶炙芙蓉炷。雙淚何曾一日晴，恰似黄梅雨。

《減蘭》云：

良期耽誤，轉眼紅墻非舊路。瘦減凝脂，只有彄環照骨知。　蒼苔夜空，却借梅花尋好夢。黄月窺廊，認不分明病後妝。

《虞美人》云：

一屏烟影飄金藕，人與花俱瘦。分床好畫戲嬰圖，遮莫蕭郎今後怨生疏。　桐闌幾日西風峭，緊護茸窗小。阿侯啼減帳綃多，昨夜神符一紙厭藍婆。自注：藍婆，見《法苑珠林》。

《南鄉子》月夜游惠山：

水閣響琵琶，幾點疏燈隔絳紗。今夜平量湖鏡面，寬些。柔艣枝枝帶月划。　小岸落林花，玉磬聲中妙想家。真個情天無界限，門撾。許乞雲房一盞茶。

《浪淘沙》鏡宜山莊重游志感：

玉洞恁荒涼，何况劉郎。不堪輪指話星霜。舊日闌干同倚處，草似人長。　流水暗迴腸，竹佩空鏘。模糊記得去時妝。幾點猩紅階下淚，還發秋棠。

又：

折嶺鎖烟霾，門爲誰開？一重坡徑一重懷。黃蝶也知人意苦，飛傍吟鞋。約略認妝臺，瓦繡莓苔。山花紅過缺墻來。猶有當時簪鬢色，不忍徘徊。

亦小山、淮海之亞也。卷首有自述凡例十二則，論聲律頗詳。其謂填詞須試難調，故所作頗多，然終爲調所窘，鮮有佳構。又謂懷古宜雄渾，然集中以金粉之作爲工，若登臨憑吊，則非其所長。蓋根柢太淺，蘊蓄不厚，故於比興之恉、寄託之思，亦均不逮焉。菊人名不甚著，其集世罕知之，故録之特多。

夜有電。

邸鈔：上諭：御史慶錫榮奏賤役蒙捐蒙保，請旨飭查一摺。花翎鹽運使銜道員用江蘇補用知府劉文棨原籍安徽，曾在浙江嘉善縣署内充當門丁，膽敢蒙捐縣丞，歷保今職，實屬有干例禁。劉文棨著先行革職。著兩江總督，江蘇、安徽、浙江巡撫確切查明，按律懲辦。四年六月，沈葆楨、吴元炳奏稱查明劉文棨寄寓浙江嘉善縣時，隨伊父劉香在典肆生理，後赴上海投營效力得官，實無充當門丁之事。詔劉文棨開復原官。

二十九日壬午小盡　晨雨，上午陰，午後微晴，下午陰，晚微雨，夜雷雹，大雨數作，二更後稍止，三更後小雨。作書致雲門，贈以李雁湖注《王荊公詩集》及《秋錦山房集》，得復。閱《鶴徵》前、後録。以銀環質京錢二十千。子宜來，雲門來，傍晚同車詣豐樓。弢夫亦來。遂邀竹篔、牧莊同飲。牧莊不至。余招秋蔆、霞芬，夜二鼓散。回車至半涂，大雨復作，淋漓而歸。余今年請客，必有風雨，此亦豈章惇輩所爲耶！付車錢四千，秋、霞車飯四千，酒家庸賞三千。

八月癸未朔　晴。亥正一刻十一分白露，八月節。作片致繆小山，問行期。竹篔送來《蛾術編》一部，其直洋銀四圓。此書道光末吴江沈氏所刻，迮青厓鶴壽校定，凡八十二卷。版今藏沈氏，印行甚少也。即復。夜閲《蛾術編》。印結局送來前月公費銀十一兩三錢九分。

初二日甲申　晴。

閲施北研國祁箋注《元遺山詩集》，頗參校衆本，較汲古毛刻多七律一首，其注則專詳本事，所采不出《金》《元史》《中州集》《歸潛志》《契丹》《大金國志》《遺山文集》及同時《滏水》《滹南》諸集，多曼衍旁及之辭，而於詩之事義甚略，非善本也。首有例言數十則，乃合其文集校之。又爲年譜，每年下分系所作詩文，而冠以舊序、志傳。末爲附録一卷，則當時投贈詩文及後人評目語也。

牧莊來。得繆小山書，言後明日準行。作書致雲門，還《遺山集》及《瓶隱詞》。作書致子宜。子宜來。弢夫來。傍晚詣永興寺送繆小山。行於門首，遇雲門，遂同入少坐，分歸。雲門來夜談。二更時小雨，旋止，星光滿天。付張順工食錢十一千八百，順兒四千二百，更夫七千八百，車錢二千。

初三日乙酉　晴熱。連日疾發，甚憊。孫鏡江來，言即日出都，將改外吏矣。鏡江成進士，年未二十，分吏部學習，它部所不敢望，然約計循資格，由郎員上考得知府，須五十歲，稍有阻滯，便不可知。京官何可爲乎！竹篔來。少篔來。子宜來。閲《蛾術編》。西莊氣矜好罵，自爲學問之累。青崖補正甚多，然峻辭詰難，同於反唇，是非校注之體也。

初四日丙戌　晴凉，有風。作書致雲門，贈以陳碩甫《毛詩傳疏》、胡廷佩《訂譌雜録》。以二書皆初印本，《雜録》中又余有附注二十餘條也。作書致少篔，贈以《洗冤録詳義》，以少篔將試令廣東也。作書致梅卿，贈以宫定山《讀書紀數略》及新刻《樂府詩集》，以梅卿將南歸，此二書於應用辭藻深爲有禫也。得雲門復。作片致孫鏡江，還定國寺碑搨本。

每月一日至十日，以『初』字領之。沈匏廬《交翠軒筆記》引王荆公《高陽郡君齊氏墓志》有曰『五月初三日』『十月初八日』，以爲北宋時已然。胡亭培《訂訛雜録》引白樂天詩『可憐九月初三夜，露似珍珠月似弓』，則唐時已然；又引漢末焦仲卿妻詩『初七及下九，嬉戲莫相忘』，則其來更古。按：此詩初七未必如今日所言，要以『七』字單辭而加之，是亦即今言之所本。胡氏此書，訂正俗誤，雖多在耳目之前，而往往爲人所易犯。如云《書》言『臯陶邁種德』，本訓廣布其德，而今人以邁種爲出類之稱。《公羊傳》『許夷狄者，不壹而足』，本謂不以壹事便許之，而今人以不壹而足爲至多之辭；《禮記》『朱弦而疏越，壹唱而三歎』，本謂聲希和寡，而今以壹唱三歎爲長言之意；陸士衡《文賦》『或操觚以率爾，或含毫而邈然』，上句謂草率速成，下句謂蹇澀不屬，而今人以含毫邈然爲深遠之致；《世説》『索音色解人亦不得』，本謂人之意求解此者亦不可得，而今人以索解不得爲作者自求解人。此等皆極易曉，而世多忽之，通人名家，時亦誤用。至如『分野』之『分』，音問，與『野』字對；『劻』『勷』皆去聲，作急遽解；『冗長』之『長』，『逕庭』之『庭』，皆去聲。俗儒亦多不察也。

雲門來夜談。

邸鈔：詔：已革頭等侍衛孝順照刑部議發往新疆效力贖罪。

初五日丁亥　晴。得子宜書，饋銀四兩，即作復，辭其銀。再得子宜書，不得已受之，復書謝，犒使四千。作書致紱丈，饋蒸鳧、燖肉、頻果、蒲桃，得復。閲《蛾術編》。子宜來。下午同詣弢夫，偕之琉黎廠閲市，購得高郵夏澹人味堂《拾雅》兩帙。《拾雅》者，一補《爾雅》所釋之未備，一補《廣雅》所釋詁訓之未詳，《爾雅》遍補十九篇，《廣雅》止補《釋詁》《釋言》《釋訓》三篇。一補《爾雅》《廣雅》及《方言》《小爾雅》之所未釋。前有澹人自序，頗譏稚讓既補《爾雅》而不無遺漏；又《爾雅》以釋六經之言，而稚讓間收《倉頡》《説文》僻字，於載籍無徵。其書本爲六卷，仿宋刻行。後其弟紀堂及其子齊林、雲林爲之注，分爲二十卷，刻於嘉慶庚辰，世所罕見也。傍晚弢夫邀同雲門飲豐樓。余招秋菱、霞芬，夜二更歸。付潘宅禮物錢十千，秋、霞車飯四千。

邸鈔：詔：山西布政使林壽圖照吏部議即行革職。前山西巡撫鮑源深照部議降二級留任，准其抵銷。

初六日戊子　晴熱。弢夫來。得子宜書，即復。剃頭。昨日得敖金甫柬，以明日爲其太翁八十一歲稱觴。因作書詢其字，曰庚渠。今日書楹帖祝之，云：『計大椿年以千百算，教小杜律爲邦家光。』又贈雲門尊人鑑庭總戎夔楹聯云：『弢鈴嗣功，踵繪於閣；禮樂教子，遂名其家。』總戎爲寧遠大將軍、謚勇毅，圖形紫光閣弼公先生（廷）之玄孫，韶州總兵尚彬先生（經文）之曾孫。咸豐中以永州鎮總兵署湖南提督，忤左相國，爲湖廣總督官公劾罷。爲姬人撰平肝益胃方。弢夫邀同子宜、雲門至天樂園觀劇。晚雲門邀飲豐樓，余招秋菱，夜二鼓歸。付《拾雅》書直二十五千，車飯二千，車錢二千。

邸鈔：以福建布政使葆亨調補山西布政使，以廣東按察使周恒祺爲福建布政使，以廣東鹽運使國英爲廣東按察使。户部郎中、坐糧廳監督譚繼洵授甘肅鞏秦階兵備道。董文涣丁憂。

初七日己丑　晨雨，上午陰，午後晴熱。以楹聯壽燭致金甫。本欲往拜，以午飯前微覺中暍而止。作書詢子宜疾，得復。作書致伯寅侍郎，詢研樵消息，得復。

閱《拾雅》。其書自爲詳雅，然有不必載者。如《爾雅》已載多草木岵，無草木峐；而《詩毛傳》作山無草木曰岵，有草木曰屺，有無互誤。前人多辨之。而此復收『山無草木曰岵』二語，此貪多也。有誤引者，如《詩》『被之僮僮』，《毛傳》：『僮僮，竦敬也。』竦敬者，形容其被飾之高聳。僮僮，猶言隆隆也。竦敬，與下『被之祁祁』，《傳》『舒，遲也』相對。其訓義全在『竦』字，而此云『僮僮，敬也』，非本誼矣。其注止引所出之書，不特略無辯證，且并不載所出書之注，尤爲疏略。

得雲門書，以昨夕所和《壽樓春》詞見示。夜雲門來談。再作書詢子宜疾。

邸鈔：以前長蘆鹽運使成孚爲廣東鹽運使。成都將軍魁玉奏病久未痊，懇請開缺回旗調理。許之。

初八日庚寅　晴。傅哲生按察饋銀百兩，爲乞代撰其房師孫琴西布政六十壽序，即復謝，犒使十千。得弢夫書，即復。萬蓮初禮部來。牧莊來，談至夜三更去。

邸鈔：以新授烏里雅蘇臺將軍宗室恒訓調補成都將軍，以察哈爾都統春福爲烏里雅蘇臺將軍，以青州副都統穆圖善爲察哈爾都統。詔：已故兵部右侍郎黄琮加恩予謚，於雲南省城建立專祠。其妾周氏同時死難，給予旌表，並准從祀琮祠。從雲南巡撫潘鼎新請也。黄琮旋予謚文潔。李瀚章、翁同爵奏請將庸劣不職各員湖北均州知州舒藻、宜城縣知縣栗增耀、來鳳縣知縣鈕福嘉均即行革職，漢陽府同知張瀚會稽，監生。勒令休致。從之。

初九日辛卯　晴涼，有風。感涼，身熱不快。弢夫來。作書致子宜、雲門，得復。

文字所常用，制度所常著，有習見而人猝不能辨者。如官品階封一事，官分九品，始於曹魏；官品有從，始於元魏。此人所知也。而元魏自正四品以下，又有上下階，至唐因之。宋以後雖無上下階之名，而自二品至九品，每品皆有兩階，計格而轉，則至明猶然，今人皆不知矣。元代正一品自開府儀同三司至銀青榮禄大夫，凡六階；從一品光禄大夫、榮禄大夫兩階；正二品至從四品，皆三階；正五品以下皆兩階。明代損之，一品光禄，從一品榮禄，正二品以下皆兩階。今之階名，大率因元。光禄、榮禄大夫，元之從一品；資政大夫，元之正二品中階；通奉大夫，元之從二品中階；通議大夫，元之正三品中階；中議大夫，元之正四品上階；中憲大夫，元之正四品中階；惟朝議大夫，本唐、宋之正五品下階，元代無此名。奉政大夫，元之正五品上階；奉直大夫，元之從五品上階；承德郎，正六品上階；儒林郎，從六品下階；宣德郎爲唐宋正七品下階，元代無此名，明以爲從六、正七兩品吏員出身者之階。國朝因之。文林郎，正七品上階；唐爲從九品上階。徵仕郎，從七品上階；登仕郎，正八品上階；登仕佐郎，從八品上階。惟修職郎及佐郎，古無此名，明代始以爲八品階，而降登仕爲九品，今因之。此階封之大略也。階封者，唐宋謂之散官，元謂之文資。自唐宋以迄元，散官以外，又有爵有勳。自一品至五品，有公、侯、伯、子、男，爵也；自二品至從七品，有上柱國至武騎尉十二等，勳也。明始去爵非有大功者不封。而尚有勳。文勳十：正一品左右柱國，從一品柱國，正二品正治上卿，從二品正治卿，正三品資治尹，從三品資治少尹，正四品贊治尹，從四品贊治少尹，正五品修正庶尹，從五品協正庶尹。武勳十二：正一品左右柱國，至從六品武騎尉。國初武臣尚有加柱國者。至武階，自唐至元五品以上稱將軍，唐自從一品驃騎大將軍至從五品以下階游擊將軍，凡十五階；元自正二品龍虎衛上將軍，至從五品武略將軍，凡二十二階。猶文階五品以上稱大夫也；六品以下稱校尉，唐每品以下階皆稱副尉，元惟從八品稱保義副尉、進義副尉。猶文階六品以下稱郎也。國朝惟一二品稱將軍，三四品稱都尉，五品至七品稱騎尉，從加『佐』字。八九品稱校尉，『從』亦加佐。此古今之不同也。

至婦人之封，六朝以前見於史傳者，間有國夫人、太夫人之封，其詳不可考。唐則一品封國夫人，二品、三品郡夫人，四品郡君，五品若勳官三品有封者縣君，此謂職事官及散官並至五品，或勳官至三品又本身已有封爵者，妻方得封縣君。蓋唐宋職事官往往不與散官相應，有職高而階卑者，有階高而職卑者，階不及品者不得封也。爵亦有與官不相應者，如裴休等爲宰相，而爵止子、男，則其妻止得封郡、縣君，不得封夫人也。勳亦有與官不相應者，如中唐以後，縣令往往加柱國，見於制誥中甚多。散官並同職事。此謂散官合品者與職事官同，皆得封也。今《舊唐書·職官志》「同」字誤爲「司」。勳官四品有封者鄉君，此通謂勳官，凡至四品，且已得子、男等封爵者妻皆封鄉君，不專指五品言。母皆加太字。《宋史·職官志》言：司封郎中掌『外今本誤衍一『内』字。命婦之號十有四：曰大長公主，曰長公主，曰公主，曰郡主，曰縣主，曰國夫人，曰郡夫人，曰淑人，曰碩人，曰令人，曰恭人，曰宜人，曰安人，曰孺人』。自大長公主至縣主皆列之外命婦者，以別於貴妃至貴人爲内命婦之品五也。故宋初趙普諸女封郡主，高懷德二女封縣主，王闢之譏其失典，不知其本列於外命婦，猶人臣亦得封王，與皇子等班爵不異，則婦人亦得與皇同也。宋制，諸王嫡室亦止封國夫人，理宗、度宗之母皆止封國夫人，而内命婦亦有封縣君、郡君、郡夫人者，親王母皆封國夫人。又云：建隆三年，詔定文武群臣母妻封號。宰相、使相、三師、三公、王侍中、中書令、尚書令之曾祖母、祖母、母封國太夫人，妻封國夫人；樞密使、副使、知院、同知、案謂同知樞密院。參知政事、宣徽、節度使，封郡太夫人、郡夫人；簽書樞密院事、三司使，封郡太君、郡君；以上皆封至曾祖母，惟三司使止封祖母。東宫三太、文武二品、御史大夫、六尚書、兩省侍郎、太常卿、留守節度使、諸衛上將軍、嗣王、郡王、國公、郡縣公，皆母郡太夫人，妻郡夫人；常侍、賓客、中丞、左右丞、侍郎、學士、給事中、諫議大夫、中書舍人、卿監、祭酒、詹事、諸王傅、大將軍、都督、中都護、觀察、防禦、團練使，皆母郡太君，妻郡君；庶子、少卿監、司業、郎中、京府少尹、赤縣令、少詹事、諭德、將軍、刺史、下都督、下都護、家令、率更令僕，皆母縣太君，妻縣君；文臣通直郎、武臣修武郎以上，母、妻並孺人。

考《本紀》載徽宗政和二年十二月乙巳定命婦名爲九等。《續通考》云：政和三年，詔郡縣稱君，蓋非婦道，且等級無別，於是定爲八等。執政以上夫人，尚書以上淑人，侍郎以上碩人，太中大夫以上令人，中散大夫以上恭人，朝奉大夫以上宜人，朝奉郎以上安人，通直郎以上孺人。蔡絛《鐵圍山叢談》云：『政和中，改郡縣君號爲七等，郡君爲淑人、碩人、令人、恭人，縣君爲室人、安人、孺人。後又避太室人之目，改曰宜人。』而志文皆不載。其繁釀無法，皆此類也。元命婦止國夫人、郡夫人、郡君、縣君、恭人、宜人六階。國朝皆依明制。眉批：案：八等當從《本紀》作九等，以夫人有國夫人、郡夫人爲兩等也。蔡絛所云七等當作六等。又孺人，本通直郎以上之封，非縣君所改也，縣君止改宜人、安人耳。

作書致雲門，并送楹聯去，得復。

邸鈔：托雲布補青州副都統。

初十日壬辰　晴。身熱不愈。得雲門書，爲薌濤索還《頤志齋叢書》，即復，還之。得子宜書，借日記一帙去。

《詩》：『如月之恒。』《傳》：『恒，弦也。』《箋》：『月上弦而就盈。』案《正義》本經文本作『緪』，故孔沖遠云：集本、定本『緪』字作『恒』。《釋文》本則作『恒』，故陸元朗云：恒，本亦作『緪』，兩本不同。今注疏本作『恒』者，後人以合刻《釋文》，而改孔從陸也。然陸氏言『恒』『緪』之音，則同爲古鄧反。今人用日升月恒及升恒，字皆作平聲，所謂重悂貤繆矣。

是日病卧無憀，戲擬晉樂府《前谿歌》二首。

擬晉前谿歌二首

采菱前谿邊，菱角紅有刺。菱角雖有刺，中心如郎意，將歸奉郎嗜。

谿上朱霞光，照我紅羅裳。羅裳雖云好，欲以持與郎，不如霞色長。

沈約《宋書·樂志》：『前溪歌，晉車騎將軍沈玩所制。』郭茂倩《樂府詩集》載其辭七首，其四首四句，三首五句。中二首絶無意義，惟一首云：『黄葛結蒙蘢，生在洛溪邊。花落逐水去，何當順流還，還亦不復鮮。』末句極爲庸峭，明人多喜擬之。王西莊《蛾術編》極賞李滄溟、吴明卿二首。李云：『葵藿自有心，蘭蕙自有香。黄瓜一小草，春風獨不忘，枝葉頓芬芳。』吴云：『迎歡東武亭，送歡獨桑路。安得大海水，盡向前溪注，使歡不得渡。』李之第三、四句用原辭第五首『黄瓜是小草，春風何足歎』，吴之首二句用原辭第四首『逍遥獨桑頭，北望東武亭』。吴詩頗爲斬截，李詩茶弱已甚。西莊擬之云：『迎歡東武亭，送歡獨桑頭。今日别歡苦，後日憶歡愁，歡定懷儂不。』又云：『别歡時已久，感歡意不還。今日送歡去，何日迎歡還，還亦非少年。』自以爲風致不讓前哲。迮鶴壽譏之云：前一首第五句可截斷，又落小樣；後一首直鈔原詩，索然無味。因自擬云：『燕燕復燕燕，花落時相見。今春溪上花，未識春風面，落紅已片片。』又云：『歡去平康里，歡來長安道。窮途令人愁，久客令人老，不如前溪好。』自謂風致雖遜古人，而截不斷。然西莊於詩，本非當家，所擬誠爲不工。青崖二詩，尤爲無味。前一首『落紅』句，幾不成語，雖截不斷，而實結不住，是尤拙也。樂府之作，意趣聲調，色色非易，非深於詩指兼有妙悟者，不能率爾爲之。余之所擬，聊以人名託興，讀者不以辭害意可也。

十一日癸巳　晴。昨夕徹旦不寐，今日倦甚，身仍熱。得牧莊書，饋酒一瓮，借《祁忠惠集》，即復書謝，犒使二千。閲《定盦集》。雲門來。紱丈饋燒鴨、月餅、饅頭、蒲桃，即復書謝，犒使二千。以燒鴨、蒲桃饋殷蕚庭。弢夫來夜談，饋以饅頭、月餅。弢夫贈堆綾眼鏡韜一枚。夜苦咳嗽。

十二日甲午　晴。嗽甚劇，引動肝火，身熱胃逆，殗殜不能支。作書致雲門，屬轉邀嘉興馬孝廉來診。得竹篔書，爲姚伯庸先送潤筆五十金來。本欲還之，恐往復不便，即作書言暫受之意，犒使四千。作書致弢夫。馬孝廉來診脉，言風邪已净，肺胃俱虧，擬培養胃陰方。弢夫來，爲會計菱、霞花葉之資。服藥早睡。雲門來，不晤。得子宜書。

十三日乙未　晴熱。咳嗽，身熱，仍服藥。雲門來。作書致子宜，還銀十兩。作書致竹篔，還《蛾術編》之直。得子宜復。得竹篔復。牧莊來。弢夫來。子宜來。少篔來。殷萼庭饋食物四事。以雙鷄、十蟹遺梅卿。梅卿饋銀二十兩，月餅一盤，即復謝，犒使十千。夜閲《望谿文集》。咳嗽仍劇。

邸鈔：湖北巡撫翁同爵卒。詔：翁同爵由部屬簡授道員，洊擢封圻，歷任陝西、湖北等省，老成練達，辦事實心，克勤厥職。兹聞溘逝，悼惜殊深。著照巡撫例賜恤。伊孫蔭生翁奎孫加恩賞給舉人，一體會試。　以前陝西巡撫邵亨豫爲湖北巡撫。　上諭：丁日昌奏請將濫募勇丁、浮用夫價之總兵革職，並自請議處等語。留閩補用總兵張升楷於接統臺北各軍時，招募勇丁，輒任聽軍功莊建升濫募充數，並有浮用夫價情事，著即行革職，以示懲儆。丁日昌自請議處之處，著毋庸議。詔：免臺灣府屬同治十年分民欠供粟三萬九千一百七十一石，及未完糯米易穀十五石。從閩浙總督何璟等請也。

十四日丙申　晴熱。剃頭。憊甚，服藥。弢夫來。是日還各鋪節責米錢壹百八十九千，石炭錢九十千，豐樓酒食錢一百八十千，福興居酒食錢六十千，寶森堂書銀八兩，松竹齋紙錢五十千，首飾錢三十三千，衣料銀二兩四錢又錢五十千，南物錢七十四千；賞張順錢十千，順兒四千，更夫三千，楊媪五千，胡氏僕媪錢十八千。署中送來秋季養廉銀九兩三錢，賞送吏錢三千。夜月甚佳。雲門來，談至三鼓去。四更有電，五更急雨數作，有雷。

十五日丁酉　晨密雨，至午後稍止。以後明日秋分，而直先妣忌辰，改於今日祀先。早起懸神位圖，供時果四大盤，月餅一大盤，杏酪一巡，午供饋肉肴六簋，菜肴六簋，酒三巡，燭二巡，晡後畢事。得伯寅侍郎書，饋銀十六兩，即復謝，犒使六千。秋蕿、霞芬來叩節，贈秋蕿銀十二兩，霞芬錢二百千，賞其僕各十千，又以還琴香、岫芬錢五十千屬秋蕿轉付。雲門來。夜有風，凉甚。月出，初甚幽翳，二更後漸澄朗。子宜來，留之小飲。

十六日戊戌　晴，有風，甚凉。牧莊來。得彦清密雲書。雲門來。是日久嗽，憊甚。夜月皎甚，是夕望。

邸鈔：上諭：譚鍾麟奏統兵道員被刺獲犯辦理情形，並請旨賜恤各摺片。陝西駐防北山統領蜀軍前陝安道黄鼎帶兵剿賊，迭著戰功。迨調防北山，於地方一切事宜，復能盡心籌畫。正資得力，乃本年六月十七日突被營弁湯秉勳挾該統領不給回川咨文之嫌，起意行刺，以致受傷身故，殊堪軫惜。該犯湯秉勳凶惡不法，業經拏解到省，著於審明後即行正法。二品頂戴、記名按察使、前陝西陝安道黄鼎著交部照按察使陣亡例賜恤。

十七日己亥　辰初二刻一分秋分，八月中。上午陰，午後晴，終日有風。先妣忌日，供饋菜肴十二簋，果四盤，饅頭一盤，清茶二巡，栗子湯一巡，酒三巡，飯二巡，晡後畢事。得紱丈書。得沈曉湖山陰書。作書致子宜、雲門。夜得紱丈書，即復。校《遺山詩》。毛氏所刻據至元曹氏刻本，施氏所箋據康熙華氏本及明弘治李氏本，猶是中統嚴氏本之遺。夜咳嗽復劇。

邸鈔：上諭：大學士寶鋆等奏内閣大庫失去物件，請飭拏犯究辦，並自請議處一摺。據稱内閣大庫尊藏《實録》，本月十三日值班中書赴庫恭請《實録》，見内外庫門封條脱落，鐵鎖撥動。當經檢查，失去包袱二百十八塊。紫禁城内竟有匪徒潛行偷竊，實屬不成事體。該犯係由何門出入，何以值班官兵豪無覺察，並有無别項情弊，著前鋒統領、護軍統領確切查明具奏，並著步軍統領、順天府、五城一體嚴拏賊犯，務獲究辦。寶鋆等及失於覺察之侍讀鍾秀等均著交部分别議處。禁城重地，嗣後該直班大臣等務當督飭官兵，實力稽查。如有閑雜人等溷迹往來，即行嚴拏懲辦。儻敢仍前疏懈，定惟該值班大臣等是問。

十八日庚子　晴和。得子宜書，送來酒食釀資五十千。得少箕書，即復。午詣天寧寺，子宜已先至，同爲雲門、梅卿餞行，邀弢夫作陪。下午設飲塔射山房，薄暮始散。是日天氣澄晏，西山朗然，竹樹清深，最爲佳境。偕諸子遍游各院。入城，復同游法源寺，晚歸。得紱丈書，還日記。姬人爲梅卿之姬餞行。是日付王九車錢二十五千，天寧寺坐錢八千，茶房行者四千，行廚役人十千。

十九日辛丑　晴。咳嗽，甚憊。得子宜書，饋茶葉一瓶，即復謝，犒使一千。雲門來。牧莊招夜飲豐樓，作書辭之。得趙心泉書，約明日飲景龢，即復。

邸鈔：丁日昌奏福建省城添設致用書院，請頒扁額。許之。

二十日壬寅　晨及上午陰，午晴。比日夕咳嗽，手擘酸痛，艱於作書，憊不可言。剃頭。牧莊來。爲雲門書摺扇，并製長歌，寫一團扇贈之。弢夫來。雲門來。子宜來。晚赴心泉及張霽亭府尹景龢之招。是日梅蕙仙生日也。坐客甚雜，無憀之甚。少箕、雲門兩遣人邀飲豐樓，遂驅車往。招霞芬、秋菱。酒散，復詣景龢，以錢二十千爲蕙仙壽。坐有周阿五者，商城相國之逆子也，余素不以人類齒之，不相見者十餘年矣。今日與學士孫毓汶争酒，相持出穢言，忽波及於余，余怒叱之。周、孫皆逡循退入室，而滇人高某禮部遂默遁去。此所謂飲人狂藥者矣。霞芬來侍，余爲句留少時。旋赴雲門佩春之飲，復招霞芬，五更始歸。付車錢六千，秋、霞車飯四千。是夕飲酒微醉，精神頓王，咳嗽亦少止。得傅子蓴書，贈萬絲冠一頂，普洱茶一苞，本山新茗一瓶，犒使二千。

送樊雲門庶常乞假還夷陵省親

君家勳閥高三川，勇毅百戰天山邊。韶州雄傑世辛趙，至今畫像留凌烟。君先世居四川三台。魏默深《聖武記》稱勇毅公及根石總戎爲國朝父子名將，勇毅繪像紫光。阿翁桓桓擅文武，丁國中衰奮虓虎。陷陣常占軍鋒先，召對頗聞至尊許。三湘專制羆當閫，一言忤要對簿還。手把六經授雙驥，時亦射獵城南山。君是僧彌更秀出，弱冠聲名蓋七澤。負米常輕千里行，傭書能課一朝畢。胸吞雲夢八九强，意氣辟易驅群羊。興酣落紙出詞賦，跨躡兩宋追三唐。世上小兒逞輕薄，兔園一躍踞臺閣。頂門衣鉢驅烏文，經義紛綸抵彈雀。余也卧病長安中，蓬蒿塞户無人通。君獨嗜痂百傾倒，翻屈緑耳師跛卬。自古師生論資格，執贄狺狺較階級。此事自足風平千秋，祇愧涓埃乏相及。黄金榜上春風開，簪花直上凌雲臺。家聲亦藉玉堂重，國事正急連城才。桂花如雨落山驛，錦袍歸覲好行色。盛年報答君親長，豈爲科名詡鄉國。一尊相餞城西隅，病中執手重踟躕。楚江雙鯉時來上，并約陶敦報老夫。謂仲彝。

邸鈔：都察院左副都御史唐壬森奏請賞假三月回籍修墓。許之。以宗人府府丞程祖誥署理左副都御史。

二十一日癸卯　晴熱。作書致子蓴。作書致少筼，還錢票二十千。作書致子宜。吴松堂來。得子宜書。馬孝廉來，爲診脉，再定滋陰方。子宜來。子蓴來夜談。

邸鈔：御史沈鋐授四川重慶府知府。

二十二日甲辰　晴，熱甚。得子宜書，以所藏明人墨蹟三册，屬送潘侍郎求售。作書致伯寅，得復。再作書致伯寅。下午子宜來，邀同弢夫至天樂園觀劇，晚并邀牧莊、傅子蓴飲豐樓，余招霞芬，夜二鼓後歸。再得伯寅書。夜咳嗽復劇，四更始睡，達旦不能寐。

二十三日乙巳　晨至午陰，下午晴，晚陰。曉卧疾動，憊甚。作書致子宜。子宜來。作書致伯寅，得復。子宜再來，夜飯後去。服藥。

二十四日丙午　晴。彶夫來。少篔來，章碩卿來，皆不晤。爲梅卿書屏幅四、楹聯一。比日咳嗽，久爲患，又四夕來舊疾連動，憊甚。手掔楚痛，不能運展，作字甚艱。饋梅卿鷄羹凍肉一器，茶葉煮卵卅二枚，餅餌四斤，炒栗一合。子宜來。夜作致沈曉湖書、致陶方之秦州書。

邸鈔：上諭：何璟等奏海疆總兵人地未宜請互相對調一摺。吴光亮著調補福建臺灣鎮總兵，所遺福建福寧鎮總兵即著張其光調補。

二十五日丁未　晴。牧莊來。霞芬來。梅卿挈其眷屬南旋，午送其登車。梅卿悲不自勝，其家人皆涕泣，聲滿路岐，爲之鄉心頓碎，惝怳竟日。梅卿欲留不得，余欲歸不能，彼我易觀，當更相笑也。謝文靖謂中年以後與執友别，輒作數日惡。况余之流落不偶，積慘多傷，首丘之志未期，西崦之暮已及。秋風落葉，悽悵何言！梅卿行後，按視其室中，料檢桌几等物。塵坋堆積，花樹蕭黯，浮生逆旅，轉眴便爲陳迹，可慨歎也。殷萼庭來，不晤。作書致萼庭。

二十六日戊申　晴。子宜來。彶夫來。作片致管惠農約今晚飲豐樓，爲之餞行。作片致子蕁、敉金甫來，惠農來，俱不晤。晚詣豐樓，邀牧莊、子蕁、子宜、惠農、彶夫同飲，余招秋菱。夜二更時惠農邀同子蕁、彶夫飲遇順，余招秋菱及岫芬，四更後歸。是日剃頭。付車錢六千，秋菱車飯四千，酒保賞三千。

二十七日己酉　晴。閑寂無一客，雜閲經書。《通典》引鄭衆《婚禮謁文》有合歡鈴。案《周官·司几筵》後鄭注：『繅席，削蒲蒻，展之，編以五采，若今合歡矣。』是婚禮又有合歡席也。《初學記》引盧諶《雜祭法》：春祠用曼頭、餳餅、髓餅、牢丸，夏、秋、冬亦如之。夏祠别用乳餅，冬祠用環餅。《太平御覽》引作『白環餅』，《北堂書鈔》引范汪《祭典》亦作『冬薦白環餅』。此『曼頭』二字始見祀典，唐以後作『饅』，則俗字矣。

作書致子宜，得復。

邸鈔：掌山西道御史周聲澍升户科給事中。詔：户部即籌撥銀二十萬兩，李鴻章再籌撥銀二十萬兩，爲山西、河南兩省賑款。以七成歸山西，以三成歸河南，由曾國荃、李慶翱核實散放。本屆起運江安漕糧，並截留四萬石由李鴻章、曾國荃設法運解山西，以備賑濟。凡有商賈運赴晉、豫米石，經過地方暫免抽收釐税。

二十八日庚戌　晨及上午微陰，午後晴。作書致孫鏡江，詢行期，得復。作書致潘孺初，問其疾。楊同奎舍人來，爲梅卿贈車事也。梅卿先以車贏許其騶卒，而瀕行復贈舍人，故騶卒抗不受役，此與者取者爲交失矣。作片問子宜今日驗看。弢夫來，子宜來，同留談至夜飯後去。

二十九日辛亥　晴，有風。買菊花三十五盆，雜出盆盅分栽之。撰孫琴西壽序。子宜來。

邸鈔：上諭：譚鍾麟奏刁匪糾衆劫獄，勦捕殆盡，請將被戕知縣議恤一摺。本年陝西渭北被灾，刁匪乘機蠢動，七月間突有已革武生原繼仁糾衆至蒲城縣，爬城劫獄，焚燒衙署。該縣知縣黄傳紳率衆圍拏，旋即被戕。譚鍾麟派令參將胡得成等帶隊搜捕，陸續擒斬殆盡，匪巢一律平燬，地方現已安靖。在逃匪首張二娃等仍著緝拏務獲，毋任漏網。蒲城等處灾黎妥爲撫恤。知縣黄傳紳交部照例議恤。

三十日壬子　晴。作書致弢夫，屬以孫布政壽序轉交萬蓮初。印結局送來是月公費銀十四兩。（此處塗抹）再栽菊花十盆。子宜來談，傍晚邀余偕牧莊、弢夫、少篔飲豐樓，余招秋蔆、霞芬，夜二更時歸。

邸鈔：詔：雲南巡撫潘鼎新來京另候簡用，以雲南布政使杜瑞聯署理巡撫。詔：吏部右侍郎崇綺、新授湖北巡撫邵亨豫馳往河南查辦事件，隨帶司員一併馳驛。湖廣總督李瀚章兼署湖北巡撫。

九月癸丑朔　晴。再栽菊花十一盆。姬人詣藥王廟、吕祖祠燒香，又歷白雲觀、天寧寺而歸。弢夫來。閲《經韵樓集》。晚弢夫邀同牧莊、少質、子宜飲豐樓，仍偕牧、弢兩君招秋蓤、霞芬。夜一更後余邀諸子飲秋蓤家，復招霞芬，三更後歸。付秋蓤酒錢三十千，庯賞十千，客車四千，香燭十四千六百，天寧寺麵食十八千，車錢二十千，菊花十五千，香祝廟丐五千，秋、霞車飯四千，盲詞三千，質庫贖物二十千，共用錢一百四十三千六百。

邸鈔：詔：近聞河南旱灾與山西等，本届起運江安漕糧八萬餘石，除撥給山西四萬石外，餘四萬數千石盡數撥給河南，由李鴻章、李慶翱設法運赴，以備振濟。前諭户部、李鴻章各撥銀二十萬兩，以三成撥歸河南。現在該省亦乏現糧，所有部撥之二十萬兩著全數解交山西，其河南應分之六萬兩，著一併由直隸二十萬兩内劃撥，統作該省購糧之用。李鴻章即將此項銀兩派員赴奉天采買，由水道運至河南，以期迅速。如一時不能購足，或將直隸現買平糶備賑糧石先行抵撥，著該督酌度辦理。

初二日甲寅　未初一刻九分寒露，九月節。晨陰，上午微晴，午後陰。潘星丈來。得伯寅書，即復。作書致趙心泉，得復。少質來，子宜來。牧莊邀同子蓴、子宜、少質晚飲豐樓，余招秋蓤、霞芬，夜二更後歸。

邸鈔：詔：翰林院編修段福昌、李用清、鄭溥元、王炳、李鴻逵、鄔純嘏、譚承祖、邵曰濂、李肇錫、秦鍾簡、李振南、劉治平、洪良品、徐文泂、蕭晉蕃、陳啓泰、許景澄、李郁華、邵積誠、易子彬、張人駿、賀爾昌、張英麟，檢討甘醴銘、趙汝臣、黄晉洺、鄭賢坊，俱記名以御史用。詔：初四日親詣大高殿祈雨，時應宫等遣諸王、貝勒分禱。

初三日乙卯　晨晴，巳後陰，有風，午後間有日景，大風，入夜益横怒。得孫彦清密雲書，即復。得弢夫書，即復。閲《蛾術編》。夜風聲徹旦，頓寒。

初四日丙辰　晴，大風徹晝，夜寒色滿庭，落葉如雨。弢夫來。終日寂坐，萬感沓至，以七律四章寫之。夜半後風稍止。

丁丑九月京邸大風感懷四首

狂飈動地作商寒，匝徑愁陰晝掩關。漠漠驚沙非故國，蕭蕭落葉似空山。旅懷黯淡秋冬際，病骨支離出處間。爲問天公果何意，不容泉石暫時還。

無端旱魃遍神州，千里焦原草不秋。汳水絶渠將化陸，太行積莩欲平丘。繪圖屢見疆臣告，仰屋誰分聖主憂。自歎此身輕一粟，虚叨宦籍佐持籌。

頗聞桴鼓警西東，白晝探丸大道中。敢謂召灾由吏治，須知救死出民窮。夢思耕鑿平時福，静怯弓刀獨夜風。碌碌侏儒真自愧，坐靡衣食果何功。

流水游龍日夜馳，品題豪竹與哀絲。誰云飢餓蒼黄日，猶足承平宴飲時。天樂瞢騰如昨夢，杞憂涕淚有誰知。只須一醉生涯了，莫忘高陽舊酒巵。

邸鈔：上諭：前據銘安奏，遣犯劉鴻恩由軍臺私自回籍，聞拏，復行逃回配所，據該犯家屬稱係由軍臺告假回籍，當諭令春福等查奏。兹據奏稱該犯並無告假回籍，亦未潛逃等語，與銘安所奏情節不符。著春福等派員即將劉鴻恩一犯解交刑部審訊。四年六月，銘恩奏委員往長春廳查明，劉鴻恩實於光緒二年十二月由配潛逃回家，且言鴻恩本著名土棍，虎視一方，曾充快役，所募鄉勇，半係賊黨，旗民官員，莫敢過問。若任始終狡脱，限滿贖回，必致貽害地方，釀成巨患，請飭刑部嚴訊法辦。二十日刑部奏上，發新疆。上諭：崇厚奏署任協領與副都統互揭，請徹任查辦一摺。署錦州協領佐領榮裕以副都統古尼音布、被署副都統恩麟奏參失察、屬員舞弊，指係該署協領主使將其徹任等詞，向崇厚稟訴。古尼音布復以榮裕自署協領關防，貪婪尤甚，造言生事，物議沸騰，咨請崇厚究辦。事關長官屬員彼此互揭，亟應徹底根究。佐領榮裕著即徹任，交崇厚秉公查辦，並著古尼音布、恩麟明白回奏。上諭：前因山西藩司林壽圖紊亂餉章，朦詳取巧，業照部議革職。兹據曾國荃奏稱林壽圖詳陳原委，係照案辦理，並鈔録前詳呈覽等語，已革山西藩司林壽圖既以並非取巧朦詳置辯，自應查明宣示，方足以折服其心。著户部按照摺單所開確切查明，據實具奏，不得稍涉回護。上諭：李鴻章奏賑務需人助理，翰林院編修吴大澂著該衙門傳知該員克日前赴天津，會同前任天津道丁壽昌、津海關道黎兆棠等籌辦賑務。

初五日丁巳　晴，日加巳又風，傍晚稍止。得趙心泉書，即復。子蕁嫁女於陶庶常，送分子十六千。子宜來。夜閲《遺山集》。是日付圬人修理墻屋錢十四千三百。張順以是日罷庸，付工食十千。

初六日戊午　晴。弢夫來。得子宜書，薦僕人李升。作片致子宜。得竹篔書，即復。得弢夫書，薦僕人王升留試之。剃頭。作書致徐壽蘅鴻臚，爲弢夫館事也。

閲《蛾術編》。此書本九十五卷，分《説録》《説字》《説地》《説人》《説物》《説制》《説刻》《説集》《説系》《説通》十門。《説録》者，經籍目録也；《説刻》者，金石諸刻也；《説系》者，王氏譜系也；《説通》者，雜説也。迮青崖以《説刻》十卷已采入王蘭泉《金石萃編》，《説系》三卷宜入王氏家乘，因去此二門，止存八門，爲八十二卷。然《萃編》所取無幾，譜系之學非一家之私言，其删之皆謬。《説人》十卷，然於漢惟詳鄭康成，餘不一及；魏晉六朝，竟無一人；唐人亦止六人；北宋止四人；元無一人；明止徐有貞一人。《説物》《説通》則皆止二卷，《説人》《説物》《説通》尤爲簡略，惟《説録》《説地》皆至十四卷，《説字》至二十二卷，爲最詳。然王氏小學非專門，在並時遠非段、桂、二錢匹也。其最善者，《説地》而已。

夜得詩一首。

秋夜聞鄰家兒讀書

結鄰僧寺曲，夜静秋蕭森。玉雪誰家兒，雛鳳揚清吟。注澗水無礙，繅絲緒可尋。天地氣不敝，讀書爲元音。飢寒恃無恐，幽憂恃能禁。宵寂彌以永，堂虚由兹深。機杼相間作，萬籟爲之瘖。士爲四民首，傳家賤籯金。書種苟不絶，鬼神情亦歆。愴懷兒時事，趨塾差能任。誦聲出庭際，花竹俱愔愔。一燈恍如昨，歲月悲馳駸。五十久哀疢，膝下無瑶琳。綿延鑿楹業，我身竟消沉。凄凉舐犢語，酸惻緣橦心。聽此不能寐，裵回短墻陰。左思乏嬌女，阮籍稀竹林。隔籬誰與抱，穿壁誰相侵？愧無商瞿易，重惜嵇生琴。坐久更榛亂，清露沾衣襟。

邸鈔：上諭：左宗棠奏後路籌兵轉餉各員懇恩奬敘一摺。新疆軍務順利，幫辦陝甘軍務、太僕寺卿劉典等在後路鎮撫軍民，籌兵籌餉，均屬著有勞績，自應先加甄敘。劉典賞給頭品頂帶；陝西巡撫譚鍾麟賞戴花翎；陝西布政使蔣凝學賞給頭品頂帶；陝安道沈應奎賞給從一品封典；湖南補用道王加敏改留湖北，以道員遇缺儘先題奏；甘肅布政使崇保、按察使史念祖、陝西按察使裕寛、蘭州道瑋武均交部從優議敘。十月八日吏部奏王加敏、沈應奎、譚鍾麟所請奬敘，核與定章不符。詔：譚鍾麟仍賞戴花翎，王加敏、沈應奎著左宗棠另核請奬。上諭：山西旱灾甚重，恐辦賑官吏從中舞弊，著派前工部右侍郎閻敬銘周歷灾區，認真稽查，如有辦理不善及營私中飽等弊，即行據實參奏。

初七日己未　晴，下午微陰，比日頗寒，今日温煦。作片致孺初，致孫鏡江，致子宜。牧莊來。孺初來。子宜來。作片致竹篔。傍晚偕子宜詣弢夫，不值。即詣豐樓，邀牧莊、竹篔、鏡江、章碩卿及子宜、弢夫夜飲，招秋菱、霞芬，二更時歸。付秋、霞車飯四千，酒保賞三千，車錢二千，更夫工食七千，順兒三千，蘭英齋餅餌錢三千二百。夜五更時小雨。

邸鈔：掌山東道御史周鶴升吏科給事中，檢討田翰墀補福建道監察御史，禮部郎中胡延夔補山東道監察御史。以廣東高州鎮總兵張得禄調補貴州古州鎮總兵，以前署雲南提督、廣西右江鎮總兵楊玉科爲廣東高州鎮總兵。

初八日庚申　晨溦雨，巳後陰，傍晚晴。閲《蛾術編》。子宜來。傍晚偕牧莊小談。牧莊邀至豐樓小飲，霞芬、秋菱皆來，亦留之，夜一更歸。付秋、霞車飯四千，車錢二千。

初九日辛酉　晴和如春，地氣微潤。得紱丈書，即復。再得紱丈書。子宜來，邀之偕詣慶樂園觀永聲班一陣風演劇。園中歌臺柱聯，相傳爲吴梅村撰辭，云：『大千秋色在眉頭，看遍翠暖珠香，重游瞻部；五萬春花如夢裏，記得丁歌甲舞，曾醉昆侖。』語甚高麗，亦不知其何指也。夜子宜邀同牧莊、少篔飲豐樓，余招秋菱，二鼓後歸。付園坐錢七千，車錢五千，秋菱車飯二千。

邸鈔：詔：撥山東本年冬漕分給山西、河南各八萬石，以備接續振濟。

初十日壬戌　晨晴，上午薄晴，下午陰。作書致紱丈，以弢夫館事乞語徐壽翁促之。作書致伯寅，爲子宜入闈事，并乞所刻書，得復。蕚庭來。作書問陳汝翼疾。作片致鏡江，屬向其戚章乃畬刑部詢梅卿結銀，以章筦印結局也。得雲門前月廿九保定書。作片致子宜。子宜來。再得伯寅書，并贈所刻《洗冤録》兩部，即復。得鏡江復。得霞芬書。再得雲門初八日天津書。作片致章硯籽取梅卿結銀，以鏡江言未有人取去也，此又不可解矣。少篔邀同牧莊、子宜夜飲豐樓，余招秋菱、霞芬。初更後邀諸子飲霞芬之堂，招秋菱不至，四更時歸。付霞芬酒錢三十千，僕賞十千，車錢四千，客車四千，秋、霞車飯四千。

邸鈔：詔予故河東河道總督喬松年謚。以沈葆楨、裕禄奏其於同治四年雉河被圍時徵兵運糧，殄除巨寇，功德在民也。旋予謚勤恪。以鴻臚寺少卿文碩爲内閣侍讀學士。

十一日癸亥　雨，晚晴。終日門庭闃寂，精神甚劣，讀書多卧。作書致牧莊，得復。得徐壽蘅侍郎書，即復。夜月出頗佳，補作九日詩二首，昨飲詩一首，月出詩一首。付寄南絨花錢二十三千，王升受庸錢十千。

丁丑九日京邸偕子宜慶樂樓聽歌即送其之官閩中

天涯猶得暫相過，莫負登樓一曲歌。老輩壺觴同調盡，廣場絲竹感懷多。豫愁別後稀鴻雁，長使山中怨薜蘿。爲問人生幾重九，黄花容得久蹉跎？

廿年師弟重依依，家破都悲面目非。孤露久披東里葛，郎潛空憶北山薇。風塵薄宦憐今始，經術傳家似子稀。明歲閩南相望處，白雲應傍塞鴻飛。

秋夜飲霞芬坐中作

明妝宛宛墮燈前，白髮撩人一惘然。鏡裏玉容能送老，霧中花氣不妨禪。蛾眉難得兼金購，綺語從教衆口傳。惆悵東晴西雨意，騷情錦瑟有誰箋？

雨後月出東王孫二君

雨後涼月出，流影閑庭隅。半照菊花寂，斜映楊柳疏。美人不可見，清輝誰與娱。裴回獨成詠，素心問何如。

邸鈔：詔：十三日再親詣大高殿祈雨，仍分遣王公禱時應宮等處。詔：沈葆楨奏續陳捕蝗情形，豫籌冬令收買蝻子一摺。據稱捕蝗不如除蝻，除蝻不如收子。現與吴元炳、裕禄豫商分飭各州縣購挖蝻子，定價招徠，以絶根株。著直隸等省督撫一體飭令收買蝻子，被灾處所，以工代賑。地方官奉行不力，即行嚴參。以前雲南騰越鎮總兵李維述爲廣西右江鎮總兵。

十二日甲子　晨至下午霒陰，晡後晴。姬人言昨夢叔弟來都視余，余飭其治具如平生歡。姬人未嘗見弟，而言其形狀頗相似，蓋姬人襄余祀事，治饌頗虔，故鬼神相之，或以夢示耳。幽明異路，感愴彌深，以詩二首紀之。作書致竢夫，得復。子宜來。夜月色蒙籠，以朱印遍識新得諸書。

夜夢叔弟至京二首

死别廿年餘，年來夢亦疏。窮秋風雨夜，魂魄忽依予。遠道應求食，孤兒可讀書。二親相見否，泉下事何如？

骨肉皆天末，荒年得信難。閉門僵卧久，知子遠來看。白髮驚人老，青燈照壁寒。此中多士伯，切莫戀長安。

十三日乙丑　晨晴陰相間，上午多陰，午後風起，霒陰，晚晴，有霞。作書致竢夫。得史寶卿八月十八日太原書，言將於是月初從林壽圖布政流寓武昌，仍課其子，且言晉陽中秋日得大雨，而田事無及，民困已甚，當事尚浚削之。聞之令人髮指，安得如暴勝之持斧一出也！竢夫來，子宜來。夜月色甚清，有風。

邸鈔：上諭：翰林院侍講張佩綸奏請廣開言路以拯時艱一摺。本年灾沴迭見，水旱蝗蝻，遍於數省。吏治民生，用人行政，有無闕失，爾大小臣工，務當各攄己見，切實指陳，用副朝廷遇灾修省至意。另片奏風聞紫禁城東河沿，有内監雜引伶人排演各戲，並内務府造辦處院中買賣囂雜，且有設場聚賭之事，請飭嚴禁等語。著總管内務府大臣立即查明。如有前項情事，即著嚴行懲辦，毋稍徇隱。命禮部右侍郎潘祖蔭爲武會試正考官，工部右侍郎宜振爲副考官。

十四日丙寅　晴，午有風。菊花半開，分置聽事，又以芭蕉付花傭，收之窨。閲《蛾術編》，稍加點識。夜月甚佳。

邸鈔：上諭：工部尚書李鴻藻之本生母姚氏，秉性淑慎，教子成名，今以疾終，深堪軫憫。朝廷優禮大臣，推恩賢母，著賜祭一壇，賞銀二千兩經理喪事，由廣儲司給發。靈柩回籍時，沿途地方官妥爲照料，以示優眷。以都察院左都御史賀壽慈爲工部尚書，以吏部右侍郎徐桐爲左都御史。詔於江蘇徐州府城建故大學士、兩江總督曾國藩專祠，地方官春秋致祭。從沈葆楨等請也。

十五日丁卯　晨及上午晴陰不定，傍午後晴，天气復和。得子宜書，即復，送去首飾瑠花七對，絨花十一對。剃頭。作書致少筤。子宜來。

閲《蛾術編》。王氏气矜，好詆訐，心又不細。青崖隨事駁之，言亦甚峻。然王氏雖潛心考據，而所學實未完密。青崖泛覽探索之功，亦云勤矣。而措大之气，兩君俱不能免。失之眉睫者，亦復多有。即舉一條論之：王氏謂杭州盧召弓來札云，《通志》采《南史》有沈田子、林子傳，今《南史》無之，竊疑無此事，殆必《約傳》所附耳。予深惡鄭樵之妄，於《通志》屏而不觀，未知果若何。青崖附注云：鄭樵之學甚妄，不知何以《通志》一書，居然與《通典》《通考》並行？沈田子、林子傳出其僞造無疑，先生屏而不觀，可謂卓識。案：沈約《宋書》以田子、林子爲其先世，故入《敘傳》而不别立傳，此史遷至李延壽相沿成例。《南史》不立沈田子、林子傳，而依《宋書·自敘》附入約傳，自是李之疏失。《通志》雖直鈔列史，其於南北朝用《南》《北史》而不用八書，亦漁仲之因陋就簡。然獨出沈田子、林子傳，能兼采《宋書》以補其闕，是其一長。乃抱經、西莊俱未一考《宋書》，青崖直以爲僞造，豈知漁仲何嘗自言采

《南史》耶？西莊此條，本不成語。書之得失，自當平心覈之。既不屑觀，則不必論。空存此條，何裨於事？《通志》與《通典》《通考》相去固遠，然亦何至屏而不觀，便爲卓識？若如章實齋者，本無真見，逞其偏譎，妄尊鄭樵，極口《通志》，以爲千古獨絶之學，又僅足以欺耳食不學者耳。

夜風。

邸鈔：以都察院左副都御史童華爲吏部右侍郎，仍兼署兵部左侍郎。以内閣學士馮譽驥署理禮部左侍郎。

十六日戊辰　晴，風。

《蛾術編》前有丹徒趙彦修序，亦條舉王氏之失，頗有考證。其論東漢桓譚、張衡亦信讖緯一條，蓋不知緯與讖之分。桓、張皆力闢圖讖之妄，而於緯則亦信之。以緯者所以補經，三代之典制，孔氏之微言，往往而在；讖則假託符命，推説休咎，瀆亂不經之書。讖必有圖，如今世俗所妄傳《推背圖》之類，故曰『圖讖』，曰『圖書』，亦曰『圖緯』，謂有圖之緯也。桓、張皆信緯而不信讖，本傳所言甚明。後世緯與讖亂，隋并焚之。今之殘簡僅存，尤錯雜不可辨耳。

章碩卿來。作書致紱丈。夜月望，皎甚如晝。坐久始睡，得詩一首。

夜月甚佳獨行理詠意有所適如在山林村落間賦詩懷故山子九曉湖眉叔秋伊子縝心雲諸子

季秋今夕望，皎月揚團圝。清絶不可唾，所至無翳昏。人生幾良夜，閑寂尤所欣。秋光滿今夕，此後霜雪繁。徘徊不忍睡，負手循庭垣。辛苦賃兹地，傭書良亦勤。相隙植花樹，面隱施墻援。雖云一畝局，頗足安琴尊。幸得兹夕暇，吾心謝紛紜。茶烟出虚幌，燈火栖曲軒。寒竹猶自翠，黃菊開已匀。一角籬影短，依依繪田園。明知逆旅暫，霄漢情彌敦。遥念山中侶，松下能清寒。安得共延佇，幽討期忘言。瑶華不可寄，蕭寥誰與論？

十七日己巳　申正初刻五分霜降，九月中。晴，風，下午益怒，寒甚，水始冰。以牲醴祀財神，叩祝甚虔。下午出門答客十一家，晤萬蓮初、潘孺初，視陳汝翼疾。晚詣豐樓赴章碩卿之飲，余招秋菱、霞芬。酒半，牧莊亦來。是夕寒甚，二鼓後歸。付車錢五千，秋帽錢六千一百，秋、霞飯錢四千。子宜來，不值。得紱丈書，還《蛾術編》。

邸鈔：詔：河南旱灾甚重，恐辦賑官吏從中舞弊，著派河東河道總督李鶴年周歷灾區，認真稽察。如有辦理不善及營私中飽等弊，即行據實參奏。陝西亦被旱成灾，籌備荒政，事務殷繁，著派前山西布政使張瀛幫辦陝西賑務。命協辦大學士沈桂芬充實録館正總裁，吏部尚書毛昶熙充武英殿總裁。

十八日庚午　晨至午陰，下午晴，終日風。牧莊來，并還《祁忠惠集》。馮子因來，自江西解餉入都者。子因，光禄卿謚文介培元之子也。文介，字因伯，故其子字子因。是日令圬者築抗，俗作『坑』。梓人移床，蘆人編笮，今人謂之箯，都人謂之頂篷，亦曰頂格，俗曰花架子。潢人俗謂之表糊匠，惟京師有之，專糊飾房室，與裝潢家異。糊房東西塵坌，終日紛紜。夜風止，月出皎甚。少篔、子宜來，談至二更後去。付楊媪工食銀二兩，又京錢廿三千。

邸鈔：上諭：御史恭鏜奏内務府保舉各員官階升銜等項，與部定章程兩歧，請飭由吏部核辦等語。著内務府大臣嗣後於保舉各員官階升銜等項，均咨由吏部遵照例章核明辦理，以符定制。上諭：御史董儁翰奏本月初十日宣武門外繩匠胡同工部主事潘國祥寓所有明火搶劫之事，並聞直隸南宮縣有匪徒糾衆聯盟，名爲砍刀會，潛赴京城，散布各處搶劫等語。輦轂重地，似此盜賊肆行，尚復成何事體？著步軍統領衙門、順天府、五城將潘國祥寓所被搶一案，飭屬嚴拏盜犯，務獲究辦，並設立門牌户册，隨時嚴密稽查，毋任盜匪潛匿。烟館、賭場，尤易窩藏匪類，亦應查拏禁止，以清盜源。至每夜應如何分段梭巡之處，著該衙門明定章程，實力舉行。其已報盜竊各案，一體勒限嚴緝。

十九日辛未　晴，稍和，巳後有風。聽事閱書，爲心雲點定詩集。得仲彝七月十九日宜昌書。得子宜書。是日至晚工匠始畢。夜偕子宜詣豐樓赴弢夫之招，余招秋蔆、霞芬，二鼓時歸。昨晨起忽咯血，今日晡後復痔發，百病交攻，憊不可言。付表糊匠錢六十三千，計糊藍花紙一間，上加頂格及垂花隔扇，又糊銀花紙一間，白皮紙廚竈一間。付圬人工料錢十九千，木工二千四百，車錢四千。

二十日壬申　晴。是日痔發更劇，力疾督童僕汛掃房室，料檢聽事楹聯畫幅，移置菊花。得竹簣書，還《説文新附考》。夜小設燈燭，略具杯勺，爲少簣、子宜餞行，并邀弢夫作展重陽之飲。《事文類聚》以十九日爲展重陽，而《月令廣義》引《歲時記》：京師士庶於重九後一日再會，謂之小重陽，然於故事無徵。若如其説，則今日爲展小重陽矣。招霞芬、秋蔆兩郎佐觥。花影扶肩，酒香入袖，流連光景，彌感離襟，以詞一曲紀之。二更後散。付酒饌錢二十千，秋、霞車飯十千，燈燭二千。

金菊對芙蓉丁丑九月二十日寓齋燒燈對菊，邀同人小集，作展重陽之飲，并招秋蔆、霞芬兩郎，即送少簣赴粤、子宜入闈。同弢夫作。

紅葉初酣，黄花未老，銀燈小駐秋光。約去飄萍俊侶，再展重陽。玉缸怕照年來影，問鬢邊、添幾新霜。征鴻過盡，且聽漏滴，閑領茶香。　還愛眼底吴妝。正相依翠袖，同倚絲囊。縱貪歡一晌，也勝尋常。簾前此去天涯路，早西風、瘦遍垂楊。明年今夕，嶺雲萬里，何限思量。

邸鈔：上諭：户部奏詳查山西省月協西征餉銀，實係五萬兩，同治八年二月間經該部核定奏明後，歷届均照此數催解。十年、十一年間前任藩司張樹聲以西征餉數不符，詳請咨部查覆，均經該部詳細咨覆有案。林壽圖既蒙詳於前，又復固執於後，殊屬冒昧，業經革職，姑免深究。山西巡撫曾國荃於林壽圖詳文未經覆核，率行入奏，亦屬不合，著交部察議。詔：二十二日再親詣大高殿祈雨，時應宫等仍遣諸王、貝勒分禱。

二十一日癸酉　晴和。上午卧閲書，下午督童僕移床几，澆花竹，録録營度。痔疾復劇。作書致弢夫，送去《漢書》四册。作書致章碩卿，送去《管子》一册。夜又以朱印識諸書。

二十二日甲戌　晴，微陰，下午有風，旋止。晨卧中疾動，痔發益甚。子宜來。章碩卿來。弢夫來。

邸鈔：上諭：曾國荃奏山西太原府知府清安承辦發審案件，昧於輕重，賑撫災黎，不知緩急，著開缺，以同知降補。刑部郎中莊錫級授太原府遺缺知府。

二十三日乙亥　晨陰，上午微晴，午晴，下午復陰。得子宜書，言偕少篔明日行。牧莊來。作致三妹書、致季弟書，寄内子銀二十兩，冒金鳳藤手釧一對，銀翠花一枝，三妹銀翠花一枝，瑠花一對，二妹銀翠花一對，僧慧婦瑠花一對，鄭甥女珠蘭碧花一枝，又以絨花分致諸甥姪女。紱丈來。作書并封各銀物致子宜，託其附回。夜爲少篔書摺扇兩柄，又爲心雲評詩一卷。二更時少篔、子宜來別，以心雲詩及子縝《淮南參校》三册及所借沈匏廬《交翠軒筆記》屬少篔附還，以致沈曉湖書託子宜携交。

邸鈔：詔：山西現辦賑務，需款甚鉅，著於直隸、江蘇、安徽、湖北、湖南、廣東、廣西、四川、浙江、江西推廣捐輸，以資接濟。其捐生應給獎敘，即由該省督撫分案奏咨辦理，並著户部頒給實職虛銜封請也。

典空白執照各二千張，即交山西，俾資應用。從曾國荃請也。詔：廣東廣州等屬被水成灾，該督撫派員赴江蘇、上海、鎮江等處采買米石，運回平糶。所經沿途關卡税項釐金，概行寬免。從劉坤一等請也。

二十四日丙子　晴和。晨起作書致子宜，得復。昨料檢書件，勞不自解，痔發更劇。爲秋伊書横幅，得五古二首，七律四首，長調二闋。再作書致子宜，以今日欲力疾往送二君，而痔劇不能行，呼車不至，無勝企恨，故再詢其何時行。子宜復來走别，余送之出門。子宜潸然淚下。近日仲彛、雲門、梅卿之别，皆有此況，蓋深知余老病，又年來益窮，都中無人能相容也。前日見雲門寄子宜、弢夫書，力勸二君暫留京邸，謂君輩若行，從此師門遂無一人在左右，可勝歎悵！烏虖！此言它人尚不可聞，况僕耶！得星丈書，屬題西崦探梅圖。得弢夫書，即復。弢夫來夜談。夜洗足。

子宜瀕行再來别賦詩送之

萬里兹爲别，秋風落葉時。親朋今散盡，老病更誰知。勖爾千秋業，悲予滿鬢絲。何年重聚首，忍淚話臨岐。俗作『歧』。

邸鈔：上諭：曾國荃奏特參庸劣各員請分别革職改教一摺。山西調署臨汾縣、太原縣知縣許榮綬山陰人。狙詐貪婪，聲名狼籍；徹任河津縣知縣趙作霖貪酷成性；徹任大同縣知縣員啓端浮獷貪鄙，擅作威福；聞喜縣知縣謝均巧滑任性，罔恤民隱；准補清水河通判慶啓嗜好營私，百端詐僞；浮山縣知縣楊元第性耽逸樂；平魯縣知縣駱良弼精神委靡；徹任左雲縣知縣謝德鎔縱容丁役，辦事顢頇；署保德直隸州知州、候補同知直隸州知州朱焜巧於聚斂，營私忘公；候補直隸州知州李樹南每遇差委，勒索無厭；候補同知王萬選暴戾恣睢，行同無賴；補用知縣范載春委靡奔競；候補知縣保善嗜利玩公，挾制營私；候補同知孟圃臣行止不端，玩誤公事；陽曲縣縣丞張漢章性情躁妄，嗜好營私：均著即行革職。前署交城縣、准補陵川縣知縣馬國賓撫字失宜，致滋民怨；汾西縣知縣傅鴻勳不察民隱，昧於撫綏；絳縣知縣孟詞宗見解模棱，不勤撫恤：均著以教職改用，以肅官常。聞之山西人所劾無一枉者，許榮綬爲不肖之尤，僅止革職，不足蔽辜也。

二十五日丁丑　晴和如春。痔疾更甚，讀《史記》以自遣。剃頭。楊舍人同棪來，不見。付木棉花錢十二千四百。

邸鈔：前工部額外郎中張國正選福建延平府知府。原任董兆奎丁憂。刑部督捕司郎中吳德泰選廣西平樂府知府。原選吳鴻恩丁憂。國正，漢軍蔭生，前庫倫辦事大臣廷岳之子，以遺表恩得之。德泰，涿州附生，以京城關防局保舉得之。上諭：禮部奏前任工部尚書李鴻藻之本生母姚氏病故，因大宗無人，懇請持服三年，據情代奏一摺，著禮部議奏。旋許其服三年喪。

二十六日戊寅　晨晴，上午微陰，午後微晴，晡後陰。牧莊來。爲星齋丈題西崦探梅圖兩絶句云：『曾聞西崦梅千樹，今見吳生畫裏來。林下水邊無一客，年年蕭瑟爲誰開？』『山信頻煩寄一枝，雪中猶記昔游時。疏花空際誰能賞，孤櫂衝寒獨詠詩。』夜一更後有風，稍寒，復晴。作書復星丈。

二十七日己卯　晨陰，風，午晴，下午風止。得弢夫書。發前月所作陶子方秦州書，并寫近詩八律致之。余素不以詩示人，以子方今春三流八兩曰流。之惠，出於意外，而書辭復極懇摯，故以此爲報，託草廠胡衕協同慶賈人張治德寄去。作致牧莊書、致弢夫書。買舍利狐褂一領，直銀二十兩，先付十金。高銀十九兩，又京錢六千，合銀廿兩。余自庚戌爲諸生，先妣始爲製狐褂一領，實地紗袍一領，今二十九年矣，出入尚衣之，紗製尚完，而狐毛已半落，杜門無事，亦未營懷。茲以將歸，傾家辦此。遠慚齊相，一稔猶差，近愧宋賢，終身未具。此用陳后山事。追思手澤，益痛奇温。作書致牧莊，致弢夫。

得牧莊復，并示俞蔭甫《第一樓叢書》九種：《易貫》五卷，《玩易篇》一卷，《論語小言》一卷，《春秋名字解詁補義》一卷，《古書疑義舉例》七卷，《兒笘録》四卷，《讀書餘録》二卷，《詁經精舍自課文》二卷，《湖樓筆談》七卷。第一樓者，詁經精舍樓名也。《易貫》者，條舉《易》辭之同者分疏之。《玩易篇》者，取卦位卦變，分十六圖，以明動則觀變之義。《論語小言》者，雜論名理似子家，而每條之末引《論語》一句以證之。以上三種，雖或名論解頤，而於經學，不甚有裨。《春秋名字解詁補義》皆正王氏之失，頗多新義，而詁訓名通，足爲高郵補闕。《古書疑義舉例》凡分八十八例，析疑正誤，貫穿洞達，往往足發千載之矇。此於經籍深爲有功，不可不讀。《兒笘録》皆論《説文》，意匡許氏，而言多中理，不似李陽冰、鄭樵輩之鑿空。《讀書餘録》皆校正群籍之文，補其《諸子平義》所未及。《内經·素問》四十八條，《鬼谷子》五十五條，《新語》二十二條，《説苑》四十二條，《漢碑》四十一條。曰『餘録』者，猶王氏念孫之《讀書志餘》也。《自課文》皆其擬作經解。《湖樓筆談》第一、第二卷談經，第三卷談《史記》，第四卷談《漢書》，第五卷談小學，第六卷談詩文，第七卷談雜事。以上三種，考辨確鑿，心得爲多。《筆談》小學中有《説文》所載『字似隱僻而實爲經典正文者』一條，補錢氏曉徵、陳氏恭甫之所未及；其餘亦多前人所未發。惟老蘇《辨奸論》實爲僞作，而極贊其學識，見微知著，能窺荆公於未進用時。唐薛仁貴之子訥，武后、玄宗時爲將相有功，訥弟楚玉爲幽州大都督府長史，此據《舊唐書·訥傳》，至《薛嵩傳》作范陽平盧節度使，蓋誤。楚玉子嵩及崿相代爲相衛節度使，嵩子平又歷帥數鎮爲名臣。宋楊業之子延昭，本名延朗，歷官英州防禦使，爲契丹所畏，呼爲六郎。是薛、楊後人，雖與委巷所傳迥異，而事迹昭著，史册可稽，六郎之名，且與史合。俞氏乃謂兩家後裔無聞，此則失之眉睫矣。

傅子蕁來，不晤。是日痔疾未愈，齒痛忽作，又感微寒，困劣多卧。更夫劉以昨日罷庸。更夫孫以今日起庸，付錢六千，十月初四日又付二千。

邸鈔：編修彭世昌補山東道御史。詔：前福建臺灣道吴大廷仍以海關道員用。前廣西平樂府知府文廷琛以同知用。

二十八日庚辰　霒陰終日。彦清自密雲來。作書致弢夫，得復。夜弢夫邀同彦清飲豐樓，余招秋蔆，一更後歸。小雨。付洋布錢二十四千，磚錢八千五百，車錢四千。

邸鈔：詔：以纂修《穆宗毅皇帝實録》過半，優敘在館人員。前江西督糧道錫縝以四五品京堂候補。翰林院侍講學士嵩申遇有升缺開列在前。右中允鍾駿聲遇有講讀缺儘先升用，並賞四品銜。記名道府、翰林院編修孫敬昂以道員用，賞换花翎。檢討童域以應升缺及其次應升缺開列在前，并賞花翎。左贊善慶麟遇有翰詹五品缺開列在前，並賞四品銜。修撰洪鈞遇缺題奏，並賞四品銜。侍講廖壽恒遇有應升缺開列在前。右贊善葉大焯以五品應升缺開列在前。翰林院坐補侍讀學士孫毓汶原有遇缺題奏保案，候升用後以應升之缺開列在前。編修張瑞卿以應升缺出開列在前。記名御史、檢討甘醴銘俟補御史後，作爲歷俸期滿，並賞四品銜。編修高萬鵬、楊頤、周德潤俱以應升缺開列在前。左中允王先謙遇有侍講缺開列在前，並賞四品銜。記名道府、御史曹秉哲專以道員用，俟升道員後加二品頂帶。御史劉恩溥作爲歷俸期滿，並賞花翎。候選道顔宗儀以道員分發省分歸候補班前補用，並賞二品頂帶。此次所保，名曰尤爲出力，凡部院及小京官雜職約二百餘人。兹最其大略耳。群兒相貴，蟻附蠅鑽，亦終歸積薪而已。中惟錫縝本以户部郎中外擢告病，前年忽起，爲實録館提調，事爲創見，而所保仍不過郎中應升之階，尚非越分。甘醴銘止保俸滿及加虚階。此外尚有數人，皆循恒格，蓋或以此示恬退，或以聲氣未廣，微示公道。要之，一丘之貉，何足選也！次日又以惠陵金券合龍隆恩殿上梁，優敘在工人員凡三百餘人。牛旁阿鼻，吾不忍睹之矣！中有編修謝祖源以應升缺開列在前，此又與金銀白芨輩躐争坊局也。

二十九日辛巳小盡　晴，晨有大風，午後稍止，晡後風又甚，傍晚小止，晚又風。

閲俞蔭甫《兒笘録》及《湖樓筆談》。其可取者固多，而好逞私臆，輕韋古義，聰明之過，亦往往落於小慧。又深詆《左傳》，囿於近日浙西江湖經學之習。至喜駁鄭注，亦其一短。如《禮·内則》：『夫婦之禮，唯及七十，同藏無間。』鄭注：『衰老無嫌。』下文：『故妾雖老，年未滿五十，必與五日之御。』鄭注：『五十始衰，不能孕也。妾閉房不復出御矣。』此謂夫婦之道，妻年雖至七十，不以衰老爲嫌，故仍同居無間；妾至五十則已衰不復御。經文及注，本極分明，《正義》誤會經注，乃云：『大婦唯至七十，同處居藏，無所間别，以其衰老無所嫌疑故也。夫七十，則婦六十以上，各本『上』皆作『下』，蓋誤，今以意改。若夫雖七十，婦惟六十以下，則猶間居也。《詩傳》云：『男女不六十不間居。』據婦人言之。』蓋孔氏誤以『唯』字作『獨』字解，又誤以及七十爲指夫年，又誤以鄭注『衰老無嫌』爲不招外人之嫌疑，皆《正義》之過，而非注之過。俞氏謂『唯』即『雖』字是也，而詆鄭注，謂夫婦之間，何嫌之有，必至七十然後同藏？則七十之前後皆不可，伉儷之恩薄，室家之道苦矣。且使人薄於妻而厚於妾，有關世道者甚鉅，是可以正冲遠，而不得以正鄭君也。要之，《正義》所以誤者，泥於男子六十閉房、七十開房之説，故以『唯及七十』爲專指七十，又泥於『三十而娶、二十而嫁』之文，故爲婦六十以上、六十以下調停之言耳。它若以《春秋》之『初獻六羽』爲『六禽』；以《論語》之長沮、桀溺爲非人名，『長桀』者美之之辭，『沮溺』者惜其沉溺不返之辭，皆不可以訓。

寶森書賈李雨亭送來珍藝宧零種《毛詩考證》四卷，《周頌口義》二卷。晡後答詣馮子因、章碩卿，俱不值。詣弢夫，載之同詣寶森閲書，碩卿亦在。余購得原汲本《南北史》一部，殿本《宋書》一部，《宋潛谿集》一部，十八卷，無序例，每卷前題『後學弋陽黄溥澄濟選編』，每葉廿二行，每行廿五字，其字樣板式猶是正德以前刻也。直二十金，議而未付。晚邀弢夫、碩卿及子因飲豐樓，并招霞芬，夜二更歸。印結局送來是月公費銀十六兩八錢。付椅墊一對錢十千，箋紙錢三千六百，霞芬車飯四千，酒保賞三千，車錢二千。

冬十月壬午朔　晴，晡後微陰。作書致馮子因，乞畫山村、水村小景各一事。牧莊來。付王媪錢十千，媪以九月二日受庸，月錢六千。

邸鈔：詔：英翰實授烏魯木齊都統。上諭：都察院奏候補都事劉銘鼎呈稱該員眷屬船隻行至昌黎縣屬之蒲河營，被把總胡魁率領兵役持械登舟，稱係查拏賊船，喝衆搜查，失去銀錢，誣伊弟販賣人口，與船户三人一併綁去，聲言就地正法，嗣查非賊船，仍勒錢回贖等語。案關武弁喝衆持械搜搶，誣良勒贖，亟應徹底根究。著提交刑部嚴訊。

初二日癸未　晴。祖妣倪太恭人忌日，供素饌八簋，又以初六日爲祖妣余太恭人忌日，并供肉肴、特彘、魚、羹四簋，晡後畢事，焚楮錢二挂。陳逸山來。此人余已欲絶之，今日又例不見客，而强入求見，不得已而接之，乃卒然言曰：『李若農言君之才不及天水狂獸之萬一，張香濤言君之學不及王廉生之萬一，此二人輕薄至此，尚得爲有人心乎？』余知其意，告之曰：『彼二君雖不足知我，然亦何至如君所言。』又遽曰：『河陽侍郎謂君不如王壬秋遠甚，我嘗屢争之，以此河陽并惡我。』余亦笑謝之而已。人之分量，自有公評，得失寸心，知之在己，本不以悠悠爲優劣，亦不必與混混争是非。况賁獲之倫，豈較力於繦褓；施嬙之列，寧絜美於魌頭？雖有大愚，必無深怒。不知此君，果何心也？又屢言：陳蘭彬我受業師也，將出使外洋矣，其待我如骨肉；其先逸山嘗屢過余，必言『我老師我老師』。一日余詰之曰：『子老師爲誰？』曰：『陳某先生也。』余曰：『是陳蘭彬耶？』始爽然去。沈經笙我座師也，憂勞國事甚矣，然甚念我。然則此人底藴盡露矣，哀哉！其人本無一長，而『語言無味，面目可憎』八字，已臻其極。今日又言：『陳老師出洋後，每歲寄我五百金，我將迎妻妾矣，將畜車馬矣。』其人可知矣！得章碩卿書，以《漢刻孔子見老子像》拓本一紙、紙已甚舊，且半裂，黄小松以贈王石渠先生者，前年王氏物盡出，於廠肆得之。《元遺山詩文集》一部張碩洲所校，靈石楊氏刻，然脱誤字甚多。爲贈，即作書復謝，犒使二千。

夜閲《遺山集》，後附《樂府》四卷，《續夷堅志》四卷，及凌次仲氏、翁覃谿、施北研所撰《年譜》三種。凌譜得之漢陽葉氏，傳鈔最有條理，辯論亦最詳盡。然崔立功德碑一事，遺山終不能辭咎。《歸潛志》所敘情事曲折甚明，凌氏必欲歸獄京叔，力詆其誣，則可不必耳。翁譜亦分晰勝於施譜。付姬人天青段鼲鼠褂銀四兩六錢，尚欠三兩九錢。付供饋錢三千。

初三日甲申　初二刻十二分立冬，十月節。晨及上午晴，午後陰寒。以今日約彦清、弢夫、牧莊小飲寓齋賞菊，作片招霞芬，作書致弢夫，作書致牧莊，并以《蛾術編》兩帙借之。作書邀傅子尊等同飲。

閲《續夷堅志》。此書無甚足觀。惟一條云：『古人稱祝，多云千萬歲。國初種人淳質，相祝惟云百二十歲。自太祖收國元年乙未至哀宗天興甲午國亡，適得甲子兩周，是其讖也。』遺山《甲午除夜》詩云：『甲子兩周今日盡，空將衰淚灑吴天。』

弢夫來，牧莊來，彦清來，子尊來，霞芬來。夜燃燭設飲，至二更後散。客裏古歡，冷中艷集，惜不得仲彝、子縝、雲門、子宜諸君同之也。素心既稀，佳客難擇。今夕之邀子尊，以彼親於我，且屢來而屢拒之，故一與斯飲耳。余性雖褊急，而信人亦太過，故屢被人欺，蓋素不忍以不肖待人，尤恐人之自愧。平生酬接，未嘗以一語傷人。雅俗相參，絶口不及學問。偶遇名流道古，雖陋妄百出，從不出一言正之。以露才揚己爲深戒，以情遣理恕爲至言，非惟取法前賢，實亦禀承家教。或酒間縱論，花下閑評，偶及時事是非、人材臧否，無不平情審度，公道主持。即日記之所書，本私家之自述，冀存清議，稍秉嚴科，然一字之加，三思而出，必衡其終始，權其重輕，幽可以質鬼神，明可以視天日。學問有片長，無不暴之；心術有可諒，無不原之。而私衷所寓，又有三例：交好有小過者諱之，微賤有大惡者略之，過惡雖著而不係人心世道者亦没之。至己有小失，無不大書，所以示名教、存大閑也。世無知我者，聊於此發之。付添買菜果十一千，燭三千，霞芬車飯四千。

邸鈔：詔：河南勘明成灾之祥符、滎澤、獲嘉、濟源、原武、修武五縣，洛陽、孟津、鄭州、禹州、偃師、鞏縣、新安、淇縣、延津、封丘、陝州、靈寶、閿鄉、汝州、伊陽、武陟等二十三州縣，先撫恤一月口糧。其被灾九分者，極貧加賑三月，次貧兩月；被灾八分、七分者，極貧加賑兩月，次貧一月；被灾六分者，極貧加賑一月；被灾五分村莊給一月口糧。湯陰、林縣二縣，不論成灾分數，極貧次貧，均給兩月口糧。汲縣、新鄉、輝縣三縣，毋庸撫恤，仍各按成灾分數照例加賑。從巡撫李慶翶請也。上諭：國子監司業寶廷奏應詔陳言各摺片。方今時事艱難，民生困苦，朝廷孜孜求治，昕夕不遑，全在中外大小臣工振刷精神，以期共濟。若如寶廷所奏部院各臣、封疆大吏，往往諉卸因循，司員屬吏，無所忌憚，其源在樞臣不敢任咎，不肯任怨，以致吏治日偷，民生日窘，怨恫交作，灾害頻仍等語，是上以實求，下以名應，其何以挽積習而臻治理？嗣後軍機大臣及部院督撫各大臣，務當力矢公忠，不避嫌怨，綜覈名實，以爲屬員倡率。中外臣工，亦應各勤職守，毋得仍蹈從前習氣。至總理各國事務衙門，關係中外交涉各件，尤在擇人任使，該堂官等當考核才品，量能授事，毋以輕浮貪詐及不知大體之人濫厠其中，致滋貽誤。該司業另片奏設法教養宗室，及米粟永免抽釐，並請飭部發倉設局平糶各等語，著該衙門議奏。聞其疏甚激切，有云『夤緣奔競者，越次而進；老誖昏庸者，循例而升』。其劾大學士寶鋆營私權黨。執政者深惡之，不發鈔。

初四日乙酉　晴，上午陰寒，下午晴。閱《遺山文集》。遺山與元之姚牧庵、明之宋潛谿，皆唐宋以後古文巨手。然余閲三家文皆三遍矣，元文冗散，姚文沓拖，宋文平弱，實不解其佳處。吴松堂再來邀飲廣和居，午後往。坐客惟方勉甫舍人。余招秋菱、霞芬，至晚始歸。同司郎中松安來謝吊。得弢夫書，送來江寧刻《史記》四帙。付僕媪印結隨封錢十千六百，升兒工食三千，車夫三千，菱、霞車飯四千。

邸鈔：詔：初六日再詣大高殿祈雨，仍遣諸王、貝勒分禱時應宫等處。

初五日丙戌　晴。作書致弢夫。又致陳逸山，索還端午前一札。得子宜三十日天津書，備言臨別哽咽之狀，以余老病，力勸服藥，且請著述早付寫定。誦之感悵，殆不自勝。賦詩寄之，并補前夕一詩。

立冬日再集同人飲寓齋對菊燃燈有懷仲彝子縝少篔心雲子宜雲門諸子

居然有菊即重陽，東坡十月一日海上作重九詩自注語。循例花前作醉鄉。翠袖故爲今夕暖，錦茵仍接隔旬香。不須温帽隨時俗，馬縞《中華古今注》：魏文帝立冬日賜百官温帽，遂以爲例。自愛華燈駐景光。只惜酒人今散盡，無多天末共霞觴。

得子宜津沽書却寄

海上一書至，天涯十日思。窮途憐老病，多難重分離。吾道孤誰託，交情死可期。禮堂虚寫定〔無可付〕，炳燭惜衰遲。書中亟欲寫余所著書副本，且謀與同人合力梓行。

夜一更後大風。

邸鈔：上諭：劉長佑等奏甄别庸劣不職各員：雲南鎮沅廳同知高國鼎貴州，舉人。以原品休致；黑鹽井提舉崔焕章，四川，舉人。維西通判孫國瑞，河南，蔭生。劍川州知州徐濟，德清，監生。候補通判黄炳南、袁賡贊、劉廷夔，候補知縣周仿渭，候補州判唐獻猷、胡國志，候補縣丞李洵均即行革職；候補府經歷康崇祺革職，永不敘用；新興州知州黄文炅、騰越廳同知宋德基宛平，監生。均開缺留省另行酌補；文山縣知縣史致準、陽湖，舉人。永平縣知縣賀芳丹徒，舉人。均以教職選用，以肅官常。上諭：給事中李宏謨奏籌贍宗室，以培根本一摺，著宗人府、户部會議具奏。疏言嘉慶年間，仁宗以宗室生齒日繁，遴選七十户移居盛京。今久未舉行，而宗室困苦益甚。現在奉天地方東溝通溝各邊境開荒設税，生計漸蕃，請飭下宗人府、户部妥爲籌議，凡撥給地租、建立官屋及賞需等項，皆有成憲可循。果能辦有成效，則八旗生計日艱，尚須擇地另葬，爲一勞永逸之計云云。

初六日丁亥　晴，上午風，下午稍止。閲《元遺山文》。爲章碩卿書紈扇。弢夫來，與共晚食後去。付更夫皮襖賞五千，鄉祠邑館長班皮襖賞四千。

邸鈔：詹事府少詹事文治以病奏請開缺。許之。

初七日戊子　晨澹晴，上午多陰，下午晴。作片致馮子因催畫，致章碩卿還扇。剃頭。閲《元遺山文》。爲子宜寫近詩數紙，以子宜來，乞將寄去也。夜爲章碩卿撰所刻《式訓堂叢書》序，并寫與之。

章氏式訓堂叢書序

學問之事嘖矣！識大識小，同源而異流。其大至於彌六合，窮天地；其小者，一名一物，辨析至於極微。蓋自周以降，諸子鉥離，百家雜出。其遷流遞變，不可究極。而得其真者，雖大小萬殊，其要歸皆一於道，而能發明先王之教。蓋事之所寓，莫不有賢智之士悉其力以相赴，故其精神不可磨滅，而其事遂足持世而不敝。此非高語性天者所能盡也。

經籍由竹簡，而縑素，而楮墨，而槧刻，愈紛而愈精，愈精而愈亂，降而至叢書之刻，益末矣。然自明之季至國朝乾、嘉之間，而其事益盛，其刻益精，老儒大師，咸孜孜而弗倦，至於今士夫有志於古而稍有力者，無不網羅散逸，脅拾叢殘，幾於無隱之不搜，無微之不續，而其事遂爲天壤間學術之所系。前哲之心力，其一二存者，得以不墜；著述之未成者，薈萃而可傳。凡遺經佚史，流風善政，嘉言懿行，瓌迹異聞，皆得以考見其略。而後之人，即其所聚之書，門分類别，各可因才質之所近，以得其學之所歸，於是叢書之功在天下爲最鉅。此蓋古人之所不及知，而唐之季始爲鏤版之説者，亦不料其爲利至此也。

吾鄉自商氏有《稗海》之刻，雖校刊疏失，多非足本，而事屬創始，搜羅已勤，故至今稱之不廢。自是厥後，繼者闃然。至道光間，而蕭山陳氏有《湖海樓》之刻，中多善本，而擇之未精。今同邑章君碩卿，嗜古敏學，幼棄科舉，殫力讎校，所蓄亡慮數十萬卷，多精槧舊鈔，隨其尊人宦蜀中，即以刻書爲事。今年入都待覲，無日不閲市。兹將爲令楚中，先鳩集近儒輯述，凡有裨經史及目録之學者，爲《式訓堂叢書》，將次第刻之，而屬余爲之序。因推本爲學之恉，以明道器異形，事理同貫，而古今之日出益新者蓋不可窮也。

初八日己丑　晨及上午陰，午微晴，下午晴。作書并序文致章碩卿，且詢行期。季士周來。羊褆盦自海寧挈眷來，以鯗脯一肩、笋乾一簍、茶葉一瓶、糕餅兩匣爲贈，附來梅卿滬上九月十四日書并毛血燕窩二斤，黄元同八月四日杭州書，寄贈其新刻尊人薇香先生《儆居集》四册及其自撰《禮書通詁》目録一紙，雲門九月十三日滬上書，言子縝卧病未愈。

閲《儆居集》。本十八卷，今先刻内編《經説》四卷，《史説》一卷，《讀通考》二卷，《讀子集》三卷，《雜著》四卷，共十四卷。前有劉星若燦、傅肖巖夢占兩序。劉君，鎮海諸生，著有《詩輯補義》，余舊有之。今是集《雜著》第四卷内有劉君傳，言所著尚有《續廣雅》，戚鶴泉爲之序，已兩次刻之矣。其未刻者尚有《詩古音考》《論語集注補》《孟子答問》《小學校誤》《日知録記疑》及《支雅》十篇：釋人、釋禮、釋舟、釋車、釋歲，集名士所撰；釋詞、釋官、釋學、釋兵、釋物，案此字可疑，不知所指何物，恐有誤。則自撰之。蓋薇香先生論學之執友也。是集皆考辨硜硜、實事求是之言，於古人無所專主，而申釋近儒漢學諸家者爲多。

彦清來。禔盦又贈石門吴君滔所繪秋江菱榜横看子。牧莊來，約今晚飲豐樓。晡後詣星丈、紱丈，晤星丈，久談。晚詣豐樓，坐有禔盦、彦清、弢夫，余招秋蔆、霞芬。黄昏後大風，人定後止。二更歸。付羊僕禮錢三千，車三千，霞車二千。

初九日庚寅　晨晴，上午陰，午又晴。章碩卿寄示所購舊鈔本《管子》四册。黄蕘圃所校，後歸張古餘。據蕘圃跋稱所藏有南宋初刻本，此鈔本即從其本出者，止十二卷。蕘圃據所藏本補完之，蓋視今所行趙用賢臆改本，自遠勝也。碩卿以三十金得之廠肆。

近日都中百物踴貴，米、麥尤甚。余所食米，去年春時每百斤京錢二十八千，今漸至四十七千，昨日且五十千矣。雜貨麵以黑小米、菽米和麥皮爲之，都中極貧户所食。一斤至四百餘錢。舊止百餘錢。前日聞李合肥遣官來辦平糶，設局於崇文門，又置分局二於内外城，未知何如也。昨閲邸鈔，山西曾中丞奏省城銀一兩易八三錢一千三四百，而斗米須錢二千四五百；省南平陽、汾州、蒲州、絳、解、霍等州。紋銀一兩易錢一千一百，元絲銀則止易錢九百餘，斗米須銀二兩有奇。今日邸鈔，李合肥奏據曾國荃函稱，小米市斗每石二百九十斤，銀十四兩六錢，合官斗每石銀七兩三錢；高粱市斗每石二百四十斤，銀七兩三錢，合官斗每石銀四兩一錢零。是曾疏所稱者乃市斗白米也。合肥又言據河南委員稱，該省時價小米市斗每石一百九十斤，制錢六千三四百合，銀四兩二錢零，按官斗每石一百四十餘斤，約合銀三兩二錢零；高粱市斗每石一百八十斤，制錢四千四五百，約合銀三兩，按官斗每石一百三十餘斤，約合銀二兩二錢零。今都門紋銀一兩易京錢十七千，松江銀一兩易十六千五六百，而市斗每石一百五十斤，白米百斤至五十千，已合銀三兩，一石則合銀四兩五錢；小米百斤至四十餘千，一石須六十餘千，合銀三兩七錢有奇。高粱都人食之者少，白麵每石一百三十斤，須京錢六十千，小米麵每斤京錢四百六十。然則京城米價，貴於河南，滿漢游民，徒食日衆，饑傭飢者，又紛至沓來。祈禱虚文，雨久不得，其勢殆將岌岌。而大小恬熙，惟知賣弄國權，奔競捷徑，有暇則逐酒食聲伎，盗賊劫掠，白晝公行，嚴詔督捕，漠不爲意。昨霞芬言，數日前明善之子、已革内務府大臣文錫夜宴恭邸於家，招之侍飲，且演軟舞。都人謂之軟包，所演皆小劇。恭邸語霞芬之師蕙仙曰：『比觀一陣風演齣，嫌生旦脚色不多，以後演時，爾當分半班來。』此柄國之經濟也。又言前日大學士英桂之弟英樸以江蘇糧道督運至京，邀步軍統領、侍郎榮禄及左右翼總兵成林、文秀三人夜飲，招霞芬等五六人，達旦始罷。此金吾之功伐也。有饑傭縣令言，一日公宴演劇，兼府尹尚書萬青藜至夜半不肯罷，必欲招西伶十三旦演兩齣，屬宛平令鎖之來。言未畢而適至，萬即離席膝坐，爲媚態以迎之，曰：『汝來何遲？幾得罪於從者。幸弗怪，速上妝。都人謂纏頭曰上妝。以慰飢渴。』此京兆之勤勞也。時事如此，朝廷何以自存？我曹無死所矣！合肥昨疏言已飭招商局道員朱其昂、唐廷樞籌借資本，赴南省購大米，於封河前運至天津，由通州設轉運局，於京城相地設局平糶。此以九月中編修何金壽疏請，故爲此敷衍之策，亦恐無益民生耳。

初十日辛卯　晨晴，上午薄陰，午晴。慈禧皇太后萬壽節。詹黼庭來，不晤。章碩卿來辭行，贈銀二十兩。

閲《儆居集》。其《讀通考》二卷，議論通達，文亦渾樸。《讀子集》三卷，摘抉恉要，多爲精確，文尤謹嚴可味。《讀史》一卷，文僅九首，多平情之言。《雜著》四卷，其論經者多可取，它文議論，不盡愜心。如《對帝蜀帝魏問》《對程伯子爲條例司問》《對復仇問》《對爲人後問》，論皆偏駁；《對唐氏振軍氣問》《平海盜議》《備外寇議》，皆空言無裨於用。敘事之文，尤非所長也。其與嚴鐵橋、許印林、夏弢甫諸書，皆持論嶽嶽，不肯苟同。

十一日壬辰　晨雪，至午雨霰雜下，午後霡陰。是日甚寒，始衣舊羊皮袿。撰上虞《連仲愚傳》，春間已收其潤筆銀，遲之半年矣，於心時歉然也。夜於床間取書，適燭滅，誤失足墮地，頃許始能起，吾衰甚矣！作書致孫仲容江寧，屬章碩卿自湖北寄之，以仲容藏有吾鄉章逢之氏《隨書經籍志史部考證》四册，此天下無第二本也。因力勸其刻之，且從臾碩卿共成斯事。又邵南江先生《南宋事略》稿本，向藏倉橋沈氏，前十年沈寄凡以呈曾文正，將刻於江寧書局，而文正移督直隸，事遂輟。今寄凡已殁數年，而聞其書尚在江寧，屬仲容物色之。此書關系尤鉅，儻能成文正之志，尤厚幸也。

十二日癸巳　晨及上午陰，午微晴，下午晴，有大風。寫致肯夫及曉湖近詩各數章。得敖金甫書，招賞菊。作復辭之。作書致弢夫，託其代録昨所作《連君傳》并銀四兩，還所購江寧新刻《史記》直之大半。作書致章碩卿。閲惠定宇氏《太上感應篇箋注》。引證簡核，時雜以韵駢語，甚爾雅可誦。近有刻者，諸翰林分寫之，惡札可恨；又每條妄加羅尚書惇衍引經數語，尤爲佛頭著糞。得弢夫復。夜爲同鄉孫瘦梅道乾撰其女芳祖《小螺盦像贊》。瘦梅，彦清之季父也，求之數年矣。余以其事無謂，所徵詩文又甚劣，久不肯應。而孫君求之益力。今春王子獻入都，述其言，止欲得余數字以爲大幸。孫君年已七十餘，故感而許爲之贊，今日始得償諸耳。

邸鈔：上諭：銘安等奏三姓地方被灾情形一摺。本年九月間，三姓地方猝遭風雹，田廬被淹，旗民蕩析離居，殊堪憫惻。著銘安等妥爲撫恤，毋令失所，並將伯都訥倉存米穀，即咨行該副都統提撥接濟，一面籌撥銀兩發給。所有新陳銀穀應如何蠲緩之處，即著查明具奏。

十三日甲午　霒陰，寒冽，有風。得章碩卿書。朱蓉生來。審閲周雪甌詩。王子獻去年所寄者也。子獻手録者一卷，又它人所鈔者一卷。其原稿兩册，雪甌之子所藏，多少年之作，然雪甌詩亦已盡此矣。今日略爲删定，夜爲作《耻白集序》。付姬人綿幝錢十二千，闌干子錢四千，苦水錢四千。夜有月。

十四日乙未　晴，大風。彦清來，爲出考國子監學正學録印結。寫《小螺盦像贊并序》，將寄子獻轉致。馮子因送所畫山水兩幀來。下午將出答客，余初以珠皮袍褂久付質庫，誤記鼲鼠及羊裘尚在篋中，故逡遁至今，以爲可衣以出矣。頃詢之姬人，始知悉已付質家。余素不酬應，然人之以禮來者未有不報之，今則無策矣。適彦清片來邀飲豐樓，遂赴之。主客無一人在者，獨坐至晚，彦清始來。夜招秋菱、霞芬，二鼓後歸。月皎如晝。是日寒甚，水盡冰。付車錢三千，秋、霞車飯四千。

十五日丙申　晴。作書致禔盦，致弢夫。寫單約馮子因、章碩卿、吴松堂及禔盦、弢夫、彦清今晚飲豐樓。上午出門詣禔盦、子因、碩卿，俱不值而歸。爲子獻書扇。作致王松谿及族弟小帆書，即作片致馮子因託附至豫章。夜詣豐樓，同彦清、弢夫、碩卿飲，余招秋菱、霞芬，二更後歸。月皎甚。付車錢五千，酒保賞四千，秋菱車飯二千。

邸鈔：步軍統領衙門郎中博潤授江蘇松江府知府。楊霽丁憂。上諭：沈葆楨、裕禄奏安徽無爲州知州吴澐湖北，廩生。前在署寧國縣任内私買該縣民人洪光燮等族姓田房，縱令其姪吴文煒侵占地基，並將程姓田地誤占。迨經控告，又不據實禀覆，實屬因利取巧。吴澐著革職，永不敘用。吴文煒革去增生，枷示三月，杖責遞籍管束，田地房屋没官。

十六日丁酉　晨陰，上午微晴，午後霒陰，寒甚。張香濤來。撰王杏泉兄六十壽序，芝仙之尊人也。芝仙今春入都，止乞余詩，不敢以文爲請。然杏泉喬梓與余甚厚，不可無文以樂之。作片致彦清。得楬盦書，即復。是日付賃屋銀八兩。夜月出甚皎，二更後漸陰。

小螺盦像贊 并序

小螺盦者，同邑孫君道乾愛女芳祖之所居也。芳祖，字心蘭，號越畹。媖婧善容，華勝宜飾，禀嬺靜之粹訓，備鍒穎之精能。尤好讀書，兼稱多藝。然脂奩側，花影通簾；擁卷針餘，粉痕記冊。蓋自紡專習字，繡帨摛言，比傳業之左芬，等解詩於道韞。而瑤華易謝，淑命不融；笋醴甫施，鏡鸞遽掩。以同治十一年六月二十九日卒，年止十九，所著有《小螺盦詩詞》二卷及《梅花畫人傳》《續衛蟬錄》，俱未竟。中閨玉映，韵事爲多；綺怡珠霏，雅談尤勝。碧城慧業，知聯天上之緣；錦帶遺書，難續人間之恨。螺丸緘合，永絕香箋；獺髓修容，空傳倩影。真妃適降，不通朱鳥之窗；道經：六月二十九日九華真妃降。嫏嬛倘逢，或有青禽之使。孫君愛深玉燕，痛甚金鑾。門右鉏蘭，并亡燕姞；孫君姬王氏旋以哭女殁。市中賣碗，或冀溫休。權媒氏之嫁殤，徵名流之哀誄。既次其病中瑣事，爲《小螺盦憶語》，復爲寫《綠楊燈影圖》，而屬余爲之贊。嗚呼！渚蓮疑面，長生六月之花；泥絮論因，已輟三春之樹。問飛仙之官府，何處吹簫；留小景於丹青，猶遲化玉。止君老淚，媵我蕪辭。

玉產而溫，蘭生而薰。愉愉而孝，婉婉而文。額滿疑月，眉修欲山。質以匪飾，慧以不年。假之丹素，想其蟬嫣。追神比霧，積淚傾泉。安昌之愛，金瓠之憐。展茲芳迹，歸來佩環。女史好墨，蓄佳墨甚多。病革時問荷花生日，且詠《雲笈七籤》中『紅顏三春樹，流年一擲梭』之句。臨沒，自言新居甚麗，有瑤草琪花。文中所用，多本事也。自記。

邸鈔：以宗人府府丞程祖誥爲都察院左副都御史。

十七日戊戌　上午陰，下午晴。曾祖考構亭府君忌日，午供饋肉肴八簋，菜肴貳簋，火鍋一器，肉饅頭一盤，時果四盤，酒四巡，飯兩巡，蓮子湯一巡，晡後畢事，焚楮錢兩挂。今年曾祖妣諱日以近春分，曾祖考生日以近秋分，皆未設特薦。半豚三弋，祇此一朝，貧賤自傷，几筵慴愧。

牧莊來，以海州許氏桂林所著《易確》見示。許字月南，嘉慶丙子舉人，著有《庚辰讀易記》二十卷，《毛詩後箋》八卷，《春秋三傳地名考證》六卷，《穀梁傳時月日釋例》六卷，《漢世别本禮記長義》四卷，《大學中庸講義》二卷，《四書因論》二卷，《許氏説音》十二卷，《説文後解》十卷，《太元後知》六卷，《參同契金堤大義》二卷，《宣西通》三卷，《算牖》四卷，《步緯簡明法》一卷，《立天元一導窾》四卷，《擢對》八卷，《半古叢鈔》八卷，《味無味齋文集》八卷、《外集》四卷，《詩集》二十六卷、《外集》八卷，《駢體文》四卷，《壹籟詞》二卷。余所有者，《穀梁傳時月日釋例》而已。此書共二十卷，前有唐確慎鑑、陶文毅澍兩序。卷首爲自序；卷一爲《總論》；卷二爲《易圖》；卷三爲《易理》；卷四爲《易數》；卷五爲《易用》；卷六爲《易表》，分《爻辰》《納甲》《卦氣》《八宫世應》四表；卷七至卷十八爲《易説》，自乾坤至雜卦傳，依次説之。其書言《易》，以乾爲主。乾即太極，凡《易》之理象數气，皆乾之理象數气。孔子曰：『乾，確然示人易矣。』故名《易確》。以九宫爲即圖書之數，必先明九宫之法然後知算數，知算數然後可以言《易》。而兼取反對爻變互卦，參取爻辰納甲六日七分世應游歸，謂卦氣六日七分之説，出前漢孟氏，其來甚古，而以陽爲主，深合經意。虞氏知乾陽爲主，而消乾滅乾，大義既失，旁通之變，曲解多端。虞、荀以降，變卦之説，無一可通；陳、邵以來，卦位之改，尤極無理。於漢、魏、唐、宋諸家，無所專主，而駁宋儒爲尤力。又極詆消息之説，謂經之所無。《易傳》言『君子尚消息盈虚』者，『消息』二字皆爲滅退之義，『盈虚』二字皆爲不美之辭，非漢儒之所謂『消息』。其持論甚堅，蓋一家學也。後附《北堂永慕記》一卷，敘其生母吴孺人行事，許氏言其父官南河通判，稱其嫡母劉爲安人，則吴當稱太孺人。此不諳定制之故，今從其原文。末言自己卯居憂，至庚辰編次所得學《易》之説，定爲《易確》，凡十九卷，并自序一卷，爲二十卷，以此記綴於卷末。則此書自當連自序二篇約六千言。爲二十卷，而《永慕記》不入卷數。今目録乃以自序爲卷首，而列《永慕記》爲第二十卷，不合體例。其書刻於許氏殁後，是門人編次之失也。又言辨論諸家得失，别爲《庚辰學易記》二十卷。據其門人陶應榮等跋，稱分《記論古義》《記辨新解》《記申臆見》《記存餘説》四目，是於《易》學，可謂盡心矣。

翰文齋書賈送來《宋學士集》。康熙中浙江學政諭德彭始摶所刻，合嘉靖中韓叔陽彙刻三十六卷本、有豐城雷尚書禮序。康熙初蔣超所補未刻遺集本，其文較黄溥所刻者幾多兩倍餘，黄刻止三百三十四首，韓刻至九百六十七首。又順治中吴應台增三首，未刻集增二十七首。本作三十八首，中十一首複出。而分卷止三十二。先賦、頌、詔、誥、表、箋，次記、序、傳等，以至雜文，而終以詩，又附録一卷。始摶自言先取明文各選本中對勘，又得朱竹垞所藏分年本詳校一過。然誤字甚多，又有妄改者。甚矣刻書之難也！黄溥本刻於蜀中，是本前載舊刻諸序，有天順元年丁丑三月四川按察使黄溥序，言景泰甲戌官蜀憲，於先生曾孫賢得其遺稿，請秋官侍郎羅公三復汰其重複，正其差訛，若所述無補於人倫世教者，雖工亦刊去之，得三百三十四首。又有天順二年四川按察使金谿王裕序，言其遺稿本五百餘篇。

夜月甚皎。彦清來，宿聽事。付王升工食錢十千，庚午長班皮褉賞錢二千，供饋錢三十千。付雲門寄還德茂信皮衣銀三十兩。

十八日己亥　午正二刻十三分小雪，十月中。終日陰霃。

閲王貫山筠《説文釋例》。凡二十卷。卷一首爲《六書總説》；次爲《指事》，分正例一、變例八。卷二爲《象形》，分正例一而其類五，變例十。卷三首爲《形聲》，次爲《亦聲》，注曰：此形聲、會意二者之變例。次爲《省聲》，注曰：此形聲之變例，兼有會意之變例。次爲《一全一省》，注曰：此亦形聲之類，而蕪雜不足爲變例。次爲《兩借》，注曰：此省聲之變例。次爲《以雙聲字爲聲》，次爲《一字數音》。卷四首爲《形聲之失》；注曰：亦蕪雜不足爲變例。次爲《會意》，分正例三、變例十二；次爲《轉注》。卷五首爲《假借》，次爲《彣飾》，次爲《籀文好重疊》，次爲《或體》，次爲《俗體》。卷六爲《同部重文》。卷七爲《異部重文》。卷八首爲《分別文》《累增字》，注曰：此亦形聲變例。次爲《疊文同異》，注曰：亦會意正例。次爲《體同音義異》，次爲《互從》。卷九首爲《展轉相從》，次爲《母從子》，次爲《説文與經典互易字》，次爲《列文次第》，次爲《列文變例》。卷十首爲《説文正解》，注曰：以下皆論《説解》。次爲《説解變例》，次爲《一曰》。卷十一首爲《非字者不出於説解》，王氏謂半意半形者，象形之變格；半意半事者，指事之變格。許君例於字之有半形或半事者，《説解》中直云象某，或直解其文，不復云从某，以恐人之疑爲字也。今本多有仍云从某者，乃傳寫之誤。其無是字者，人猶易曉，其有是字而非从是字，如谷字非从仌之類。若云从仌，則人疑即仌字矣。次爲《同意》，次爲《闕》，次爲《讀若直指》，次爲《讀若本義》，次爲《讀同》，次爲《讀若引經》。卷十二首爲《讀若引諺》，次爲《聲讀同字》，次爲《雙聲疊韵》，次爲《捝文》，次爲《衍文》。卷十三爲《誤字》，爲《補篆》。卷十四首爲《删篆》，次爲《迻篆》，次爲《改篆》，次爲《觀文》，次爲《糾徐》，次爲《鈔存》；此録存其癸未冬所作《説文鈔》十五卷中之説。卷十五至卷二十爲《存疑》，皆辨説解中之可疑者，而駁段注者附焉。其前有道光丁酉自序，謂許書屢經竄易，不知原文尚存幾何。大徐校定時，猶有集書正副本、群臣家藏本，苟能審慎而別白之，或猶存什一於千百，乃復亂以私意，如今本所謂『足』从口，『木』从中，『鳥』『鹿』足相似从匕。苟非後人所竄亂，則許君之志荒矣。故其書勇於疑許，駁擊甚多，其《六書總説》有曰：許君之精神與倉頡、籀、斯相貫通，故能作《説文》，所引經典，聊爲印證而已。今人之精神，必出許君之前，乃能與許君相貫通，而可以讀《說文》，所讀經典，亦聊爲印證而已。其自待亦過高，近於宋人『六經注我』之說。且自謂精神出許君之前，故能讀《說文》，則許君能作《說文》者，其精神必出倉頡之前，是王氏又遠高於倉頡矣。此其措大自尊之習，尤不可訓。然其書貫穿通達，深明體例，講六書者不可不觀也。余於甲子歲購此，索銀一兩，以十千京錢得之，今則索銀五兩矣。

弢夫來。章碩卿來。晚邀牧莊、禔盦、彥清、弢夫小飲齋中，并招霞芬、秋蔆。菊花尚盛，然燈四照，亦窮涂之暫懽矣。弢夫以其大母有疾，召之歸覲，後日即行，同志又少一人，復有離別之感。人生一醉，固甚難哉！夜月甚皎，二更後散。付添設酒饌錢十千。立冬日及今日請客皆出祭餘，故所費不多。付霞芬車飯六千，秋蔆車飯四千，客車飯二千。付賣花媪錢二十千。

邸鈔：上諭：譚鍾麟等奏營弁脅勇潰逃，立擒正法，餘衆就撫一摺。前道員黃鼎所帶蜀軍彝字各營，經譚鍾麟將新左營派赴邠州長武屯劄，行至涇陽，該營哨官江明中等膽敢脅勇闖進城内，放火劫掠，傷斃兵民，旋復竄至馬家台地方，拒傷總兵潘光斗。當經譚鍾麟派總兵姚文廣等帶隊馳追，本月初三日至子午峪口，將該潰勇四面兜圍，督隊急擊，立將江明中、徐瑞雲擒獲正法，餘勇釋械投誠，辦理尚屬妥速。王登高、蘇桿子二犯尚無下落，此外有無逸犯，仍著嚴飭各軍認真查緝。涇陽等處被擾各户及受傷人口，並妥爲撫恤。姚文廣賞加提督銜。管帶該營之直隸州知州青勝藍著先行革職，交譚鍾麟查明有無激變情事，再行參辦。上諭：御史林拱樞奏請飭籌撥米石，在城外分設廠座，辦理平糶。著户部議奏。

十九日庚子　晨晴，上午晴陰相間，下午霠陰。潘星丈來。作書送章碩卿行。作書致弢夫，得復。夜有月，作致王杏泉及令子子獻鄮中書、致曉湖書、致子宜書。補作昨夜詩。

小雪夜菊花猶盛邀牧莊禔盦彦清弢夫小飲寓齋即送弢夫還台州兼懷子宜越中雲門楚北

琴尊客裏暫相親，小雪圍鑪覺自春。薄醉花光都帶酒，初寒燈影倍依人。眼前綽約千金值，别後星霜一路貧。莫惜夜深貪久坐，天涯幾處月如銀。

邸鈔：詔：都察院左都御史徐桐，吏部左侍郎、總管内務府大臣恩承，户部左侍郎、總管内務府大臣榮禄，總管内務府大臣師曾均著在紫禁城内騎馬。察哈爾都統穆圖善著仍在紫禁城内騎馬。上諭：前據御史吴鎮、李廷簫奏四川東鄉縣匪徒滋事一案，諭令丁寶楨查奏。兹據奏稱，袁廷蛟原係革役，人素狡猾，藉口算糧，陰圖斂費。當其糾衆滋事之初，經前任綏定府知府易蔭芝准照舊章徵收，該犯仍逐日帶領多人，沿鄉滋擾。前署東鄉縣知縣孫定楊山陰，監生。輒以縣城危急，禀請剿辦，並議派捐輸，較前增加，致袁廷蛟益肆煽惑。提督李有恒等奉派前往，初尚按兵不動，嗣孫廷揚又在官渡設局募勇，議抽斗糧，致團局被搶，袁廷蛟遂率衆撲營，當經營勇擊敗。鄉兵皆疑官兵爲痛剿，相率守寨，官兵亦疑鄉兵爲拒敵，用力圍攻，殺戮遂致數百人之多。現查明原委，分别定擬等語。袁廷蛟凶狡衆著，著照所擬斬立决，以昭炯戒。前署東鄉縣事慶符縣知縣孫定楊，辦理不善，張皇請剿，復以募勇抽釐，釀成事端，尤爲荒謬，著即行革職，從重發往軍臺效力贖罪。記名提督劉道宗、記名總兵雷玉春，紀律不嚴，所部勇丁搶虜牲畜。劉道宗復携眷隨營，尤干軍律，著即革職，從重發往新疆效力贖罪。雷萬春著即革職，發往軍臺效力贖罪。東鄉縣知縣長廉於前任浮加錢糧，不能革除，迨袁廷蛟滋事，又不能立時拏辦，實屬疲軟。記名提督李有恒雖尚無縱容勇丁搜殺奸虜及携眷隨營情事，惟身爲統領，於所部劉道宗携眷隨營，及管帶之勇丁豪無紀律，均無覺察，實屬溺職。長廉、李有恒均著即行革職。前任綏定府知府易蔭芝於袁廷蛟聚衆圍城，並不設法拏辦，殊屬顢頇。原任四川總督吴棠於該縣禀報時不及詳查，遽派重兵勦辦，辦理亦有未協。易蔭芝業經降爲通判，吴棠業經病故，均著免其置議。前護理四川總督文格辦理此案，尚無不合，惟於劉道宗携眷隨營，先未查出，亦屬疏忽，前已有旨交部議處，著毋庸再議。覲丁君之治此獄，所以憤懣於浙獄平反也。

二十日辛丑　霒陰終日。爲子宜書楹帖，撰聯句云：『治理得家法；吐詞皆天芬。』爲秋蓤書楹帖，撰聯句云：『秋樹齊芬，獨讓幽桂；菱花並影，雙照圓蟾。』弢夫來。彦清來。爲弢夫題錢茶山所繪官扇海棠芙蓉兩絶句。

邸鈔：上諭：給事中郭從矩奏災民流離失所，請飭地方官設法撫輯一摺。本年山西、陝西、河南等省災區甚廣，散賑難周，飢民轉徙求食，深堪憫惻。各省遇有災民入境，著該督撫飭令地方官設法安集，或動公項，或籌捐款，妥爲振恤。所稱甘肅、安徽兩省，荒地甚多，俟來春將各災民按名授畝，籌給耔種農器，令其墾荒，待五年後再爲升科，編入保甲之處，是否可行，並著妥議具奏。前見邸鈔，曾國荃疏言山西報災者已有七十六廳州縣，飢民不下三四百萬，省城每日領粥者三四千人。嗣又疏言續報者又有十州縣。請領諭旨所撥部款二十萬兩，冀幸十月底到晉，然祇能敷十一月半月之賑。山西民氣純良，甲於天下。忍飢茹苦，餓死而不敢爲非；守法奉公，醫創而猶肯挖肉。前奉撥江鄂漕米五萬石、山東冬漕小米八萬石，又奉寄諭陝省撫臣在於所辦湘鄂糧石，酌量分濟。殊恩曠典，遠邁前代。惟頃據譚鍾麟函稱，陝省所辦南米，數本不多，且恐不能全至，懸釜待沃，無殊山右，是又不能餓秦飽晉。刻下各州縣請米之禀，紛至沓來，惟有籲懇聖慈，將光緒四年江鄂未提之漕米六萬石，悉數全提，賞給山西放賑，與前次所提五萬石先後轉運到晉，庶可救數十萬飢民垂斃之命。其言可謂切矣。然聞山西人言，曾君出示，有貧民搶劫富户者格殺勿論，此猶亦重法懲亂，不得已也。聞其賑例，自年五十以上及十五以下，人給百錢，兩月一發，則不及杯水救車薪矣。虚糜國帑，何益民生？悲哉！至郭君所言，以流民分墾甘肅、安徽荒地，策非不善，然遷移安插，談何容易，豈今日之人心物力所能行乎？

二十一日壬寅　晨及上午微晴，有風，下午晴。作書致弢夫，并還畫幅。弢夫來，言明日早行。作致李若農師南海書，以少篔乞爲先容也。即封入致子宜函中，屬轉交少篔。晚約弢夫來，同車至豐樓，爲之餞行，并以致王杏泉喬梓寧波書，致子宜、曉湖紹興書，及屏扇楹帖文字各件，俱託弢夫附去。夜招秋蔆、霞芬共飲。酒間弢夫以歸非得已，里居之貧，甚於客中。余謂之曰：『在家貧亦好。况事親之樂，它更何言。我輩望之，如在天上。』弢夫又言其大母疾能速愈，明春當即來。余曰：『君大母年已七十六矣。人生事父母，已爲難得，况君更有大母可事乎？此福百倍將相，貲郎冗員，復何所戀？黄髮在堂，何忍言遠行。臨行之時，情更何堪。君固寒士，謀生不易，然當於苦中知樂。余永感之人，知此爲切。何遽言入都也？』二更後歸，復以書告之，略云：別離之感，朋友所同，中年以後，尤難執別。况僕窮涂顛頓，自二三君子外無有相慰藉者，今又盡行乎！然吾弟此歸，家庭積慶，仰俯之樂，何啻登仙。采采陔蘭，豈尚戀京華塵土，正不必以久别爲恨也。贈言止此，歸於道義而已。付秋、霞、岫車飯六千，酒保三千，又三千，車夫三千，蘭英齋糕餅三千。

二十二日癸卯　晴，有風。

邸鈔：上諭：前據御史梁景先等奏陝西旱災，請飭妥籌捐賑，並參州縣不恤民命及藩司蔣凝學衰病各摺片，復據都察院奏陝西紳士聯名呈訴該省荒旱，撫藩厭聞災歉等情，先後諭令譚鍾麟確查具奏。兹據譚鍾麟奏稱，陝西今歲被旱，曾派員分赴各屬密行查勘，分別災歉，先後奏請停征緩征，並購買米糧，勸辦捐賑，刊刻辦理荒政十條示諭，未敢玩視民瘼。韓城等處匪徒倡亂，派員捕拏，並非妄殺無辜，亦無調兵自衛之事等語。覽奏尚無不合。該撫惟當於救荒事務次第舉行，悉心經理，用副委任。該省被灾困苦，廑念殊深，著户部即行撥銀五萬兩解赴陝西賑濟。如有不肖州縣營私舞弊，即著據實參奏。另片奏遵查藩司參款，並無實據等語。蔣凝學病既痊愈，人尚和平，且查無專任家人余姓及催征派捐等情，著毋庸置議。上諭：御史張觀準奏平糶米石請嚴禁就近采購一摺。前據李鴻章奏，飭道員朱其昂等赴南省購米運至京師，設局平糶。兹據張觀準奏稱，風聞直隸委員竟有在近畿一帶采購，並有購及京中倉米者，以致市肆價值愈增。如果屬實，於民食轉有妨礙。著李鴻章確切查明，嚴飭委員不得在近京采買，一面遴員於天津海口認真稽查，必須米自南來，始准給以照票，送至通州仍核其米數是否相符，飭委員於設廠後按原購實數實價平糶，不得加增，與民間争利。並著步軍統領衙門、順天府、五城派員監視，如有以京倉米糶者，即行查辦。　禮部儀制司郎中李楹高密人，庚申進士。授陝西榆林府知府。

二十三日甲辰　晴，風。作書致伯寅，得復。兩得竹篔及陳鈞堂書，約今晚飲豐樓。閲《説文釋例》。傍晚詣牧莊談，即赴竹篔等之招，坐惟褆盦、彦清，余招秋菱，偕褆盦招霞芬，夜二鼓歸。付秋、霞、岫車飯六千，車錢二千。

邸鈔：上諭：曾國荃奏山西平遥縣紳士知府銜李箴視遵母遺命捐助賑銀一萬七千兩。該紳父大全、母趙氏曾於咸豐間捐資助餉，賞給二品封典。此次請賞給該紳故父母一品封典，並頒給扁額等語。著該部議奏。

二十四日乙巳　晴。得紱丈書，借《遺山集》，即復。牧莊來。再得紱丈書，又復。閲《説文釋例》。

邸鈔：上諭：銘安等奏查明三姓地方被灾旗民丁户確數，分别振恤蠲免，並請將玩視民瘼之副都統懲處一摺。三姓地方猝被水灾，加恩著照所請。其蠲免各數並著刊刻謄黃，遍行曉諭。應給振恤銀六千三百八十七兩零，先由該署將軍借款墊發，仍著户部迅速撥解。伯都訥副都統烏勒興阿於振濟要務，任意遲延，實屬不知緩急，著交部議處，先行開缺，聽候部議。旋議革職。以記名副都統本謙爲伯都訥副都統。上諭：宗人府奏接准吏部文，稱宗室應升補京堂人員，嗣後遇有京堂缺出，專俟輪用郎中班時列於各衙門保送人員之先，如輪用三卿謂通政司參議、光禄寺少卿、鴻臚寺少卿。及科道各班時，不准一體列入。宗室升途無多，未免更形壅滯等語。宗人府理事官、副理事官及各部院宗室郎中、員外郎等員，因京察一等以四五品京堂用者，遇有京堂缺出，向由吏部咨取，無論何項班次，均開列帶領引見，嗣後著仍照向章辦理。

二十五日丙午　澹晴，晡後陰。書仲長公《理樂志論》及隋内史侍郎蕭大圜傳中語各一幅，釘之床側。

《南史》言簡文子汝南王大封，魏克江陵被害。而《北史·蕭大圜傳》言大封於江陵未破時偕大圜先充使軍前，周保定二年封晉陵縣公。錢氏大昕已指其舛誤。《梁書》無大封等傳，以情事覈之，《北史》是也。大封、大圜並使，大圜至長安受官爵，則大封可知。今本《南史》，或是因上文諸王連言魏克江陵遇害，故傳鈔致誤。然如《南郡王大連傳》云：大連爲東揚州刺史。侯景入寇建鄴，大連率衆四萬來赴。及臺城没，還東揚州。宋子仙攻之，大連棄城走。追及於信安縣，大連猶醉，弗之覺，於是三吴悉爲賊有。大寶元年，封南郡王。賊遣將趙伯超、劉神茂來攻，大連專委部將留異以城應賊，大連棄走，爲賊所獲。夫大連既先棄城走，爲賊追及，何以不即被獲，復須賊之來攻？其所守者又是何城？考《梁書·大連傳》云：太清元年，出爲東揚州刺史。侯景入寇京師，率衆四萬來赴。及臺城没，復還揚州。『揚』上脱『東』字。東揚州者，會稽也。三年，會稽山賊田領群聚黨數千來攻，大連命中兵參軍張彪擊斬之。大寶元年，封爲南郡王。景仍遣其將趙伯超、劉神茂來討，大連設備以待之。會將留異以城應賊，大連棄城走，至信安，爲賊所獲。是大寶以前大連仍鎮會稽，無宋子仙來攻之事。至留異以城降賊，始走至信安。《南史》誤分一事爲二。又《南史》於簡文諸子爲元帝改封者，皆以後之封號爲目，《大圜傳》言元帝改封晉熙郡王，而《南史》仍書樂良王。大圜獨標其始封，亦不畫一。是日付棉花錢廿一千六百，洋布錢十八千五百，大布八千四百，白灰鑪四千。

邸鈔：前河南彰德府知府賈致恩選補河南河陝汝道。原任尹耕雲病故。致恩，大學士楨子，以遺表恩得之。

二十六日丁未　晨陰，上午薄晴，午後晴。閲楊汀鷺文鈔。其文余前已論之，固爲未工，其人則不可及也。片光吉羽，皆當寶貴，况亦清雅可誦。其第二卷爲正祭次序備忘之記，所考亦頗詳核。作致朱肯夫長沙書，約七八百言，多用偶句，頗論近日交道之難，并寫寄文二首，詩十首。傅子尊來。夜讀《鹽鐵論》。燭光甚清，神思焕發，爲之揭櫫，并及它書。自昨衣重羊裘，夜間雖無鑪火，便可耐寒。門外乞兒，號凍徹骨，視我曹何啻登仙也！

邸鈔：上諭：閻敬銘、曾國荃奏查明成灾各廳州縣，照例撫恤，並分別加振口糧一摺。山西小民，罹此奇灾，實堪憫惻。所有陽曲、太原、榆次、太谷、祁縣、徐溝、交城、文水、臨汾、襄陵、洪洞、浮山、太平、岳陽、曲沃、翼城、汾西、鄉寧、吉州、長治、長子、屯留、襄垣、潞城、黎城、壺關、汾陽、平遥、介休、孝義、臨縣、石樓、永寧、寧鄉、懷仁、山陰、應州、朔州、右玉、平魯、鳳臺、陽城、陵川、沁水、永濟、臨晉、猗氏、榮河、萬泉、虞鄉、遼州、榆社、沁州、平定、盂縣、忻州、武鄉、沁源、代州、解州、崞縣、安邑、夏縣、平陸、芮城、絳州、稷山、河津、聞喜、絳縣、垣曲、霍州、越城、靈石、隰州、大寧、蒲縣、永和、和林格爾、清水河、薩拉齊、托克托城八十二廳州縣乏食貧民，著不分成灾分數，先行正賑一月口糧。其被灾十分者，極貧加賑四月，次貧三月；被灾九分者，極貧三月，次貧兩月；被灾八分、七分者，極貧兩月，次貧一月；被灾六分者，極貧一月。該撫即嚴飭各屬核實給發。

二十七日戊申　晴，晨有大風，旋止。殷蕚庭來。譚硯孫來。得雲門十六日江夏書。夜點檢質票没入者，已數紙。內有袍褂段裁一襲，是昔年爲盛伯希作其母夫人集序所贈者，僅質京錢百二十千，先已犒其僕廿千，然則此文一撰一書，衹得銀六兩耳，亦可笑矣。

邸鈔：上諭：前有人奏浙江長興縣屬四安鎮有營勇糾衆，明火搶劫，殺斃事主一案，問官受賄袒護等情，當諭令梅啓照嚴訊。兹據都察院奏，浙江長興縣民人胡順狗遣抱以營勇搶掠，伊父受傷身死，委員有心徇庇等詞，赴該衙門呈訴。著梅啓照懔遵前旨，督同臬司，親提人證卷宗，秉告嚴訊，抱告民人胡忠照例解往備質。

二十八日己酉　晴，風。作致仲彝、雲門宜昌書，寫寄仲彝立冬夜詩一首，雲門小雪夜詩一首。

邸鈔：上諭：沈葆楨奏參劾沾染嗜好各員一摺。吸食鴉片，例禁綦嚴，地方各員，宜如何潔身自愛，以端士民表率。兹據奏稱，道員劉咸等沾染嗜好，人所共知，實堪痛恨。江蘇淮揚道劉咸，萍鄉，監生。候補道杜文瀾，秀水，生員。宿遷縣知縣李德溥，河南，進士。候補知縣曾紹勳、李誠均著即行革職，以示懲儆。沈君此舉頗快。然以余所聞，尚書中若毛昶熙、萬青藜、賀壽慈等皆有此好，其餘中外大僚，指不勝屈，滿人尤多。此亦狐狸當道，安問鼠輩也。劉咸，金門侍郎之孫。上諭：閻敬銘、曾國荃奏請調員襄辦賑務一摺。晉省振濟事務殷煩，必得實心任事之員，方足以資佐理。所調翰林院編修李用清、兵部主事王炳壇、前甘肅鞏秦階道張樹荌、前山西汾州府知府羅嘉福，著吏部、陝西巡撫分别飭令克日赴晉，交閻敬銘等分派辦理。直隸候補道王定安，前經李鴻章檄委赴晉辦理轉運，著准其留於山西，交曾國荃差遣委用。眉批：王炳壇已分發直隸補用直隸州知州，羅嘉福已候選道。十二月二十一日吏部奏山西請調各員，與例章不符，請旨更正。詔：李用清等均仍准其調往山西，侯振務辦竣，李用清回京供職，王炳壇、張樹炎、羅嘉福分别赴部赴省候選候補，王定安仍回直隸候補。詔：塔爾巴哈臺參贊大臣英廉來京當差。以烏魯木齊領隊大臣錫綸爲塔爾巴哈臺參贊大臣。前奉天府府尹恭鏜賞給二等侍衛，爲烏魯木齊領隊大臣。

二十九日庚戌　晴，午後有風。鈔補《東都事略·王雲傳》《譚世勣傳》各一葉。孺初來。彦清來。得傅子尊書。夜彦清邀飲豐樓，余招霞芬、岫芬，二鼓後歸。彦清止宿齋中。是日傷風，咳嗽大作。印結局送來是月公費銀八兩。付霞、岫車飯四千，車錢二千。

三十日辛亥　晴。下午偕彦清至廣德樓觀四喜部演劇。夜邀彦清飲豐樓，余招霞芬，二更歸。付樓坐錢六千，車錢五千，霞車飯二千，酒保賞二千。得詞一闋。

解連環酒邊感賦贈霞芬

暮寒催勁。認青簾挂處，小車潛等。看素手、暗啓風簾，正眉翠含顰，臉紅低暈。萬種温存，旖旎到、銀荷燈影。更嫣然笑指，瀲灩金尊，照人廝並。　悲歡舊情漫省。漸中年耗去，壯懷消盡。問底事、未了愁根，把零句么絃，細搜幽恨。自指星星，更幾度、相依青鬢。倩羅巾、爲花替拭，淚痕怕損。

邸鈔：上諭：左宗棠奏官軍進規新疆南路，連復喀喇沙爾、庫車兩城一摺。七月間，甘肅西寧道劉錦棠由吐魯番拔隊西進。回逆白彦虎自喀喇沙爾竄渡開都河，西岸纏回均被迫脅隨行。官軍於九月初一日入喀喇沙爾城，初三日將庫爾勒城收復。白彦虎復由英薩爾一帶西竄。劉錦棠親率頭隊疾馳數百里，至布告爾回莊。逆匪列隊抗拒。官軍奮勇冲擊，先後斃賊千數百名，於是月十二日克復庫車城，其餘城堡回莊收復無數，拔出被脅回衆以十萬計。剿辦甚爲得手。仍著左宗棠督飭各軍乘勝進剿，將逆首白彥虎克日殄擒，肅清疆圉。陣亡之提督王慶福、提督銜總兵曾又得等交部從優議恤。

十一月壬子朔　陰。始用鑪。牧莊來。謝夢漁來，不晤。

鈔補《宋書·夷蠻傳》一葉，略校《夷蠻傳》及《州郡志》一過。《宋書·夷蠻傳》中，因西南夷諸國皆事佛，遂及晉以後佛教之盛衰、朝制之崇抑，并傳宋世之名僧道生、慧琳、慧嚴、慧議、摩訶衍等，此史家因事附見，其法最善。六朝以來，釋教盛行，多有關於時事，没之不見，既爲非實，而《魏書》特立《釋老志》，亦爲非體，惟類敘之法最宜。後人不用此法，於是唐修《晉書》，以鳩摩羅什、單道開、佛圖澄入《藝術傳》，《舊唐書》以一行、玄奘等入《方技傳》，已爲不妥，而東晉之道安、支遁、竺法深等，遂致無類可歸。《新唐書》并不載玄奘，而梁之寶誌，亦并無傳。儻如《宋書》之法，即禪教之始，南北之宗，亦可因文敘述，史家所不宜略也。《舊唐書》於《神秀傳》附敘達摩至惠能、神秀南北宗之分，未爲不善，惟以神秀等入《方技傳》，終未安。趙雲松謂『方者，方外也』，是忘《漢志》以方技指經方矣。

初二日癸丑　晴，晨及上午有風。夜咳嗽甚劇，竟夕不寐。

邸鈔：上諭：前因御史李嘉樂奏河南布政使劉齊銜諱災暴斂，貽誤地方，並道員尹耕雲把持招搖，劉成忠患病廢弛等情，當派崇綺、邵亨豫前往查辦。旋據御史余上華奏巡撫李慶翱玩愒頹唐，罔顧大體各節，亦經諭令崇綺等確查。茲據奏稱，查明原參所稱衛輝府知府李德均因報灾徹任一節，雖因臬司有應行札調審辦案件，實由該藩司因其報灾禀請徹任所致。其解糧均限八分之數，則因上年各屬錢糧征解已及八分八釐，本年被灾地方上忙錢糧多有完解五分以上至九分不等，並有地丁耗羡掃數全完之處開單呈覽。是原參成灾地方嚴爲催比各節，不爲無因。所稱道府州縣相戒不敢言灾，實無其事。河、汝各屬飢民思逞一節，則該處有刀匪糾衆搶糧，並另股勾脅飢民，攻掠民寨，業經剿除解散。安陽縣實無催比錢糧、舉室自盡之案。濟源縣亦無屢報重灾，道府皆恐觸怒藩司不肯申轉之情。該藩司亦無與該撫齟齬、挾制上司、抑勒屬吏情事。尹耕雲查無把持招摇實據。角子山匪徒早經撲滅。劉成忠尚無衰病情形，公事亦無廢弛。並查明李慶翱氣體雖欠充實，而步履起跪，均尚如常，並無閣置蠲振恩旨之事。其子前寧陵縣知縣李福沂因回避，指省江蘇交卸後即行出省，並非任意逗留，所參藉勢招摇、演劇祝禱及該撫接見屬吏語言諧謔，亦無確證。惟該省州縣徹任各日期，均係先經報灾，旋即徹任等語。李慶翱身任封疆，當地荒旱，饑民衆多，雖經請振勸捐，惟於府縣因報灾徹任，無不如詳辦理。民間連年荒歉，未能體察情形，豫籌布置，實屬疏忽。劉齊銜於屬員稟報灾荒，率以捏報詳請徹任，且於連年荒歉，亟應蠲緩地方，仍照常飭屬征收批解，致民間困於追比，多有流亡，實屬辦理失當。李慶翱、劉齊銜均著交部分别議處。尹耕雲業經病故，著毋庸議。劉成忠現已丁憂開缺，崇綺等奏稱步履起跪未能裕如，著江蘇巡撫俟該員起復時確切查驗是否衰病，奏明辦理。陳鑑、陳本在撫署充當幕友，名挂彈章，即著李慶翱驅令回籍，以息物議。另片奏河南飢民遮道懇求蠲緩等語。該省頻年荒歉，小民實堪憫惻。著李慶翱認真訪察，無論本年原勘是否成灾，如續經查有灾歉較重情形，一律妥爲籌恤。至捐輸助振，並著嚴飭各屬查明，確係有力之家，始勸捐助，毋得任聽豪户差役從中舞弊，致滋紛擾。前任馬蘭鎮總兵兼總管内務府大臣文謙病故。文謙，由内務府司員洊升長蘆鹽政，擢直隸布政使，授今官，告病。詔旨褒惜，照例賜恤。文謙後予謚誠靖。

初三日甲寅　辰初二刻九分大雪，十一月節。晴。讀《荀子》。

邸鈔：詔：以時事艱難，戒飭各部院大臣力圖振作，不得好逸畏勞，偶一進署，虚應故事，致司員泄沓成風，應辦事件，積壓廢弛。嗣後常川赴署，毋再蹈玩愒，因循積習。　奉寧鎮總兵兼總管内務府大臣清安因病請開缺調理。許之。

初四日乙卯　晴。讀《戰國策》。比日無一事，而日力太短，又苦咳嗽，不能夜課，甚可惜也。剃頭。付紅尼椅墊一對錢十千，更夫林升工食錢七千，僕媪輩前月印結隨封錢四千五百，王媪工食錢五千，山水横披裝池錢一千八百，前光禄少卿程容伯公輓錢四百。

邸鈔：以刑部左侍郎紹祺爲奉寧鎮總兵兼總管内務府大臣。

初五日丙辰　閲《易確》。其書通貫諸家，縱横辯論，雖勇於任臆，亦或近於穿鑿，然鏗鏗不窮，實一時之傑也。

其論《困》上(九)〔六〕爻辭云：『困于葛藟于臲卼。』當以『葛』字爲句。臲卼者，藤蔓繳繞也。與『困于石，據于蒺藜』一例。三乘剛爲困石，五乘柔爲困葛，其曰藟者，累也，係累於葛而臲卼也。《困》之六爻，用韵甚明。初之『木』『谷』『覿』，慈銘案：古無『覿』字，祇作『儥』。儥，正與『木』『谷』爲韵。二之『食』『來』『祀』，三之『石』『藜』『妻』，四之『徐』『車』，五之『(卼)〔刖〕』『紱』『説』，上之『葛』『卼』，皆韵也。『石』與『藜』『妻』韵。如《江南可采蓮》詩，以『北』與『西』爲韵。古者四聲互相爲韵，又有間錯遥隔之韵。三爻之『凶』，四爻之『終』，五爻之『祀』，上爻之『悔』『吉』，亦韵也。北方讀『石』如『詩』，三代至今如一，而論韵者猶謂『支脂』無入聲，以『石』爲『生』之入聲，疏矣。上爻今讀『藟』字爲句，經生以《詩》有《葛藟》，誤讀相連，因於《象傳》增『藟』字耳。此條論韵甚精，近世古韵之學既明，觸類相發，甚有裨於經義。

《乾》九三之『夕惕若』下自當有『夤』字，與上『田』『人』爲韵，其下作『厲无咎』，故《象傳》曰：『雖危无咎。』惠氏棟之説不可易，而王氏引之謂必無『夤』字。許氏謂一本作『夤』，出於孟氏，諸本作『厲』，皆非也。閩人何治運謂《説文》『夤，敬惕也』，《文言》言惕而夤在其中矣。夕惕若夤，猶言終寠且貧，寠即貧也。古人自有此語例，其説是也。何之論《詩·鷄鳴》『知子之來之，雜佩以贈之』云：《説文》：繒，籀文作『䋠』，从宰省，知繒有宰音。古『贈』『賄』二字，聲近而義同，故贈可與來韵。而段氏《六書音韵表》讀『來』如『凌』，以與『贈』合韵，蓋失之。此説古韵可與許氏説《易》一條並傳，所謂日出不窮，令人解頤者也。故類列之。

許氏之論《十翼》曰：《漢書·儒林傳》費直『長於卦筮，無章句，徒以《彖》《象》《繫辭》十篇文言解説上下經』。《彖》，謂卦辭傳也。《象》，謂大象爻象也。《繫辭》，兼今《繫辭》《説卦》《序卦》《雜卦》而言。『文言』『文』字爲『之』字傳寫之誤，以《文言》亦即在十篇中也。《藝文志》云：『孔子爲之《彖》《象》《繫辭》《文言》《序卦》之屬十篇。』但云孔氏爲《彖》《象》，不云爲傳。若如諸儒以卦辭爲《彖》，則《儒林傳》所謂上下經者非卦辭耶？將謂以《彖》釋《彖》耶？王弼注即費氏本，故於《彖》加『《彖》曰』，於《象》加『《象》曰』，於《文言》加『《文言》曰』。若卦辭爲《彖》，則當稱『《彖》傳曰』矣。弼不注《繫辭》，韓康伯注《繫辭》《説卦》《序卦》《雜卦》。而《隋書·經籍志》謂之『《周易繫辭》三卷，韓康伯注』，此必因韓自題之名而著録，益見《説卦》《序卦》《雜卦》古皆謂之《繫辭》也。《隋志》又云：『周文王作卦辭，謂之《周易》。周公作爻辭，孔子爲《彖》《象》《繫辭》《文言》《序卦》《説卦》《雜卦》，而子夏爲之傳。』亦以《彖》《象》爲孔子《易》名也。此亦昔人所未發。

夜鈔許氏《易確》自序第二首一篇入《蘿庵雜鈔》中，又鈔邵青門《書金谿兩烈婦紀略後》一首、《彭二林秋士先生墓志銘》一首，汪容甫《李孝臣志銘》一首、《吊馬守真文》一首。諸文皆余所深愛，夙所諷誦，故連而録之，以便三餘之讀。夜半後咳嗽復劇，以日間鈔書過多也。

邸鈔：以刑部右侍郎麟書轉補左侍郎，以禮部右侍郎長敘爲刑部右侍郎，以内閣學士志和爲禮部右侍郎。景祺補蒙古鑲紅旗副都統。上諭：前據崇厚奏佐領榮裕與錦州副都統古尼音布互揭，當令崇厚查辦，並令古尼音布、恩麟明白回奏。嗣據恩麟覆奏，前參古尼音布失察馬群舞弊之案，並非榮裕主使。兹據古尼音布奏稱，榮裕品行不端，在副都統衙門當差，自設掌辦名目，招摇撞騙，造言生事，種種貪婪贓款確實等語。著崇厚懔遵前旨，秉公查辦，據實具奏。

初六日丁巳　晴，午後薄陰。

古人文字，有一經指出，昭若發矇者。俞蔭甫《湖樓筆談》中有一條云：秦之先伯翳賜姓嬴，其子大廉實烏俗氏，其後用穆王以趙城封造父，又爲趙氏。太史公於《始皇本紀》大書之曰『姓趙氏』，不著其爲嬴姓者，以見三代以下之即以氏爲姓也。《高祖本紀》曰『姓劉氏』，《孔子世家》曰『姓孔氏』，同一書法。世乃謂太史公混氏、姓爲一，果爾，則直曰姓某足矣，何必曰姓某氏哉？此可謂善讀書者矣。

王莽自以元城王氏與濟南王氏得姓不同，故娶宜春侯王咸女，號宜春氏，此莽之妄也。張晏曰：莽諱娶同姓，故氏侯邑。此言頗燭莽之奸，而顔師古駁之，非也。《唐律疏義》云：『同宗共姓皆不得爲婚，違者各徒二年。』其有聲同字别，音響不殊，男女辨姓，豈宜仇匹，若楊與陽之類。又如近代以來，或蒙賜姓，譜牒仍在，昭穆可知，今姓之與本枝，並不合共爲婚媾。此言深爲得之。蓋男女之事，貴乎有别。姓同氏别，不在禁限者，以名稱殊也；派異字同，不得越例者，以聲稱混也。言之不順，名即不正矣。唐之李光弼，母亦氏李，封涼國太夫人，然史言夫人之父爲李楷洛，據《臨淮王碑》則爲武楷洛，非姓李也。今合肥相國先本姓許，故其太夫人亦姓李，不以爲嫌，蓋其封翁起自寒微，未知此義耳。又今之非本姓者，巨家世族，往往而然。即以吾浙言之：海寧陳氏本高姓，由於乞丐携養；嘉興錢氏本何姓，亦由於乞養；錢唐許氏本沈姓，爲其表姑後；仁和龔氏本賈姓，爲其外祖後；陳氏、錢氏其後人紀載中皆自言之，許氏見許氏宗彦《鑑止水齋集》中《刑部員外郎許學范墓志》，龔氏見段氏玉裁《經韵樓集》中《仁和龔氏南高峰四世墓碑》。桐鄉陸氏本費姓，故今以陸費爲氏；吾鄉宗氏本朱姓，爲明淮王之後，故滌樓先生自稱淮宗。此亦奠繫世者所當知也。

邸鈔：上諭：李鴻章奏特參庸劣不職各員一摺。直隸趙州直隸州知州存禄蒙古，進士。長厚無能，才具竭蹷；北運河楊村通判陸錫曾桐鄉，監生。辦公不力，惟利是競；任縣知縣胡承頤青浦，舉人。精神委靡，難期振作：均著勒令休致。磁州知州陸時言勒索草差，玩視民瘼；邯鄲縣知縣周錫璋山陰，監生。居心巧滑，苛刻自用；南宫縣知縣耿覲光心術貪很，不恤民艱；臨城縣知縣劉安仁洛陽，廪員。縱容書差，有玷官箴；候補同知劉世恩行止有虧；候補知縣陳福昌身家不清：均著即行革職。完縣知縣葉祖芾成都，舉人措施未當，著開缺另補。試用同知伊凌阿識趣卑陋，著以縣丞降選，以肅官常。

初七日戊午　終日霒陰。牧莊來。是日市中決囚十餘人，絞者四人，以三年來連遇恩詔停句，俗作『勾』。至今并決也。前甘肅提督成禄復免勾，聞内閣呈進勾到本於成禄下注云：『慘殺多人，法難再寬。』而竟稽顯戮，可謂幸矣。

夜閲邸鈔陝撫譚鍾麟自辯疏，極言其辦理之善，籌畫之精，而云物議之興，由於紳士。翰林院編修李寅等呈請奏撥部款七八十萬振饑，先於部撥督臣西征款百二十萬内截留備用。臣以部庫支絀，無從籌此鉅款，且前敵飢軍，無異飢民，不從所請，遂以臣爲玩視民瘼，壅於上聞。觀所奏所呈如出一手，足以燭其奸矣云云。其言恣肆無忌，可謂横甚。近來督撫恃政府之貪，貨賂公行，目無君上，而京官闒茸，甘受蹴蹋。唐之藩鎮，尚不至此也。

初八日己未　終日陰慘。外祖母忌日，供饋。得三妹前月廿八日書，驚聞仲弟之訃，痛哭欲絶。書言以八月十九日無疾而卒，其殆以飢寒死耶？及今始赴。天涯手足，生死不知。仲弟今春附三妹書來，言欲入都依余，孫子宜亦言聞其去年屢欲北來，余以其行李不易，而余又常爲歸計，作書止之，不料其遽至此也。痛哉，造物之酷，乃至此乎！仲弟多病，而介然自守，從不乞貸於人，雖兄弟之間，亦從不索絲粟。前年余寄以四金，仲弟復書言兄力不能自贍，且弗它顧。烏呼！余讀書四十年，竊官銅臭，而令弟以餒死，其尚得爲人類耶！余雖窮甚，而計今年酒食聲色之費，亦不下百金。通計出門七年以來，寄弟者不過十金耳。喪心至此，尚何言哉！自辛未正月八日方戒北行，冒雨出謁客，而弟於此日返柯山，不及面别，不謂其遂爲永訣也。哀哉哀哉！弟年四十七，無子。烏呼，我先人泉下之痛，更何如也！弟殁已八十日，而今始知，蓋季弟及諸妹以余遠客多病，不忍遽告。又季弟咯血疾復發，故逡循久之。而余冥頑薄劣，無噩夢之見徵，惟記一夕夢左臂忽失，曾以語雲門、子宜、梅卿、弢夫、彦清諸君，皆謂不足憑。無意色之見異，當弟鉅痛之日，尚徵逐酣飲，流蕩不止，此其爲罪，不上通於天哉！哀哉。即去冠爲位而哭。夜作致季弟書、致大妹、三妹書，交輪船信局寄去。以麵餅果食奠仲弟，焚楮錢。嗚呼，我之致弟者，其遽以此耶！

邸鈔：詔：刑部左侍郎袁保恒赴河南幫辦賑務。

初九日庚申　晴。以飯肴奠仲弟，焚楮錢。作書致牧莊，還《易（権）〔確〕》諸書，并以《儆居集》寄閲。作書致汝翼，問其疾，餽以蒸豚、燖雀，得復。得潘星丈書，即復。得牧莊書，以《蛾術編》見還，并惠核桃人兩斤，即復謝。

邸鈔：户部員外郎宗室奕年補鴻臚寺少卿。欽天監右監副周鴻賓轉左監副，夏官正杜春芳升右監副。户部員外郎歐陽雲補河南道監察御史。雲，廬陵人，癸丑進士。

初十日辛酉　上午陰，午後晴。以飯肴奠仲弟，焚楮錢。作書致殷蕚庭，贈以《新斠注地理志》一部，得復。得褆盦書，招飲豐樓，辭之。

邸鈔：上諭：吏部奏遵旨分别議處一摺。河南布政使劉齊銜著照部議革職，巡撫李慶翱著照部議降三級調用。新授鑲紅旗蒙古副都統景祺病故，總管内務府大臣師曾補副都統。

十一日壬戌　終日霒陰，間有澂雨。以飯肴奠仲弟，焚楮錢。牧莊來唁。

邸鈔：以廣西巡撫涂宗瀛爲河南巡撫，未到任以前，河道總督李鶴年兼署。以廣西布政使楊重雅爲廣西巡撫。以陝西按察使裕寬爲河南布政使，以前奉天府府尹慶裕爲陝西按察使。

十二日癸亥　終日霒陰。以酒果羹饌奠仲弟，爲文祭之，始製布縗之服，奠酒三、飯二，焚楮錢。褆盦來唁。

祭仲弟文

維年月日，兄慈銘以酒果羹肴哀奠於仲弟琴舫之靈曰：

嗚呼！我聞爾訃，至今五日。距爾之卒，八旬已畢。疑誤疑真，如夢如厭。俗作『魘』。三妹書來，云爾暴亡。仲秋十九，來召巫陽。豈果非病，卒然以僵。惟爾年來，飢寒孔迫。神瘁形尫，多病寡食。理不久支，一旦而蹶。嗚呼痛哉！

我祖我父，强仕未臻。爾之弱羸，已過厥齡。及今未艾，遂亦委形。爾生三男，三殤以次。亦有兩嬰，未晬而死。今止一星，亦竟無子。嗚呼痛哉！

辛未别爾，於今七年。屢書相告，期我南旋。竟不我待，期之黄泉。今春有書，欲來依我。我亦思歸，逡循屢左。憚爾遠行，拒而未可。我累落第，窮弗知還。故違爾意，莫恤爾艱。至斯永訣，視息何言。嗚呼痛哉！

惟爾之生，見愛考妣。讀書作文，敏而有體。不獲一衿，以布衣止。我厄於世，爾爲我悲。謂道之喪，謂家之衰。謂學無益，爲身之灾。爾居柯山，牛宫一畝。冬雪覆衾，夏曦裂牖。誰來視爾，諸苦備受。爾性素介，從不乞憐。雖在兄弟，不貸一錢。竟以致死，何辜於天。嗚呼痛哉！

爾餒不知，爾病不告。及爾之終，亦不我報。音容永隔，生死孰吊。想爾委化，滿目悽然。床穿席破，敝袍弗完。桐棺三寸，遽棄荒山。我雖固窮，竊臭官籍。出有車馬，居安寢食。忍爾致此，慟哭何及。嗚呼痛哉！

丙辰之冬，喪我叔弟。及歲丙寅，遂哭先妣。今兹丁丑，死喪孔邇。使我母在，爾何至此？嗚呼痛哉！

生不我即，没儻我依。魂兮不昧，來至帝畿。冽風刺骨，朔雪霑肌。有酒一壺，有肴四簋。肴充爾腸，酒暖爾體。爾衎爾宴，爾心則喜。爾來降食，不聞爾聲。同盤共几，慟絶平生。紙錢數陌，以畢我情。嗚呼痛哉！尚饗！

邸鈔：以江蘇按察使勒方錡爲廣西布政使，以山東登萊青兵備道龔易圖爲江蘇按察使。

十三日甲子　陰，午後微見日景。彥清來啗。

邸鈔：刑部郎中方汝翼直隸，舉人。授山東登萊青道。以各國事務衙門保舉得之。上諭：都察院奏福建職婦林戴氏遣抱以伊子林文明被林應時挾嫌捏控，委員凌定國索詐未遂，計誘擅殺，埋冤八載，任控不提等詞，赴該衙門呈訴。此案於同治十年九月間林戴氏遣抱京控，奉旨交該督撫查辦。光緒二年二月，該職婦復遣抱來京控訴，當經降旨令李鶴年等嚴訊。本年九月據何璟等奏，此案尚未完結，事經多年，豈容日久延宕？究竟林文明是否被殺冤抑，亟應徹底根究。著閩浙總督、福建巡撫親提人證卷宗，秉公嚴訊。上諭：都察院奏順天民人賈永泰以伊子被害、正凶釋放等詞，赴該衙門呈訴。據稱伊子賈振生被伊媳馬氏等害死，前經呈控步軍統領衙門，送部審訊。馬氏恃刑輕不肯實供，延閣年餘，刑部並未細訊，將人證全行開放等語。此案情節重大，虛實均應徹底根究。著刑部提集人證，嚴行審訊。

十四日乙丑　上午微晴，午後霡陰。趙心泉來，不晤。夜有月。

邸鈔：上諭：翰林院侍講張佩倫奏撫臣措辭失當，請旨申飭一節。前因陝西紳士呈訴該省荒旱，巡撫譚鍾麟辦理未善，諭令該撫有則改之，無則加勉。旋據譚鍾麟覆陳一切情形，尚無不合。朝廷知該撫向來認真辦事，特予優容，不以摺内字句苛以相繩。兹覽張佩綸所奏，以該撫覆奏摺内嘵嘵置辯，語多失當，恐開驕蹇之漸，請予申飭。嗣後該撫惟當實心任事，慎益加慎，毋得稍逞意氣之偏，轉致有虧職守。

十五日丙寅　晨晴，上午微陰，午晴，下午又陰。

邸鈔：以翰林院侍讀學士銓林滿洲，舉人。爲詹事府少詹事。

十六日丁卯　晨晴，旋陰，終日微晴，有風，嚴寒，晚晴。

明代名臣有負奇冤者兩事，而皆至昭代始白者。其一袁襄愍崇焕之被誅，以太宗縱所獲明内奄二人爲反間，至修《太宗實録》始見之檔册者也。其一于忠肅當景泰時有諫易儲一疏，請復儲二疏。明人仁和阮泰元《讀于公旌功德録志感詩序》已述其事。序云：斯録在壬午夏嘉靖元年，先祖檜屏公永訣時手授泰元，云：予供事實録，獲睹諫易儲一疏，憲宗簡及，爲之流涕。又有請復儲二疏，英宗未曾簡發，爾其志之云云。海寧張次仲又爲之跋云云。然時人竟無知者。至乾隆後大興朱文正相國始題詩爲之表彰。明王世貞《名卿續記》及李之藻《于肅愍集序》皆言于公嘗再疏請復儲。倪岳《于公神道碑》稱景帝不豫，公同廷臣上章乞復皇儲。文（□□□）〔林《琅琊〕漫鈔》謂憲宗於忠肅褒恤之典有加，憲宗曾見公手疏之故。阮文達太傅《于忠肅公廟題壁記》言在京師聞餘姚邵學士晉涵云：嘗見明景泰間通政司舊册，内署某月日于某一本爲太子事，惜其年月未能記憶。錢衎石《記事續稿》言張介侯（澍）述陳左海（壽祺）云，嘗在皇史宬見公諫易儲疏。皇史宬在東華門外南池子。

是夕望，月甚皎。

邸鈔：上諭：何璟等奏特參貪鄙之知縣一摺。福建羅源縣知縣張金鑑以銀錢發交錢鋪折算漁利，並因糧書短欠糧銀，藉端勒抵其養女，欲圖强納爲妾，復以糧書之子所交欠款查係自造錢鋪支票，遂將各錢鋪夥傳詢，並不開釋，又將看審平民責打二十餘人，以致激成衆怒，鬨署罷市，實屬躁妄任性。張金鑑著即革職，永不敘用，以儆官邪。張金鑑，山陰監生。此等人皆不知其所來，大率出於市儈、胥吏兩途，而儼膺民社，害人蠹國，罔知顧忌，爲鄉邑羞。近日彈章所列，無一次無越人者，深堪痛惡，故特記之。余嘗謂風俗之壞，至今日而極，然以吾浙爲最，吾浙以杭州、紹興、寧波三府爲最。三府之人，所趨又不同。約而論之，輕薄無行者杭人也，頑鈍無恥者越人也，干犯無忌者甬人也。而三府又皆以首邑爲尤甚。波靡瀾倒，幾希不存，士生其間，屹然欲爲一柱之立，不其難乎！

十七日戊辰　晴，有風，嚴寒。剃頭。以明日冬至，先祀屋之故主。今日祖妣倪太君生日，以窘甚，於明日冬至并祭。自得仲弟訃後，終日忽忽，若在夢寐。光景有限，貧病益不可支。死息爲期，安知非福？所謂既痛逝者，行自念也。惟近年來飢寒荼苦，仲弟百倍於我，令人腸斷耳。

邸鈔：上諭：吴元炳奏丁憂人員例應回籍守制，近來各省實缺候補各官，往往逗留省城，營謀局務各項差使，延不回籍，竟至習爲故常，殊屬不成事體。即著各直省督撫一體嚴查，勒限回籍。倘有僅遣家屬，虚報到籍，請咨起復者，即行據實嚴參。

十八日己巳　晴，風，嚴寒凛冽。丑初初刻十二分冬至，十一月中。祀曾祖考妣、祖考妣、本生祖考妣、先考妣。

十九日庚午　上午薄晴，下午晴。潘星齋丈來唁。得牧莊書，還《儆居》等集，即復。金楊之美雲翼嘗語人曰：昆弟之間若以昆弟待之，容有不堪忍之事。但當以父母待之。蓋父母吾不得而見之矣，得見兄弟，非父母而何！嗚呼斯言也。永感之人，當書一通於坐右。言有似過，而深當於理，足以感動愚頑者，此類是也。

二十日辛未　晴。作書致伯寅，得復。點閲《元遺山文集》。得紱丈書，來唁，即復。比日有風，寒冽特甚。

二十一日壬申　晴。作致梅卿書。作書致牧莊，得復。是日以舊狐褂質京錢五十千。付修佩表换樞條錢十二千，又先去垢錢四千。付王升工食錢十千。

邸鈔：上諭：侍郎袁保恒奏請調員隨帶。刑部主事黄貽楫、内閣中書曾金章均著隨帶前往。上諭：侍郎袁保恒奏豫賑緊急，請飭部特發花翎、藍翎執照爲河南收捐備振。給事中郭從矩奏山西開捐助振，請准捐道府州縣四項官，並請飭部頒發花翎、藍翎執照。著户部議奏。詔：袁保恒現在出差，以内閣學士祁世長署理刑部左侍郎。

二十二日癸酉　晴。牧莊來。有分發廣東知縣王粟夫名穎來見，同里省齋運使檢之曾孫也。運使，四川籍，嘉慶己未進士，由中書官至山東鹽運使，告歸，買杜氏宅，大治園亭。相鄰有陳氏園，花樹接互，樓榭華映。道光以後，兩家皆漸落，日以荒蕪，今陳氏園無寸木尺甓之存，王氏園亦僅有基址矣。兩園皆在東光相坊，此亦續《越中園名記》者所當知也。

邸鈔：上諭：左宗棠奏軍務需才孔亟，請調員差遣，以資歷練。前署烏里雅蘇臺將軍長順，翰林院編修吕耀斗、吴大澂，著各該衙門飭令迅赴甘肅軍營差遣委用。吴大澂著俟振務完竣，再行前往。上諭：御史歐陽雲奏敬陳管見一摺。四川采辦錦緞綢紬等件，爲内務府應備各賞項所需，並非宫廷之用。惟款項攸關，總宜樽節。嗣後總管内務府大臣等務當督率司員，核實收發，毋得稍涉浮冒。所請慎獎敘一節，此次恭纂《穆宗毅皇帝實録》全書過半，典禮重大，業經降旨，將在館人員優加獎敘。將來全書告成，即著按照吏部奏定新章詳核辦理，以重名器。至整飭官方，全在懲勸之公，各部院大臣若均以賢否資序爲定，不以趨承諂媚爲工，則實心任事者自必奮勉，從公躁進者亦可改弦易轍，吏治庶有起色。近來京控各案層見迭出，各省督撫著遵旨親提，秉公訊結，以副朝廷矜疑庶獄至意。詔：二十四日親詣大高殿祈雨，時應宫等遣諸王、貝勒分禱。御史梅啓熙授山東泰安府知府。啓熙，南昌人，浙江巡撫啓照之兄，癸亥進士。

二十三日甲戌　陰，下午微見日景。龐俊卿員外以生辰招飲，不往，送分子四千。比日以日間畏寒，不能握管，至晚重門閉後，就燈點勘群書，往往過四更始罷。今日睡起甚遲，已交午矣。

畢氏《續通鑑》合竹汀、南江、淵如、北江、冬友諸公之力，數十年始成。其所爲《考異》，亦頗詳慎，然以較温公之書，相去不知凡幾。其中敘事，往往詳略失當。始取近日所見言之：如西遼德宗之殂，感天后之立及殂，仁宗之立及殂，承天后之立，皆失載，而突於孝宗乾道四年書承天后被殺，殊勒呼舊作直魯古。立夏國年號皆不記，而間亦一二書之。金哀宗自歸德走蔡州，命王璧留守，而歸德之陷不復書。此皆疏失之大者。臣下書『薨』書『卒』，皆無一定。遼、金、蒙古人名，爲乾隆時奉旨譯正者，其舊名或注或不注，有始見不注而注於後者，有先一二注而後忽不注者，有始終注者，全無定例。嘗謂此宜始終一一注之，以諸人舊名傳習已久，新譯所改，人所罕知，有猝迷其爲何人者，不必省此數字也。

遼太祖阿保機今作安巴堅；義宗突欲今作托雲，又更名倍，今作貝；即東丹王，號人皇王，世宗之父，立後追尊。世宗兀欲今作烏雲；穆宗述律今作舒嚕。西遼德宗大石今作達實，感天后塔不烟今作塔布布延，仁宗夷列今作(□□)〔伊立〕，承天后普速完今作布沙堪，末帝直魯古今作珠勒呼。金太祖阿骨打今作阿古達，太宗吳乞買今作烏奇邁。元太祖鐵木真今作特穆津，太宗窩闊台今作諤格德依，定宗貴由今作庫裕克，睿宗拖雷今作圖壘，太祖少子，太宗未立時監國，即憲宗、世祖之父，後追尊。憲宗蒙哥今作莽賚扣，世祖忽必烈今作呼必賚，裕宗真金今作珍戩，即明孝太子，爲成宗之父，後追尊。成宗鐵木耳今作特穆爾，武宗海山今作哈尚，仁宗愛育黎拔力八達今作阿裕爾巴里巴特喇，英宗碩德八剌今作碩迪巴拉，顯宗甘麻剌今作噶瑪拉，裕宗長子，初封梁王，改晉王，爲泰定帝之父，立後追尊。泰定帝也孫鐵木兒今作伊蘇特穆爾，幼主阿速吉八今作喇實晉巴，泰定帝太子。明宗和世琜琜，讀若刺。今作和實拉，文宗圖帖睦爾今作圖卜特穆爾，寧宗懿璘質班今作伊勒哲伯，惠宗妥懽帖睦爾今作托歡特穆爾，即順帝。昭宗愛猷識理達臘今作阿裕實哩達喇。以上皆乾隆時翻書房諸臣奉詔依當日國語翻譯更正。殿本宋、遼、金、元各史皆改書今名，而相沿各書，如萬斯同《紀元彙考》、齊召南《歷代帝王年譜》、陳景雲《紀元要略》、鍾映淵《建元考》、葉九苞《歷代建元考》、梁玉繩《元號略》等，皆止載舊名，故特記之。譯音本無定字，其中如金太祖、太宗、元憲宗之名，頗近鄙惡，或當日南人有意爲之，而金源、蒙古君臣，時尚純樸，無忌諱，亦習而不覺，誠有如高宗聖諭所云者，餘則音字重輕，亦不甚相遠。其諸臣名如兀朮之作烏珠，婁室之作洛索，伯顔之作巴延，似轉不若舊名爲雅。蓋塞外風氣質實，不務虚文，其名多取物色或人事，猶有古意，即氏族亦然。今雖譯正舊名，而遼之氏耶律，金之氏完顔，元之號蒙古，至今未嘗改字，固不可以一概論也。元之氏孛兒只吉歹，《元祕史》可證，故今譯爲博爾濟吉特，而《元史》作奇渥温，則實出傳訛，不知其所據也。

二十四日乙亥　晴，終日無風，寒威少減。得伯寅侍郎書，饋銀十六兩，即復謝。

偶閲前後《鶴徵録》。後鴻博之人才，自堇浦、息園、草廬三君外，不得不屈蘀園一指，蓋其餘實無人，較之前鴻博相去不啻霄壤。幸有杭、齊，足爲朱、毛後勁，而草廬亦足追配託園。六人皆浙産也。其舉而不用者，震滄、果堂、位山之經學，東甫、東莊、梅史沈清玉别號。之史學，樊榭、石笥、唐堂之詞章。是九君者，足以特立。其次則不得不數綿莊之經學，廌青之史學，亭培、浦山之雜學，隨園之詞章。此五君者，雖俱學無師法，而或以功力勝，或以才情勝，不特遠過劉文定、于鶴泉諸人，即較之彭羨門、倪闇公、汪東川，亦超數等也。其薦而未與試者，則謝山一人，遥與梨洲輝映，學術相承，系東南文獻之大宗，比之朱霞天半矣。其不用之最有名者若沈歸愚、劉海峰，僅勝於餘子而已。取人至於考試，論文至於應制，雖極天子延攬之力，終不足以得人。後鴻博十九人中，若潘安禮、楊度汪、劉玉麐、汪士鍠、陳士璠、萬松齡等，固與近日之翰林無以大異；即前鴻博五十人中，若王文恭、秦留仙、周浣初清原、陸雅坪棻、馮方寅勖、袁杜少佑、沈昭子珩、沈開平筠、周慶曾、范必英、崔如岳、吴元龍、陳鴻績、曹宜溥、毛升芳、黎騫初等，文采一無表見，姓名久在泯没間，即偶有詩文，亦不過塗抹翰林。江湖名士，視彼衮衮臺閣，豈真大有徑庭哉？而余所舉之九君、五君者，惟震滄先成進士，後累賜司業、祭酒，終未嘗一日立朝；唐堂先入翰林而被黜；子才後入翰林，與館選，而官亦不達；餘皆以布衣老。以視兩漢《儒林傳》中人無不致大官者，古今懸絶，不深可喟乎！蓋漢之經學爲禄利之路，其從師傳業者，無異今之舉業；而國朝諸儒之學，則實與時背馳，宜其愈上而愈困也。然周清原、潘安禮諸人，至今絶無稱道；而謝山、震滄諸君，稍有識者，無不奉爲山斗，著述流傳，將與天地不朽。此則尋常科第，固等豪毛，即大科亦安足重哉！謝山言己未之徵，魏柏鄉相國罷政家居，謂人曰：『吾不羨東閣輔臣，而羨公車徵士。』柏鄉令遂告監司，欲薦之。監司笑曰：『焉有元老而赴詞科者？』乃止。其事或由傳聞之過，即文毅有此語，亦是一時戲言。而堇浦《詞科餘話》載江西人梁機與其從子書，有云：『阿叔忝竊侍從，在詞館，屢經御試，曾邀殊恩，受敕命，官雖降調，而故階尚在，乃與老不得科第輩及後生小子低首下心，摇筆伊吾，其顔之厚，豈獨羞士論，抑且辱朝廷。』抑何其言之醜歟？考機由庶吉士散知縣，改教授，安得自稱侍從？侍從者，惟翰林侍讀、侍講以上及南書房、上書房日講官方得稱之。庶常乃讀書學習之選，且不得稱史官，遑論侍從？散館改官，亦不得謂之降調，且亦安得屢經御試？前後兩鴻博由達官巍科入試者多矣，區區一改教之庶常，而自矜如此，其胸襟之陋，與誚竹垞、西河爲野翰林者，何以異耶？後機仍赴試而被斥，益可笑矣。

二十五日丙子　晨及上午陰，傍午微晴，午後晴。閲馬竹吾《目耕帖·易》，盡數卷。其書鈔最之功爲多。得牧莊書，以梁茝林《制藝叢話》借閲，即復。是書於咸豐癸丑余爲廪生時，茝林之子敬叔署紹興府，適試童生，梁以越童數鬨場屋，懼甚，請余等四人約束之，因以爲贈。爾時深厭制藝，略一翻閲，即屏去，今二十五年矣。牧莊言其中頗有掌故，夜飯後無事，因取閲之，亦足遣閑寂也。付仲弟百日紙庫錢十四千，銀薄錢三千，洋布錢六千，白灰鑪錢四千，吏夫皮襖錢十千，楊媪工食錢十千，王媪工食錢五千，糊壁錢四千。

邸鈔：前御史吴可讀選吏部稽勳司主事。

二十六日丁丑　終日霒陰。

汪容甫先生《述學》，余所最愛。其書包藴宏深，雋桀廉悍，足以成一家言。然有兩事可議。《上朱侍郎即文正公。書》言欲爲母墓立石云『汪氏母勞苦之碑』。《凱風》之詩，既非佳事，即云斷章，將置其父於何地？若謂古不合葬，則婦人無外事，獨爲志銘則有之，爲碑則不可。東漢邯鄲淳有《曹娥碑》，唐李翺有《高愍女碑》，皆以奇節，特表之耳。且古時上下通得立碑，自唐至國朝，碑碣已有定制；况碑上加以題目，宋世天子以寵元老大臣者，如云元勳之碑、舊學之碑。『勞苦』既非美稱，又以庶人而僭重臣國老之制矣。《與畢侍郎即弇山尚書。書》有『年伯』之稱。二字從無入文字者，唐人稱同年『丈人』，必不得已，當依之稱『年丈』。然考弇山子孫無登科者，容甫父爲諸生，又無伯叔兄弟，蓋弇山族子有與容甫同年者，則即以俗例言之，同年無叔伯，謂同年之伯叔父，但以世誼稱之，無『年伯』之稱也。容甫此語，尤爲不典矣。蓋其子孟慈刻集時不檢之過也。

作書致竹篔，致陳鈞堂，皆借一應用小書。鈞堂方病，得竹篔復。左都徐蔭軒（此處塗抹）師爲其孫培芝娶婦，送賀錢十二千。

邸鈔：浙江巡撫梅啓照代奏都察院左副都御史唐壬森假期將滿，因病懇請開缺。許之。

二十七日戊寅　終日陰。作致王眉叔書。余不答眉叔書久矣，今略與言近日守身之要及取友之法，意欲其以汪謝城、俞蔭甫、黄元同三君爲師，得知讀書門徑也。又作書致子宜，以眉叔、梅卿兩書附去。

邸鈔：詔：已故廣西右江鎮總兵麥龍韜照軍營立功後病故例從優議恤。以閩浙總督何璟等奏稱其從征廣東、廣西、福建、浙江、江西、陝西、甘肅等省，身經數十戰，光緒二年復至臺灣，助理撫番事務，力窮險要，備歷艱辛也。兩廣總督劉坤一奏新調貴州古州鎮總兵張得禄在廣東高州鎮任內，於地方實有裨益，請准留任，以資熟手，並請將新授高州鎮總兵楊玉科調補古州鎮總兵。詔：隔省專閫大員，該督何得率請對調？惟既據奏稱張得禄係粤省得力之員，著開缺留於廣東，遇有相當缺出，再行簡放。所請以楊玉科調補古州鎮總兵之處，著不准行。以記名總兵江忠朝補授貴州古州鎮總兵。

二十八日己卯　晨陰，上午晴，下午陰。仲弟百日設祭，鮮果四，乾果四，果脯四，饅頭兩大盤，特皛一，豚肩一，菜肴八簋，火鍋一，芡羹一，酒四巡，飯兩巡，薄暮焚紙樓庫、紙箱、紙人及楮鏹、楮錢、錁子之屬，爲文祭之。

仲弟百日祭文

維光緒三年十一月壬子朔越己卯，兄慈銘以清酒果肴哀奠於仲弟琴舫之靈曰：

悲夫，吾弟之卒，至今蓋百日矣。我聞此耗，亦已兩旬矣。然弟之病狀，終未得知，弟之殯或葬，亦不知在何所也。兄天涯薄宦，孤特一身，典質之餘，爲吾弟每朝上食飯一盂、羹兩器，蓋猶以爲平居常饌，兄弟相對，而不知此樂之不可得也。今以佛氏家言，設百日之奠，豚肩特皛，爲弟充膚，菜肴八杋，即古『簋』字。爲弟適口。榛松杏人，此邦之珍；桃諸柰脯，亦出燕土。生不得嘗，今勸弟觴。紙錢千百，寓鏹黄白，有樓有倉，有匡有箱，有人十二，供弟驅使。烏呼痛哉！生無立錐，僵踣莫支，今歸冥漠，幻想百作，其果有耶？其非然耶？幽明理隔，何以知耶？喪事有程，除殺以節。兄年已老，又多疢疾，今兹一奠，遂徹靈床，弟思考妣，或歸故鄉。項里之谿嗚咽兮，柯山之樹蒼涼。有西郭之舊墟兮，魂任意而翱翔。若欲依兄以止兮，則朝餔夕食，來飫其香，外堂内寢，來隱其藏。痛生死之異路兮，毋形影之旁皇。雖客土其猶家兮，勿寂寞而自傷。嗚呼痛哉，尚饗！

作書致孺初，問其足疾，饋以豚髈。作書致汝翼，問其疾，饋以饅頭、梨、柰。得汝翼復、孺初復。

邸鈔：上諭：刑部奏遵議湖北漢川縣民人朱功勛與緦麻弟婦朱毛氏通奸，商同奸婦謀殺本夫朱功榮身死，按律定擬一摺。著照所議，朱毛氏即凌遲處死，朱功勛即行處斬。摺内於兼署湖北巡撫李瀚章誤書李鶴年，實屬疏忽。所有司員堂官一併交部議處。正紅旗蒙古副都統伊昌阿奏病難速痊，懇請開缺。詔：伊昌阿准其開缺，回旗調理。該副都統在乾清門侍衛、御前侍衛當差有年，歷任伊犁、烏什領隊幫辦大臣，曾經出師打仗，殺賊立功，加恩著賞食全俸，以示體恤。

二十九日庚辰小盡　晴，微風。檢曆九月小盡，則仲弟實以今日百日也，更作兩詩哭之。得戥夫月朔日上海書。夜大溲久不下，狼狽殊甚，此又歷一重地獄也。作書致禔盦，詢其何日移寓。作書致彦清，以彦清欲考國子監學正學録，余已爲出結，今日禮部知會試日，須出結官赴認。余久杜門，爲此牽率乎？因屬彦清别取人結。

哭仲弟二首

噩耗傳來慟朔風，對床前約竟成空。方期袁令生非晚，誰謂龐公日已中。弟今年四十七，無疾而卒，故用《南史》袁昂語及龐居士事。老境久思依骨肉，荒年從此了貧窮。三間破屋都無分，一領牛衣當飾終。

生前汲汲百無歡，翻幸無知到闔棺。健婦卅年重問訊，諸殤九地定團圞。弟前婦陳孝廉樾之女，持家甚健，歿已廿八年。弟前後生三男，以次殤。膝前更想依親樂，泉下差應比世安。顛倒轉思莊叟語，靈床琴絶不須彈。

邸鈔：詔：山東布政使李元華開缺來京，另候簡用。以貴州按察使余思樞爲山東布政使，以貴州糧儲道吴德溥爲貴州按察使。元華，安徽六安州舉人。思樞，安徽合肥縣文生。德溥，四川達縣監生。以前山海關副都統崇禮補正紅旗蒙古副都統。

附録兩江總督沈葆楨請免仵作、馬快兩途禁錮疏：

爲仵作、馬快兩途關繫於吏治者甚鉅，宜免其禁錮，以養廉耻而勵人材，恭摺仰祈聖鑒事：伏維三代以上，庶人在官者與士同禄。漢制往往由小吏至公卿，仵作、馬快，今之隸卒，古之廝養，非吏也，即此已誤。故循良稱極盛，所學其所用也。自晉人重門第，寖變風俗，相沿至今。夫芝草無根，醴泉無源，不問其所出，與求才初意，兩不相謀。然指倡優爲身家不清，彼誠無以自解，若供役公署者，雖風塵奔走，勞瘁不堪，究其所逐日營營者，非國事即民職，固天下之所必不可無者也。乃不待其作奸犯科，而先絶之於人類，於求治之意，毋乃左乎？況不嫻文理者，無以爲仵作；仵作皆相傳口授。天下豈有此等人嫻文理者？不精武藝者，無以爲馬快。屏之於不足齒數之列，而望有出類拔萃之才起而應之者乎？心字出何書，指何人者乎？豈孔子嘗爲此兩途乎？夫仵作、馬快，而須出類拔萃之才，則爲總督者，將何等人乎？命案全視屍傷爲準，屍傷一舛，雖皋陶無由得其情。《洗冤録》一書，其理極微，天下豈有看《洗冤録》之仵作？又有不盡一一可憑者，須以意會之。在由科甲及幕友入仕者，日夕研究，猶懼其難，再以不自愛之仵作，顛倒是非，含冤其誰訴乎？有終身不見賊之兵，無終身不見賊之馬快。奉票緝捕，其危險與臨陣同。若罷軟無能，安望其爲鷹爲鸇？四字亦不切馬快。闤闠不皆成盜藪乎？說者謂仵作以命案爲市，馬快以盜案爲市，今再予以出身，不啻養虎而傅以翼。夫天下未嘗無包攬詞訟之生監，不因此而廢士之出身；此直不成語矣。天下舍生監，將以何作爲出身？沈君不由生監，得以得爲翰林作總督乎？蓋當曰『天下未嘗無作奸犯科之書吏，不因此而廢吏之出身』，則語無病矣。如其言，何不曰『天下未嘗無欺君誤國之督撫，不因此而廢督撫之升遷』乎？未嘗無騷擾閭閻之弁勇，不因此而廢兵之出身。賢不肖各以類分，進其賢者，退其不肖者而已矣。若並賢者而錮之，是驅之出於不肖也，又何誅焉？賢不肖豈可指此兩途，言禁錮此兩途便爲禁錮賢者乎。其品甚卑，其才甚劣，而其權則甚重者，不至於惟利是視，無惡不作也幾希。現查各直省有一縣全無仵作，命案報驗，借諸鄰封，遇有應行開檢者，則束手無策。馬快多不足額，其濫竽充數者非能通曉技藝，遇有巨案，亦束手無策。豈無認真公事之牧令，欲破格召募？而相需甚殷，相遇終疏，蓋稍有微長者，甚不願終身自棄，兼使其子孫亦無罪而爲聖朝所棄也。合無仰懇天恩，飭部核准，將仵作照刑科書吏一體出身，馬快照經制營兵一體出身，俾激發天良，深知自愛，養其廉恥，竭其心力，庶命案盜案本源易清。倘仍作奸犯科，自有加等懲辦之法在。臣愚昧之見，是否有當，伏乞聖鑒。

沈君此疏，不知其意云何。或謂其激於浙江餘杭之獄，不冤殺匹夫匹婦而反黜撫臣學臣，故歸咎於仵作之無人，爲劉錫彤鳴冤。蓋沈君去年曾奏江蘇一上控之案，而牽及楊乃武之屢次翻控，其蓄意然也。然君子論人，不以深文，姑取其疏論之。仵作、馬快關系於命案、盜案，誠爲非細。然或優其工食，或免其子孫禁錮已足矣，而遽議出身。試思爲仵作、馬快者，皆賤隸之子，無賴之尤，直倡優伍耳，而儼然入官，與士大夫齒，而成事體乎？必欲予以出身，則須先澄其源：仵作取之書吏之子，馬快取之弁兵之子。刑律傷格，出其家傳；擊刺追蹤，爲所素習。而州縣不輕笞辱之，取效呈能，猶爲可冀。

否則今之爲此兩途者，雖日厠之倡優盜賊，而不以爲羞。如果識文理、嫻技勇，又知自愛者，雖令仵作視文進士一甲一名以修撰出身，馬快視武進士一甲一名以頭等侍衛出身，亦恐無人願爲也。此疏稱之者有人，詆之者甚衆。要其立言非體，儗人不倫，總由文理不通而已。余故録存其疏，而旁乙注之。人不可以無學，信哉！

附録五月間沈葆楨請互調道員疏：

爲徐州凋敝日甚，力圖挽救，須仗出群之才，謹擬互調道員，恭摺仰祈聖鑒事：竊惟豐、沛、睢、邳，爲古來豪傑淵藪。有明中葉，發丁壯，舍耒耨，以逐河漕之利，游惰成性，盜賊遂萌蘖於其間。顧帑藏充盈，河有歲修，漕有歲運，官猶能以脂膏餘潤，操縱其吏卒，約束其人民。自兵燹摧殘，糧艘朽蠹，黄流北徙，灾歉頻年，不特民無以自存，官且無以自立，而椎埋爲生之禍熾，隱忍求安之勢成。去年旱繼以蝗，蕩析離居，圖不勝繪。臣與漕臣、撫臣及各紳商力籌振恤，所濟者千百曾不一二，公私所費，奚啻百餘萬金。今歲麥收雖報五六分，而沿江蝻孽滋生，秋糧在不可知之數。人情擾擾，命案盜案，無日無之。所賴監司大員，任怨任勞，嚴督守令，當幾立斷，庶頑梗者受創，良懦者獲伸。稍一遲疑，則訟棍地痞，變幻萬端，其弊不可究詰，根深蒂固，將釀無形之亂階。現任徐州道吴世熊人甚精明，地利民情亦熟，惟細針密縷則有餘，大刀闊斧則不足，於是缺未甚相宜。查有江西督糧道段起久歷戎行，耐勞善斷，與臣共事日久，知之頗深，自奏調來江後，迭經委赴淮揚一帶查辦妖匪等案，均能不動聲色，弭患未然，扶弱鋤强，一洗積習。上年奉旨簡放江西糧道，適臣先期飭赴衡水一帶，察看淮引積疲情形，近始銷差，尚未赴任。可否仰懇天恩，逾格准其調補徐州道，俾資整頓。所遺江西糧道一缺，查吴世熊於錢漕窾竅，向能悉心考究，謹司管鑰，每事躬親，如准其調補，一資其果毅之力，一資其綜核之力，遷地皆可爲良臣。知隔省互調道員，與例不符。第爲地擇人，事關大局，不揣冒昧，恭摺具陳。伏乞皇太后、皇上聖鑒訓示。不勝惶悚屏營之至。

此疏言徐州形勢，頗爲了了。惟江西官吏及士大夫無不言段起之奸者。其任糧道貪劣萬狀，至强娶一衣冠女子爲妾，旋復棄之。衆憤甚，將焚其署，乃詐稱疾去。朝士亦有嚴劾之者，故沈君爲之調停，違例互調。吴世熊者，杭州人，紈絝騃竪，不知其何以進。年未三十，即任河道。徐州道素稱瘠苦，歲不過三千金，江西糧道歲入三四萬金，其利十倍。段起既積惡於豫章人，又以去年沈督劾一江西知府，實段所構，巡撫劉秉璋銜之，故不敢赴任。得此回换，兩受其賜，疆臣之欺徇恣肆，即此可見。天下事尚忍言哉！又去年八月，沈督之劾銅仁縣知縣許誦宣也。誦宣投書督隸，謂是徐州道吴世熊與署銅山縣蔣志拔合力傾陷。世熊之父蕊元曾任贛榆知縣，以李循禮之獄被控。時誦宣之父槤以候補知府在蘇州發審局，讞其事，蕊元坐戍軍臺，故世熊挾嫌爲報。因録黄鈞宰《慎思齋文鈔》、方鈞《金壺七墨》兩書中所載書李九事文各一首，以明蕊元罪之應得。又訐世熊縱盜之事，謂誦清嘗捕獲積刦土匪四十八人，面請正法，其尤著者二十一人，世熊僅戮八人；哨官副將張占鰲追盜被戕，捕獲三人，世熊祇戮一人。合營幾將鼓譟。且訐沈督閲兵徐州，其家人挾妓飲酒事。至今年六月，沈君覆奏，悉以爲誣。然誦宣止坐發軍臺效力，得非畏其翻訐，故從輕比耶？誦宣不知其人，即以此舉觀之，其傾險亦可想。而吴世熊之闒茸廢弛，亦可知矣。沈君爲林文忠婿，素有賢聲。其撫江西，政績甚著。及閩中里居，爲船政大臣，恣睢好殺，聲望驟損，其鄉人詆之尤力，而朝廷倚任愈重。故據天下之公言，類敘其事，俾後有考焉。

附録侍講張佩綸劾陜撫譚鍾麟疏：

爲疆臣覆奏措辭過當，請旨申飭，以崇體統，恭摺仰祈聖鑒事：本月内閣鈔出陜西巡撫譚鍾麟覆陳一疏，一時見者，無不以爲過當。伏思皇上睠念灾區，河南撫藩經言官論奏，立遣使臣按問，而同時御史梁景先等分别奏呈。如皇上不直譚鍾麟，何難令在道之使臣，就近西指？乃寄諭該撫，令其有則改之，無則加勉。是聖心於疆吏之賢否，權衡輕重，固已燭照無遺。該撫仰承訓誨，無論事之有無，惟當益加勉勵，以副委任。抗疏自辨，已近嚚張，更將言官紳士信口詆諆，尤爲不知大體。臣惟譚鍾麟責任封圻，不能上感天和，下弭隱患，致所部兵荒迭起。是即物議不滋，猶當兢兢循省，以奉職無狀，深自引咎，奈何恃恩而果於自信，負氣而輕於詆人？推其用心，豈非塞呼籲之路，而以清問爲多事乎？夫譚鍾麟所可自解者，不過先時略有積儲，臨事尚能部署耳。然此皆疆臣分内之事，救荒自古無善策，譚鍾麟敢自謂無一夫不獲哉。蒲、韓各縣，倡亂戕官，致煩兵力。雖所殺均係奸匪，平日所辦保甲可以想見。既裹脅饑民矣，安保無一波及該撫？非親歷行間，豈得謂道路之聞見皆虚，而將弁之禀報皆實？乃一則曰皆非無辜，再則曰不得爲無辜。仁人之言，不當如是。至疑所奏如呈如出一手，則尤謬甚。臺諫爲耳目之官，例許風聞言事，何得以與紳士公呈語多符合，遂直詆之爲奸？物議之來，自有定論。雖謗書滿篋，豈足以淆聖聰？乃必嘵嘵置辨，斥爲誣妄。且文致具呈之紳士，爲興謗之階，援引幫辨之大員，爲弭謗之助，亦自捍頭目之不暇矣。况振務紛紜，正宜集思廣益。梁景先等所奏，即屬過慮，亦可藉資考鏡，防患未萌。乃不存省過之心，反有居功之色，張大其詞，謂秦人有耳目者皆知之，且以厭聞灾歉者何端、不敢直言者何事轉而相詰。其於諫官之彈章，尚思以盛氣折服，則其見僚屬紳士，安能虚心？不但此也，撫臣存自是之見，仰希風旨者，將謂輿論不足憑，人言不足恤，中其所好，粉飾彌縫。從前灾歉即非厭聞，後此將無所聞矣；從前僚吏即有直言，後此將不敢言矣。一念之敬，肆爲通省風氣所關，可不慎歟！方今皇上正在冲齡，皇太后垂簾聽政，即一二疆臣，勳勤夙著者，猶當倍懔敷奏之體，靖共寅畏，以尊朝廷。譚鍾麟從政甚新，本無舊勞宿望，乃幸詔書之寛大，逞其辯給，喋喋於君父之前，此誠不學無術者之所爲。儻疆吏相率效尤，恐外重内輕，流弊伊於胡底。臣職司記注，不得不據理糾繩。若皇上以譚鍾麟居官尚有微長，不加嚴譴，亦應特降諭旨申飭，庶知朝廷自有紀綱，不得逞意見之偏，而開驕騫之漸，俾守法盡職，不獨於陝省士民有益也。迂愚之見，是否有當，伏乞皇太后、皇上聖鑒，訓示施行。

張君，大興人，庚午、辛未連捷進士，今年未三十也。此疏侃侃勁直，可爲香茗詞林生色。余自見譚撫疏，深歎外吏恣睢，朝官闒茸，而臺中受其詬逆，竟無敢反唇相稽者。賴侍講此疏，少存朝廷之體，特喜而録之。張君，仁和朱修伯大理之婿也。

桃花聖解盦日記辛集第二集

光緒三年十二月初一日至光緒四年四月二十六日（1878年1月3日—1878年5月27日）

光緒三年丁丑十二月辛巳朔　晨陰，上午晴，下午復陰。是日有風，嚴寒。得紱丈書，借《春融堂集》，即復。印結局送來前月公費銀八兩。作書復弢夫，託天台武狀元陳子香寄去。再得紱丈書，饋内廷餑餑一合，即復謝。向寶森書坊借《南齊書》及沈子敦《落帆樓文鈔》。得陳鈞堂書，即復。

《宋書·魯爽傳》：『義宣初舉兵，召秀爽之弟。加節，進號征虜將軍，當繼諶之俱下。』官本《考證》云：『諶，南監本作「湛」，謂徐湛之也。』慈銘案：徐湛之非義宣黨，且早爲元凶所殺。『湛』字亦不得誤作『諶』，蓋當作『諶』，謂義宣參軍劉諶之也。《義宣傳》言遣諶之等率軍下就臧質，《臧質傳》言義宣腹心劉諶之，南監本正作諶。此傳未出劉諶之姓名，因《臧質傳》屢見劉諶之，而此傳係《質傳》後，遂略其姓，亦是休文疏處，或傳寫所脱。北監本、汲古本遂皆誤『諶』作『諆』，官本悉據北監，作《考證》者因見此傳上文有元凶謂秀曰『我爲卿誅徐湛之』之語，遂不辨其前後文理，而以徐湛之當之，可笑甚矣。

又此傳云：『益州刺史劉秀之遣軍襲江陵，秀擊破之。義宣還江陵，秀與共北走，衆叛且盡。秀向城，上射之，中箭，赴水死。』官本作『秀之向城上射之』，多一『之』字，蓋以爲劉秀之也。案劉秀之爲益州刺史，此時何由入荆州？而魯秀亦不能至益州。且北走者尚有義宣，則射死者果何人？自城上射下，亦不得云『向』。蓋傳文本當作『秀向城，城上射之』，脱一『城』字耳。《義宣傳》言義宣走，『未出郭，枭散盡』，『夜還向城』，則秀當亦走回荆州。時竺超民已志在歸順，爲荆州城守，故從城上射之。觀義宣之還，超民即送入獄，則秀可知矣。北監本多妄改，大略如此，而官本誤因之。

邸鈔：上諭：左宗棠奏官軍追剿逆回，連復阿克蘇、烏什兩城一摺。官軍進規新疆南路，自克復喀喇沙爾、庫車各城後，甘肅西寧道劉錦棠督率所部疾馳西進，自九月十五至二十日將安集延白彦虎各股追剿，迭獲勝仗，殺賊數千，連復阿克蘇、烏什兩城，就撫各回，不計其數。師行迅利，大振軍威。此次官軍於冰霜凛冽、彌望戈壁之中，一月馳驟三千餘里，收復四城，南路已復其半。劉錦棠著開缺以三品京堂候補，餘升賞有差。提督譚拔萃照一等軍功例從優議敘。總兵張俊遇有提督、總兵缺出，儘先題奏。提督金虎恩遇有提督缺出，儘先簡放。黄萬鵬、席大成前經賞給雲騎尉世職，均改爲騎都尉世職。戴宏勝、陶生林、蕭元亨均賞給雲騎尉世職。陳建厚、譚慎與均賞穿黄馬褂。其陣亡之總兵朱成奇等十二人均從優議恤。工部郎中松長授貴州糧儲道。

初二日壬午　晴。雜校《南史》《宋書》《齊書》。得紱丈書，還《春融堂集》，借日記，即復。夜閲《宋書》謝靈運《山居賦》、《齊書》張融《海賦》。二賦實六朝奇作，而譌奪太多，張賦尤甚，不可句讀，苦無善本校之。再得紱丈書，還日記，即復。付賃屋銀八兩。

邸鈔：詔：初四日再親詣大高殿祈雪。以順天府府尹張澐卿爲宗人府府丞。

初三日癸未　晨晴，上午大風，晴，下午陰。校《謝靈運傳》。（此處塗抹）禔盦來。從寶森借官本《南齊書》。酉正初刻十一分小寒，十二月節。夜閲《落帆樓文稿》。其《爲人後者爲所生服議》《殤不當立後議》《晉書賀循傳書後》皆有關世道，不止足裨經學。《西游記金山以東釋》《葱嶺南北河考》《新疆私議》《後魏六鎮釋》，以地理兼經制，亦絶學也。

邸鈔：詔：前順天府府尹彭祖賢仍補原官。

初四日甲申　晴，風，寒冽特甚。得伯寅侍郎書，惠銀十二兩，即復謝，犒使五千。得王子獻前月八日鄞縣書。余託弢夫寄去書件猶未到，何也？牧莊來，饋冬笋二斤，江瑶柱一包，圍鑪談至晚去。校《謝靈運傳》訖。

邸鈔：前理藩院侍郎載鶩卒。詔旨褒恤，照侍郎例賜恤。

初五日乙酉　晴，午前後有風。爲王子獻題《海天琴嘯圖》五律一首，即作復書，交阜康錢鋪寄去。作書致牧莊，饋以燖肉、燖雀及蘆菔餅三十枚。孺初來。剃頭。

邸鈔：江西巡撫劉秉璋奏已故鄱陽縣知縣沈衍慶，署鄱陽縣事、樂平縣知縣李仁元，於咸豐三年七月同在鄱陽縣禦賊陣亡，業經優恤建祠。該故員政績卓著，死事最烈，請宣付史館立傳，並懇賜謚。衍慶，安徽石埭人，道光乙未進士。仁元，已見庚申日記。詔：沈衍慶、李仁元等事實宣付國史館，編入《循吏列傳》；至應否予謚，著禮部議奏。部駁不准予謚。命潘祖蔭、殷兆鏞、麟書爲考試國子監學正學録及各館謄録閱卷官。翰林院侍讀黄毓恩授四川夔州府知府。

初六日丙戌　晴，嚴寒。比日患腹疾。

邸鈔：内閣學士周壽昌奏病難速痊，請開缺調理。許之。以新授廣西布政使勒方錡調補江蘇布政使，以直隸按察使范梁錢唐，庚子。爲廣西布政使，以天津津海關道黎兆棠順德，丙辰。爲直隸按察使。江蘇布政使恩錫入覲，行至安肅暴死。

初七日丁亥　晴。得牧莊書，饋酒一甕，燭五斤，即復謝，犒使五千。比日嚴寒特甚，無一塵事，雜校《宋書》《南齊書》及《南史》。

《南史·臧質傳》：質『走至尋陽，焚府舍，載妓妾入南湖，摘蓮噉之。』案《宋書》質傳，質自尋陽『載妓妾西奔，使所寵何文敬領兵居前，至西陽』，太守魯方平誑文敬棄衆而走。質往投妹夫武昌太守羊冲。『既至，冲已爲郡丞胡庇之所殺，無所歸，乃入南湖，逃竄無食，摘蓮噉之。』《南史》『載妓妾』下當有脱文，延壽不至疏略如此也。『入南湖』下『逃竄無食』四字亦不可省。

《宋書·沈慶之傳》：慶之既爲前廢帝所殺，贈侍中、太尉如故，謚曰忠武公。『太宗即位，追贈侍中、司空，謚曰襄公。』《南史》同。案：明帝之贈，反較廢帝爲下者，以泰始初，於景和之政一切反之，故其時諸臣存者，官爵一例削退，見沈攸之等傳。攸之，廢帝時封東興縣侯，太宗即位，以例削封。慶之先於孝武時授司空，固辭。至廢帝時拜太尉，故明帝轉以司空爲贈，而去其太尉也。惟慶之本封始興郡公，嘗以始興優近，求改南海郡，孝武不許。而明帝泰始七年改封蒼梧郡公，則似有意貶下之，猶『襄』之謚，亦遠遜『忠武』也。

沈攸之人不足數，然其起兵，實忠於宋。《南齊書·張敬兒傳》載攸之與齊高帝絶交書，其辭甚直。《宋書》攸之傳不載，然猶載其與武陵王贊一書，猶足見其本心。《南史》皆削之。惟《宋書》載齊高帝討攸之之時，尚書符征西府一檄，《南史》亦削之，是也。攸之起兵，與魏之毌丘儉、諸葛誕情事正同，而檄文起處，適引儉、誕爲比，可發一噱。《南齊書·柳世隆傳》亦載此檄，而去其首數行，豈蕭子顯悟而删之歟？　然子顯爲齊高之孫，而《敬兒傳》備載沈書及高帝答書，此直道之在人心也。高帝答書，周彦倫所爲，見《南齊書·彦倫傳》，《南史》亦略之。嘗謂絶交書及答書宜全入《攸之傳》中。

《宋書·謝靈運傳》：靈運《山居賦》有『兩智通沼』語。錢竹汀謂『智』字字書所無，訪之通人，亦無知者。案：此賦自注中屢言『前智』『後智』，則必非誤字。又《南齊書·周彦倫傳》：彦倫爲山陰令，『縣舊訂滂民，以供雜使』，彦倫力言滂民之困。又有『上虞以百户一滂，大爲優足』之語。『滂民』亦不知何解，蓋皆當時吾越方言也。

《南齊書・陸澄傳》：澄『領國子博士。時國學置鄭、王《易》，杜、服《春秋》，何氏《公羊》，麋氏《穀梁》，鄭玄《孝經》』。案：下澄與王儉書，謂晉太興四年，太常荀崧請置《周易》鄭注博士；太元立王肅《易》；元嘉建學之始，玄、弼兩立；逮顏延之爲祭酒，黜鄭置王。是其時國學已不立鄭《易》，『鄭、王《易》』當作『王弼《易》』。王西莊謂『置』上當有一『議』字者，非也。澄明言太元取服虔《左氏》，兼取賈逵經，今留服而去賈，太元有《穀梁》麋信注，顏益以范寧，麋猶如故。是諸家已早置矣。

『㹠』乃『豚』之俗字，始於六朝。《玉篇》尚無此字，《廣韵》始收之『豚』下。《南齊書・江祏傳》：江夏王寶元妃索煮㹠，劉暄曰：『旦已煮鵝，不煩復此。』今《南齊書》《南史》各本皆誤作『肫』，晉、宋諸《書》，南、北《史》，《世說》屢見『㹠』字。

陸澄與王儉書，極言王弼《易注》之非，其下云：『《左氏》，太元取服虔，而兼取賈逵《經》。服傳無《經》，雖在注中，而《傳》又有無《經》者故也。今留服而去賈，則《經》有所闕。案杜豫注《傳》，王弼注《易》，俱是晚出，並貴後生。杜之異古，未如王之奪實。祖述前儒，特舉其違。又《釋例》之作，所引惟深。』王西莊謂此下有脱文，是也。是澄意本欲兼立賈氏，又以杜之注《左傳》特較勝王之注《易》，雖意謂可立，非以爲勝賈也。又云：『《穀梁》，太元舊有麋信注，顏益以范寧，麋猶如故。』『嘗謂《穀梁》劣，《公羊》爲注者又不盡善。』『恐不足兩立。必謂范善，便當除麋。』是澄雖以不云范勝於麋，而意在去麋也。儉答書謂：『元凱注《傳》，超邁前儒，若不列學官，案此下當有『春秋』二字。其可廢矣。賈氏注《經》，世所罕習。《穀梁》小書，無俟兩注。存麋略范，率由舊式。』是儉意並不與澄同。而下云『凡此諸義，並同雅論』，蓋以《左傳》立杜氏，《穀梁》止立一家，大略如澄議耳。

《宋書·臧燾傳》：『隨府轉鎮南將軍。』《傅隆傳》：『年四十，始爲孟昶建威將軍。』案：兩『將軍』俱當作『參軍』，各本皆誤。

《宋書·謝瞻傳》：『弟皭，幼有殊行。所生母郭氏，久嬰錮疾。』『恐僕役營疾懈倦，躬自執勞。爲母病畏驚，微踐過甚。一家尊卑，感皭至性，咸納屨而行。』案：『微踐過甚』者，謂踐履甚微，恐以行步聲驚其母也。六朝每有此等句法。故下云『家人咸納屨而行』。其情事如見。汲本、南北監本皆同，而《南史》誤作『母爲病畏驚，而微賤過甚』，官本遂據以改《宋書》。試思上已云『所生母』，則自非正嫡，不必又言『微賤』，且妾婢皆爲微賤，亦不必云『過甚』，而於下家人咸納屨行語意亦不貫矣。

《宋書·孔季恭傳》：季恭子靈符『入爲丹陽尹。山陰縣土境褊陜，俗作『狹』。民多田少。靈符表徙無貲之家於餘姚、鄞、鄮三縣界，墾起湖田』。此可見吾邑人丁之盛，六朝已然也。其傳論云：『會土帶海傍湖，良疇亦數十萬頃。膏腴上地，畝直一金，鄠、杜之間，不能比也。』此可見吾邑田價之高，古今如一也。

《宋書·孔琳之傳》言：『今世惟尉一職，獨用一印，至於内外群官，每遷悉改。』『終年刻鑄，喪功消費。』是六朝以前易官即易印。近儒紛紛考覈，或據《漢書·朱買臣傳》以爲一人一印，或據《後漢·馬援傳》注以爲官不易印，蓋未檢此傳也。

《宋書·魯爽傳》：爽版南郡王義宣云：『丞相劉今補天子，名義宣。』爽本武夫，樂亂自不必言。而孔琳之於晉安帝時鑄印事亦云：官莫大於皇帝，此萬非後世所敢言也。黄梨洲《明夷待訪録》謂古者天子位高冢宰一等，故天子崩，冢宰攝政，固非駭人之論耳。

《宋書·蔡興宗傳》言右衛將軍王道隆詣興宗，『不敢就席，良久方去，竟不呼坐』，因及元嘉初中書舍人狄當當作『秋當』。詣王曇首、中書舍人王弘詣王球二事。王弘乃曇首之兄、球之從祖兄，爲元嘉功臣之首，位司徒、太保，勳貴莫二，必無人敢與之同名。而《南史》作『弘興宗』，其下又云『弘還』。若『弘』既是姓，則下之『還』應稱名。蓋皆誤也。《南史·王球傳》作「徐爰」，差爲得之。爰後在孝武時兼著作，修《宋書》，而在元嘉時，則權寵未盛，蓋『爰』誤作『宏』，又轉爲『弘』。《宋書》復因上言王曇首，遂訛『王弘』。《南史》因在《蔡興宗傳》，遂訛作弘興宗。要皆傳刻之訛，非沈、李之誤。

《南史·江祏傳》：弟祀，字景昌，位鎮北長史、南東海太守，行府州事。案：上言祀在明帝時已由衛尉爲侍中，鬱林時與始安王遥光、尚書令徐孝嗣等稱六貴，與祏同見殺，安得謂終於長史、太守？考《南齊書》云：祀『初爲南郡王國常侍，歷高祖當作『高宗』。驃騎、東閣祭酒、祕書丞、晉安王鎮北長史、南東海太守，行府州事』，是皆謂其歷官耳。《南史》省去數語，遂於官制不明。

《南史》之改并《宋》《齊》諸書，誠多未善。於《宋書》所載朝章國故，刊落尤多。《南齊書》中關系之文，亦多删削。惟其以氏族連合爲傳，則别有深意，殊未可非。蓋當時既重氏族，而累經喪亂，譜牒散亡，北朝魏收《魏書》猶多子姓合傳，南朝則沈約、蕭子顯、姚思廉等專以類敘，於兄弟子姓，分析太甚，李氏故力矯之。其書本爲通史之體，與八書各自行世，故先以四代帝紀，次以四代后妃，而各代列傳，又皆先以諸王，其諸臣則有世系者皆聯綴之，以存譜學。若欲考時代先後，則區分類别，自有本書，固並行不悖者也。大凡古人著述，須細推其恉，不可率爾譏之。

邸鈔：以廖長明爲湖南永州鎮總兵。

初八日戊子　晴，風，微陰。作臘八粥，祀先人。校《宋書》及《南史》。比日嚴寒，夜卧甚遲，有大風。

邸鈔：譚鍾麟奏參陝西富平縣知縣劉志同，署高陵縣知縣陳衍昌，省城南關粥廠委員、候補知縣何廉、費景范等辦理賑務諸多情弊，請革訊。詔：劉志同等實堪痛恨，均著即行革職，提同局紳、丁役人等嚴訊。

初九日己丑　晴，嚴寒特甚。校《宋書》及《南史》。彦清來。聞前日天津粥廠灾，燒死飢民二千餘人。哀哀蒼天，竟何辜哉！

初十日庚寅　晴。是日寒威少減。校《宋書》及《南史》。

邸鈔：以前□□□鎮總兵楊芳桂爲河南南陽鎮總兵。詔：此次恭修玉牒告成，提調官、户部員外郎福釗在任以四品京堂候補，並賞加三品銜；宗人府理事官載蕚，纂修官、宗人府理事官桂勛，均在任以五品京堂升用，並交部議敘；餘升賞有差。從惇親王等奏請也。

十一日辛卯　陰。得竹質書，并《鶴徵後録》缺葉三紙，即復。午詣潘星丈，久談。答拜邑館王栗夫，復詣謝夢翁，并晤廖伯，晡後歸。校《宋書》。

十二日壬辰　晨陰，上午晴，下午復陰。作書致紱丈，饋以酒一罌，饅頭、蘆菔餅各一盤。又致星丈饅頭餅兩盤。得紱丈復。得星丈復。得桐孫書，惠銀十兩。得竹質書，爲桐孫送信，即復，犒使二千。校《宋書》及《南史》。

《宋書·世祖紀》：『雍州刺史海陵王休茂殺司馬庾深之，舉兵反。義成太守薛繼考討斬之。』官本《考證》萬承蒼曰：按《休茂傳》，薛繼考乃爲休茂盡力之人，而此紀忽以爲討斬休茂，何悖謬若此？《南史》作參軍尹玄慶起義討之，殆是其實。慈銘案：本書《休茂傳》言繼考初爲休茂盡力攻城，及玄慶起義，斬休茂，繼考以兵脅行府州事劉恭之作啓事，言繼考立義，今本《宋書》『立義』上脱『繼考』二字。自乘驛還都，因得封賞，尋事泄伏誅。是當日本以爲繼考起義誅休茂，記注因而書之。後雖事泄，而國史竟不追改，休文亦遂仍之。此亦可證沈書多本徐爰之舊。《南史》於《休茂傳》甚略，但載玄慶之擒斬休茂，不言繼考事，而《本紀》亦改爲玄慶，此是李氏之細密處。《宋書》言繼考先以冒功封侯，後雖被誅，而亦不言封賞玄慶，蓋尚有脱文也。萬氏不一考《宋書·休茂傳》，《南史》亦僅觀《本紀》，故尚爲疑辭，而又誤以『斬之』爲『討之』，反詆休文爲悖謬，亦可笑矣。

《宋書·前廢帝紀》：永光元年八月庚午，『以尚書左僕射顔師伯爲尚書僕射』。官本《考證》萬承蒼曰：一本上『尚書』下無『左』字，下『尚書』下有『左』字。兩本皆誤也。當作『以尚書右僕射顔師伯爲尚書左僕射』，下云『以吏部尚書王景文爲尚書右僕射』，即代師伯之任。慈銘案：前一年十二月乙酉，已書『以尚書右僕射顔師伯爲尚書左僕射』，何此復重出乎？考《南史》十二月乙酉下作『以尚書右僕射顔師伯爲尚書僕射』，無『左』字；次年八月庚午下作『以尚書僕射顔師伯爲尚書左僕射』，與萬氏所指一本同。《師伯傳》云：大明七年，補尚書右僕射。廢帝即位，又遷尚書僕射，領丹陽尹。『廢帝欲親朝政，發詔轉師伯爲左僕射』，『以吏部尚書王景文爲右僕射，奪其京尹，又分臺任』，師伯始懼。據《晉書·職官志》，尚書左、右僕射，經魏至晉，迄於江左，省置無恒，置二則爲左、右僕射，或不兩置，但曰尚書僕射，是僕射不必左、右相代也。師伯於孝武世爲右僕射，其時尚有劉遵考爲左僕射，及遵考遷後，師伯遂專任省事，故《師伯傳》云師伯輔幼主，尚書中事，悉以委之也。及以右僕射遷僕射，是時無左、右也。至是以師伯爲左僕射，而以王景文爲右僕射，所謂分其臺任也。尚書本爲省，而六朝以來臺閣事皆綜之，故僕射遂爲宰相之職。此下『誅尚書僕射顔師伯』，『僕射』上當加一『左』字。《南史》此紀上下文及《師伯傳》皆不誤，《宋書》汲本、監本傳刻並誤。萬氏見一不誤之本，不能考正，而反妄辨其是非，所謂書愈校而愈亡矣。

《宋書・順帝紀》：昇明元年，「征西大將軍、荆州刺史沈攸之進號車騎大將軍、開府儀同三司。尚書左僕射、中領軍、鎮軍將軍、南兖州刺史齊王即蕭道成，休文諱其名，皆追稱齊王。爲司空、録尚書事、驃騎大將軍，刺史如故。中書令、衛將軍、開府儀同三司、撫軍將軍劉秉爲尚書令，加中軍將軍」。慈銘案：其時王僧虔爲中書令。見《齊書・僧虔傳》。而《宋紀》例不書中書令之除代，蓋不重其官。袁粲以衛將軍、開府儀同三司爲尚書令，蒼梧王時四貴輔政，以粲爲首，褚淵次之，劉秉又次之，蕭道成又次之，至是以道成獨與其下謀弑蒼梧，迎立順帝，遂擅大權録尚書事，南朝所謂録公，而尚虚尊粲等，以粲爲司徒，而已爲司空處其下。此紀「中書令」當作「尚書令」，而「開府儀同三司」下有脱文，當曰「尚書令、衛將軍、開府儀同三司袁粲爲司徒、中書監。中書監、護軍將軍褚淵爲衛將軍、開府儀同三司」。傳寫者以上下兩衛將軍、開府儀同三司文相涉，遂致中脱耳。粲官司徒，在司空上，而尚書令在録尚書下，故去尚書令，代褚淵爲中書監，而淵代粲爲衛〈將〉軍，劉秉代粲爲尚書令也。《南史・順帝紀》敘沈攸之、蕭道成進官後云：「以袁粲爲中書監、司徒，以褚彦回爲衛將軍，劉彦節秉之字，李氏避唐世祖昞嫌諱。爲尚書令。」而褚淵以衛將軍、開府儀同三司，見《南齊書・褚淵傳》。

夜月頗皎，二更後有風。

邸鈔：詔：十四日大高殿開壇祈雪，親詣拈香，仍分遣諸王禱時應宫等處。左宗棠奏甘肅慶陽府亢旱成灾，知府庭中瑜玩視民瘼，籌辦振務，久無稟報，請即革職，以昭炯戒。從之。

十三日癸巳　晴。剃頭。

校《宋書》，讀顧覲之《定命論》，其弟子愿所作。周朗《報羊希書》《上世祖言事書》，鄧琬《爲晉安王子勛討太宗檄》《太宗命臺臣與袁顗書》，皆六朝文之佳者。王微與江湛、與從弟僧綽、與何偃三書，皆歷落有古致，於六朝别一蹊徑，惜訛奪已甚，多不可讀。沈約謂微爲文古甚，頗抑揚，微亦自言文詞不怨思抑揚則流澹無味，今雖甚脱誤，而兀傲自喜之意，猶可想其宗旨。其告弟僧謙靈文，沉折曲至，無意於文而文尤佳，令人不忍卒讀也。謝晦上太祖兩表，激烈簡至，其詞甚直，足以推見當日情事，實由王華兄弟構陷，晦與徐、傅本心可原。《南史》概從刊落，皆爲非是。

《宋書·百官志》：『尚書令，任總機衡；僕射、尚書，分領諸曹。左僕射領殿中、主客二曹。』以下言吏部等六尚書領某某曹，而獨不及右僕射。據《晉書·職官志》云：『祠部尚書常與右僕射通職，不恒置，以右僕射攝之。若右僕射闕，則以祠部尚書攝知右事。』是《宋志》『左僕射領殿中、主客二曹』句下有脱文，當取《晉志》補之。因右僕射領祠部尚書之職，故下列吏部、祠部、度支、左民、都官、五兵，實有六尚書，而總之曰五尚書二僕射一令，謂之八坐，以祠部尚書即右僕射，故止曰五尚書也。若僕射止有一人，則置祠部，尚書有六，而仍爲八坐也。

《宋·百官志》：『中書令一人，中書舍人一人，中書侍郎四人，中書通事舍人四人。』慈銘案：『中書舍人一人』，當據《晉志》改作『中書監一人』。今各本皆誤。六朝止有中書通事舍人，無單稱中書舍人者，晉、宋兩《志》所敘皆甚明。史有徑曰『中書舍人』者，省文耳。至中書有令有監，自魏文帝始置，並筦機密。至晉彌重，權在尚書令上，故荀勖自中書監遷尚書令，以爲『奪我鳳皇池』也。東渡以後，任專尚書，於是中書監、令或止設一人。至宋世而中書監或特以爲重臣之加官，中書令之授益輕。如傅亮、何尚之等，皆由中書監、令轉尚書令，孝武以尚書令袁粲爲中書監、開府儀同三司，領司徒，而加護軍將軍褚淵尚書令。淵固辭，粲亦辭領司徒，乃復以粲爲尚書令，而淵爲中書監。此其輕重較然已明。而中書令則孝武以後尤輕其選，如何戢在順帝時已爲中書令，見《南齊書·何戢傳》，蓋代王僧虔。至齊高帝時爲吏部尚書，帝欲加以散騎常侍，而褚淵不可；張緒於高帝時已爲中書令，帝後欲以爲僕射，而王儉不可。蓋幾與黄散相出入矣。宋《志》此下云：漢『成帝改中書謁者令曰中謁者令，罷僕射』。今各本俱誤作『罷謁者』，亦當據晉《志》改。

宋稱荆州爲陝西。《宋書·蔡興宗傳》云：興宗出爲南郡太守，行荆州事。外甥袁顗曰：舅今出居陝西。《鄧琬傳》云：荆州刺史臨海王子頊練甲陝西。《王弘傳》《謝晦傳》亦皆稱荆州刺史爲『分陝』。蓋江左以揚、荆二州爲極重，比周之二伯分陝，以揚州爲東陝，故以荆州爲西陝也。

《宋書·張邵傳》：『子敷、演、敬。』《南史》『敬』作『鏡』，蓋趙宋避太祖之祖諱敬，故改爲『鏡』，《宋書》則改之未盡也。官本乃俱改爲『鏡』，又載之於《考證》，以示其校改之精，豈知爾時人無有以鏡爲名者乎？

《宋書·張邵傳》本亡，後人雜取《南史》等書補之，故邵子敷、兄子暢皆别有傳。而此卷邵傳後復重出敷傳，言敷因父亡，『毁瘠成疾，伯父茂度譬之，敷益感慟，絶而復蘇。茂度曰：「我比止汝，而乃益甚。」自是不復往。未期年而卒』。此傳『未』字誤作『來』字。卷六十二《張敷傳》自作『未期而卒』，《南史》亦同。官本《考證》，萬承蒼乃力辨『往來』二字連文之誤，謂『來』當作『未』，而不一引本書及《南史》，何煩辭費耶？又但言《暢傳》重出，而不知敷亦自有傳，可謂粗疏矣。乾隆初，武英殿刻諸史，惟《史記》《漢書》出齊氏召南手，故校勘較精，考證亦最可觀；舊、新《唐書》全以沈東甫之《唐書合訂》爲據，亦頗有校正；《後漢》《三國志》已爲可笑，然有何義門校本，尚能是正數條；至《晉書》以下，則自鄶無譏矣。《宋書》全出學士南昌萬承蒼手，《南齊書》全出知州華亭王祖庚手，彼二人者，無論其學與識，視沈、蕭霄壤，即文章亦不中作奴僕，而所作後跋，皆痛詆二書，無恥甚矣。

十四日甲午　晴，有風，下午微陰，傍晚北風益勁。牧莊來，談竟日。彦清來，言學正學録已取過覆試。禔龕來。夜月甚皎，仍校《宋書》。比日寒冽特甚，筆凍墨冰，手指瘃裂，自此當輟校矣。

十五日乙未　晴，嚴寒異常。前日桐孫又寄來劉鐫山師奠銀十兩，今日令王媪送致仙洲夫人，并饋以饅頭、糕餅各一合。姚春木《國朝文録》中有康熙時會稽孟遠上龔合肥等書六首，文各萬餘言。此君鄉里無知者，姚氏不知何處得之。壬申歲欲録存其《上張侍讀書》一首，甫寫十之一，因其文太長，又其言時事雖暢達，而根柢太淺，無書卷以副其議論，其指陳利弊，亦時有村學究識見，遂輟不復寫，近始補完之。褚少孫《續史記》言東方朔上封事萬餘言，武帝讀之數日，不能竟，輒乙識其處，此類是矣。

十六日丙申　晴。以官本《宋書》還寶森。

方望谿《與翁止園書》云：往在京師，有公爲媟嬻者，『青陽徐詒孫曰：「若無害，彼不知其不善而爲之也。吾儕有此，則天厭之矣。昔叔孫豹以庚宗之宿致餒死，叔向娶於巫臣氏而滅其宗，蓋修飭之君子，不獨人責之，天亦責之。」詒孫之言，可謂究知天人之故者也』。望谿此文，讀之令人汗浹重衣。吾輩宜人書一通，置之坐右。

夜作復趙桐孫書。桐孫來書，自言所作詩五古稍自愜意，而才有所短，不工寫景。因復書言其略云：『執事之詩，語皆有物，名理鑿鑿，五古尤長。至於賦色騁情，刻琱景物，則駢儷諸作，此事彌工。而以論詩歌，則寸有所短。然觀近日諸賢，雖專務吟詠者，似於此亦未有所悟。蓋古人一聯一語，往往標舉生平，味之不盡。自春草池塘之詠，秋雲隴首之篇，以至蟬噪鳥鳴，梁空泥落，撮其勝會，無罄形容，沿唐及宋，此指不廢。是以回風林影，東坡賞柳州之工；春水夕陽，六一析山陰之妙。今則斯風已墜，狀景匪真。適時乏會心之微，造語非不刊之境。中無興寄，外託幽奇。不過播弄風雲，顛倒月露，割裂山水之青緑，襞積花樹之翠紅。良由意在競名，技希悦俗。以故天機多昧，静趣莫宣，何嘗能窮造物之奇，赴自然之巧哉！執事舍而不爲此，正所以爲高也。』餘文不載。余之此言，天下作詩者當字字奉爲圭璧，亦即可以讀余詩。付賣花媪錢二十二千。王升以是日罷庸，賞錢八千。

邸鈔：上諭：奉天府府丞王家璧奏士子試卷於穆宗毅皇帝廟諱及朕御名偏旁相同之字誤會避寫，請飭通諭等語。穆宗毅皇帝廟諱下一字，欽奉諭旨，改避作『湻』。朕御名下一字，亦經降旨，缺寫末筆。其偏旁相同之字，本無庸避寫。著吏部再行知照各直省學政，曉諭應試士子一體遵循，以免歧誤。以詹事府詹事松森爲内閣學士兼禮部侍郎銜。

十七日丁酉　晴。作書致竹篔，以致桐孫書屬轉寄。作書致殷萼庭，贈以《國朝文述》一部。作片致杜葆初，以梅卿言有銀寄余，屬其轉交，故詢其來否。下午出門詣彦清，不值。詣孺初，久談。詣禔盦、子蓴，俱不值。薄暮過梁家園，見粥廠就食者鶉衣鵠面，踉蹌系踵，老者支槒道左，氣息僅屬，半有抱空器而歸者，見之悽惻，殆不自勝。含生負氣，誰不如我，而我猶重裘車馬，辟人而行，自問何補於天地，何功於國家耶？晚詣牧莊，同至豐樓小飲，初更即歸。是夕望，月色如晝。付車錢四千，賞酒保二千。

邸鈔：以新授宗人府府丞張澐卿爲都察院左副都御史。

十八日戊戌　午初一刻十一分大寒，十二月中。晨晴，上午微陰，下午晴。

邸鈔：上諭：李鴻章奏粥廠不戒於火，請將該管委員分别參辦，並自請議處一摺。本月初四日，天津東門外粥廠火，傷斃人口甚多。該員等平時漫不經心，臨事又不力籌救護，致飢困餘生，罹此慘禍，實堪痛恨。候補鹽大使呂偉章、候補典史丁廷煌均著即行革職，永不敘用。其防範不嚴及失於查察之前津海關道黎兆棠、長蘆鹽運使如山、天津道劉秉琳，著交部分別議處。李鴻章並著交部議處。其起火根由，即著李鴻章確查嚴辦。所有傷斃及受傷人口，分別棺斂醫治，救出人口另廠安置，其被難之户並著妥爲撫恤，毋任失所。粥廠收養飢民，關系甚重，嗣後務當嚴飭該委員等認真經理，毋得稍涉大意。　翰林院侍講學士啓秀轉補侍讀學士，以左庶子興廉爲侍講學士。

十九日己亥　晴。先本生王父生日。昨日有俗子來，聒擾終日，不及先飭家人，至日旰客去，宰割炮燔之事已不遑辦。今日供隻鷄及肴饌四簋，點心兩大盤，酒四行，茗二巡，飯二巡，芡湯一巡，傍晚畢事，焚楮錢。兩日來寒威稍減，硯冰已融。是日封印。

邸鈔：詔：南城清化寺街崇善堂、北城梁家園百善堂，官紳捐設暖廠，收養窮民，經費不敷，著自本年爲始每年賞給該二廠小米各三百石。

二十日庚子　晴。牧莊來，暢談竟日。閲沈子敦《落帆樓文稿》，選録其文六首，以今日訖。

二十一日辛丑　晴。比日稍和，可漸遠鑪火。得紱丈書，饋曼頭、蒸糕、采蝦，即復，犒使二千。作片致子蓴，饋以采卵、蒸糕。作書致牧莊，饋以自製曼頭及燖鷄。褆盦來。

陳户部倬新刻其《斅經筆記》一卷。户部爲陳碩甫弟子，故説經具有家法，亦頗有心得。此卷中如言《易·革卦》彖傳『順乎天而應乎人』，古本作『應乎天而順乎民』，引《禮緯·含文嘉》，《漢書·敘傳》述高紀、述哀紀，《後漢書·黄瓊傳》，《魏志·袁術傳》《辛毗傳》，《蜀志·先主傳》《後主傳》《郤正傳》，《宋書·禮志》，《北齊書·方伎傳》等爲證。今本因唐諱『民』爲『人』，而又互訛其文耳。又《詩·巧言》篇『爲鬼爲蜮』。案王棻友《說文釋例》已言之。『鬼』即『魄』之省，『魄』乃《莊子》所云『魄二首』。《顏氏家訓》引《古今字詁》云：『古之虺字。』三家《詩》當作『爲魄爲蜮』。《文選》鮑昭《蕪城賦》云：『壇羅虺蜮。』蓋本三家。《楚辭·大招》亦以『虺』與『蜮』並言。《禮記·射義》篇：『蓋觀者如堵牆。』經文本作『蓋觀者如堵』。注：『當有「堵牆」二字。』《釋文》出『如堵』二字，知所見經文猶未誤。《史記·田叔列傳》正義引《禮記》云：『孔子射於矍相之圃，觀者如堵。』堵，牆也。蓋引經復引注，此其明證。不知何時以注中『牆』字連寫入經文『堵』字下，遂挩去此注耳。此三條極爲精確。付僕人史賢工食錢十千。王升、史賢皆阜城諸生。王升本名昌，已補廩生。近日士之流品至於如此，雖由不自惜名節，而時之窮不能養士，亦爲極變矣。

邸鈔：詔：山西、河南兩省成灾州縣應征光緒四年上忙正雜錢糧普行蠲免。詔：順天府趙村、鮑家莊二處粥廠，以來年正月爲始，每月賞給粟米一百二十石，俟禮賢等四鎮粥廠停時一併停止。上諭：御史胡聘之奏請飭嚴禁燒鍋，以杜銷耗而裕民食一摺。著户部議奏。燒酒之禁，康熙、雍正朝屢降旨，乾隆初方侍郎苞言之尤力，而孫文定以爲非便。要之官吏於人豪不善，無益於穀而反擾民，今日尤萬不能行也。次日，李鴻章亦奏請直順各屬暫停燒鍋。詔户部一併議奏。

二十二日壬寅　陰，下午微有日景。

録段氏玉裁《答江晉三論韵書》。言古韵者自宋鄭庠分今韵二百六部爲六類。國朝顧亭林氏析爲十部，其始以今韵繁瑣，務求其通，以駁叶韵之説。江眘修氏又析爲十三部，至段氏析爲十七部，其後遞求其密。嘉慶時張皋文氏分至二十一部，推闡益精。然初意在簡易者，後轉而紛拏；初意惟求雙聲轉韵，存古之元音，又輔以《説文》偏旁，證字之本音，欲掃除後世翻切字母之學者，後轉而辨喉舌，取呼等，稱《切韵》之精，推字母之密，以至利鈍互形，出入相隱，識者藉爲掎摭，學者無所遵循，與本意實相背矣。由疏而密，實又由合而分，段氏爲之輨轄。戴東原氏年輩在段氏先，科名在段氏後，段氏雖師之，然其分古音十六部，實在段書之後。其别之、脂、支爲三，爲其獨絶之學。然龍氏啓瑞據《毛詩》以證其不合，又謂其分幽、侯二部之非。同時錢竹汀氏及晉三皆謂其不必言合韵。戴氏又將其脂部去入之『祭、泰、夬、廢、月、末、曷、黠、鎋、薛』，别出以配『元、寒、桓、删、山、仙』，晉三亦欲别爲一部。段氏雖皆不從，而孔顨軒氏謂東、冬當分兩部，孔氏及晉三謂『屋、沃、燭、覺』當分配尤、侯，則段氏亦以爲精，而其書不及追改。要其大體精慎，足爲一家之學。又詳略升降，以此爲關鍵，學者不可不知。而此書備言己之得失及諸家是非，縷縷數千言，綱領畢舉，讀《六書音韵表》者尤不可不讀此書也。

二十三日癸卯　晴，稍和，地气微潤。

詞章不可無考據。取近儒所論兩則録之，以見此事之不易爲。閻百詩氏譏阮亭《唐賢三昧集》云：祖詠《夕次圃田店》云：『西還不遑宿，中夜渡涇水。』『涇水』當作『京水』。京水出滎陽，經鄭州圃田，在今開封府中牟縣，與關中之涇水遠不相涉。王維《宿鄭州》詩『明當渡京水』可證。孟浩然《夜渡湘水》云：『行侶時相問，潯陽何處邊。』『潯陽』當作『涔陽』。涔陽在岳州府澧州北七十里。湘水入洞庭，與漢時尋陽縣在黄州府蘄州，東晉時尋陽在九江府德化縣，兩者皆無涉。《河嶽英靈集》正作『涔陽何處邊』可證。王維詩：『東南卸亭上，莫使有風塵。』『卸』當作『御』。御亭在晉陵吴大帝駐輦處，後人建亭。晉顧颺監晉陵軍事，於御亭築壘，以禦蘇峻。庾肩吾《亂後經吴御亭》詩『御亭一回望，風塵千里昏』可證。又王詩：『借問襄陽老，江山空蔡州。』『千里送行人，蔡州如眼見。』兩『蔡州』皆當作『蔡洲』。漢末蔡瑁居漢水之洲上，故名蔡洲。魏武帝嘗造其家，在襄陽峴山東南一里。此地理之當考也。段茂堂氏《與阮芸臺書》云：許丁卯『溪雲初起日沉閣，山雨欲來風滿樓』，『閣』是『谷』之訛。溪雲起而日輪不見，疑下沉谷中。『谷』與『樓』以實對。由溪雲大起，而日輪韜晦，而狂風滿樓，而山雨暴至。《詩》『有渰凄凄，興雲祁祁，雨我公田』三句神理，皆於此二句見之。凄凄者，風滿樓也。題是《咸陽城東樓》，首句『一上高樓萬里愁』，中聯此二句，皆是實景。時在樓中，故『樓』字不嫌複。『日沉谷』爲遠景，『風滿樓』爲近景。若作『閣』字，則語意晦甚，題外生枝，而又與『樓』複矣。白樂天『間關鶯語花底滑，幽咽泉流水下灘』，『泉流水下灘』不成語，且何以與上句屬對？當作『泉流冰下難』，故下文接以『冰泉冷澀』。『難』與『滑』對。鶯語花底，泉流冰下，形容澀滑二境，可謂工絶。杜牧之『秋盡江南草木彫』，本作『草未彫』，坊本尚有不誤者。作『草木彫』，便無意味矣。此誤字之當校者也。

夜送竈，祭以隻鷄、菜肴、果飴、湯圓，放鞭爆。二更時有大風。

邸鈔：詔：二十四日再親詣大高殿祈雪，仍分遣諸王禱時應宫等處。上諭：奉天府府丞王家璧奏請飭實缺人員各歸本任，並飭部嚴定委署章程等語。府廳州縣實缺人員，必須久於其任，方有裨益。近來紛紛更調，流弊滋多。著各直省督撫飭令各回本任，如不能稱職，即嚴參開缺，不得率行調署。並著吏部申明委署章程，通行遵照。

二十四日甲辰　晴，大風，晡後少止。得彦清書，招飲春馥，復片辭之。得牧莊書。得杜葆初片，送來梅卿饋歲銀廿兩，即復，犒使二千。

夜風，閲方望谿文。望谿能知《周禮》經體之精，《儀禮》品節之妙，及《荀子》之醇處，其識自在並世諸家之上。惟任其私臆，謂《周禮》有劉歆竄入處，因推及於《儀禮·喪服》之『尊同不降』，《禮記》之《文王世子》《明堂位》及《雜記》之『大夫爲其父母兄弟之未爲大夫者之喪，服如士服』一條，『士之子爲大夫，則其父母弗能主，使其子主之』一條，《尚書》之《康誥序》《君奭序》，召公不説語。《毛詩》之《序》及

『普天之下，莫非王土』之傳，《史記》之《周本紀》《魯世家》《燕世家》，《荀子》之《儒效篇》，謂皆歆所竄入，以媚王莽，而傅會莽事，信口周内，絶無依據。不知子駿何仇，而於千餘年忽遭此羅織？其言之齗齗，甚無理，而悍然不疑，往往讀之失笑。又拾朱子之唾而痛詆《詩小序》，尤爲無識。故嘗謂《望谿集》中讀經二十七首，當删去太半，則於望谿之學不爲無益，所以深愛望谿也。然如《讀大誥》《讀王風》《讀周官》《讀儀禮》《讀經解》五首，簡括宏深，必傳之文，非望谿不能作也。

二十五日乙巳　晴，有風。子尊來。今日復冱寒，擁鑪。夜校段氏《六書音韵表》。

二十六日丙午　終日霡陰。作書致牧莊，又致書知識數人，屬其代營數十金，度歲後出息以償，而皆不見答。余能忍寂寞、忍寒凍以讀書，而不能忍飢餓，以此歎先儒三旬九食立志之堅不可及也。牧莊來，談竟日。殷蕚庭饋曼頭、絲麵、魚、肉、糕、燭，反燭及魚。得紱丈書，饋炙兔、年糕，即復謝。

二十七日丁未　晨雪，至午稍止，積二寸許，下午微晴，晡後陰。余生日。得紱丈書。得星丈書，饋龍井茶及笋尖，即復謝。得禔盦書，饋鹿肉、雙雉、福橘，即復謝。蕚庭來。賦諸僕媪麵食及叩生日錢。廿千。以兔、鹿、糕、餅饋蕚庭。

《戴東原集》卷十一有《山陰義莊序》，代山西冀寧道徐浩作。浩字飛山。當是别號。《序》言義莊之設，起自先大夫禮部公。先大夫由進士歷官外内，浩又中乾隆壬戌進士。吾族世居山陰之夏履橋，去郡治八十里云云。今府、縣志選舉表中并不載其名，蓋系籍於外故也。當補入，并采此序入藝文。又段茂堂《經韵樓集》卷八《四川嘉定府知府王公墓志銘》云：公諱裕疆，字胥來，號玉亭，世居浙江餘姚。明新建伯文成公於公爲八世祖，至曾祖某，皆襲伯爵，祖貽傑，父謀庶。公少讀書鑑湖之秋水長天閣，案：當即今之水天一色閣，在南門外。後省父於易州。雍正七年，特詔内外大小臣工各舉所知，易州知州彭人瑛舉公，授四川知縣。洊擢知府，權上南道，遂卜居巫山。段氏言其政績甚備，今府志選舉表中列雍正七年特舉者二十三人，而無裕疆名，亦當補入，並采段志入人物傳也。戴氏述夏履橋山水甚古雅。

《漢書·平帝紀》四年詔云：『眊悼之人，刑罰所不加。』下云：『男子年八十以上、七歲以下，家非坐不道，詔所名捕，它皆無得繫。』可知《曲禮》『八十九十曰耄，七年曰悼』，自西漢以來，本無異文。姜湛園《札記》言當作『八十曰耄，九十曰悼』，或據《白虎通·考黜》篇誤文以證之者，皆謬說也。『耄』字《說文》作『𦒻』，而此作『眊』。顔注：『眊者，言其昏眊也。』《班書》多古文，蓋《禮記》本作『眊』，又此言『年八十以上』，則所據《禮記》亦『八十九十』連文。錢竹汀氏據《毛傳》《說文》《釋名》《爾雅注》《釋文》諸書，謂當作『八十曰耋，九十曰耄』。王石渠氏列五證，以明其不然，見《經義述聞》。尚未引及此也。

二十八日戊申　晴，嚴寒。作書致伯寅，饋以酒一罌，雉一雙。又以曼頭及福橘饋紱丈，得復。剃頭。蕚庭來。

《三國志·諸葛恪傳》注引《志林》曰：『權召恪輔政，吕岱戒之曰：「世方多難，子每事必十思。」恪答曰：「昔季文子三思而後行，夫子曰：『再思可矣。』今君令恪十思，明恪之劣也。」岱無以答。』案：《論語》『再斯可矣』，唐石經作『再思可矣』。皇侃義疏本及高麗本俱作『再思斯可矣』。傳注所據，蓋古本相傳如是，故鄭君注云：『文子忠而有賢行，其舉事寡過，不必及三思也。』全是美辭，而無譏意。恪之言亦用鄭義，故岱無以答。皇本『思』下加『斯』字，語意便含不足，故皇疏云『非美之之辭』，已與鄭義相反。今本去『思』存『斯』，則語氣不完。而朱注更以『三思』爲非，尤誤中之誤矣。惟文子實不得爲賢，鄭注亦失之忠厚。近儒謂夫子言文子何嘗能三思，但肯再思已可矣，此解得之。

夜書春聯。大門云：『敢懷一百五日醉；回頭四十九年非。』坊間短聯云：『金門大隱；白首潛郎。』聽事云：『富有文章驚海內；不將鵝鴨鬧比鄰。』堂柱云：『常斟柏葉延年酒；自愛梅花耐冷香。』房聯云：『閑庭花竹皆和氣；老境文章總道心。』四更時祀門、行、户、井、中霤及司命、司禄之神，五更畢事，焚礟鞭，天明始睡。是日寒冽異常，十指瘃裂，握管甚苦。付賃屋銀八兩又錢十四千，至十一月訖。付祀神羊豕錢二十一千，鷄鳧錢十八千五百，年糕等錢十八千九百，香燭紙爆等錢十九千三百，歲盤榛松棗栗桃杏粉飴等錢十五千八百，鮮果錢十三千，春聯錢六千，魚錢三千，餅餌錢三千。

二十九日己酉　晴。得伯寅侍郎書，饋銀十六兩，即復謝，犒使六千。蕚庭來，爲代借得銀三十兩，息銀三分。得署中知會，將送倉監督之差，注以不願再值此差，皆辭之矣。仍書春帖子。再得伯寅書，饋海魚、臘鴨、脂糕、卵酥，即復謝，犒使四千。作書致禔盦，饋以頻果、海魚、飴糕，得復。三得伯寅書，尚勤余歲事也，可感。

三十日庚戌　晨及上午微晴，多陰，午後陰，晡後微雪，傍晚漸密，晚雨，旋止。得伯寅侍郎書，再饋銀十八兩，作書復謝，犒使八千。霞芬來。秋蔆來，予以卬歲銀二兩，賞其僕十千。彦清來。祀竈。祀屋之故主。霞芬再來賀歲，予以銀四兩恤其家，又左酒錢五十千，卬歲錢二十千，賞其僕十千。夜祀先，自曾祖考妣以下，祔以仲弟，肉肴、菜肴十三簋，火鍋一，糕、粽、糖各一盤，粟湯一巡，時果四盤，二更後畢事，焚楮錢。付米債十六金，石炭債十一金，衣債十金又錢二十千，寶森書債十金，翰文書債四金，豐樓酒食錢百千，司馬廚人酒食錢百千。付僕媪等年例錢：史賢八千；林更工食十千，年賞四千；岑順兒工食四千，年賞四千；王媪、楊媪各五千；糊房工十千；賣花傭三千；長班隸卒共十二千。

光緒四年（一八七八）

光緒四年太歲在著雍攝格春正月在畢聚元日辛亥　晴，上午後有風。余年五十歲。拜竈神。卬先像，供湯圓子，晡後供清茗飲子。禔盦來。

《論語》開卷『學而時習之，不亦説乎』。『喜悅』之『悅』本作『説』。《説文》：『説，説釋也。』説釋，即悅懌。此爲第一義，而以談説爲第二義，本無兩音也。經典相承，獨此字未變。而皇侃義疏本乃俱改作『悅』，亦有一二未盡者，此六朝俗本也。今仍作『説』，不可謂非唐人陸德明、作《釋文》。張參、作《五經文字》。鄭覃刻石經。三君之功，觀《孟子》便『悅』多『説』少可見。又『吾十有五而志于學』，《論語》《孟子》『于』字皆作『於』，惟引《詩》《書》則仍本文作『于』。此處唐石經及高麗本皆本作『而志乎學』，《論衡·實知篇》所引同。朱注亦云『志乎此』。以上皆本阮氏校勘記。今作『于』者，『乎』字之誤也。以上二條，皆極淺，而人多不察，今日亦開手記之。

初二日壬子　上午晴，下午陰。叩先像，供炒年糕、清酒。種水仙花。校《宋書》。付僕媪等叩歲錢十七千。

邸鈔：詔：多羅貝勒載瀅加恩在内廷行走。載瀅，恭親王次子，爲鍾郡王嗣。

初三日癸丑　卯初二刻十三分立春，正月節。晴，風。書宜春帖子。祀財神，放礮鞭。叩先像，供春餅春酒。晡後飲酒微醉，得詩一首。夜風不止。付祀財神羊豕、香燭、紙爆錢十七千。

戊寅第三歲日立春口號

入年三日便交春，綵勝桃符未覺貧。爆竹暖催梅萼放，燭花紅映菜盤新。侍郎分俸能充饌，謂伯寅侍郎。中舍貽醪足度旬。牧莊屢致佳釀。五十尚貪童戲法，不須藜杖强扶人。

初四日甲寅　晴，有風。叩先像，供湯餃子。閲《論》《孟》校勘記。夜理書籍，閲馬竹吾《目耕帖》中《易説》。《易》三卷，馬氏意主博覽，所采多宋儒説，而大恉歸於考據。雖心得者少，亦頗有所折衷。

《書》三卷，《詩》十卷，《周禮》九卷，共二十五卷，蓋亦未爲完書也。

初五日乙卯　晴，上午後又風。牧莊來，清談半日。叩先像，供芡實湯，江浙謂之了年夜茶，以年事至此畢，後爲燈節矣。夜供肴饌酒飯，焚楮錢。再理書籍。

初六日丙辰　晴，稍和。閱《目耕帖·易説》。下午步行至瑠離廠，自西門經廠甸，游人甚盛，車馬邕塞。至火神廟閲書畫攤，絶無佳物。晤許竹篔、譚硯孫、禔盦、牧莊，偕牧莊小憩肆雅書坊，復憩寶森書坊，取官本《南齊書》，晚歸。

初七日丁巳　晨及上午晴，傍午陰，下午霔陰，傍晚雪，入夜積寸許。閲胡伯敬《説文管見古韵論》。書《説文釋例》書跗。以人日，先像前供年糕、清茗。是日得詩二首。付姬人游廠橋車錢七千。

人日至晚遇雪喜賦比歲大祲，憂旱方甚，近得雪三次矣。

草堂人日正停箋，喜見梅花趁雪天。三徑漸看成月色，萬家從此起炊烟。久勞玉御修清醮，深望珠塍報有年。爲想瑶池王母宴，不誇瓊圃對神仙。李嶠人日遇雪應制詩：『即此神仙對瓊圃，何須轍迹向瑶池。』

又戲爲人日雪仿唐人艷體詩將寄子宜雲門彦清子縝和之

錦屏寶帳貼人忙，微雪春生白玉堂。勝裏金花添冷艷，釵頭綵燕颭清光。定知絮入椒盤詠，却恐梅迷鈿額妝。聞道燈山新上色，五雲樓閣在微茫。唐崔日用人日詩：『金屋瑶筐開寶勝，花箋綵筆頌春椒。』第五句用其語。

初八日戊午　晨及上午陰，傍午晴。牧莊來。剃頭。閲《戴東原先生集》。

初九日己未　晴，有風。閲《東原集》。蕚庭來。夜閲《目耕帖》中《書説》。

初十日庚申　晴。同鄉知會，以詔免嘉興等處場竈坍地錢糧，於十二日齊集景運門謝恩。作書致伯寅，得復。余以仲弟期慘，本擬今歲不出賀年，頃料檢門簿名刺，來賀者約有九十餘家，其中四之一不可不答也。將以十二日出報謁之。

十一日辛酉　晴，稍和。先妣生日，供饋菜肴八簋，加肉肴貳，火鍋一，點心兩盤，杏酪一巡，酒四巡，時果四盤，飯兩巡，清茶一巡，傍晚畢事，焚楮泉。作書致彥清。竹篔來，不晤。

邸鈔：上諭：劉坤一奏廣西保升都司潘奕勳請更名承勳，著照所請。至該督以潘奕勳，原名應敬，避廟諱上一字等語，恭查道光二十六年三月諭旨援引二名不偏諱之義，將來繼體承緒者上一字毋庸改避，亦毋庸缺筆。聖訓昭垂，著爲令典。且『奕』字係輩分字，嗣後仍應毋庸避用，以昭畫一。

十二日壬戌　晴，有風。得紱丈書，和人日晚雪詩元韵一首，有『煮茶風趣愛鑪烟』七字，極爲名雋。午出門答拜外城客五十餘家，歸寓晡食。得雲門去冬十一月十二日書，《寄懷》長歌一首，仿長慶體，敘余平生出處及近年都門觴詠之事，又《歲寒見懷》七律一首，皆高秀有風力，外《渡滹沱》五古一首，《渡海》七律一首，以《渡海》作爲佳也。又十一月廿三日書，仲彝十一月廿五日書。晡後入城答拜譚硯孫編修、許恂叔光祿、夏子松侍郎，至徐左都師處投刺。晚出正陽門詣牧莊，小坐歸。夜月如晝，飲微醉。作書致紱丈，致禔盦。付車錢九千。

十三日癸亥　晴。得朱蓉生書，借余《駢體文稿》，以無足觀，復之。得紱丈書，即復。牧莊來。彥清來，見和人日詩一首。以上燈夜叩先像，供紅棗扁豆茶。夜偕牧莊、彥清小飲，招秋蓤、霞芬。霞芬以入城不至。偕二君及秋蓤擲采選格二周。月色如晝，二更後始散。付秋蓤賀年錢十千，賞其僕四千，車飯二千。

邸鈔：烏魯木齊都統英翰卒。詔：英翰才猷練達，勛績懋昭。由知縣剿辦捻匪，迭著戰功。洊擢安徽巡撫，掃除餘孽，綏靖地方，深資倚畀。旋於兩廣總督任内因案革職，念其前勞，簡任烏魯木齊都統，籌辦一切，頗有條理。遽聞溘逝，悼惜殊深。著加恩賞給太子太保銜，賞還勇號花翎，照都統軍營病故例從優賜恤。准其入城治喪，靈柩回旗時，沿途地方官妥爲照料，用示篤念藎臣至意。英翰之母年逾七旬，深堪廑念，加恩賞給銀二千兩，由廣儲司給發，並賞給人參六兩，以示優眷。以西寧辦事大臣豫師署理烏魯木齊都統，就近馳驛前往。其未到任以前，著奎運昌暫行護理。英翰旋予謚果敏。

十四日甲子　晴，午前有風，復寒。周荇丈遣其孫椿圃衍齡來乞代覓館師。衍齡，今知四川筠連縣潤蕃子也。夜叩先像，供燈果九牙盤，内城糕餅四盤，蘇州蜜果四盤，時果四盤，及清茗飲子。

十五日乙丑　晴。出門答客内外城三十餘家。既言酬醋，何分等夷，一概答之而已。自午至晡後歸，飢甚。未能免俗，作此惡劇耶。夜祀先，供湯圓子及肉肴四簋，菜肴五簋，酒一巡，飯兩巡，燃燈六枝，香九枝，小放花爆，二更畢事，四更始睡。比夕皆有佳月。五更風。付車錢十二千，花爆錢十一千，王媼工錢三千，賞五千。朱蓉生來，不值。

邸鈔：李鶴年奏懲處庸劣各員：河南澠池縣知縣單懋欽、孟津縣知縣胡尚齡山陰，舉人。均請即行革職；署獲嘉縣知縣汪洪壽請以府經歷縣丞降選；洧川縣知縣裕勳、漢軍，舉人。陳留縣知縣楊恩銘、順天，監生。考城縣知縣董惠貽江蘇，監生。均請開缺留省察看。從之。裕祿奏甄別庸劣不職各員：安徽候補知府張家斌請以同知降補；前署英山縣知縣、候補知縣魏申先等均即行革職；靈璧縣知縣丁嘉言開缺，酌量另補。從之。

十六日丙寅　晴，有風。

《易・夬》：『莧陸夬夬。』虞氏注：莧，説也，讀如『夫子莧爾而笑』之『莧』。張皋文氏《周易虞氏義》云：字當作『莧』，今作艸下見，傳寫誤耳。案：張説是也。今李氏《周易集解》盧刻本、周刻本，惠氏《周易述》本，丁氏《周易鄭注》訂正本，盧氏《經典釋文》本，阮氏《注疏》校勘記本皆作『莧』者，誤也。《説文》：莧，山羊細角者，从兔足，从苜聲，讀若丸，寬字从此。徐氏鍇謂『莧』即今俗『羱』字，然《説文》此字説解甚可疑。『莧』既無所屬之字，何以特立一部？ 苜者，目不正也，从𦫳、目，讀若末，模結切，又徒結切，與『莧』之音甚遠。段氏雖强以合韵當之，殊不可信。𦫳者，羊角也，讀若乖，音工瓦切。莧爲山羊，何以不从𦫳而反从苜爲聲？ 苜爲目不正，何以从羊角取義？ 莧从首，又从兔足，何以見細角之義？ 兔足好蹲居，故止見二足，以象居形。若山羊則未見其蹲居，何取象於兔足？ 蓋『苜』『莧』二字下之説解，皆有竄亂，非許君本文。王菉友謂『莧』字，𦫳其角，目其首，儿其足與尾，通體象形，差近之。胡官切。蓋虞氏讀『莧陸』爲『歡睦』，而古或假『莧』爲『歡』。『歡』字，呼官切，『呼』『胡』不過輕讀重讀之分。《易》釋文云：莧，閑辯反。此以『莧』爲莧菜字，從馬、鄭以莧陸爲商陸，宋衷以莧爲莧菜之説，其字从艸下見。《説文》：莧，侯澗切。『閑』用類隔，『侯』用音和也。又云：三家音胡練反。此以『莧』爲『莧』字。三家者，王肅、李軌、徐邈。蓋皆同虞本，其字从苜下儿。胡練即胡官，古無四聲之别也。又云：一本作莞，華版反。此即『莞』『莧』同音通用，可與《論語》互證。《論語》釋文：莧爾，莧，華版反，本今作『莞』。皆足申虞氏之義。《詩・斯干》釋文：莞音官。《説文》：莞，艸也，可以作席，胡官切。是《論語》之『莧』『莞』皆假借字，本亦當作『歡』。歡爾，猶《左傳》之『驩焉』，《家語》之『懽然』，蓋輕讀則爲『歡』，重讀則爲『莧』。莧爾者，狀其舒緩和説之皃，故《集解》曰小笑貌。《史記・孔子世家》一曰『孔子欣然笑曰』，又曰『孔子欣然而笑曰』，皆對弟子之言，欣然，即莧爾也。《易》之作『莧』者古文，馬、鄭皆傳費氏《易》，費氏本以古字號古文《易》，見《經典釋文》序録、《隋書・經籍志》。王弼亦用費《易》。自江左以來，承用王《易》，故陸氏先用閑辯一音，以『莧』爲正文也。其作『莧』者，今文，蓋施、孟相傳如是。許君雖言《易》孟氏爲古文，然以漢《志》云劉向以中古文校施、孟、梁丘三家經，或脱去『无咎』、『悔亡』，惟費氏經與古文同，及《釋文》《隋志》所言觀之，則施、孟、梁丘不免參以今文矣。虞傳孟《易》，故所據本作『莧』也。莧訓艸，莧訓説，各是一家之言，虞義亦頗近迂曲，而《論語》本作『莧爾』，今作『莞爾』，無有从艸下見作『莧爾』者，此學者所當分别也。今陳氏《論語古訓》、翟氏《四書考異》、阮氏《論語校勘記》、黄氏《論語後案》諸書作『莧』，皆非。

劉仙洲夫人來。夜叩先像，供紗帽餡子兩盤，糖覈饅頭兩盤，肉餃、糖餃各一盤，酒一巡。是夕望，時加酉食至九分，加戌始復皎絜如晝。閲張皋文《周易鄭荀義》。付米錢三十千。

十七日丁卯　晴。得紱丈書，借日記。牧莊來，談至傍晚去。再得紱丈書，即復。夜叩先像，供龍井茗飲子。月色皎甚，閲張氏《易義别録》。

十八日戊辰　丑初三刻二分雨水，正月中。晴。得紱丈書，借《望谿集》。午祀先，供饋五簋，簋，本盛黍稷器，古今不異，以時俗相沿作『盌』字用之，此亦率爾之一端。其實當作『豆』。今既無禮器，則止當作『盌』。余昔年日記皆作『器』，亦可通也。酒一巡，飯兩巡，清茶一巡。近日貧益甚，不能具禮也。晡後畢事，焚楮鏹一千枚。傍晚收神位圖。夜作書致周荇丈，薦牧莊教讀。

十九日己巳　晴和。潘紱丈來，即留小飲，并招秋蔆、霞芬左觴。賓主清談，花枝扶醉，肴點間進，晴日滿窗。紱丈言酒食間有此静境，不可多得也。晡後始散。得周荇翁書。再作書致荇翁，得復。得彦清書，約明日晚飲。作書致牧莊，得復。作書致孺初，饋以燈節果合九事。得紱丈書，還《望谿集》，即復。夜復作書致荇翁，以牧莊不肯兼書啓也。得荇翁復。是日得詞一首。比頗患咳嗽，今夕忽嘔血四五口，蓋肺火上炎之故。付秋蔆車飯四千，霞芬車飯二千，客車飯二千，泔水桶錢四千七百。

醉蓬萊 燕九節偕秋碧老人招錢郎秋蓤、朱郎霞芬小集寓齋。薄暮霞芬爲朱邸追入城，故有曲終之句。

正落燈風裏，花纈催紅，柳荑回緑。韶晝初長，趁小窗幽獨。扶杖相尋，白鬚紅舄，款閑門修竹。乳拍糕糰，蜜煎瓜豉，飣盤牙蔟。可識今朝，上京燕九，多少香車，鳳城西逐。揀取雙枝，占春風茅屋。袖翠銜香，臉霞上酒，映梅花如玉。可惜匆匆，不教留看，畫簾紅燭。

邸鈔：是日上幸西廠子觀烟火。詔：二十一日於大高殿及覺生寺開壇祈雨，親詣大高殿拈香，派肅親王隆懃禱覺生寺，惇親王奕誴禱時應宫，恭親王奕訢禱昭顯廟，惠郡王奕詳禱宣仁廟，貝勒載治禱凝和廟，莊親王載勛禱黑龍潭，並派克勤郡王晉祺、鎮國公載鋼等四人分直大高殿，順承郡王慶恩、鎮國公溥芸等四人分直覺生寺。鑲黄旗蒙古副都統成明卒。詔：成明由佐領洊升總兵，出師河南、山西、江蘇等省幫辦軍務，嗣辦理直隸、陝西防剿事宜，在神機營當差，補授副都統，宣力有年，卓著勞績。兹聞溘逝，軫惜殊深。著照副都統例賜恤。理藩院右侍郎惠泉補鑲黄旗蒙古副都統。

二十日庚午　晴，下午微陰。作書致牧莊。得孺初書。周孝廉岳崑來，荇翁之從子也。牧莊來。剃頭。閲《目耕帖》中《周禮説》。晚赴彦清豐樓之招，偕禔盦招霞芬，偕牧莊招秋蓤。夜一更後彦清復邀飲春馥，又偕禔盦招霞芬，三更後歸。付秋蓤車飯錢四千，霞芬二千，車錢五千。

邸鈔：上諭：吴元炳奏江蘇補用知州金桂榮，辦理甘、黔、皖統捐局，竟敢虧挪捐款銀一千六百餘兩，勒限嚴追，始陸續呈繳。其操守不潔，已可概見。金桂榮著即行革職，永不敘用，以儆效尤。

二十一日辛未　晨陰，上午後晴。同鄉王栗夫來請今晚飲餘慶堂，辭之。牧莊來。作書致周荇農。

閲《目耕帖》中《詩説》。雖亦每及宋儒之説，而辨駁爲多，尤能時舉三家，申明鄭義，較之《書》

《易》爲長。惟如歐陽公之謂《詩》有删句删字，王柏之割配《周南》《召南》，此汪容甫所謂愚誣之甚者，可不必復論也。

段氏《詩經小學》，簡核精深，治《詩》者不可不讀。然如『歸寧父母』，謂指文王之父母，則迂曲甚矣。以《葛覃》爲后妃在父母家之詩，以『言告言歸』爲嫁，自是序傳相承先儒古義。至『歸寧父母』，則毛傳於釋師氏下曰婦人謂嫁曰歸，此釋『言歸』之『歸』也；於『寧安也』下曰父母在則有時歸寧耳，此釋『歸寧』之『歸』也。兩『歸』字本不同，即謂『歸寧』二字不連，如《召南·草蟲》箋之言『寧父母』，《説文》引此詩，作『以晏父母』，皆是無父母詒罹之意。段氏乃謂既歸曰舅姑，未歸言父母，未知於古何據。又引《禮記》『親迎，女在塗，而婿之父母死』，以爲稱父母之證。夫曰婿之父母，自對婿爲文，於女何與？此等實爲漢學之累，招妄人之排擊者也。又以傳文『父母在，則有時歸寧耳』九字爲後人妄加，而其後作《毛詩故訓傳定本》，又不敢自堅其説，仍存此文，而注云：『或云此九字恐後人所增。』是亦未有定見也。付史賢工食錢十千。

邸鈔：上諭：給事中文明奏陝西巡撫譚鍾麟奏參虧挪官款之已故知縣方延禧一案，該撫稱係歷年虧短，何以遲延至今，始行訪聞？甫稱委員會查，旋稱方延禧身故，明係畏其挾制，俟其故後，徒託空言，搪塞鉅款，請飭明白回奏等語。著譚鍾麟按照該給事中所陳各節，明白回奏。上諭：給事中文明奏請飭部每月將道府以下各官應輪何項人員到班逐一榜示等語，著吏部議奏。詔：榮續賞給委散秩大臣。榮續，故大學士官文子。鄭親王慶至奏病難速痊，懇請停俸，開去差使。詔：再賞假兩月，安心調理。

二十二日壬申　晨陰，上午微有日景，旋陰，午後雪，晚止，夜有小雨。閲《目耕帖·詩説》。牧莊招晚飲豐樓，復書辭之。

邸鈔：詔：已故烏魯木齊都統英翰再加恩予謚，並於安徽省建立專祠。從左宗棠請也。上諭：前據丁寶楨奏已革道員李耀南因不善理財，經左宗棠以性情揮霍奏參革職。四川差委需員，請將該革員開復頂帶，交該督差遣。當諭令吏部議奏。兹據該部奏稱，李耀南係永不敘用人員，應不准調往差委等語。前於同治元年十一月欽奉諭旨，永不敘用人員不准濫行保奏。該革員李耀南前在會寧、安定辦理防剿，輒以運糧維艱，就馬營監駐營，置兩縣於不顧，以致居民屢遭刼殺。迨令護運軍餉，又復任意遷延，廣結交游，任性妄爲，不知檢束。經左宗棠奏參革職，永不敘用，並不准投效軍營。該革員獲咎甚重，何得率行保奏？丁寶楨所請著毋庸議。丁寶楨未將該革員原參永不敘用情節詳細聲敘，率請調往差委，殊屬非是，著交部議處。前江南鹽巡道龐際雲奏補淮揚海河務兵備道。

二十三日癸酉　晨陰，已後晴間陰。閱《目耕帖》中《詩説》。

夜閱段氏《古文尚書撰異》。此書詁訓紛綸，可謂經學之窟。惟必分析今文、古文，鑿鑿言之，且謂漢、魏以前歐陽、夏侯《尚書》無今文之稱，孔安國所傳《尚書》亦用今字，《説文》所載《尚書》古文，馬、鄭、王本皆無之，俱近於任臆而談，意過其通，反爲蔽也。臧拜經言錢竹汀有籤記頗多，惜不得見之。

邸鈔：上諭：前據李鶴年等奏會籌河南賑需，請截留漕糧，撥解米穀捐款，當諭令户部議奏。兹據該部分别准駁，奏明請旨。李鶴年等所請截留漕糧，既據該部奏稱，本年京倉所入較少，若再行截留，則倉儲更形缺乏，殊非慎重根本之道。所請將本届江安漕糧九萬餘石全數截留，著毋庸議。至直隸現存平糶餘米三萬石，著李鴻章即行派員運往河南，俾資振濟。其江蘇義倉積穀，能否分成酌借，著吴元炳體察情形，據實具奏。臺灣捐款洋銀五十萬圓已否動用，能否借撥，著該督撫迅速奏明辦理。本日復據翁同龢奏請將江安漕米截充河南振需一摺。該侍郎於運議事件，如意見不同，自可單銜具奏。乃既於該部議覆摺内列銜議駁，復另摺奏請允准，殊屬兩歧。嗣後臣工陳奏事件，不得自相歧異，以符政體。

二十四日甲戌　晴。得禔盦書，約今晚飲豐樓。鈔段茂堂戴氏《聲類表》《聲韵考》兩序於微波榭刻本中。戴氏《聲類表》成於其殁前數日，序例俱未及爲，故其恉猝不易尋，非讀段氏序不可也。晚赴禔盦之約，并招秋蓤、霞芬，夜二更時歸。付車錢共十千。

二十五日乙亥　終日霿陰，午後有㵢雪，晡略見日景。鈔段茂堂《明世宗非禮論》第四首，皆論後漢世祖立四親廟事，其言頗有踳駁處，爲之辨正，存《蘿庵日鈔》中。此文以皆言史事，故《學海堂經解》本不載。余以其據《續漢志》訂正范書《光武紀》中『昭帝』二字之誤，《張純傳》中『宣、元、成、哀、平』『宣』字之衍，又『五帝』二字之衍，最爲明確，又辨紀注引《漢官儀》之誤，與余舊説合，而廟制是非，關系至鉅，故録其文，而附以管見，當别爲一文著之。兩得紱丈書，皆復。

二十六日丙子　晴，有風。整比書籍，小易位置。閲《白虎通義疏證》。彦清來。夜風。

二十七日丁丑　晴寒，有風，午後止。牧莊來。蕚庭來。夜閲《白虎通義疏證》。

二十八日戊寅　晴，微陰。得牧莊書，言周閣學訂二月二日上館，即復。作書致紱丈，饋以蜜漬枇杷、青梅各一器，得復。閲《思適齋集》。夜咳嗽復作，五更即不能寐。

二十九日己卯　微晴，多陰。是日小極，身微熱，略校《南史》及《南齊書》。作書致牧莊，借《安吴四種》及薦小僮齡兒。户部汪樹堂員外來，故左都文端公子也，爲同鄉印結事。吾浙印結局以部曹之進士出身者輪管，朋占漁利，出入不謹。近來此輩，皆亡賴村甿，不通一字，而無耻益甚。自丙子冬季忽議進士月增四之三，而京官之告假出京者又私侵蝕之，至三四十分。去冬又議定，凡入銀者每百兩外加十二兩爲贏餘，而分給同人則不足京平之數。此朝廷用進士之弊也。謬種流傳，至爲市井賤賈所不屑爲之事，哀哉！ 自吾鄉孫慶咸、謝鉞、戴堯臣等相繼管局事，争競錐末，物議沸騰。至寧波人凌行均、湖州人章乃畬沿其流，下流遂同盜賊矣。

邸鈔：詔：廣州副都統福珠哩傷病復發，准其開缺回旗調理，並加恩賞食全俸。從伊犁將軍金順奏請也。 金順稱其在山東、湖北、安徽、陝西、甘肅等省轉戰二十餘年。 以尚昌懋爲廣州滿洲副都統。詔：三十日再詣大高殿祈雨，仍分遣諸王、貝勒禱覺生寺、時應宫、昭顯廟、宣仁廟、凝和廟、黑龍潭，並派貝勒載瀓、載瀅禱清漪園、静明園龍神祠。

三十日庚辰　晨至午後晴，晡後陰，有風。剃頭。

《檀弓》：『舜葬於蒼梧之野，蓋三妃未之從也。』鄭注釋『三妃』甚明。而《漢書・劉向傳》云：『舜葬蒼梧，二妃不從。』《后漢書・趙咨傳》云：『昔舜葬蒼梧，二妃不從。』《張衡傳》云：『哀二妃之未從兮，翩儐處彼湘瀕。』此皆作二妃者，以書記相傳，多云二女，未必用《檀弓》文也。乃章懷於《趙咨傳》《張衡傳》兩注，李善《文選・思玄賦》注皆引《禮記》作『蓋二妃未之從也』。考孔氏《正義》申説三妃甚詳，豈唐時《禮記》有别本歟？ 然則《釋文》及《正義》何以並不一言，且孔氏方引《山海經》之作『二妃』，以爲不可從，使本經尚有一作二妃之本，豈有不引而駁之者乎？ 恐章懷及善注不可信。宋裴駰《史記・五帝本紀》集解亦引《禮記》曰：『舜葬蒼梧，二妃不從。』近聞同治乙丑會試次題『必得其壽』，闈中有用『三妃』者，房官某翰林怒擲之，曰：『舜止二妃，何處得三？』時周星譽御史亦爲房官，見之，曰：『三妃似有出處。』某曰：『娥皇、女英外，更有誰耶？』周不能答，竟黜之。若某者，蓋嘗見《禮記》别本者矣。

寫單約同人明晚飲豐樓，爲彦清及鄉人王穎餞行。晡後步詣伏魔寺視陳汝翼，傍晚歸。

邸鈔：大學士英桂奏病難速痊，懇請開缺。詔再賞假兩月。

二月辛巳朔　晴。雜校群書。晡後答客數家，便詣張香濤談。晚詣豐樓。牧莊、彦清已至，禔盦、竹篔後來。偕牧莊招秋菱，偕禔盦招霞芬，夜二更歸。

初二日壬午　晴。周荇農柬邀夜飲，辭之。作書致牧莊。全謝山《經史答問》言平原君料白起、廉頗語本在《戰國策》，見章懷《後漢書》列傳第八卷注中。案：是卷吴漢等傳贊注引《戰國策》曰『廉頗爲人勇鷙而愛士』『白起視瞻不轉者，執志堅也』二語。

邸鈔：上諭：翰林院侍講張佩綸奏請敬遵成憲，遇灾修省各摺片。所陳誠祈集議恤民省刑四條，不爲無見。山西、河南、陝西等省亢旱成灾，冬雪亦未深透，雖迭次設壇虔禱，尚未渥沛甘霖。該侍講所陳損減膳羞，與朝廷爲民請命之心適相符合。即我慈安端裕康慶昭和莊敬皇太后、慈禧端佑康頤昭豫莊誠皇太后每遇雨澤愆期，無不在宫竭誠祈禱，冀迓和甘。至步禱，非臣下所能恭代。惟有省愆修德，虔籲昊慈，溥降膏澍，俾三省灾黎獲蘇殘喘。每年蒙古王公於西廠跪安後，復旋回游牧，由侍衛處呈進玩藝單。本年停止各項筵宴，惟此照例舉行，並無設放烟火之事。該侍講以此爲言，似尚未悉朝廷用意所在。所請飭下廷臣前赴内閣會議政事一條，雖爲集思廣益起見，仍恐虚應故事，徒屬具文。不如令在廷諸臣凡有言事之責者，各抒所見，據實奏聞，以備采擇。去歲疆臣報灾，有准臣工所請發帑截漕者，有特頒諭旨迭沛恩施者，原以輕重緩急爲斷，并非專聽部議，漫無權衡。該侍講所稱四川東鄉一案，李有恒罪名輕縱，請飭復核，著丁寶楨再將前案悉心覆覈，務求平允，毋稍回護。前兩江總督李宗羲籍隸四川，見聞較確，並著該前督確切查明，據實具奏。張佩綸另奏請上下交儆一摺。時艱方亟，饑饉薦臻，惟有君臣一心，夙夜孜孜，力圖補救。各部院堂官，務當破除積習，共矢公忠。朝廷將於每日召見時詳切咨詢，考其職業。倘仍前泄沓，不能振作有爲，即立予罷斥，以爲曠廢者戒。軍機大臣贊畫樞要，職任綦重，總宜實事求是，宏濟艱難。恭親王誼屬懿親，與國休戚，尤當竭忠盡誠，以安危爲己任，毋得稍有調停遷就之心，致諸事漸形懈弛。

初三日癸未　子正初刻十四分驚蟄，二月節。晴和，始去重裘。彦清來辭行。牧莊來。萬蓮初爲子娶婦，送賀分四千。印結局送來十二月、正月兩月公費銀十二兩八錢。以書三册令僕人史賢付裝釘，今日取回，破損狼籍，怒而斥去之。北地秀才，不識丁甲，至不中，爲人作奴僕，無怪七十老公，竟掇高魁矣。使此僕不是文章憎命，李慶沅、李聯珠、崔丁丑會元，忘其名。三人皆近科直隸會元。何難致哉！夜作書致彦清，并送行詩二首。付周茂米鋪舊債錢三十千。付手帕錢十千，史賢修書錢五千，順兒工食四千，京報錢二千五百，前夕車錢三千。

二月三日送彦清歸里二首

天涯相惜鬢絲斑，送盡窮途旅客還。貧裏向人皆白眼，夢中何處是青山。獨支老病滄桑局，强附窮愁著述間。此後酒罏應更寂，好花誰與一開顔。

此去江南水接天，故鄉歸及冶春先。酒香蕭鼓斜陽社，人影烟花上巳田。羡爾東皋携眷屬，君世居昌安門外，爲越之北郭，亂後寓皋步。幾時北郭續因緣。練裙少長俱無恙，孤負今朝藥玉船。東坡《二月三日宴客》詩：『試開雲夢羔兒酒，快瀉錢唐藥玉船。』

邸鈔：上諭：前據給事中夏獻馨奏請飭修水利，以裕民食，當諭令各直省督撫、府尹認真籌辦。兹據御史彭世昌奏興辦水利，北方尤爲急務，請飭遵前旨趕緊辦理等語。近年北方各省，灾歉頻仍，民食缺乏，宜將水利實力舉行，期于農田有所裨益。著該督撫、府尹凛遵前旨，迅速遴派大員，督同地方官紳，悉心講求，因地制宜，妥爲經理；一面嚴立限程，留心考察。如果辦有成效，即將出力之員奏請從優議敘。倘漫不經心，視同具文，亦即分别懲處。所有各該省辦理情形，並著隨時具奏。詔：喀喇烏蘇領隊大臣孝順患病，准其開缺回旗調理。從金順請也。

初四日甲申　晴。閱《北史·儒林》諸傳。是日痔發，大溲不下。

邸鈔：詔：本月初八日派莊親王載勛赴黑龍潭祈雨，在彼住宿，並派洞闊爾呼圖克圖帶領剌麻前往設壇諷經，虔申祈禱。

初五日乙酉　晴。得禔盦書。閱《北史·文苑傳》。

邸鈔：詔：湖南巡撫王文韶署理兵部左侍郎，在軍機大臣上學習行走。文韶，字夔石，仁和人，壬子進士，五年元旦詔在軍機大臣上行走。

初六日丙戌　上午薄晴，下午陰。雜校群書。是日下午天氣菴靄，而候甚温纛，不異江南，坐庭中久之。

邸鈔：以浙江布政使衛榮光爲湖南巡撫。榮光，字静瀾，河南新鄉人，壬子翰林。詔：嚴禁山西栽種罌粟，責成族長、甲長押令拔除，改種五穀。花户不遵者，禀官究治。知情徇隱者，罪之。州縣官吏私徵罌粟畝税，立予參徹，并通行各省，一體嚴禁。詔：吏部奏遵議四川總督丁寶楨率請調委已革道員李耀南應得處分，請照不應重私罪律降三級調用。著加恩改爲革職留任。

初七日丁亥　晴，春光甚麗。雜校群書。

邸鈔：以江西按察使任道鎔宜興人，己酉舉人。爲浙江布政使，以廣東按察使國英調補江西按察使，以廣東鹽運使覺羅成孚爲廣東按察使。詔：於十二日再詣大高殿祈雨，虔申叩禱，並親禱時應宫。命惇親王奕誴祀天神壇，恭親王奕訢祀地祇壇，惠親王奕詳祀太歲壇，肅親王隆懃禱覺生寺，莊親王載勛禱黑龍潭，豫親王本格禱白龍潭，貝勒載澂禱昭顯廟，貝勒載瀅禱宣仁廟，貝勒載漪禱凝和廟，貝勒奕綱禱清漪園龍神祠，輔國公載濂禱静明園龍神祠。詔：已故盛京將軍都興阿加恩予謚。從崇厚等奏請也。旋予謚清慤。

初八日戊子　晴，有風，稍寒。雜校《吕氏春秋》《淮南子》《韓非子》《戰國策》諸書，參以《史記》。得紱丈書，借日記。

邸鈔：詔：擢浙江杭嘉湖兵備道何兆瀛字青士，江寧舉人。爲廣東鹽運使，温處兵備道方鼎鋭字子穎，儀徵人，壬子舉人。調補杭嘉湖道。詔：山東巡撫文格即日詣泰山祈雨。

初九日己丑　晴。晨起春光甚麗，晴旭滿檐，北窗轉明，用軟豪筆鈔補《論語注疏》校勘記一葉，亦窮途消遣法也。有蘇州婦人孫姓携一女，年十三歲，踵門求賣，乞銅錢十三千。自言家有田二百畝，其夫在廣昌開米肆，因州境大荒，從其翁挈男婦十二人將西就其夫，而細弱不能行路，半月始抵京，家所携錢十八千已早罄，久絶食，昨露宿通衢。其娣又産男，無褌以易，故急賣此女。聞之慘然，因予以舊綺，并給少錢物遣之。比日畿輔流民來者十數萬，九門嚴詰，不許入城，其放入者十不得一，皆婦女老幼，號泣滿街，殣踣相望。聞河間諸郡十室九空，野菜俱絶，使再十日不雨，畿郊亦無青草矣。得紱丈書，即復。周荇丈之孫衍齡來。牧莊來。夜校《北史》及《魏書》。

邸鈔：司經局洗馬温忠翰授浙江温處兵備道。

初十日庚寅　晴。得周荇農閣學書，尚爲延師事也。牧莊來。剃頭。禔龕來，下午同詣全浙館，議印結分局事，至者四五十人，鮮有似人狀者。與此輩爲伍，可發大噱也。晚偕禔龕詣豐樓赴牧莊之飲，同招秋蓤、霞芬，夜一更歸。月色甚佳。付車錢四千，秋、霞車飯四千，付賃屋銀五兩。

邸鈔：上諭：都察院奏據四川京官刑部主事童華國呈稱，刑部郎中劉正品竊伊印結，私賣得銀四百兩。又據該省京官户部郎中陳南等呈稱，四川公舉刑部郎中劉正品、敫册賢查核印結，並無欺蒙。情節兩歧，請旨辦理等語。著派都察院堂官會同刑部秉公查辦。

十一日辛卯　晴。買紅梅兩盆，香色頗佳，庋於窗下書几之右。時几上水仙盛開，有一叢作花數十，嫩黄艷白，翠葉亭苕，與紅梅相映發，交香扇馥，清而益幽。據几校《戰國策》，烹碧螺春茗，時啜對之，亦人生之極樂矣。此等清福，受用不易，况貧士荒年，享此尤爲非分，幸以朱墨勞神，稍有折除耳。桐城姚端恪嘗言：人享山林之福，而無益於世，其爲天所忌尤甚。至哉言乎！作書致周荇翁，以牧莊到館，爲送迎小節，微有齟齬，致勞筆札紛紜，又費唇舌。蓋荇翁久病，其子姓簡弛，而牧莊性亦多疑，今日書末有云：『欲成兩美，審擇主賓。致此調停，殊非始計。』才拙口鈍，即此可知。亦聊示以不屑之意也。余本不與人事，此後益當戒絶不爲。付梅花錢四千。

邸鈔：以詹事府詹事孫詒經爲内閣學士兼禮部侍郎銜。周壽昌缺。詒經，字子授，錢唐人，庚申。以詹事府少詹事銓林爲詹事。松森缺。銓林，滿洲翻譯舉人。

十二日壬辰　晴。校《戰國策》及《吕氏春秋》。作致牧莊書，還《校勘記》及《文話》等書。作書致禔龕。禔龕來。作書致傅子蓴，以聞明日章乃畬輩公議印結事，故余書悉發其詐私及頑鈍無恥之迹，屬子蕁以示此輩同閲之。少有知覺者，當厚顔入地矣。與此輩争鷄蟲得失，寃及楮穎，亦可謂千鈞之弩發於槁灰，要亦非得已也。

十三日癸巳　晴。校《北史》及《魏書》。

《北史·袁翻傳》：翻議明堂辟雍事，引鄭玄云：「『周人明堂五室，是帝一室也，合于五行之數。《周禮》依數，以爲之室。』本制具存，是周五室也。於今不同，是漢異周也。漢爲九室，略可知矣。」案《魏書》『以爲之室』句下有云：『德行於今，雖有不同，時説昞然，本制著存，而言無明文，欲復何責。』以下方接『本制著存』云云。自『周人明堂』至『欲復何責』，蓋是鄭君駁《五經異義》之文。『德行』當作『施行』。《魏書》及《北史·賈思伯傳》可證。其下句『本制著存』以下，乃是翻申釋鄭義，《北史》删去數語，便不可解。

夜月甚佳。

邸鈔：上諭：本日左宗棠、金順、劉典由六百里加緊紅旗奏捷，克復南路西四城，回疆一律肅清一摺。上年官軍收復新疆南路東四城後，當經候補三品京堂劉錦棠定計，規取西四城，先派提督余虎恩等由阿克蘇取道巴爾楚克瑪納爾巴什進爲正兵，派黄萬鵬等由烏什進爲奇兵，約定師期，先攻喀什噶爾。劉錦棠旋於十一月十五日疾驅而前，十七日收復葉爾羌，二十日倍道至英吉沙爾，收撫纏回，二十二日抵喀什噶爾。而余虎恩已於十三日齊抵城下，分路進攻，先將僞元帥王元林一股殺盡。復有馬步賊三四千撲救，余虎恩督軍力戰，賊乃開城分竄。該提督與黄萬鵬分路馳追，復分軍由捷路馳截，賊勢披靡，遂擒獲逆首于小虎，陣斬藍得全，全股殄除净盡。提督蕭元亨步隊與黄萬鵬合力縱擊，生擒僞元帥馬元，並斬白彦龍，此股亦經殄滅。劉錦棠當將逆回金相印父子及於小虎、馬元磔誅梟示。此外喀什噶爾各逆黨正法一千一百餘名，餘氛皆净。提督董福祥率隊馳抵和闐，於十一月二十九日、十二月初二等日剿撫兼施，和闐亦已肅清。溯自同治三年布魯特叛酋肇亂，逆回金相印等攻陷喀什噶爾，蠶食南八城，而吐魯番、烏魯木齊等相繼淪陷，於今十有餘年。朝廷恭行天討，特命左宗棠以欽差大臣督辦新疆軍務。該大臣剿撫兼籌，議定先規，北路首復烏魯木齊以扼其總要，旋克瑪納斯，數道並進，規復吐魯番等城，力争南路要隘，然後整旅西行，勢如破竹。現在南八城一律收復。此皆仰賴昊天眷佑，列聖垂庥，兩宫皇太后宵旰焦勞，知人善任，用能内外一心，將士用命，成此大功，上慰穆宗毅皇帝在天之靈，下孚薄海臣民之望，實深欣幸。該領兵大臣等櫛風沐雨，艱苦備嘗，允宜特沛殊恩，用酬勞勩。欽差大臣、大學士、陝甘總督左宗棠籌兵籌餉，備歷艱辛，卒能謀出萬全，膚公迅奏，著加恩由一等伯晉爲二等侯。候補三品京堂劉錦棠奮勇深沉，出奇制勝，用能功宣絶域，著由騎都尉世職晉爲二等男，遇有三品京堂缺出，開列在前。提督余虎恩、譚拔萃前經賞給騎都尉世職，均著改爲一等輕車都尉世職。道員羅長祜著賞給雲騎尉世職，並賞穿黄馬褂。提督黄萬鵬、蕭元亨、戴宏勝、陶生林前經賞給雲騎尉世職，均著改爲騎都尉世職。六月間左宗棠復奏黄萬鵬已得騎都尉，摺内誤作雲騎尉，請改加世職。詔：黄萬鵬改賞二等輕車都尉世職。董福祥、陳建厚、譚慎典、張春發、楊仁和、李隆寶、潘長清均著賞給雲騎尉世職。席大成著賞加一雲騎尉世職。桂錫楨、張俊、湯彦和，總兵侯名貴、夏卒酉均賞穿黄馬褂。提督章洪勝賞給頭品頂帶。方友升賞給頭品頂帶，並三代正一品封典。餘升賞有差。陣亡之提督鍾興發等十七人均交部從優議恤。白彦虎等仍著該大臣等督飭劉錦棠等設法擒拏，毋任漏網。詔：十五日再派惇親王奕誴赴黑龍潭祈雨。

十四日甲午　晴。校《北史》及《北齊書》。

《北史·陽休之傳》：『神武幸汾陽之天池，池邊得一石，上有隱起字，文曰「六王三川」。問休之曰：「此文字何義？」對曰：「六者，大王之字。河、洛、伊爲三川。大王若受天命，終應統有關右。」』案：《北齊書》作『六者是大王之字』，下有『王者當王有天下』一句，『河、洛、伊爲三川』句下有云：『亦云涇、渭、洛爲三川。河、洛、伊，洛陽也；涇、渭、洛，今雍州也。』以下方接『大王』云云。『六是大王之字』者，以高歡小字賀六渾也。『王者』一句，是釋石文『王』字之義。以三川亦包涇、渭、洛，故云『終應統有關右』。《（南）〔北〕史》節去數語，文義便不可通。天池，在今山西寧武府西南管涔山上，爲汾水之上源。『河、洛、伊』之『洛』，本當作『雒』。

《北史·文苑傳》序：『奉車都尉陸道閑。』案《北齊書》『陸』作『睦』。錢竹汀《廿二史考異》云：『《北齊書·文苑·顔之推傳》附睦豫，字道閑，趙郡高邑人。《廣韵》「睦」下不言是姓，它書亦未見有睦姓者，而諸本皆從目旁。』茲銘案：『睦』當作『眭』字之誤也。《睦豫傳》下云：『宗人仲讓，天保時尚書左丞。』《北史·崔暹傳》有趙郡今本誤作『同郡』，《北齊書》不誤。眭仲讓，當魏武定末爲司徒中郎，即《豫傳》之後爲尚書左丞者也。王氏應麟《姓氏急就篇》注：『眭氏，漢眭弘後，魏眭夸、北齊眭道閑。』是其明證矣。《魏書·隱逸傳》：眭夸，趙郡安邑人。《北史》同。眭，音息隨反，讀若睢。因『眭』誤『睦』，遂因『睦』誤『陸』。《北齊書·崔暹傳》亦誤作『睦』。《廣韵》『眭』『睦』下均不言是姓。《元和姓纂》謂眭是『趙大夫，食采眭邑，因以爲氏』。《姓氏急就篇》有『睦氏，西胡姓』。

《北史·文苑·樊遜傳》：楊愔以孝謙兼員外將軍。孝謙即遜字，此傳前半稱名，后半稱字，自來無此史體。考其中有魏收作《庫狄干碑序》，孝謙作銘，陸卬不能辨等事，爲《北齊書》所無，蓋延壽據他傳記補入，其原文稱字，因亦仍之，遂并其後半皆改名爲字，其疏繆甚矣。『孝謙辭曰：「門族寒陋，訪第必不成，乞補員外司馬督。」愔曰：「才高不依常例。」

特奏用之』。案：《北齊書》作『左僕射楊愔辟遜爲其府佐，遜辭』云云。是所辭者愔之府佐，若長史、諮議之類也。南北朝三公及都督置府佐，開府儀同三司及諸將軍加大字者，位皆從公。楊愔是時已拜開府儀同三司，故得開府置佐。是乃愔之府佐，非僕射有府佐也。『特奏用之』者，即奏用爲府佐也。其下始云：九年，詔除員外將軍。時在天保八年。蓋南北朝以府佐爲上選，稱曰上佐，故遜自以門卑不敢當。其先魏襄城王元旭欲以爲參軍，而遜亦云：『家無蔭第，不敢當此。』其所云『訪第』者，自曹魏設中正，下有訪問主其事，見《晉書》劉卞等傳。第即九品之第。《隋書》及《北史》劉焯、劉炫傳皆云：除太學博士，以品卑去職。品卑即第卑也。若員外將軍，魏、齊以後所授，至爲猥雜，如流外將軍之比，魏制，員外將軍從八品。梁、陳有流外將軍。遜何必辭之？《北史》誤從，省并官品，便爾茫昧。

《北齊書·王晞傳》：晞『常詣晉祠，賦詩曰：「日落應歸去，魚鳥見留連。」明日，盧思道謂晞曰：「昨被召已朱顏，得無以魚鳥致怪？」』《北史》同。百藥書此卷本已亡，後人即以延壽書補之。『已朱顏』者，謂已醉也。明北監本改『朱』爲『來』，改『顏』爲『頗』，以『來』字屬上語，蓋不解『朱顏』二字之義也。《太平廣記》卷二百四十七《詼諧門》引《談藪》正作『朱顏』，今若改之，則語妙全失。北監本多妄改，往往如此，而官本誤因之。

《北齊書·文苑傳·序》述後主時開文林館，引文學之士待詔者諸人姓名、官位，而下系之云：『待詔文林，亦是一時盛事，故存録其姓名。』又《陽休之傳》載周武平齊，徵吏部尚書袁聿修等十八人，令隨駕赴長安，後『盧思道有所撰録，止云休之與孝貞、思道同被召者，是其誣妄焉』。蓋百藥所以備載此兩次姓名者，以其父德林皆與其列，借以夸恩遇，而入周一事，尤爲其父出處所關，以見事由特徵，非同靦冒，故深辯思道之誣罔。《北史·文苑傳序》及《休之傳》，皆據以爲本，而去『待詔文林』三語及後『盧思道』云云，蓋未明百藥本意。然思道誣罔之事，與休之本傳無涉，且百藥語亦未必可信。『待詔文林』云云，則去之爲非。

《北史·温子昇傳》：『元僅、當作『瑾』。劉思逸、荀濟等作亂，文襄疑子昇知其謀。』又云子昇『内深險，事故之際，好豫其間，所以終致禍敗』。案：華山王大器及元瑾等與孝静帝謀誅高澄，事泄被烹，是千古痛心之事。諸人雖死，自是魏之忠臣。延壽於《子昇傳》後附荀濟事，亦極寫其忠烈，安得謂之作亂，又以子昇爲深險？此皆仍《魏書》元文，乃魏收黨齊之言，失於刊正。凡《北史》中如稱『文襄崩』之類，皆史之駁文。

《王晞傳》備言與孝昭往復謀誅楊愔等及勸即帝位之事，一若杖義討罪，正名定分，而於孝昭之謙遜，文飾尤至。此蓋本於王氏家傳，皆非實録。高齊一代，惟濟南爲令主，其嗣位數月，愔等輔政，亦最號清明。孝昭忌逼謀篡，晞以夙被恩遇，又銜文宣之暴，畢力以勸成之。史家沿其誣辭，無識甚矣。陽休之於齊世號爲名德，而首附會石文，獻媚神武；文宣之篡，亦與其事。晞夙稱恬静，始欲隱居，而勸進是謀，助叔奪姪。爾時文章儒學之士，誰復知有名節哉？

魏自孝武入關，以東魏爲僞，以高氏爲賊臣。其後洋又先篡，而緯終滅於周，以爲俘虜。隋承周，唐承隋，則高氏之爲賊爲僭僞益著，乃唐初稱之爲北齊，爲之修史與魏、周並者，何也？蓋以李百藥之父德林、薛收之父道衡、顔師古之祖之推，皆嘗仕齊，頗被任遇。温大雅、彦博之父君悠亦嘗爲文林館學士，高士廉之祖岳爲齊清河王。士廉既功臣國戚，大雅兄弟任用百藥等，皆久綜文史之職，故協力躋之，列於帝統。而高氏窮凶極暴，頗知崇尚文學，優容儒士，遂得久假不歸。此以知修史諸臣出於私心，而有國者不可不重文士，所以藉其力者非淺也。

今日校正頗多，最其要者數條於此。比夕皆至三鼓盡始睡。得香濤書，約明日午飲，即復。夜月皎甚，聽風箏聲甚佳。

邸鈔：詔：以回疆肅清，軍機大臣、恭親王等俱優敘，滿漢章京均賞加軍功二級。

十五日乙未　晴和。作書致禔盦。午赴香濤之招，坐有伯寅及胡石查、許鶴巢等，下午散。得汝翼書。得弢夫去年十一月杭州書，所言頗不自聊也。夜月蒙然，有風。

邸鈔：詔：幫辦軍務、伊犁將軍金順賞加軍功三級。太僕寺卿劉典遇有應升之缺，開列在前。

十六日丙申　晴，風。校《北史》。以狐毛馬褂兩領質京錢一百廿千。栽紅杏一株，垂楊一樹。黄昏陰，有大風，一更後復月出皎然，風止。是夕望。得牧莊書，即復。付柳杏錢五千。

邸鈔：詔：安定等六門粥廠、禮賢等四鎮粥廠均自三月初旬起展限兩月，賞給粟米一千八百石，經費銀二千三百兩。蘆溝橋、鮑家莊、趙村、普濟堂、功德林各廠一併展限，蘆溝橋給粟米一百四十石，趙村、鮑家莊兩處每月給粟米一百二十石，普濟堂、功德林給粟米四百石，並由崇文門稅課項下撥給經費銀四百兩。從萬青藜、彭祖賢奏請也。

十七日丁酉　晴，上午有風，傍晚陰。牧莊來，談竟日。校《北史》。黄昏雲合，旋以風散，月出甚皎。得汝翼書，借去桌兩，雲門所寄者。

十八日戊戌　丑初二刻三分春分，二月中。是日社。晴和。祀曾祖考妣、祖考妣、本生祖考妣、先考妣，祔以仲弟，肉肴六器，菜肴六器，自製糖覈饅頭兩盤，時果四盤，杏酪一巡，酒三巡，飯兩巡。殷蕚庭來。（此處塗抹）夜月甚佳，仍校《北史》。

邸鈔：鄭親王慶至薨。謚曰順，子凱泰襲。詔旨褒惜，派貝勒載瀓即日往奠，於例賞外賞銀一千兩經理喪事。以内大臣文煜補鑲白旗漢軍都統，肅親王隆懃補閱兵大臣。皆慶至遺缺。户部右侍郎慶陞以病奏請開缺。許之。慶陞由太常寺贊禮郎，不十年驟躋卿貳，僉謂其贊導善聲容，工趨蹌，爲政府所賞。然人材闒蠢，不識一字。其子尤無賴，屢向其父索金錢，不滿其意，輒怒詈，至相毆。近日以争産舉銀鋌擲慶陞面，破額血流，不得已，乃以忤逆告。刑部尚書桑春榮不敢問，屬人居間爲解之，而其子不肯服，慶陞亦不能出，始乞病云。上諭：國子監司業寶廷奏陳救荒四條一摺。上年降旨免抽米糧釐税，該司業奏不肖委員尚有濫抽勒索，以致商販畏其留難，販運無多。著各省督撫嚴查，各局卡委員有蹈此等情弊者，即行嚴參，加等治罪。倘徇隱不參，别經發覺，亦必將該督撫從嚴懲處。所稱豆餅足濟窮黎，請飭淮安關監督暫弛豆餅北上之禁，著該監督查照辦理。至所稱開捐濟振，銀捐不如糧捐，官運不如商運，請飭山西、河南大吏設局廣招運米報捐，兼收雜糧，核給優獎各節，著該巡撫等酌度情形，設法籌辦。又稱北省運米過多，南省米價因之日昂，請飭采買洋米等語，著南北洋通商大臣悉心斟酌，妥籌辦理。京城現已設局平糶，而米價仍未平減。該司業請於南漕到津，飭倉場侍郎速行驗放，酌提米石，發交户部，會同順天府、五城、直隸總督於内外城增設數局，減價發糶，所收糶價發交招商局如數采買，運歸京倉等語，著各該衙門妥議施行。另片奏請廣開言路，不論有無言責，皆許直言，無言責者皆呈都察院代奏，毋庸呈本署堂官，免多牽阻等語。此次下詔求言，無所用其顧忌，無言責者仍照向章，或呈都察院，或呈該堂官，均聽其便。但無違悖字句，各該衙門堂官何敢有意阻撓？所請著毋庸議。

十九日己亥　晴寒，復需裘。褆盦來。校《北史》及《魏書》《齊書》。

邸鈔：上諭：上年被灾省分，冬雪稀少，春雨愆期，迭經設壇虔禱，爲民請命，而杲杲出日，繼之以風。節逾春分，尚未一霑渥澤，千里赤地，東作難施，饑饉餘生，何以堪此？朕撫臨億兆，一夫不獲，時予之辜，況旱灾如此之廣，飢民如此之衆乎？意者逸豫曠怠，百事廢弛歟？用人失當，澤不下逮歟？或政令畢具，有名無實歟？抑刑罰不中，百姓含冤莫訴歟？有一於此，皆足上干天怒。邇者屢奉慈安端裕康慶昭和莊敬皇太后、慈禧端佑康頤昭豫莊誠皇太后面諭，小民何辜，罹此灾饉！上天降罰，何不移於宫廷，以免民生之厄？本日又奉懿旨，著内務府大臣督飭司員，將宫闈一切應用之需，力加裁減，約可節省若干，迅速具奏，但能省一分浮費，即可多一分振需。仰惟慈訓，俯念斯民，惟有悔過省愆，以實心行實政。内外大小臣工亦當恐懼修省，共濟時艱。方今春振方殷，著户部再撥庫款銀二十萬兩，分解山西、河南。本年南漕運到天津者，並著截留十六萬石，分撥該兩省，俾資散放。京師城鎮各粥廠每日加粟米一石，以贍窮黎。京外問刑各衙門，將現審各案迅速清釐。近聞直隸河間府屬亦形荒旱，應如何分別蠲緩錢糧並撫恤之處，著李鴻章迅速查明具奏。當此灾廣且鉅，但期補救有方，亦復何所靳惜？即將此旨飭下所司，迅速籌行。詔：二十四日仍詣大高殿敬謹叩禱，並親禱宣仁廟。仍命惇親王奕誴祀天神壇，恭親王奕訢祀地祇壇，惠郡王奕詳祀太歲壇，肅親王隆懃禱覺生寺，莊親王載勛禱黑龍潭，貝勒載澂、載瀅、載漪分禱時應宫、昭顯廟、凝和廟，怡親王載敦禱關帝廟，順承郡王慶恩禱城隍廟，貝勒奕綑、輔國公載濂分禱清漪園、静明園龍神祠，載瀾禱白龍潭。均先期齋宿。以刑部左侍郎麟書正藍，癸丑。調補户部右侍郎，兼管錢法堂事務。以禮部右侍郎惠和正藍，壬子。調補刑部左侍郎。以内閣學士宗室崑岡正藍，壬戌。爲禮部右侍郎。以前泰寧鎮總兵清安正藍，庚戌。爲正白旗漢軍副都統。以前署伊犁將軍榮全爲鑲白旗護軍統領。

二十日庚子　晴，午陰。是日曉尚寒，午後和煦。閲梁曜北《瞥記》及其子《庭立紀聞》。剃頭。夜仍校《北史》及《北齊書》。

《魏書·序傳》云：『漢初，魏無知封高良侯。子均。均子恢。恢子彦。彦子歆，字子胡……成帝世，位終鉅鹿太守，仍家焉。歆子悦，字處德，性沉厚有度量，宣城公趙國李孝伯……以女妻焉，位濟陰太守。』子子建，字敬忠，即收之父也。《北史》同，而無『成帝世』及『仍家焉』六字。案：歆爲無知之玄孫，則成帝爲漢成帝無疑，以上承漢初言之，故不别出『漢』字也。而歆子悦爲李孝伯婿，則已在元魏太武、文成之世，雖至愚者述其家世，必不至荒謬若此。考《北齊書·魏收傳》云：『曾祖緝，祖韶，父子建。』緝、韶之名與《魏書》《北史》不同，蓋《魏書》中有脱文甚多，悦與子建當相隔十餘世，爲孝伯婿者乃韶，而非悦。《魏書》此卷及《北齊書·魏收傳》本皆已亡，後人取《北史·魏收傳》前半以補《魏書》，後半以補《北齊》，故書分三史，文字悉同。而《北史》此傳本取收之《自序》，宋人補綴《北齊書》時，《北史》尚完，故得知緝、韶之名。今本《北史》亦脱，遂無可考正矣。

《北史·魏收傳》：收撰《魏書》『頓丘李氏家傳，稱其本是梁國家人』，庶因訴史書不直。《北齊書》即用《北史》文。案：『家人』當作『蒙人』。李庶爲魏文成元皇后兄嶷之曾孫。《魏書·元皇后傳》云：『梁國蒙縣人。』又《外戚·李峻傳》亦同，峻即嶷之兄也。而李平、李崇傳皆云頓丘人。平即庶之祖，崇乃平之從兄也。《北史》無峻傳，而《元后傳》《崇傳》皆同《魏書》，作梁國蒙人。乃《北齊書·李構傳》又作黎陽人。構即庶之從兄也。其下即附庶傳，敘庶訟《魏書》事，而又云李平爲陳留人，云其家貧賤。今《魏書》實無此語。倘以爲魏收日後所改，則《收傳》但云改楊愔、盧同、崔綽等傳，不云更改李傳。且收於《李峻傳》云：『父方叔，劉駿濟陰太守。』劉駿即宋孝武，則固以爲宋之仕族矣。而《北史》列傳專用譜學，類敘祖孫苗葉，乃《李崇傳》既不載其祖方叔，亦不言其父誕之官爵，但云文成元皇后第二兄誕之子；其下附平傳，但云崇從父弟，不言其父嶷。《魏書》云梁郡王嶷之子。又峻封頓丘王，位太宰。《北史・外戚傳》序云峻附其家傳，而家傳中無其人。《魏書・酷吏・李洪之傳》言洪之本名文通，因與元后宗人結爲兄弟，頗得其南中兄弟名字，乃改名洪之。後珍之等兄弟至京，遂敘長幼爲昆季，數延携之宴飲。携之時或言及本末。據《峻傳》言，峻字珍之，與五弟誕、嶷、雅、白、此先有一李白。永先後由南歸京師，皆封公位顯，而携之不知爲何人之字。《魏書・洪之傳》所敘本不明晰，《北史》既無峻傳，而《洪之傳》又删去『携之』云云。今人益無可考。《北齊書・李構傳》又止言其祖平，而不言其父奬，且傳文止一行，餘絶無一事，自來立傳，未有此體。又《魏書》《北齊書》《北史》各傳皆稱頓丘李庶，即《北齊》此卷《裴讞之傳》亦明有『頓丘李構』之文，而《構傳》忽作黎陽。蓋《北齊》此卷已亡，後人按其目録，從《北史》諸書任便鈔最，加以改竄，故同卷中如裴讓之、張宴之、陸卬、王松年，皆不著其爲何地人，亦可笑矣。崇、平皆爲名臣，諧與庶、構皆一時名士，風流所歸，崇、庶之名尤著。而諸書敘其世系紛拏，郡縣差互，故爲理而董之。《魏書・元后傳》云：『梁國蒙縣人，母頓丘王李峻之妹也。』『母』字衍。《北史》亦同。蓋八書脱佚已甚，而《北史》亦有缺誤，展轉補綴，往往不可究詰耳。《魏書・地形志》：頓丘郡、黎陽郡皆隸司州，所屬皆有頓丘縣。陳留郡、梁郡皆隸南兗州，而蒙縣隸譙郡。魏收作《志》，據武定時制爲言，其實自西漢至東魏以前，蒙縣皆屬梁郡，即今安徽壽州之南、蒙城之北。考《魏書》《北史》元后傳及李洪之傳，皆言世祖南伐，永安王仁軍出壽春，至后宅，得后姊妹二人，遂入仁第。及仁被誅，后没宫，得幸於高宗，生獻文。則庶先世本爲梁郡蒙縣人無疑，而庶訟史不實者，以當時甚重族望，庶家或本出頓丘，以頓丘爲姓望，不欲復蒙、梁郡之名，故當日皆稱頓丘李氏，以史爲不直也。

中國人別稱漢人，起於魏末、北齊。以高氏雖云勃海蓨人，而歡之祖徙居懷朔鎮，已同胡俗，故《北史・神武紀》云：『神武既累世北邊，故習其俗，遂同鮮卑。』及執魏政，其姻戚同起者，如婁昭、尉景、劉貴等，皆非中國種族，遂目中原人曰漢人。如《文宣皇后李氏傳》云：『帝將建中宮，高隆之、高德正言：「漢婦人不可爲天下母。」』以李后爲趙郡李希宗女也。《楊愔傳》：『太皇太后曰：「豈可使我母子受漢老嫗斟酌？」』以時楊愔等議欲處婁后於北宮，政歸李后，故婁后爲此言也。《廢帝紀》云：『文宣每言「太子得漢家性質」。』以廢帝李后所生也。《愔傳》：『廢帝曰：「天子亦不敢與叔惜，豈敢惜此漢輩？」』指愔及燕子獻、宋欽道、鄭子默也。《斛律金傳》：『神武重其古質，每誡文襄曰：「爾所使多漢，有讒此人者，勿信之。」』《北齊書・高昂傳》：『高祖曰：「高都督純將漢兵，恐不濟事，今當割鮮卑兵千餘人，共相參雜。」』《北史・高德政傳》：『顯祖謂群臣曰：「高德政常言宜用漢人，《北史》無人字。除鮮卑，此即合死。」』《高昂傳》：劉貴『與昂坐，外白治河役夫多溺死。貴曰：「一錢價漢，隨之死。」昂怒，拔刀斫貴』。《薛修義《北齊》作『循義』。傳》：『斛律金曰：「還仰漢小兒守，收家口爲質。」』此類甚多，皆分別漢人之始。

《北齊書・杜弼傳》：『顯祖嘗問弼云：「治國當用何人？」對曰：「鮮卑車馬客，會須用中國人。」顯祖以爲此言譏我。』蓋高歡當日雖目爾朱爲胡，而實自附其類，故所任用如庫狄干，賀拔允，万俟普、万俟洛父子，可朱渾道元，破六韓常，莫多婁貸文，庫狄迴洛，庫狄盛，斛律羌舉，斛律金，侯莫陳相，叱列殺鬼，步大汗薩，薛孤延，呼延族，乞伏貴和、乞伏令和兄弟，賀拔仁，尉標、尉相貴父子，尉長命，綦連猛，皆匈奴部族，非中國所有姓氏也。

《北齊書・趙彦深傳》：彦深子仲將『善草隸，雖與弟書，書字楷正。云：「草不可不解，若施之於人，即似相輕易；與當家中卑幼，又恐其疑。所在宜爾，是以必須隸筆。」』案：此稱楷爲隸，亦是今真書即古隸書之明證。《北齊・彦深傳》已亡，此亦即《北史》文。

《北齊書・慕容儼傳》：儼鎮郢城，爲梁所圍，『城中先有神祠一所，俗號城隍神，公私每有祈禱。

於是順士卒之心，相率祈請，冀獲冥祐』。案：此爲城隍祠見史籍之始。而以爲俗號，則唐初猶等之淫祀，至唐末始盛行。朱梁時吾越遂有墻隍朱温避其祖茂誠嫌名，改『城』爲『墻』。祠碑矣。此條《困學紀聞》已言之。

《北齊書·元孝友傳》云：『祖魏太武皇帝。兄臨淮王譚，無子，令孝友襲爵。』案《魏書》太武子臨淮宣王譚傳，子懿王提，孫康王昌，曾孫文穆王彧，彧無子，以弟孝友襲爵。是孝友爲譚之曾孫，於太武爲高祖，無子者乃彧而非譚也。《北齊》此傳已亡，後人取《北史》補之，而《北史》本系譚爲傳，其世次悉同《魏書》，乃妄加割截，顛倒錯繆，可笑如此。

《魏書》卷三十六《李順傳》後附《李同軌傳》，而《儒林傳》復有李同軌，其文悉同《北史》，附其兄《李義深傳》。又《北齊書·李元忠傳》後附其宗人愍，字魔憐，以豪桀起兵，屢立戰功，至驃騎將軍、大都督、東荆州刺史，封襄國侯，加散騎常侍。天平二年卒，贈使持節定殷二州軍事、定州刺史。又元忠族叔景遺，亦以任俠聞，與元忠同舉兵於西山，官至使持節、大都督、車騎將軍、昌平郡公。天平初爲潁州刺史，被害，贈侍中、大將軍、開府、都督殷瀛二州軍事、殷州刺史。子伽林襲。二人建豎卓然，愍之爲南荆州，戰績尤偉，而《北史》皆失載。《北史》卷三十三敘趙郡李氏宗派枝葉，甚爲繁碎，乃獨遺此二人，《魏書》亦不載，皆失檢之甚。

《北史·王劭傳》：劭解隋文帝夢見崔彭、李盛二人，曰：『彭猶彭祖，李猶李老。』此用鄭君《論語》注老彭義。

邸鈔：以太常寺卿陳蘭彬爲宗人府府丞。詔：户部、倉場衙門將通倉所存秈米借撥十萬石給河南振務。從李鶴年、袁保恒請也。上諭：都察院奏京控案件，請飭各省於應押應保分别辦理等語。據稱湖北監生管炳奎控案，原呈内有湖北京控盡將原告管押，被告皆得取保之語。如果屬實，是一經交審，即豫爲區別，顯係示之以威，俾其視爲畏途，豫杜京控之門，殊非朝廷勤恤民隱之意。嗣後該省督撫於京控各案，務當虛衷研鞫，毋得豫存成見。並著各省督撫一體遵辦。

二十一日辛丑　晨至午晴陰相間，下午陰。連夕疾動。傭人栽櫻桃、碧桃、欒枝各一樹，且移竹於東箱。仍校《北史》。種樹錢十六千，先付六千。

二十二日壬寅　大風霾。聞昨日畿輔有得雨者。終日黄沙簸揚，几席皆滿，不能作字，惟閲雜書。夜風少止，始復校《北史》。

二十三日癸卯　晴，時亦有風。添栽垂柳一株，李花一樹。牧莊來談。閲俞蔭甫《春在堂隨筆》。夜校《北史》。付種樹錢五千。

二十四日甲辰　晴和，春光甚媚，下午薄陰。課傭僕栽花澆水，更買杝桃兩樹，梅花兩盆，水仙花兩盤。晚坐庭下洗足。校《北史》《北齊書》，誦宇文護母子往復書，爲之流涕。種樹錢八千，先付五千。署中茶隸賞三千。

二十五日乙巳　晨微陰，終日晴美。山桃、金雀花開。山桃者，《小正》所謂杝桃，《爾雅》謂之榹桃也。金雀一名壽檀，花黄而小。金雀，以形似名之，不知於雅訓何説也。終日校《北史》。

邸鈔：詔：外城永定、左安、右安、廣安、廣渠等五門外先設粥廠五處，户部撥給粟米二千石，經費銀三千兩，安插外來貧民。兩江總督沈葆楨奏病勢難痊，懇請開缺。詔：沈葆楨再賞假三月。江蘇巡撫吴元炳暫署兩江總督，江蘇布政使勒方錡暫護江蘇巡撫。

二十六日丙午　晴暖，有風。

《〈周書〉〈北史〉·宇文愷傳》議明堂，引漢制云：『元始四年八月起明堂、辟雍長安城南，門制度如儀。一殿，垣四面門，八觀，水外周，堤壤高。四方和會，築作三旬。』案漢武帝元封二年，從公玉帶所上《黄帝明堂圖》，立明堂汶水上，一殿，四面無壁，以茅蓋，通水，水圜宫墻。其後元始立於長安者，考《漢書·平帝紀》《郊祀志》《王莽傳》，《續漢書·祭祀志》及《三輔黄圖》《水經注》，李好文《長安志》諸書，皆不詳其制，愷言未知所本。『八觀』是每門有兩觀，然古天子諸侯，惟雉門有觀。明堂雖爲創制，不應四面皆立之，二字恐有誤。又《黄圖》言長安明堂亦漢武所立，元始更修崇之。則《武帝紀》並無立長安明堂事。考紀屢言幸泰山，祀明堂，配以高帝、景帝，則京師無明堂可知。《舊唐書·禮儀志》顔師古言：漢武有懷創造，詢於搢紳，言論紛然，終無定據，乃立於汶水之上而宗祀焉。孝成之代，表行城南，雖有其文，厥功靡立。平帝元始四年，大議營創。是長安先無明堂，《黄圖》所言誤也。

得牧莊書，以俞蔭甫《感應篇纘義》見示，訓辭爾雅，足與惠氏箋注並傳。即復。禔盦來。

邸鈔：上諭：翰林院編修何金壽奏遇灾修省，請訓責樞臣一摺。所稱現在朕躬幼冲，兩宫皇太后聽政，權衡雖出自上，翊贊則在樞臣，請責以忘私忘家，認真改過等語。上天降灾，皆由政令闕失所致。軍機大臣贊畫樞要，實有獻替之責。若謂灾諉諸天，過諉諸上，諒必有所不敢。惟當此灾廣且久，朝廷宵旰焦勞，而該王大臣等目擊時艱，豪無補救，咎實難辭。恭親王著交宗人府嚴加議處，寶鋆、沈桂芬、景廉、王文韶均著交該衙門嚴加議處。上諭：前奉懿旨，諭令内務府大臣將宫闈應用力加裁減。兹據奏稱近年宫内應修工程概未傳作，亦無特傳添辦物件，并未濫用，無可裁減等語。我兩宫皇太后宵旰焦勞，兩次欽奉懿旨，每日早晚膳減用一半，並用素膳。軫念民艱，至誠惻怛。該衙門自應欽遵懿旨，將一切應用之需力求核實。兹覽所奏，僅稱用項繁碎，其中但有可裁可減，隨時隨事酌核辦理，並未將款項分晰陳明。著總管内務府大臣即將各項用款詳細查核，開單呈覽，毋稍含混。

二十七日丁未　晴，晚微寒。校《北史》《北齊書》《魏書》。

邸鈔：詔：直隸布政使孫觀、山西按察使瑛棨均來京另候簡用。以福建布政使周恒祺調補直隸布政使，以福建按察使李明墀爲福建布政使，以福建鹽法道盧士杰爲福建按察使，以四川成潼龍綿茂道薛允升爲山西按察使。

二十八日戊申　上午陰，微有日景，下午黄晦，夜霿陰，然竟不雨。校《北史》《魏書》。

邸鈔：通政使司通政使于凌辰奏請因病開缺。許之。上諭：前據豐紳等奏遵調盛京刑部司員，帶領仵作，來黑龍江覆驗監生王景殿京控命案，該屍親堅不出具蒸檢甘結，請飭部核議。已諭令刑部議奏。兹據都察院奏，黑龍江職員王方廉復以盛京派來主事錫章於開棺覆驗時，屍身并未潰爛，勒令出具蒸檢甘結，多方挑剔，意圖消弭，請交吉林將軍提驗等詞，赴該衙門呈訴。著銘安將此案人證、卷宗并屍棺提至吉林詳細覆驗，嚴訊確情，定擬具奏。　理藩院郎中崇綱授四川成潼龍綿茂道。福建建寧府知府、候補道翁學本授福建鹽法道。

二十九日己酉　澹晴，晡後陰。校《北史》。比日覺小極不快，身微熱，童僕皆病。夜陰，三更後有小雨數點，旋大風。

邸鈔：詔：候補翰林院侍讀學士孫家鼐在毓慶宫學習行走。

三十日庚戌　上午晴，下午黄晦，終日大風，甚寒，需裘。是日校《北史》已略訖。《邢劭傳》云：劭見人校書，笑曰：『何愚之甚！天下書至死讀不可遍，焉能始復校此？』又《李孝貞傳》云：孝貞遷蒙州刺史，『自此不復留意文筆。人問其故，慨然歎曰：「五十之年，倏焉已過。鬢垂素髮，筋力已衰。宦意文情，一時盡矣。悲夫！」』烏呼！余已至元操之年，安得不思子才之語！早衰多病，儲書盡焚，饑饉荐臻，旦夕莫保，勞精敝神，果何爲乎？夜風稍止。

邸鈔：上諭：詹事府左庶子黄體芳奏治本之道，宜課臣職、崇節儉等語。現因近畿各省亢旱，朝廷遇災修省，日昃不遑，大小臣工宜如何戒謹恐懼，各勤厥職。乃士大夫違禁觀劇，恬不爲怪；大員中請假續假者，不一而足。諸臣清夜自思，能無愧怍？嗣後務當各矢天良，倘仍前怠玩因循，一經察知，定當立予罷斥。近年宫廷服用諸從儉約，江浙織造及粤海關並無傳辦物件及進貢珍奇等事。四川紬段均係頒賞之件，並非宫廷所用，一俟江浙照舊辦運，自當停止。内監人等倘有閑游街市及購買珍異者，著總管内務府大臣隨時稽查，從嚴懲治。上諭：前據大學士、直隸總督李鴻章，御史胡聘之先後奏請飭禁燒鍋，經户部議駁。兹據黄體芳奏，燒鍋領帖每年有户部飯銀三萬兩，是以該部決意議駁，請宸斷施行等語。現在近畿各省糧米缺乏，燒鍋耗穀最甚，著即一律禁止。所稱户部因飯銀議駁，著該部堂官明白覆奏。旋户部覆奏，前次所議，實恐千餘家燒鍋同時歇業，未免坐失生計，並恐胥役藉端訛詐，故議前經領帖者准其開設，嗣後不准新開，將燒鍋不禁自少，並不因辦公之費，且此款尚有幫貼内閣等衙門辦公等語。詔：黄體芳所奏，著毋庸議。上諭：黄體芳奏稱上年天津粥廠失火，燒斃二千餘人。委員平日不知防火，火發後不知去向，以致門者禁不許出，同歸於燼，僅予斥革，不足蔽辜。天津粥廠失火一案，前據李鴻章奏，傷斃多命，並未確計人數。著再詳細查察。如所參屬實，即將該委員等嚴參治罪，以爲貽害民生者戒。又稱直隸旱災甚重，大荒者約有二十州縣，不止河間一府。眉睫之患，宜爲豫防。著李鴻章速籌鉅款，遴派賢員，分投振撫。

上諭：黄體芳奏災深患迫，宜籌拯民應天之方一摺。其可備采擇者，業經分别降旨施行；其有事理窒礙，或詞語過當，或紛更舊章者，亦不可不明白宣示。如所稱借洋款一條，無論借款須給息銀，徒虧帑項，且展轉籌商，仍屬緩不濟急。至謂邊外荒地甚多，米糧頗賤，請於山西沿邊州縣儲款以供資遣，有難民願往者，予以一月之糧，導之出邊，延其生路。不知山西振款不敷尚鉅，更從何處籌此資遣之需？且邊外米賤，始得設法采買。若驅流民以擾之，不特邊外荒凉，栖止無所，且恐别生事端，並此采買之源，因之中絶。又稱爲治之本，在廣聰明，請飭無言責者封章專達，各署庶僚輪流賜對等語。各衙門司員有欲建白者，由該堂官代奏，向來體制如此。一經陳奏，即與專達無異。司員向無輪班召對之例，毋庸更改舊章。國家設官，文武並重。所稱近年召見武職甚多，未見有所裨益，亦屬一隅之見。又稱前任山西巡撫鮑源深不能豫籌荒政，以致饑饉荐臻，咎實難辭。鮑源深前在巡撫任内，曾將荒旱情形及開倉振濟各節，迭次入告，嗣即去任，而山西旱既太甚，自未便追咎該前撫一人。所請量予處分，著毋庸議。又稱爲治在斥奸邪。户部尚書董恂，於中外條陳荒政者，務從駁斥，壅遏上恩。其在總理衙門，語言行事，頗爲衆口詆訾，請予罷斥等語。户部前此議駁截漕平糶、禁止燒鍋等摺，原爲慎重根本、慮滋騷擾起見，且係該堂官等公同商定、聯銜具奏，並非董恂一人所能專擅。黄體芳乃以此歸咎董恂，目爲奸邪，輒以傳聞無據之詞，信口詆斥，措詞殊屬過當，著交部議處。

上諭：御史張觀準奏邪臣宜黜，庸臣宜儆一摺。據稱内務府於明奉裁減宫闈費用之旨，乃以無可裁減覆奏，顯逞其揣摩嘗試之私，陰便其浮冒侵吞之計，懷奸不忠，請立予罷黜。又聞侍郎慶福於召對時，問以本衙門所奏事件，茫然不曉，未聞飭責各等語。宫闈一切用款，本非外人所得周知，近已迭加節省，該衙門亦何所用其揣摩？該御史概以邪臣目之，措詞殊屬過當。至臣工黜陟，朝廷自有權衡，慶福召對時情形，尤非外間所應與聞。該御史輒以傳聞之辭捃摭入奏，亦屬冒昧。張觀準著傳旨申飭。

三月辛亥朔　晴，天色微黄，晡後陰，終日大風，寒如中冬，夜風益怒。雜校《北史》數葉。作《種樹詩》一首，爲牧莊書扇，即寫致之。以首飾質錢二十五千。

戊寅春日種樹詩

我生喜種樹，隙地常勤治。賃廡得一畝，手自開町畦。土瘠苦難活，巡行日培滋。瓶甕或親抱，蕪薉加芟夷。今歲值大祲，柴立長苦飢。質衣尚爲此，栽植盈階籬。山桃亦已華，水楊初合荑。杏李半坼萼，紅白何離離。丁香吐紫藟，壽檀耀黄蕤。海棠孰夾侍，櫻桃與欒枝。欣欣向春暄，撫之殊自怡。一年幾辛苦，所眄花開時。此得豈償失，暫樂能忘疲。雖云費日力，聊以息我機。萬物遂生意，四時驗功施。無地得自效，吾心自孜孜。作詩諗同志，此事非荒嬉。

邸鈔：詔：本月初六日恭祀社稷壇祈雨，派惇親王奕誴恭代行禮，仍親詣大高殿敬謹叩禱，並親詣昭顯廟拈香。派恭親王奕訢恭祀天神壇，惠郡王奕詳恭祀地祇壇，禮親王世鐸恭祀太歲壇，伯彦訥謨祜禱覺生寺，貝勒奕劻禱時應宫，貝勒載澂禱宣仁廟，鎮國公奕謨禱凝和廟，貝勒奕綗禱黑龍潭，載津禱白龍潭，怡親王載敦祭關帝廟，載瀛祭城隍廟，那爾蘇禱清漪園龍神祠，輔國公載濂禱静明園龍神祠。上諭：御史余上華奏覺生寺祈雨設壇之所，俗稱九龍岡，祈雨輒應，上年總管内務府大臣茂林與其兄慶林占此官地營葬，傳聞揠斷龍脉，本年易地設壇，以致祈禱無靈，請旨飭查等語。著全慶、徐桐往覺生寺確切查明，據實具奏。上諭：國子監司業汪鳴鑾奏州縣藉賑營私，請旨嚴懲一摺。據稱山西吉州知州段景耀請撥振銀三千兩，全數寄回江西原籍。迨紳民紛紛求振，詭稱南省糧賤，遣人采購。該員實係寄回家用。岳陽縣知縣張容安於開放倉穀時，故意留難，各鄉約守候多時，盤費告罄，該員始創變價散錢之説，給予半價，將倉穀盡數收回，供縣署上下之食，灾民所得錢文，轉致不給所費。滎河縣知縣王性存侵吞振銀數百兩，紳民切齒，上控有案。署陽曲縣知縣王珠耀之家丁與書吏將省城飯廠存糧糶出數十石，該員豪無覺察。轉運局委員、候補知縣葛士達亦有家人糶出振糧情事。著閻敬銘、曾國荃即行確切查明，據實從嚴參辦，不准稍涉徇隱。該管道府見聞較近，於屬員藉振營私，並不認真查察，所司何事？並著查明參奏。詔：甘肅鎮迪道福裕署理西寧辦事大臣。

初二日壬子　晴，有風。牧莊來。得紱丈書，借日記，即復。聞山西、河南自去冬已人相食，山西一人僅易錢一百四十。羅嘉福被檄往襄振務，行至中涂，其子忽不見，迹之，已爲人所食矣。黄貽楫襄振河南，偶出潛訪利弊，即被擒解衣，將刲，黄力自白，且出所懷文券，久之，始得釋。近日河間亦已食人。且聞陝西商州、河南鄧州俱已民變陷城，潼商道謝質卿被戕，陝西急奏以前月十七日至，河南以廿三日至。又山西朔州回民爲變。自正月太白經天，二月直犯紫微宫，恒星失曜者數夕，前月司天上封事，言甚危切。張佩綸疏亦言太白晝見，狼赤有光，熒惑已入卯度，行甚疾。都中比日風霾久寒。前日寶廷疏言，邇來祈雪則應以微霰，祈雨則應以輕陰。上帝至仁，亦若准朝廷所施於民者稍稍應之。其言極爲切直，而樞府諸臣不特置若罔聞，且重怒言者，黄體芳、張觀準皆得譴。張佩綸上疏争之，不報。昊天疾威，彼何人哉！晚又微陰。

初三日癸丑　卯正初刻清明，三月節。晴。祀曾祖考妣、祖考妣、本生祖考妣、先考妣，祔以仲弟。余流落都門，八稔以來，不得澆碗麥飯，比又窶甚，僅具四肴兩羹、濁酒脱粟而已，楮鋌數千，泣涕焚之。印結局送來前月公費四兩，適供饋已畢矣。種樹人來索債，舉錢十三千付之。是日獨無風，晚景甚清，念此日兩直佳節，雖窮途不可負也。牧莊亦甚寂寂，晚作片招之，即同車詣豐樓小飲，并招秋蔆、霞芬。霞芬告余潘星丈以今日午刻卒，厥配陸夫人以丑刻卒，不勝駭異。昨日紱丈書來，言星丈近患春温。余以時氣使然，當無大苦，然以丈年老，亦私憂之，今日欲作書問狀，而童僕皆病，無人可使，方擬明日詢之，不謂俄頃之間，已成永訣。丈於余知愛甚深，時蒙存顧，而余性蹇懶，報謁甚疏。去冬十二月十一日霒陰沍寒，詣丈久談。今春正月間，丈一日過余，而僕輩以余病爲辭。豈知丈遽化去耶？余近日所用碧螺春茗，猶是丈去臘所贈。追維言笑，忽已古人，海山茫茫，何時相見？悲夫！夜一更後歸。

初四日甲寅　上午晴，有風，下午黄沙微霾，風益甚。孺初來。得紱丈書，還日記。再得紱丈書，借《吾學録》。余今日欲走哭星丈，而忽忽若病，兼苦骸痛，又恐昨日霞芬之言傳聞或虚，欲遣人參承，竟無可使，至此詢紱丈使人，始知其審，且言昨夜已歛，遂不及憑尸一哭矣。即復書，唁紱丈。夜又陰，有風。是日復栽紅杏二株。

初五日乙卯　晴陰相間，下午有風。得紱丈書，即復。下午走哭星丈，唁譜琴、味琴。味琴言星丈初一日猶力疾作書，欲與余訣。書成，自謂字迹太率，手毁之。烏虖！丈今已去，知我者誰耶？晤伯寅，出答拜朱户部澂、汪户部樹堂而歸。晚陰，微凉。循行花樹，小遣懷抱，亦是浮生片刻閑也。黄昏陰，略有濈雨，夜三更小雨。

邸鈔：上諭：宗人府、吏部、都察院奏遵議處分各一摺。所有恭親王、寶鋆、沈桂芬、景廉、王文韶應得革職處分，均著加恩改爲革職留任。上諭：全慶、徐桐奏稱查勘茂林所立塋地，確是擅用官地，雖據覺生寺僧稱舊有壇基，並未易地設壇，惟以壇位逼近塋墓，地勢殊形狹隘，繪圖呈覽等語。茂林因何侵占官地，該廟僧人因何聽其擅用，著全慶、徐桐會同該管衙門查明具奏，毋稍含混。奉宸苑卿慶林於全慶等在廟内查詢時徑往進見，飾詞剖訴，實屬不知遠嫌，著先行交部議處。上諭：涂宗瀛奏請捐廉助振一摺。河南巡撫涂宗瀛捐銀一萬二千兩，購買米糧，接濟河南飢民，尚屬急公，著交部從優議敘。

初六日丙辰　晨至午後晴陰霒䨴，地气蒸鬱，似有雨意，晡後陰寒，有風西來，潤收雲散，夕月復出。雜考群書。得紱丈書。夜閲俞蔭甫《春在堂隨筆》。二更後有微雨。

邸鈔：詔：於張家灣添設粥廠一處，由通倉再賞秔米二千石，分給張家灣及王恕園等廠。

初七日丁巳　晨至午澹晴，午後晴，有風。終日讀《荀子》。作書致牧莊。牧莊來。

邸鈔：上諭：内務府將各項放款及各處欠領之款分别開單陳奏，著交大學士、九卿逐款詳查，應如何酌量裁減之處，據實具奏。

初八日戊午　晴，有風，傍晚復輕陰。從牧莊借閲俞蔭甫《諸子平議》。其書刻於同治庚午，而余未之見；今日閲其《論荀子》，有與余同者數條，當刊去余説矣。夜疾大動。

初九日己未　薄晴多陰。剃頭。陳鈞堂新選昭文知縣，來拜。方握髮，不晤。終日校《魏書》，并以脱筆揭橥，凡卷數、紀傳志分數、傳中人名及附傳者皆一一標出之，以便檢閲。計作字數千矣，甚勞心力，然不知疲也。《魏書》目録尚是伯起原本，宋人劉貢父等校，此書亦較它史爲精細，其闕及補或不全者，每卷尾皆注之。

邸鈔：以湖北巡撫邵亨豫調補湖南巡撫，以湖北布政使潘霨署理湖北巡撫。衛榮光丁母憂。庫倫辦事大臣志剛奏請因病開缺。許之。前户部右侍郎慶陞死。

初十日庚申　晴陰相間。新栽杏又枯，復添種榆葉梅兩株。得禔盦書，惠黄花魚兩尾，即復謝。復校《北史》及《魏書》一卷。朱蓉生來。禔盦來。海棠、紫丁香俱花。

邸鈔：上諭：曾國荃奏官軍撲滅朔州等處股匪，搜捕大青山後馬賊游勇，地方均已安靖一摺。本年大青山後突有游勇糾聚，在東公旗地等處搶掠，經曾國荃督飭大同鎮總兵馬升派隊剿捕，迭有斬擒，匪首王活厮等均已拏獲正法。又朔州、寧武交界地方有匪徒熊六糾約無賴游手，並煽誘饑民共二千餘人，焚劫鄉村。總兵葛清泰等帶兵往捕，該匪膽敢負嵎抗拒，官軍奮力攻擊，當將匪首熊六、殷興世等擒獲，陣斃賊匪數百人，其被脅良民均已分別保釋，地方現已安静。所有出力員弁擇優保奬。上諭：璟德奏關防遺失，請旨訊辦一摺。景運門值班房内失去關防一顆，尚復成何事體！所有鈐印主事巴彦布等均交刑部訊辦，璟德交部議處，並著步軍統領衙門、順天府、五城一體查拏根究。現在該處需用關防，著禮部迅速鑄造頒發。詔：英奎賞給副都統銜，爲庫倫辦事大臣。以翰林院侍讀學士崇勳爲詹事府少詹事。

十一日辛酉　晨及上午霒陰，午後小雨，入晚漸止。以敝裘一襲質錢五十千。作書致牧莊，約十三日極樂寺看海棠，得復。得王子獻三月朔日鄞縣書，言弢夫所寄文件尚未到，大可怪矣。得紱丈書，以近作《哭兄詩》五古四首見示，即復。付種花錢七千。

邸鈔：上諭：吏部奏遵議左庶子黄體芳處分一摺。黄體芳以傳聞無據之辭，詆董恂爲奸邪，措辭過當，本應照部議予以處分。惟念該庶子應詔陳言，係屬因公起見，所有部議降二級留任，加恩寬免。朝廷原心恕過，自有權衡。嗣後建言諸臣，仍當竭誠獻替，不得自安緘默，亦不得摭拾浮詞，妄行條奏，自干咎戾。

十二日壬戌　晨陰，溦雨，上午微晴，下午霒陰，雨數作，以風散，晚晴，月出甚佳。作書致禔盦，以牧莊十三日須入直，改十四日游極樂寺也，得復。作書并詩致紱丈。比日復校《北史》及《魏書》。

積習性成，不能自已，亦以消遣窮愁耳。

《爾朱榮傳》稱其妻北鄉郡長公主。然傳中無榮尚主之文。考《魏書》及《北史》東平王略傳云：『爾朱榮，略之姑夫。』又《魏書·章武王融傳》云：融弟『凝姑，爾朱榮妻。莊帝初，封東平王』。略爲景穆子，南安惠王楨之孫，而融之父彬，亦惠王第二子，爲章武敬王太洛後，是長公主乃楨之女也。楨子中山獻武王英，既有大功，爲魏名臣，彬亦有武勇，而其女復配鷙婿，亦可快矣。

《北齊書·顯祖紀》：天保十年五月，『誅始平公元世、東平公元景式等二十五家』。《北史》同。而《彭城王韶傳》作元世哲、元景武。《北齊書·元韶傳》同。百藥書此傳已亡，後人即取《北史》補。考《魏書·任城王雲傳》，雲有孫世哲，爲高平縣侯嵩之子，尚書令世儁之弟，武定中爲吏部郎，未嘗封始平公。而《韶傳》又云：世哲從弟黄頭。考《魏書·章武王太洛傳》：太洛嗣子彬，彬子融，融子景哲，皆世傳國爵。景哲弟朗，即後廢帝，朗子黄頭。其群從無名世哲，亦無封始平者。惟《彭城王勰傳》言劭弟子正，莊帝即位，封始平王。子欽，字世道，襲。齊受禪，爵例降。且《北史》諱『世』字，不應去『哲』存『世』。今《北史》中所有『世』字，皆宋以後校書者所改竄。疑此及《北齊書》皆有脱誤。《北齊書》成於太宗時，不避『世』字、『民』字。至景式則爲東平王略之子，襲封，武定中，北廣平太守。齊受禪，爵例降。見《魏書·略傳》。作『武』者，誤也。黄頭襲封安定王，朗爲高歡所立，《魏書》稱中興主，被廢後孝武封爲安定王，旋被殺。改封安平王。齊受禪，爵例降。《北史》於諸王子孫名多不見，偶然雜出，不知其爲何人矣。又《魏書·出帝即孝武帝。紀》：太昌元年九月，『前廢帝子渤海王子恕改封沛郡王』。前廢帝，即節閔帝也。《前廢帝紀》：普泰元年九月，『封皇子子恕爲渤海王』。至此改封，以後亦不知所終。而《魏書·廣陵惠王羽傳》後敘子姓，亦不及子恕。節閔即羽之子。錢竹汀氏謂《魏書》於宗室子姓遺落甚多。余謂收書本已多闕，未必其舊如此。惟其成書當高洋大誅元氏之時，滅絶者十之九，僅有存者，微弱已甚，諸房譜牒，搜訪不全。又意媚高氏，復黨爾朱，故於元氏諸王，多加醜詆。即以臨淮王彧之名德、中山王熙之雅望、章武王融之死節，亦俱致貶辭，此其所以爲穢史也。

《魏書・皇后傳・孝文昭皇后高氏傳》：『肅宗詔曰：「文昭皇太后，德協坤儀，美符文姒，作合高祖，實誕英聖，而夙世淪暉，孤塋弗祔。先帝孝感自衷，遷奉未遂，永言哀恨，義結幽明。廢吕尊薄，禮伸漢代。」又詔曰：「文昭皇太后尊配高祖，祔廟定號，促令遷奉，自終及始，太后當主，可更上尊號稱太皇太后，以同漢、晉之典，正姑婦之禮。」』案：此節情事，頗不明晰。『禮伸漢代』下當有脱文。高后爲孝文昭儀，生世宗及廣平王懷而暴薨，或云馮昭儀所賊。馮昭儀即幽皇后也。孝文追謚高后爲文昭貴人。世宗踐阼，追尊配饗，即葬所起陵，號終寧陵。而幽后母養世宗，頗盡慈愛，後以淫亂厭詛，孝文遺詔賜死，然未嘗顯廢，仍以后禮葬孝文長陵塋内。至此蓋黜幽后配廟，而以高后獨配，故援漢光武廢吕尊薄之文，其下當述黜幽后及高后改葬之事。又『詔曰』之上當有『靈太后自爲喪主』等語。《魏書》及《北史・靈皇后傳》云：『改葬文昭高后，太后不欲令肅宗主事，乃自爲喪主，出至終寧陵，親行奠遣。至於訖事，皆自主焉。』即此詔所云『自終及始，太后當主』也。以太后爲主，故更尊稱太皇太后，以正姑婦之禮。其下云『遷靈櫬於長陵兆西北六十步』。蓋高后先葬洛城西長陵東南，而去陵實遠，至是始爲祔葬孝文，故詔云先帝『遷奉未遂』，以至此爲成世宗之志也。惟上文已言『世宗踐祚，追尊配饗』，而此詔仍有祔廟定號之文，疑世宗時止追尊后號，而祔廟尚止幽后。蓋自唐以前，廟皆一帝一后配，至唐明皇始以所生母昭成后並配，爲失禮之始耳。《魏書・禮志》無明文。然熙平二年太常少卿元端奏云：『聖朝以太祖道武皇帝配圜丘，道穆皇后劉氏配方澤，太宗明元皇帝配上帝，明密皇后杜氏配地祇。』則郊社之配，止一帝一后，可以推之宗廟矣。《北史·后妃傳》删去二詔，其敘事因兩太后字相涉，亦脱去數字，致更不可通。别見余《北史札記》中。

十三日癸亥　晴。午後答拜陳鈞堂及訪孺初、蓴庭、香濤，皆不值。詣牧莊小坐，晡後同詣慈仁寺看花。杏花、山桃已過，榆葉、紫丁香方華，白丁香未開，海棠紅蕚甚小，碧桃一樹尚未含苞，蓋土瘠僧貧，滋培少力耳。夕陽時偕牧莊褭回松下，逾頃而歸。作書致褆盦，以在慈仁知海棠消息，恐極樂花時亦尚未届，故再展明日之游，得復。夜月甚佳。

邸鈔：詔：十六日再恭祀社稷壇祈雨，仍派惇親王奕誴恭代行禮。是日仍親詣大高殿敬謹叩禱，並親詣凝和廟拈香，仍命恭親王奕訢、惠郡王奕詳、禮親王世鐸恭祀天神、地祇、太歲三壇，肅親王隆懃禱覺生寺，貝勒奕綱、那爾蘇禱黑龍潭、白龍潭，貝勒載瀓、載瀅、鎮國公奕謨禱時應宫、昭顯廟、宣仁廟，怡親王載敦祭關帝廟，豫親王本格祭城隍廟，貝勒載漪、輔國公載濂禱清漪園、静明園龍神祠。上諭：昨日召見刑部尚書皂保，察其精神較遜，部務煩重，辦理難期周到，著開去刑部尚書缺，仍留正紅旗蒙古都統之任。以都察院左都御史全慶爲刑部尚書；以吏部左侍郎恩承爲都察院左都御史；以兵部左侍郎崇厚調補吏部左侍郎，崇厚未到任時，以工部左侍郎成林兼署；以禮部右侍郎崑岡調補兵部左侍郎；以内閣學士松森爲禮部右侍郎。

十四日甲子　薄晴多陰。得紱丈書，即復。得陶子縝正月十八日滬上書。作書致香濤。

《獨斷》云：『凡乘輿車皆羽蓋，金華爪，黄屋左纛。』黄屋者，蓋以黄爲裏也。而《太平御覽》四百三十一引《風俗通》云：『大禹闕百品之羞而菲庖廚。案『闕』字蓋誤，此即菲飲食而致孝鬼神意。殷湯寐寢黄屋，駕而乘露輿。』則黄屋亦可指宫室言。

作書致湖州人章乃畲郎中，以小事相關，紛争不已，亦可笑矣。然余書辭甚峻，而章之復書謝罪頗恭，此亦余之不廣矣。夜以校史睡甚遲。月色甚皎。

邸鈔：户部尚書、總管内務府大臣魁齡奏病久未痊，請開缺調理。詔：賞假兩月，毋庸開缺。以工部尚書景廉兼署户部尚書。正黄旗漢軍副都統恩麟調補正黄旗滿洲副都統，恩承缺。德福補授漢軍副都統。禮科掌印給事中尋鑾煒授陝西分守潼商道。譚鐘麟奏稱本任道員謝質卿告病。

十五日乙丑　晨陰，上午微晴，下午復陰，晚有微雨，夜雨有聲，三更稍稀，五更復密。得禔盦書，約十七日游極樂寺，即復。作片致汝翼，爲子縝送書件。得牧莊書，送廣東鹽運使鍾謙鈞所刻《經學彙函》《小學彙函》共十帙，寄余架中，即復。得汝翼書，言病迄不愈。

邸鈔：詔：山西、河南兩省被灾州縣尚未據報得雨，飢民待振，爲日正長，著再由江蘇、安徽、江西、浙江、福建、湖北、湖南、山東、四川、廣東每省協濟兩省銀各數萬兩，俾資振需，該督撫即行籌款撥解。詔：前山西布政使張瀛自上年秋間幫辦陝西振務，籌畫一切，悉臻妥協，兹以積勞，殁於差次，殊堪憫惻。著交部議恤。

十六日丙寅　晨小雨，上午止，晡後日見，晚復陰。剃頭。以佩表質錢七十千。

邸鈔：上諭：御史曹秉哲奏南省雨水過多，請思患豫防等語。據稱江蘇、浙江、江西、福建、廣東等省，或凍雪之後繼以霪霖，或苦雨兼旬，幾無旬日，耕播愆期，籽種朽腐。深恐歲或不登，民虞艱食。著各省督撫體察地方情形，豫爲區畫，應如何稽查倉儲、籌款補足，務當督飭屬員妥爲辦理，毋得徒託空言，有名無實，並將辦理章程及存儲銀米實數隨時具奏。

十七日丁卯　晴。禔盦來，牧莊來，午同詣極樂寺，進宣武門，出阜成門。河流碧清，緑楊錯峙，浴鵝放鴨，間以罾罛，便覺江鄉景物，去人不遠。經西直門，過高梁橋，野色山光，益復清媚。下午到寺，海棠止半開，綘坼錦含，相映彌媚，然旱乾太甚，花事亦遜往年矣。惟佛殿前梨花一樹，玉粲雪妍，穠盛如舊，柰樹四五，尤極香鮮。此華鬘之極選也。晡後偕牧莊同車歸，緣流看夕陽，甚樂。傍晚出城，牧莊邀夜飲如松館，余招霞芬，二更時歸。付車錢九千，寺中僧茶錢四千，霞芬車飯二千。

邸鈔：詔：委散秩大臣榮緒屢次告假，當差怠惰，著開去委散秩大臣差使，罰奉三年。正白旗漢軍副都統西蒙克西克病故。詔：西蒙克西克由馬甲洊升副都統，迭經出師河南、山東、湖北、安徽、甘肅、陝西等省，曾著戰功，著照副都統例賜恤。以新授正黄旗漢軍副都統德福調補正白旗漢軍副都統，以刑部左侍郎志和補正黄旗漢軍副都統。

十八日戊辰　未初二刻九分穀雨，三月中。晨及上午霒陰，傍午密雨，入夜有聲。案頭置瓷盤二，中以清泉養小圓石十數枚，本以蓄水仙。水仙萎後，以落梅數朵浮之，香韵清絶，時時嗅之，嘗欲賦一詩紀其事，以爲勝於焚香嚼茗也。梅花既漬久，易以杏花，玉白霞紅，别有富艷之色。昨自極樂寺折海棠、丁香數枝歸，更取其短枝零蕊，綴之滿中，濯錦浮珠，暈脂滴粉，雖石崇、王濟七寶床中，恐無此麗縟也。當更爲一詞寫之。小窗幽寂，以此爲清供，可以分告同人，爲窮愁消遣法矣。夜雨。

十九日己巳　晴。閲梁氏《瞥記》及《庭立紀聞》。有西陵人一女子張姓來，求賣爲妾，年十七，羸瘠殊甚，而貌韶秀，頗似霞芬，索價止八十金。余救死不暇，無術以謀之也，惆悵遣之。得紱丈書。夜附注《瞥記》數條，作書復紱丈。

二十日庚午　晴，有風。是日得詞兩闋，亦無憀之思也。

暗香以瓷盤蓄文石清泉，取梅花浮之，爲几案之玩。

玉梅乍落。恁嫩蕊纖遍，晚風簾幕。喚起倩魂，重取清泉與輕濯。携向明窗綺供，都不平羨、金床銀鑿。試映取、白石粼粼，何似在丘壑。　依約。夢痕昨。記竹去下水邊，幾回行藥。暗香細嚼，頻照寒流數紅萼。誰想盈盈棐几，還暫試、影娥池閣。看蕩漾、春去也，綺情自託。

疏影盤中浮折枝海棠及丁香，間以白石，紅鮮雪濯，珊碎珠霏，石家七寶床中無此觀也。

盤心浸碧。又纖枝散遍，絳英珠纈。可是雙成，香唾吹來，猶帶露華消息。銀瓶怕損輕盈影，且伴到、瑠璃屏格。待倩痕一試，凌波照見，玉容明滅。　還似年時舊夢，正妝成倚鏡，相對愁絶。鈿去朵風前，略整釵梁，却恐珊瑚敲折。回頭已逐東流去，衹檢取、瓊籢花葉。誤認將、一平幅留仙，繡滿折枝裙褶。

邸鈔：詔：京師於十五、十八等日迭沛甘霖，農田優渥。仰荷昊慈垂祐，寅感實深。擇於二十四日仍派惇親王奕誴詣社稷壇恭代行禮，並仍派恭親王奕訢詣天神壇，惠郡王奕詳詣地祇壇，禮親王世鐸詣太歲壇致祭，先行敬謹報謝。至山西等省待澤尤殷，現未據報普霑甘澍，允宜再行虔禱。是日仍親詣大高殿拈香，並仍派肅親王隆懃等分禱覺生寺、黑龍潭、時應宫、昭顯廟、宣仁廟、凝和廟、關帝廟、城隍廟、清漪園、静明園龍神祠，並派順承郡王慶恩禱白龍潭，所有大高殿道衆、覺生寺僧衆、黑龍潭剌麻及輪班上香住宿之王大臣等仍恪慎將事。上諭：左宗棠奏瀝陳下忱，請收回成命一摺。前因回疆底定，加恩左宗棠由一等伯晉爲二等侯，原以該大臣督辦軍務，力任其難，當此疆圉肅清，自應用彰偉績。乃該大臣成功不居，彌懷悚仄，具見悃忱。惟朝廷錫爵酬庸，權衡至當，功懋懋賞，禮亦宜之，尚其勉圖報稱，毋再固辭。　以前盛京工部侍郎宗室奕慶爲内閣學士，兼禮部侍郎銜。

二十一日辛未　晴，有風自南，頗歊熱，下午陰。作片致牧莊。作書致殷蕚庭。作書復王芝仙，并前日作致弢夫書催去冬所附書件，即屬芝仙轉寄。牧莊來。夜有風。

邸鈔：上諭：都察院奏已革江蘇知縣曾紹勳呈訴該革員並未沾染嗜好，前被沈葆楨以吸食鴉片參劾革職，請熬驗伸雪等語。著該部將曾紹勳解往江蘇，交吴元炳查驗究竟是否吸食鴉片，據實具奏，毋稍回護。

二十二日壬申　澹晴，晨至午風。

邸鈔：户部郎中景聞授四川順慶府知府。

二十三日癸酉　晴。比日窘乏，告貸路絶，不勝其憂。雜閲近儒考據説部，間亦有所訂正，而凌躐無序，與荒嬉何異。昔賢三旬九食，尚自著書，我輩豈人類哉！殷蕚庭來。孺初來。

二十四日甲戌　晴。紫藤、紫荆花俱盛開，復添栽玫瑰兩株。閲《炳燭編》《識小録》諸書。牧莊來。剃頭。課庸灌樹，芟枯枝。香濤來。

邸鈔：詔：再撥江蘇漕米十二萬石、江北漕米四萬石振直隸灾民。

二十五日乙亥　晨陰，旋晴，下午陰曀，傍晚黄晦大風，晚止。是日燥熱，極不快。牧莊來，借《古韵通説》。夜風。

邸鈔：詔：吏部奏遵議奉宸苑卿慶林應得降三級調用處分，加恩改爲革職留任。

二十六日丙子　晴熱，有風。

閲陳恭甫所輯《尚書大傳》，廣東新刻《古經解彙函》本也。原分五卷，番禺陳蘭浦澧并爲三卷，較閩中舊刻爲精，然尚有誤字。其前冠以《序録》一卷，自《史記·儒林傳》至國朝嘉慶十年禮部題准山東巡撫全保咨送伏生六十五代孫鄒平人伏敬祖承襲五經博士一疏，而附以元文宗至順二年禮部尚書張起巖所撰《濟南鄒平縣伏生鄉重修伏生祠記》。蓋建立伏氏博士之議，創於嘉慶元年孫淵如氏署山東按察使時所請，而鄒平縣有伏生鄉，伏氏子孫僅三人，其二皆年老務農，遂以敬祖應襲。其地有伏生墓及祠，所據者亦止起巖此碑也。後附《大傳辨訛》一篇，辨盧氏雅雨堂本及曲阜孔叢伯廣林本之誤。恭甫氏考證精洽，條系出處，較之盧本，實爲遠勝。蓋盧刻雖稱宋本，得之吴中藏書家，要出於掇拾，不足信也。吾邑樊氏廷筠亦有輯本，余舊有之，今已失，不能復記。陳氏此編，可謂空前絶後矣。

得牧莊書，即復。潘自彊户部喪婦開吊，送分子四千。以羊皮長袖褂質錢五十千。比憂枯魚甚迫矣，不得已作書致鄉里舊識吏胥二人告以稱貸，然書成遲疑，不遽發也。向此輩周旋，已大可羞，况遭白眼乎？飢來一字不堪煮，乃以性命付兒曹，亦足發志士累唏矣。徐楠士户部來。洗足。夜作復仲彝書、復子縝書。

二十七日丁丑　晴。作復雲門書。作書致禔盦。閲《四庫提要》書類。禔盦來。

二十八日戊寅　大風，陰，間有日景。得香濤書，即復。發致樊、陶三君子書及乞貸兩吏書。作書問牧莊疾。杜葆初來。得牧莊復。晡後晴，風稍止。傍晚坐藤花下讀書。

邸鈔：體仁閣大學士、管理理藩院事務英桂奏病仍未痊，籲懇開缺。詔：英桂著以大學士致仕，加恩賞食全俸。上諭：御史李璠奏宛平縣民人莊廷華係前任福州將軍文清之門丁，現帶五品頂戴，其長子莊維鈞捐納户部主事，其次子改名惠昌，冒入鑲藍旗滿洲，亦以主事在户部行走。惠昌因已冒旗籍，其母病故，亦不持服，請旨查辦等語。案關賤役蒙捐冒籍，亟應徹底根究。民人莊廷華著步軍統領衙門、順天府、五城御史一體嚴拏，送交刑部，確切訊究。其子户部主事莊維鈞、惠昌，一并解任，交刑部審辦。

二十九日己卯小盡　終日陰。

《四庫書目》許謙《讀書叢説》提要云：『蔡沈釋《堯典》本張子「天左旋，處其中者順之，少遲則反右」之説。不知左旋者東西旋，右旋者南北旋，截然殊致，非以遲而成右也。日東出西没，隨大氣而左，以成晝夜，非日之自行。其自行則冬至後由南斂北，夏至後由北發南，以成寒暑。月之隨大氣而左，及其自行亦如之。』案：自來言天者，皆曰天左旋，日月右旋。《晉書·天文志》乃有『蟻行磨上』之喻，謂磨左旋，蟻右行，磨疾蟻遲，不得不西。然其分左右旋，無異説也。横渠創爲天與日月皆左旋之説，而朱子取之，蔡《傳》遂用其説，後儒駁之，是也。此以右旋爲南北旋，及以日東出西没爲隨大氣而左，皆出於西人之説，似非可以正元以前人之書。

得禔盦書，即復。

邸鈔：詔：貝勒載澂補授内大臣。協辦大學士載齡充實録館正總裁，調補正紅旗滿洲都統。左都御史恩承補正紅旗漢軍都統。禮部尚書靈桂管理理藩院事務。上諭：前據李鴻章奏參署交河縣知縣徐城任令門丁勾通村董，揑户冒賑，元城縣知縣孫堃於丁役索取規費，不爲究辦，反將衿民責押，當降旨將該知縣等革職，仍將劣董李樹瀛歸案訊辦。兹據御史李璠奏該知縣等玩視民瘼，居心殘酷，僅予革職，不足蔽辜，請飭歸案嚴訊。倘有得贓等弊，審明後即行正法等語。著李鴻章即將革員徐城、孫堃歸案，嚴行審訊。如有侵吞虐民及需索規費等弊，即行據實奏明，請旨正法。至所奏山西平陽府百姓死者甚多，府城振米堆積，延不散放，太平、曲沃二縣上年竟報七分收成，迨查勘成灾，又不請振，僅於本地捐銀購米，官爲督辦，不准富户各保鄉閭等情，著閻敬銘、曾國荃確切查明，據實參奏，毋稍徇隱。上論：沈葆楨奏請將已故儒臣宣付史館立傳一摺。原任大理寺卿李聯琇曾任福建、江蘇學政，咸豐年間因病開缺，主講江寧鍾山書院，崇尚正學，造就人才甚衆，洵足爲士林表率。該故員學行事蹟著宣付史館列入《儒林傳》，以彰碩學。李聯琇，臨川人，侍郎宗瀚庶子，幼孤苦好學，工詩文。道光乙巳進士，由編修大考第一擢學士，遷大理卿。告病歸，遂不出。又前日閩浙總督何璟等奏福州正誼書院，本總督左宗棠所設書局，同治六年改爲書院，延前雲南巡撫林鴻年主講，迄今十二年，人文蔚興，科甲不絶。閩中經學，向分二派：漳浦蔡世遠主宋儒之説，閩縣陳壽祺講漢儒之學。林鴻年折衷漢宋，不立門户，每月課詩文外兼課經解、策論，以裨實學，文風爲之轉移。查例載各省書院，師長實有教術可觀，人材奮起，六年以後著有成效者，准督撫、學臣請旨酌量議敘。今林鴻年掌教正誼書院兩屆六年，懇恩優提奬敘。詔林鴻年交部從優議敘。

竊謂儒林之席未可輕議，必功在聖學，業著群經，確有傳書，足能信後，方可厠經儒之傳，附師法之編。李大理以詩文稱，入之文苑猶可，而以與顧、江、惠、戴相衡，不其過歟？至林中丞者，不過以科名居最，帖括爲生，舊在翰林，略無聲譽。及咸豐之末出知雲南臨安時，滇寇方張，仕者相吊，林君逗留蜀地，五六年間不入滇境一步，而安受遷擢，竟代賈洪詔爲巡撫，亦不之任，累詔督促，卒不順旨，遂革職歸。原其居心，負恩已甚，名山之席，實爲靦顔，乃以尸素居功，空言取賞。近世山長之設，已爲下流所歸，鼠竊犬争，豕交狐據，而更開此例，將益爲暮夜之捷徑、死灰之生機矣。

夏四月庚辰朔　晴，下午風，傍晚益甚。天气漸熱，脾濕復滋，日間輒思偃卧。閲方氏《古今釋疑》。此書實策略之學，發明甚稀，當名《古今略説》，不當云釋疑也。牧莊來。

邸鈔：上論：金慶等奏查明大員占用官地緣由，據實覆奏一摺。茂林等所立塋地係覺生寺祈雨設壇之所，輒敢私行商换，建塋開濠，以致壇基逼窄，非尋常占用官地可比。總管内務府大臣茂林、奉宸苑卿慶林均著交部嚴加議處。僧録司正印僧人真實擅令寺僧顯澄换賣官地，均著交部照例治罪。筆帖式興麟、文緒聽從慶林指使，代作中保，亦屬不合，均交部議處。

初二日辛巳　晴。鈔《儀禮漢讀考》二葉。成星丈輓詩四章，不過文從字順而已，然無一飾語，無一閑字，『老去漸於詩律細』，其庶幾乎！

輓星齋丈四首丈與厥配陸夫人以同日逝故有末章

分野沉雙曜，朝廷喪五更。鬚眉猶昨夢，尊俎絶平生。公去稱全福，吾悲失老成。凄然臨訣語，書字不勝情。公殁前一日作書與余别，書成，自謂字不工，復手毁之。

少日佳公子，連雲甲第開。衡文窮六詔，平步阻三台。雅澹能持俗，風流祇愛才。平津花樹好，東望獨徘徊。

海内論知己，公家萃一門。詩筒花蕚遞，謂紱丈。盤饌竹林分。謂伯寅侍郎。傾吐皆肝鬲，商量總藝文。靈床琴獨撫，一笑想凌雲。

鶴髮童顔伴，清閨樂有餘。劉樊同拔宅，卞傅自安居。似此真偕老，相隨返太初。遥知三島地，白鹿輓軒車。

邸鈔：詔：奉兩宫皇太后懿旨，内務府各項用款，業據大學士、九卿詳加察覈，飭令總管内務府大臣等力求樽節，酌量裁減。惟節用所餘，尚需時日，而飢民待哺嗷嗷，刻不容緩。著總管内務府大臣無論如何爲難，先行籌撥銀數萬兩，分給山西、河南兩省，藉資接濟。明知賑務需款實煩，惟深宫軫念灾區，不得自已，該衙門其遵諭行，毋稍稽延。詔：已故福建陸路提督江長貴，咸豐四年赴援安徽，連克建德、東流等縣，固守祁門，功績尤著。著於安徽省立功地方建立專祠，春秋致祭。從四川總督丁寶楨請也。詔：現據河南奏報一律普霑，山西曾否得雨，尚未奏到。京師旬日以來，亦未獲續霈甘霖，允宜再申虔禱。初六日仍親詣大高殿拈香，仍派肅親王隆懃禱覺生寺，貝勒奕綗禱黑龍潭，惇親王奕誴、恭親王奕訢、惠郡王奕詳、貝勒載治禱時應宫、昭顯廟、宣仁廟、凝和廟，怡親王載敦、豫親王本格禱關帝廟、城隍廟，貝勒載澂、輔國公載濂禱清漪園、静明園龍神祠，莊親王載勛禱白龍潭。

初三日壬午　晴，驟熱，可夾衣。作書致香濤。作書致杜葆初，致沈松亭。印結局送來前月公費銀十四兩五錢。剃頭。得香濤復、杜葆初復。牧莊來。徐楠士爲其翁蔭軒師乞六十壽言，送金泥箋四幅來屬書。付林升工食錢八千，計庸錢至是月十四日訖。付升兒兩月工食八千，訖是月之初。付長兒工食五千，亦訖是月十四日。付王媪工食六千，訖是月四日。付僕媪等印結隨封錢六千，妙峰山香錢四千，甜水錢八千，同司廷愷郎中娶子婦賀分二千，同年張宗椿刑部輓障分一千，看花錢二千。星丈輓屏四幅錢六千，輓聯洋布八尺錢四千八百，香燭紙鏹等錢三千六百。

初四日癸未　晨及上午晴，大風，微陰，晡風少止，復晴，傍晚陰，晚凉。作書致紱丈，致伯寅侍郎。得沈松亭書，惠借銀五十兩，即復，犒使四千。得伯寅書，惠銀六兩，即復，犒使三千。得紱丈書，還日記，即復。得香濤書，即復。寫星丈輓詩四幅，并撰輓聯一副及燭楮四事送去。

邸鈔：上諭：沈葆楨奏請飭停武科一摺。國家設立武科，垂爲定制，其中不乏干城禦侮之材，沈葆楨輒因撙節經費請將武闈停止，率更舊章，實屬不知大體，著傳旨申飭。以候補三品京堂劉錦棠爲太常寺卿。

初五日甲申　子正一刻七分立夏，四月節。晴。撰徐蔭軒師六十壽序，散文，當入外集。作書致季士周，送去賃屋銀十二兩三錢。作書致香濤。杜葆初來，承惠借銀五十兩。晡後出吊星丈。傍晚詣禔龕，不值，即歸。付花樹錢五千，車錢二千，看花錢三千。

邸鈔：上諭：翰林院侍講張佩綸奏請急人才以維時局一摺。據稱圖治之道，首在求賢，或朝廷知之而不善用，或大臣知之而不盡言。三月十五日詔告簡略，請再申蔽賢之誡，絶夤緣之私等語。國家需才佐治，寤寐旁求，每當簡任之時，未嘗不詳慎再三。此中權衡，原非臣下所能共喻。京外大員皆有以人事君之責，屬員中果有才能出衆、清正端方、堪膺簡任者，著懔遵前旨，留心訪查，秉公保薦，不得徇一己之好惡，使庸劣夤緣倖進，轉令賢員沉滯下僚，致負朝廷求賢若渴之意。至所稱詔告簡略，所見殊屬拘泥。詔書宣示，或須誥誡詳明，或取達意而止，豈有定格可循？三月十五日所降諭旨，令中外大臣保薦人才，本已明晰，無事再行申諭也。三月十五日御史張觀準疏請整頓吏治，以蘇民困。極言近日督撫之恣肆欺蔽，守令非人，灾異迭見。末言天下之大，何地無才？或退隱山林，或屈抑下位。請飭六部九卿及各省督撫秉公密薦，各舉所知，並請將朝廷政事何者當因、何者當革，參以舊制，酌以時宜，正言讜論，據實敷陳，使上下之氣相通，民間之苦悉達。詔：求治必賴賢良，人才難得現在。如有才能出衆、清正端方之士，著中外大臣秉公保薦，以備録用。

初六日乙酉　晨微陰，旋晴，午後有風，歊熱，晡後又黄霾。書蔭軒師壽屏，至午後訖，即作書送致楠士。蓴庭來，不晤。閲胡竹村氏《研六室文鈔》。付壽屏畫朱格錢二千，芭蕉錢二千。

邸鈔：福建巡撫丁日昌奏病難速痊，懇請開缺。許之。

初七日丙戌　晨晴，上午微陰，午晴。校《北史·列女傳》《恩幸傳》。

邸鈔：以候補三品京堂、管理福建船政吴贊誠署理福建巡撫。上諭：閻敬銘、曾國荃特參玩視民瘼、貪劣不職之州縣，請旨革辦一摺。山西吉州知州段鼎耀於省局撥解振銀，膽敢扣留不發；署榮河縣知縣王性存藉罰捐振需爲名，借端漁利。似此忍心害理，實堪痛恨。段鼎耀、王性存均著一併革職，由閻敬銘、曾國荃審訊明確，即行奏請正法，以儆效尤。上諭：前據御史英俊奏聞告退太監蘇姓在沙河鎮置買房基，上年營兵在該處刨出銀一萬數千兩，官有覬覦，將兵丁等刑求，幾至釀成重案，本年又經刨出金銀約銀十數萬兩，續挖出銀一窖，詢係該太監奏明皇太后賞給等語，當派榮禄、彭祖賢往查。茲據奏稱，查明太監蘇德沙河鎮鋪房空院共刨出銀一萬六千六百餘兩，並無十數萬兩之多。據蘇德供稱，此項銀兩曾經奏明奉懿旨賞給，今情願報效，仍懇轉奏賞收，並無刨出銀窖金條情事。蘇德刨出銀兩，曾據奏明，惟未聲明銀兩確數。現奉懿旨，將此項銀一萬四千兩發順天府資遣灾民，餘銀二千六百餘兩賞給蘇德。詔：已故馬蘭鎮總兵兼總管内務府大臣文謙前在長蘆鹽政任内，粵匪撲犯天津府城，督隊迎擊，力挫凶鋒，闔郡賴以保全。前因該員在京病故，業經降旨賜恤。著再加恩予謚，並於天津捐建專祠，春秋致祭。從李鴻章請也。旋予謚誠靖。

初八日丁亥　晴，微陰。袁爽秋來，自全椒入都者，以揚州新刻《白虎通疏證》及江山劉氏景刻宋本《鄧析子》二卷、揚州翻刻平津館本《孫吴司馬法》一册爲贈。作書致牧莊，以今日浴佛，約小游城南諸寺，不值。閲《北史》《周》《隋》諸傳。小極，多卧。得牧莊復。

邸鈔：上諭：吏部奏遵旨嚴議議處一摺。總管内務府大臣茂林、奉宸苑卿慶林，經該部議照違制律革職。該員等建立墳塋，係占用祈雨設壇官地，情節較重，僅予革職，不足蔽辜。茂林、慶林均著即行革職，發往軍臺效力贖罪。筆帖式興麟、文緒均照部議即行革職。上諭：曾國荃奏山西陽曲縣倉書李林儒、孫毓樹承辦粥廠放振事宜，膽敢於運送米石時，商同侵盗至五十石，實屬忍心害理，非尋常侵盗官糧可比，業經曾國荃飭令就地正法，足昭炯戒。仍著該撫嚴密稽查，如再有此等情弊，即一律從嚴懲辦，毋稍寬縱。

初九日戊子　昧爽，驟雨，有雷，旋密雨，至下午稍止，晡復雨，傍晚止，頗寒。午詣東江米巷拜蔭軒師壽，送禮銀二兩。晤謝夢翁，小坐歸。夜鈔《儀禮漢讀考》一葉。有微雨。

邸鈔：詔：兵部尚書廣壽、工部左侍郎成林均補授總管内務府大臣。

初十日己丑　晨小雨，上下午密雨數作，晡後止，晚霽，有霞。鈔《儀禮漢讀考》三葉。作書致伯寅，得復。印結局又知會，以吏部主事（此處塗抹）等復丐索節禮。此輩無耻之甚，真犬豕也。因於牘上書數十言痛斥之。閲胡氏《儀禮古今文疏（證）〔義〕》，此實繼段氏《漢讀考》而作也。《漢讀考》止《士冠禮》一卷，胡氏作此補之，而證引更密。其首一卷，亦時補正段義。

十一日庚寅　晨陰，上午後風，晴陰相間，晡後大風，復陰，甚寒，如初冬。作書致牧莊，贈以《白虎通疏證》一部，并芍藥花數枝。得紱丈書，饋薄荷角糖一合，延年箋一束，即復謝。剃頭。鈔《儀禮漢讀考》一葉。是日覆視前所鈔數紙，凡『禮』字依《説文》作『禮』者，於右旁俱誤多一『丨』作『禮』，始歎近日精神不濟，憂能傷人，致斯巨謬，可悚息矣。牧莊來，談至夜一更後去。

十二日辛卯　晨霡陰，有微雨，上午後晴，有風。校《白虎通疏證》。牧莊來，託其代换銀三十兩，以十二兩還去冬所借。

邸鈔：□□□□松琭補奉宸苑卿。

十三日壬辰　晴，有風。病齒，又患腹疾，多卧閲書。得牧莊書，還《古韵通釋》。殷蕚庭來邀飲，辭之。作書致禔盦，得復。

閲湖北書局新刻諸書，有旌德姚仲虞配中《周易姚氏學》十六卷，儀徵劉孟瞻文淇《左傳舊疏考正》八卷，錢唐梁處素履繩《左通補釋》三十二卷，涇胡景孟承珙《儀禮今古文疏義》十七卷，會稽章逢之宗源《隨書經籍志史部考證》十三卷，嘉定朱亮甫右曾《周書集訓校釋》十卷附逸文一卷，嘉定錢溉之塘《淮南天文訓補注》二卷。其餘多習見之書，校刊不精，謬誤疊出。惟《左通補釋》由原版補刻景翻，尚爲審慎。《隋經籍志考證》向無刊本，此事最爲有功。

閲章氏《隨書經籍志考證》，自史部正史類《史記》至雜傳類顔之推《寃魂志》止，其經、子、集三部皆已亡，即史部亦不載每篇敘録之文，而移地理、譜系、簿録三類本居末者爲第六、第七、第八，在舊事之前。或章氏有意改定，或稿本傳寫偶亂，皆不可知。前有錢警石識語，謂嘉慶末其從兄衎石鈔自何夢華家，今因以得傳也。其中引證極爲詳博，遠非王伯厚《漢藝文志考證》之比，間亦列《志》未著録之書，則仍王氏例也。

是日付贖佩表錢七十三千，付米債四十千，石炭債三十千，紬債十千。

邸鈔：刑部左侍郎幫辦河南振務袁保恒卒。詔：袁保恒由翰林洊擢卿貳，前在江蘇、安徽等省隨剿捻匪，迭著戰功，復在陝西辦理轉運事宜，俱臻妥協。此次派往河南幫辦振務，尤能任怨任勞，悉心經畫。遽聞溘逝，軫惜殊深。加恩照侍郎例從優賜恤，伊子袁世勳俟服闋後吏部帶領引見。保恒旋予謚文誠。詔：山西奏報得有微雨，尚難播種。本月十七日仍親詣大高殿拈香，並派肅親王隆懃等分禱覺生寺、黑龍潭、白龍潭、時應宫及各廟祠。以翰林院侍講學士興廉轉補侍讀學士，以左春坊左庶子桂昂爲侍講學士。

十四日癸巳　陰，午前後微有日景，晚雨，黄昏漸密，夜二更後止。

閲《老學庵筆記》，亦湖北書局所刻，據《津逮祕書》本，而誤字頗多，不及毛刻遠甚。又止刻十卷，而闕其《續筆記》二卷，其草率可知。放翁此書，在南宋時足與《猗覺寮雜記》《曲洧舊聞》《梁谿漫志》《賓退録》諸書並稱。其雜述掌故，間考舊文，俱爲謹嚴；所論時事人物，亦多平允。《四庫提要》譏其以祖左丞之故，於王氏及《字説》俱無貶辭，不免曲筆。今考其書，於荆公亦無甚稱述，如云輕沈文通以爲寡學，誚鄭毅夫不識字，又不樂滕元發，目爲滕屠鄭酤，及裁減宗室恩數諸條，俱不置斷語，而言外似有未滿意。惟一條云：『先左丞言荆公有《詩正義》一部，朝夕不離手，字大半不可辨。世謂荆公忽先儒之説，蓋不然也。』則荆公本深於經學，所記自非妄説。其言《字説》亦祇一條，云『《字説》盛行時，有唐博士耜、韓博士兼皆作《字説解》數十卷，太學諸生作《字説音訓》十卷，劉全美作《字説偏旁音釋》一卷，《字説備檢》一卷，又以類相從爲《字會》二十卷』，以及故相吴元中、門下侍郎薛肇明等詩文之用《字説》，而亦未嘗加論斷。至所舉十目視隱爲直，則本《説文》義也。其論詩數十條，亦多可觀。劍南於此事本深，尤宜其談言微中。

作書致陳汝翼，得復。余以其久病，故問之，而言今日已出門矣。

邸鈔：以禮部左侍郎黄倬調補刑部左侍郎，未到任以前，仍命内閣學士馮譽驥署理；以王文韶爲禮部左侍郎，仍兼署兵部左侍郎。

十五日甲午　晨溦雨，終日霒陰。都中僕媪，最爲難豢，朋比把持，主人往往爲所挾制，前人屢形紀載，而車夫尤狡猾無賴。余御下最寬，每事待之以誠，故市物低昂，欺蔽已甚，而公然悍逆者頗少，亦鮮有怨詈者。梅卿車夫郭九自去年携其婦居廄中，梅卿已許之，又爲轉請於余。余不得已，許其暫居。梅卿瀕行，付以車及贏，令自取僦直，而仍居廄。余屢遣其去，輒以窮迫乞稍緩。今早忽言其婦病死矣。細審之，乃實奸宿一外來傭媪，并非其婦也。余足迹從不至廄，又僕輩共隱蔽之，竟不及知此，誠過寬之失矣。有揚州祝氏婢來鬻，年十六矣，席姓，尚不甚醜，而舉止頗醖藉，有大家風範，索銀百三十金。姬媪輩俱極從臾，因勉許之，然此款不知何出也。午後出門，欲答客數家，先至牧莊館中小坐，以天色甚晦，恐雨至，遽歸。閲《酉陽雜俎》，亦湖北新刻，據《津逮祕書》本，而訛錯彌甚。書愈刻而愈亡者，此類是也。

十六日乙未　晴，大風。得汝翼書，送來弢夫三月二十日金陵書。作書致香濤，乞貸三十金。作書致禔盦，託其覓南中匯銀處。牧莊來。得禔盦復，并約明日夜飲。

十七日丙申　比日寒，需重綿。上午出門，詣何達夫、羊辛楣、殷蕚庭，俱爲婢價也。詣温味秋，賀其擢温處兵備，午後歸。得牧莊書，饋南中燒餅五十枚，即復謝。作書致伯寅侍郎。（此處塗抹）得伯寅復。劉仙洲夫人來。温味秋來。得心泉復。閲《意林》，亦湖北新刻，據常熟張氏本也。凡五卷，自《鬻子》至楊泉《物理論》，共七十一種，其有目無書者《鶡冠子》《王孫子》二種，後附《補遺》七種，即《鶡冠》《王孫子》等。張氏海鵬據《説郛》本録出者也。晚詣同福樓赴禔盦之招，坐爲牧莊、爽秋諸君，偕禔盦招霞芬。夜又大風，月色黄晦。二更後歸。

邸鈔：以翰林院侍讀學士徐致祥爲詹事府詹事。

十八日丁酉　晨至午晴，下午微陰，晡後復晴，傍晚陰晦，晚又風。

閲劉孟瞻《左傳舊疏考正》。其大怡以唐人作《五經正義》多用舊疏而没其名，《左傳》尤甚。孔冲遠序謂以劉光伯《述義》爲本，而劉頗規杜過，孔專申杜，因取劉之申杜者襲之，攻杜者芟之，間一二存其規語而復駁之，以致出入紛錯，辭氣不屬。而《正義》成後，太宗復詔詳定，高宗又敕更正，已非冲遠之舊，而舊疏益以泯没。今取疏文之隔閡者，尋其脉絡，較其從違，爲分條别出之，孰爲沈氏文阿之文，孰爲劉氏之説，孰爲孔氏增加，孰爲唐人改竄，皆援據證明，其用力可謂勤，而用心亦良苦。然唐初儒學尚盛，况其時沈之《義疏》、劉之《述議》，遍布人間，世所共習。冲遠以耆儒奉敕撰述，而盡掩前人，攘爲己有，獨不畏人言乎？太宗非可欺之君，世士亦何能盡罔？恐非甚無耻者不肯出此也。蓋《正義》之病在於筆舌冗漫，故複沓迂回，接續之間，多不連貫。其間用舊説而失繫姓名者，或亦有之。若以爲一部書中惟駁光伯之語出於沖遠，餘皆襲舊義，毋乃言之過歟？孟瞻此書，存此一段公案可耳。

牧莊來夜談。

十九日戊戌　晴，上午風，下午稍止。

段柯古《酉陽雜俎》二十卷，《續集》十卷，雖多迂怪瑣屑，其門目如《忠志》《天咫》《玉格》《壺史》《貝編》之類，尤爲纖詭。然采取甚博，遺聞佚事，往往而存，實小説之淵藪。《續集·寺塔記》二卷，據《兩京新記》及《游目記》爲本，而益以所目見。其自序謂武宗癸亥三年夏，與同官張希復、鄭夢符約一旬尋兩街寺，以街東興善爲首，游及慈恩，知官將併寺，僧衆草草，乃泛問一二上人，及記塔下畫，游迹於此遂絶。大中七年，追次所記，編成兩卷。其每寺下備載塔院像設、靈蹤古蹟、名木奇卉，尤詳繪事，實《洛陽伽藍記》之比。宋敏求《長安志》、李好文《長安圖》皆據以考見當時街巷，近時徐氏松撰《唐兩京城坊考》，亦全賴此書，所采甚多，是其最可傳者也。又《砭誤》一卷，雖亦意在瓌異，而時足以考證史事。如一條云：相傳『德宗幸東宮，太子親割羊胛，今本誤作『脾』。水澤手，因以餅潔之。太子覺上色動，乃徐捲而食。司空贊皇公案：此指李衛公德裕也。衛公武宗時由司徒遷太尉，宣宗時貶謫，懿宗時追復太子少保、衛國公，贈僕射。兩《唐書》《通鑑》皆同，而《唐會要·謚法門》作司空、衛國公李德裕謚忠。余昔年日記，據之以爲衛公，追復太子少保，後又加司空贈謚，以史失之。觀此稱司空，益可證。著《次柳氏舊聞》，又云是肅宗。劉餗《傳記》云：「太宗使宇文士及割肉，以餅拭手。上屢目之。士及佯不悟，徐捲而啖。」』此蓋以劉記爲得實矣。

得香濤書，并銀十兩。余兩與之書，而借三得一。爲此婢價，平生風節，掃地盡矣。鈔《儀禮漢讀考》一葉。作片致何達夫，屬其託潘荻漁代扣章乃畬印結罰款四十兩，聊以懲此輩侵吞，追其百一耳。夜達夫來。是夕達旦不能寐。

二十日己亥　未初三刻二分小滿，四月中。晴，晡後陰，傍晚雲合，有風，晚小雨，夜雨，不久止。得伯寅侍郎書，惠銀二十兩，即復謝，犒使十千。蕚庭來，惠銀十兩。剃頭。得達夫片，送來章氏罰款三十兩，并是月公費十兩。付贖金耳環錢四十六千五百四十。夜禔盦來，言覓得匯款番銀五十余。以集資已足，辭之。此次丐金，幾等聚針盈鉢。同人憐其貧老，視其生男，皆誼等傾囊，謀如在己。然最知其不得已而苦言相勸，雖乏錢相助爲之從臾盡力者，牧莊、禔盦兩君也。

邸鈔：上諭：文格奏覆勘黄河南北兩岸堤工，並審度運河南北運口形勢，分别酌辦一摺。山東黄、運兩河南北岸及運口情形，經文格覆勘明晰，據稱李元華前請於北岸運口内里餘建立石閘，尚未完工，閘座啓閉，似難得力。上年新修北堤，殊不足恃。就民埝改築小堤，分年幫築，亦無把握。南岸所築新堤，實形薄削。所擬濮、范黄水二道，抽挑引渠，併歸一道，及南堤之北、黄水之南建立小堤各節，均屬窒礙難行等語。治黄與利運，相輔而行。文格以李元華逼水築堤，無憑奏效，惟既動款二十七萬餘兩，未便棄而不守。現調南岸營汛移過北岸，協同擇要修防培補。壽張境内决口兩處，先建草埧，俟春汛後再行議修。運河暫行挑淤，以便浮送回空船隻。及桃源同知每年於春汛後駐工，霜降後仍回本缺各節，均著照所請行。李元華修建南岸新堤，佐修委員、前曹州府知府馬映奎禀報八十里，而直隸委員查勘及文格派員履勘，均係四十餘里，何以相去懸殊，李元華未能核明飭減，亦以七十餘里報銷，並將堤高頂寬底寬丈尺多算，其奏銷銀兩細數又無底案移交，殊屬不成事體。著吏部傳知前署山東巡撫、布政使李元華即行馳赴山東，交出底案，核算明確。馬映奎現在四川，著丁寶楨即飭該員迅速前赴山東，以憑徹底根究。如查有虚冒等情，即著文格據實嚴參追繳，毋稍徇庇。江蘇候補道劉瑞芬補授蘇松太道。本任道馮焌光以昔年請假至伊犁迎其父柩，特旨不開缺，以劉瑞芬署理。今春復詔焌光、瑞芬及九江道沈保靖、江蘇候補知府鄭藻如來京議設機器局，而焌光病卒，瑞芬方引見，遂得補，而兩議亦寢。

二十一日庚子　晨有溦雨，上午陰，午後晴，晡後大風。以銀一百三十兩交爛麵胡衕齊氏，取席嫗來。齊蓋天津人，其主人已早卒，此其妾祝氏之婢也。有祝氏及媒媪劉氏所立文契。得牧莊、禔盦兩兄書，惠繡花抹額、繡花紅巾、花袖、裙花、佩鏡、絲帶及紅燭一合，鞭爆一封，即作書復謝，還花袖及裙花，犒使六千。族兄雅齋續娶婦，送禮錢四千。作片致牧莊。牧莊來。萼庭來。付媒媪銀二兩，道喜錢十千，齊氏送媪錢五千，車錢五千。禔盦再送花袖及裙花來，暫受之，再犒二千。祝氏爲故刑部尚書承彦兄某之妾，揚州人。齊官揚州内之，早寡，無子。此婢京師人，以癸亥二月九日生（癸亥乙卯乙酉丁丑），年六歲賣於齊。今尚書萬青藜、李鴻藻之子婦，皆齊氏女也。此婢常從祝往來於兩家，故知兩家事獨詳。

邸鈔：曾國荃奏本月初八、初九、初十、十四、十五等日，山西省城及東南各州縣皆得雨。以前山西歸綏道崇縉補雲南迤東道。

二十二日辛丑　晴，下午間陰，有風。閲《意林》。鈔劉孟瞻《左傳舊疏考正》自序。此序及黄承吉序，皆讀唐人義疏者所不可不知。付僕媪等買妾門規銀二兩六錢，以齊氏不肯抵留也。又賞王媪、楊媪各錢廿千，僕媪等道喜十千。得牧莊書，饋笋乾、卵卷，二者皆越味也，即作書復謝。

邸鈔：詔：京畿及河南、山西皆已得雨，本月二十六日親詣大高殿敬謹報謝，派恭親王奕訢等分詣覺生寺及各宫廟潭祠拈香報謝。大高殿、覺生寺、黑龍潭即行徹壇，諷經之僧道剌麻，内務府照例給賞。詔：加封直隸邯鄲縣龍神爲靈應昭佑宏濟聖井龍神。以今年迎請鐵牌禱雨著靈也。

二十三日壬寅　晴，風，至上午止。閲《隋書經籍志考證》。胡光甫來。牧莊來。作書致紱丈，饋南酥燒餅及鷄卵、脆卷各百枚，得復。東坡詩云：『人老簪花不自羞，花應羞上老人頭。』平康過盡無人問，十里珠簾半下鉤。』放翁詩云：『却笑平生臂鷹手，挑燈閑送佛前香。』遺山詩云：『一瓶一鉢生涯了，慚愧南窗打睡僧。』三公託興不同，寓感則一。暮年烈士，攬鏡自傷，此放翁又有『造物無情吾輩老』之句也。况以黔回之西崦，迫於鹽嫫之東隅，徒誚星星，誰歌燕燕？牙郎所出，止知賣絹之工；獠婢初來，空切生琨之想。余前日致友人乞貸書有云：『閉房將屆，當户無徵。强看霧裏之花，冀驗日中之景。虚舟將敗，猶借力於增帆；羸卒無多，亦張疑於添竈。』言雖似戲，情固難堪矣。是夜獨宿聽事，慨然記之。

二十四日癸卯　晴。閲《隋書經籍志考證》。朱蓉生來。鈔《左傳舊疏考正》自序訖，更録黄序。得三妹是月十一日書，言賃居諸善衕陳氏。洗足。

二十五日甲辰　晨微晴，甚佳，上午陰，下午風，有雨，旋止。早起讀書。爽秋來。鈔黄序訖。兩序皆二千四百餘言。劉序辨《正義》所稱定本，乃周隋以前蕭該、何妥、劉焯等所定，非貞觀中顔師古奉敕刊正頒行之書，列有十證。黄序言西漢以前傳經之學，東漢以後傳注之學，初唐以前注疏之學，源流推衍，宗旨分明，又考辨『義疏』二字之誼，皆極詳晰。

作片致蕚庭，饋以豚肉一方，南酥、餅卷各一百。連夕頻夢見仲弟。昨得三妹書，言弟野殯田側，僅有草苫也。哀哉！余之不孝不友，至於如此，尚望生男，以長有後乎！使此書早到十日，亦決不買此婢矣。

邸鈔：上諭：王文韶奏懇恩賞假，迎母來京一摺。王文韶著賞假兩月，迎養伊母。上諭：給事中郭從矩奏上天感應甚神，請益加祇敬一摺。饑饉薦臻，死者不可復生，生者無所得食。大田雖經播種，而秋成尚遠。此後雨暘，未能逆料。深宮廑念，何敢以天心甫轉，遽弛寅畏之忱？况近日風多揚沙，日有赤色，上蒼示警，惕厲尤深。爾中外臣工務當各修職業，以期共濟。郭從矩原摺著存毓慶宮，以資省覽。

二十六日乙巳　晨微陰，旋晴。是日無風，天氣清和，心神偶閑，覺無一事。雜閱説部，間録六朝人閑曠之文，聊寫我憂而已。作書致牧莊，饋以乾菜、燖肉及煮筍各一器。褆盦來。傍晚微風，致多爽氣，庭宇朗暢，玫瑰、月季方作花，當歸亦尚有開者。携几坐庭下，閲《隋書經籍志考證》，亦所謂求數刻之暫歡也。牧莊來夜談。自昨得家書，悲惋特甚，今日强自排遣，因賦二詩，以述我哀。又前夕夢與潘星翁談藝若平生，并以一詩志之。

王氏妹書來言仲弟淺殯草間未得一抔之蓋賦此志慟二首

亂後全拋負郭田，一棺苫覆越江邊。牛宮轉羡生前樂，蟻穴深愁日久穿。半世飢寒無爾顧，九原狐兔更誰憐。先人何罪身何罰，慟絶蒼黄欲問天。

十載長安鬢髮皤，因山窮鳥日悲歌。人間自歎荆榛窄，地下尤傷骨肉多。負土已知無子姓，首丘猶冀共巖阿。眼前弟妹俱貧弱，日炙風吹奈爾何。

夢潘星丈

一别鬚眉渺典刑，夢中緑野話平生。窮途易切酬知感，老境難勝憶舊情。門外輀車過慘咽，前一日丈出殯某寺，喪車過余門，適送客見之，竟不及一奠也。案頭箋札尚縱横。歲寒扶杖頻相慰，腸絶南來斷雁聲。去冬余聞仲弟之訃，過唁者惟丈及同鄉牧莊、褆盦三數君而已。

桃花聖解盦日記壬集第二集

光緒四年四月二十七日至十月二十九日(1878年5月28日—1878年11月23日)

光緒四年戊寅四月二十七日丙午　晴熱。

古人引書多以意改，不如其本文，遇敘事者，删節尤甚。唐宋人類書尚如此，其可貴者，不似明人之妄竄耳。後人據以考訂本書，得者固多，若必以後改前，則惑矣。故此事須有深識也。即以《意林》言之，其所載書今尚存者概删落字句，且有改屬其文，隱括其意者，於《孟子》尤甚。近時考據家斤斤校訂，一字不敢出入者，不可不知此義。

同司李郎中耀奎爲子娶婦，送賀錢四千。何達夫納妾，來招飲，送手帕、荷包、飯單、裙帶賀之。晚往赴飲，惡客滿門，肴饌甚劣，所納者亦相稱，忍餓而歸。剃頭。

邸鈔：以詹事府詹事銓林爲内閣學士，兼禮部侍郎銜。

二十八日丁未　晨陰，有雷雨，上午密雨，午後又密雨，晡後小止，晚又溦雨，甚凉。《意林》所載書今已亡者，往往有格言可取。今略録之：

黨成於下，君孤於上。

馬不素養，難以追遠；士不素簡，難以趨急。

里語曰：州郡記如霹靂，得詔書但挂壁。崔元始《正論》。

君子暇豫則思義，小人暇豫則思邪。《阮子》。

赤如鷄冠，黄如蒸栗，白如脂肪，黑如淳漆，此玉之符也；言成雅馴，辭作典謨，此人之符也。《正部》。《隋志》：《正部論》八卷，王逸撰。案《文選》魏文帝《與鍾大理書》注引「赤如鷄冠」五句，亦作王逸《正部論》。

琴瑟張而鄭衛作，五色成而綺縠生。姚信《士緯》。

臨死修善，於計已晚；事迫乃歸，於救已微。

行禮若火，流教若水。

讓一得百，争十失九。《周生烈子》。

天下士子有三可賤：慕名而不知實，一可賤；不敢正是非於富貴，二可賤；向盛背衰，三可賤。

天下學士有三奸焉：實不知詳古『徉』字。不言，一也；竊他人之記，以成己説，二也；受無名者，移知者，案：此謂受之無名者之人，而欲自耀其學，以取信於世，詭稱得之於知者，如孟喜言獨受田王孫，趙賓言得之孟喜是也。三也。

北方寒而人壽，南方暑而人夭，如蠶寒而饑則引日多，温而飽則引日少。《昌言》。

録人一善，則無棄人；采材一用，則無棄材。

諺曰：己是而彼非，不當與非争；彼是而己非，不當與是争。

鏡照醜好而人不怨，法明善惡而人不恨。《魏子》。

天之圓也不中規，地之方也不中矩。

直木無陰，直士無徒。

水可乾而不可奪濕，火可滅而不可奪熱。

木氣人勇，金氣人剛，火氣人强而躁，土氣人智而寬，水氣人急而賊。《任子》。名奕。

考實性行，莫過於鄉閭；校才選能，莫善於對策。杜恕《篤論》。

人有厚德，無問小節；人有大舉，無訾小故。

君子居必選鄉，游必擇士。杜恕《體論》。

人而無廉，猶衣服之無殺，食味之無酸鹹。

智慧多則引血氣，如燈火之於脂膏：炷大而明，明則膏消；炷小而暗，暗則膏息，息則能長久也。

古人目短於自見，故以鏡觀形；心短於自治，故以禮自防。

雄聲而雌視者，虚僞人也；氣急而聲重者，敦實人也。《唐子》。名滂，字惠潤，生吴太元二年。

遠難知者天，近難知者人。《秦子》。

寡門不入宿，臨甑不取塵，避嫌也。《鄒子》。

水性雖能流，不導則不通；人性雖能智，不教則不達。孫毓《成敗志》。

念己之短，好人之長。

有財不濟交，非有財也；有位不舉能，非有位也。譙周《法訓》。

刑者小人之防，禮者君子之檢。顧譚《新言》。

榮辱所以化君子，賞罰所以禦小人。陸景《典論》。

以上三十條，近人山陽丁儉〈卿〉輯《子史粹言》，偶未及録，可取補之。其曰崔元始《正論》者，《後漢書·崔寔傳》作《政論》，《隋志》亦作《正論》，在子部法家。《阮子》者，魏清河太守阮武撰，《阮子正論》五卷，見《隋志》法家，注云：梁有，隋亡。《正部論》八卷，後漢侍中王逸撰，見《隋志》儒家，注云：

梁有，隋亡。姚信《士緯新書》十卷，見《隋志》名家，注云：梁有，隋亡。《周生子要論》一卷，魏侍中周生烈撰，見《隋志》儒家，注云：梁有，隋亡。《魏子》者，後漢上虞魏朗撰，《隋志》三卷，入儒家。任子名奕，無可考。《隋志》《舊唐志》俱有《任子道論》十卷，魏河東太守任嘏撰，入道家。杜恕《篤論》四卷，《隋志》見雜家，注云：梁有，隋亡。《體論》四卷，《隋志》入儒家。《唐子》十卷，《隋志》入道家。《秦子》三卷，吴秦菁撰，見《隋志》雜家，注云：梁有，隋亡。《鄒子》無可考。孫毓《成敗志》，《隋志》見儒家，注作《孫氏成敗志》三卷，云：梁有，隋亡。譙周《法訓》八卷，《隋志》入儒家。顧譚《新言》當作《新語》，《舊唐志》同。《隋志》：『《顧子新語》十二卷，吴太常顧譚撰。』入儒家。陸景《典論》，《隋志》作《典語》，《舊唐志》作《典訓》，《隋志》見儒家，注云：『《典語》十卷，《典語别》二卷，並吴中夏督陸景撰，亡。』其它所載有《王孫子》一卷，見《隋志》儒家，注云：梁有，隋亡。《通語》八卷，見《隋志》儒家，注作『十卷，晉尚書左丞殷興撰，《舊唐志》作『文禮撰，殷奥續』。『文禮』上當有脱字，『奥』蓋『興』之誤。亡』。《梅子》一卷，見《隋志》儒家，注云：『《梅子新論》一卷，亡。』《物理論》十六卷，《太玄經》十四卷，見《隋志》儒家，注云：『梁有楊子《物理論》十六卷，楊子《太玄經》十四卷，並晉徵士楊泉撰，亡。』《舊唐志》亦入儒家，卷數悉同。考梁元帝《金樓子》云：漢揚雄、晉楊泉著書同名《太玄》，漢桓譚、晉華譚著書同名《新論》，即謂此也。《化清經》十卷，王嬰《古今通論》三卷，皆見《隋志》儒家。注云：梁有《古今通論》二卷，松滋令王嬰撰。蔡氏《化清經》十卷，蔡洪撰，亡。《舊唐志》作《清化經》，蓋誤倒。鍾子《芻蕘論》五卷，見《隋志》雜家，注鍾會撰，云：梁有，隋亡。

考馬氏此書，本之梁庾仲容《子鈔》三十卷，故多《隋志》已亡之書。然如《阮子正論》、姚信《士緯》、《周生烈子》、杜恕《篤論》、秦菁《秦子》、《孫氏成敗志》、陸景《典訓》、殷興《通語》、楊泉《物理論》、

《太玄經》、蔡洪《化清經》、王嬰《古今通論》、鍾會《芻蕘論》，皆《隋志》言已亡者，復出於《唐志》。蓋《隋志》據唐初收隋東都圖籍庭柱亡失之餘，《唐志》據開元收書四部大備之後，詳見兩《書》志序。故佚書多出，不足異也。惟《意林》載有《纏子》一卷，考《纏子》惟見於《論衡》，爲墨子之學，與儒者董無心相難。其書自《漢志》以來，未嘗著録，不知何所據矣。其載楊泉《物理論》，多主復肉刑之説。有一條云：《語》曰：『上不正，下參差。』古者所以不欺其民也。今吾越俗語有云：『上梁不正，下梁參差。』參，音作初金切，正與《毛詩釋文》音合；差，音作初何切，亦合古音。其語正本於此。而增二『梁』字，辭意更顯。疑今本《意林》或脱二『梁』字也。方言之可證古書如此。其載楊泉《太玄經》七條，共二十二句，文亦模放子雲，刻鍊可喜，更録於此：

怒如烈冬，喜如温春。

鸞雛鳳子，養牲高峙。隱耀深林，不食滓穢。

内清外濁，弊衣裹玉。

十里九坎，牛馬低昂。

天氣左轉，星辰右行。陰陽運度，報返相迎。

强梁者亡，倔彊者折。大健者跋，大利者缺。

激氣成風，涌氣成雨。濁霧成雪，清露成霜。

邸鈔：雲南按察使倉景愉告病開缺，以貴州貴東道李德莪爲雲南按察使。

二十九日戊申　晨霒陰，上午有雷，澂雨，午後少霽，晡有日景，旋陰，有雷，晡後大雨，傍晚密雨入夜。

《老學庵筆記》云：『近世名士李泰發光一字泰定，晁以道說之一字伯以，潘義榮良貴一字子賤，張全真守一字子固，周子充必大一字洪道，芮國器燁一字仲蒙，林黄中粟一字寬夫，朱元晦熹一字仲晦，人稱之多以舊字，其作文題名之類必從後字，後世殆以爲疑矣。』案：諸公皆放翁所及見，宜得其實，後人惟朱子之字仲晦尚有知者，若先莊簡公之一字，雖譜牒亦失載也。

《老學庵筆記》掌故最多，其述官制者，如云：『舊制，兩省中書在門下之上，元豐易之。』案：唐制，初亦中書在門下之上，大曆以後門下居上。余别有考，在越縵堂戊午日記下卷。舊制，丞相署敕皆著姓。案：此丞相謂中書門下侍郎也，非南渡後左右丞相之謂。官至僕射，則去姓。元豐新制，以僕射爲相，故皆不著姓。

今官制，光禄大夫轉銀青，銀青轉金紫，金紫轉特進。五代以前，乃自銀青轉金紫，金紫轉光禄，光禄轉特進，據馮道《長樂老序》所載甚詳。案：隋、唐制皆如此，六朝、後魏則光禄大夫上更有左右光禄大夫兩階。宗正卿、少，祖宗因唐故事，必以國姓爲之，然不必宗室也。元豐中始兼用庶姓。而知大宗正事設官始於濮安懿王，始權任甚重，後頗鐫損云。

故事，臺官無侍經筵者，賈文元公爲中丞，仁祖以其精於經術，特召侍講邇英，自此遂爲故事。

唐人本謂御史在長安者爲西臺，言其雄劇，以别分司東都。事見《劇談録》。本朝都汴，謂洛陽爲西京，亦置御史臺，至爲散地，以其在西京，號西臺，名同而實異也。

江鄰幾《嘉祐雜志》言：唐告身初用紙，肅宗朝有用絹者，貞元後始用綾。予在成都，見周世宗除劉仕瞻侍中告，乃用紙，在金彦亨尚書處。

自元豐官制尚書省復二十四曹，繁簡絶異。時有語曰：『吏勳封考，筆頭不倒；户度金倉，日夜窮忙；禮祠主膳，不識判硯；兵職駕庫，典了襏袴；刑都比門，總是冤魂；工屯虞水，白日見鬼。』及大駕幸臨安，喪亂之後，士大夫亡失告身批書者多，又軍賞百倍平時，賄賂公行，冒濫相乘，饟軍日滋，賦斂愈繁，而刑獄亦衆，故吏、户、刑三曹吏胥，人人富饒，諸曹寂寞彌甚。吏輩又爲之語曰：『吏勳封考，三婆兩嫂；户度金倉，細酒肥羊；禮祠主膳，淡喫齏麪；兵職駕庫，咬薑呷醋；刑都比門，人肉餛飩；工屯虞水，生身餓鬼。』

唐以來皇子不兼師傅官，以子不可爲父師也。其後失於檢照，乃有兼者。治平中，賈黯草東陽郡王顥檢校太傅制，建明其失，自後皇子及宗室卑行合兼三師者，悉改爲三公。政和中，省太尉、司徒、司空之官，而制少師、少傅、少保，皇子乃復兼師傅，自嘉王楷始。

今參知政事恩數比門下、中書侍郎，在尚書左右丞之上，其議出於李漢老邴。漢老時爲右丞，蓋暗省轉廳，案：宋以尚書左右丞爲執政官，故恩數與參知等。舊制：左右丞轉參知，參知有二人，號東西廳，故曰轉廳。可徑登揆路也。自此遂爲定制。

史魏公自少保六轉而至太師，中間近三十年，福壽康寧，本朝一人而已。文潞公自司空四轉，蔡太師自司空三轉，秦太師自少保兩轉而已。

故事，謫散官雖別駕、司馬，皆封賜如故。故宋尚書白在鄜時詩云『經時不巾櫛，慵更佩金魚』，東坡先生在儋耳亦云『鶴鬢驚全白，犀圍尚半紅』，是也。至司户參軍，則奪封賜。故世傳寇萊公謫雷州借録事參軍緑袍拜命，短纔至膝。曾丞相謫廉州司户，亦借其姪緑袍拜命云。

唐自輔相以下，皆謂之京官，言官於京師也。其常參者曰常參官，未常參者曰未常參官。國初以常參官預朝謁，故謂之升朝官；案：唐亦有朝官之稱，自太常博士、補闕以上常朝者曰朝官。而未預者曰京官。元豐官制行，以通直郎以上朝預宴坐，仍謂之升朝官；而按唐制去京官之名，凡條制及吏牘，止謂之承務郎以上，然俗猶謂之京官。

唐所謂丞郎，謂左右丞、六曹侍郎也。尚書雖序左右丞上，然亦通謂之丞郎，猶今言侍從官也。案：此似誤。自唐溯晉，皆以六尚書並左右僕射（若五尚書或僕射止一人，則并數尚書令）稱八座，無稱尚書爲丞郎者。丞郎自是左右丞、六侍郎之省文。或謂丞郎爲左右丞，中書、門下侍郎，非也。

群臣賜金魚者，執政則正透，從官則倒透。

凡此諸條，多史志所未詳。其尤有關系者，論太祖配位云：太祖開國，雖追尊僖祖以下四廟，然惟宣祖、昭憲皇后爲大忌，忌前一日不坐朝，則太祖初不以僖祖爲始祖可知。真宗初罷宣祖大忌，祥符中下詔復之，然未嘗議及僖祖，則真宗亦不以僖祖爲始祖可知。今乃獨尊僖祖，使宋有天下二百四十餘年，太祖尚不正東向之位，恐禮官不當久置不議也。

論宗室名行云：仁宗賜宗室名，太祖下曰世，太宗下曰仲，秦王下曰叔，皆兄弟行。世即長也。其後世字之曾孫又曰伯，則失之。

論教主云：本朝廢后入道，謂之教主。郭后曰金庭教主，孟后曰華陽教主，其實乃一師號耳。政和後，群黄冠乃敢上道君尊號曰教主，不祥甚矣。孟后在瑶華宫，遂去教主之稱，以避尊號，可怪也。

論錢文云：歐陽公記開寶錢文曰宋通。予案周顯德錢文曰周通，故國初因之，亦曰宋通。建隆、乾德中皆然，不獨開寶也。至太平興國以後，乃以年號爲錢文。

論一州數守云：祥符東封，命王欽若、趙安仁並判兖州，二公皆見任執政也。慶曆初，西鄙未定，命夏竦判永興，案：即今陝西西安府。陳執中、范雍知永興。一州二守，一府三守，不知當時如何分職事。

既非長貳，文移書判之類，必有程式，官屬胥吏，何所禀承？國史皆不載。然當時諫官、御史，不以爲非，諸公受之，亦不力辭，豈在其時亦爲便於事耶？宣和中，復幽州，以爲燕山府，蔡靖知府，郭藥師同知。既增『同』字，則爲長貳，與慶曆之制不同。

論節鎮云：韓魏公罷政，以守司徒兼侍中、鎮安武勝軍節度使，累章牢辭，至以爲恐開大臣希望僭忒之階，遂改淮南節。元豐間，文潞公亦加兩鎮，引魏公事辭，卒亦不拜。紹興中，張俊、韓世忠乃以捍虜有功，拜兩鎮，俄又加三鎮，二人皆武人，不知辭。當時士大夫曰：若加一鎮，即爲四鎮，如朱全忠矣。

此等卓論，皆足裨《宋史》。

又如『賜無畏』一條言：唐五代間功臣，多賜無畏。韓偓《金鑾密記》云：面處分，自此賜無畏，兼賜金三十兩。又云：已曾賜無畏，卿宜凡事皆盡言，直是鄙俚之言亦無畏。以此觀之，無畏者，許之無所畏憚也。蓋起於唐末。

又『習《何論》』一條云：《國初韵略》載進士所習有《何論》一首，施肩吾及第，敕亦列其所習《何論》一首。蓋如三傑佐漢孰優、四科取士何先之類。

二事尤他書所未聞。《四庫提要》所稱頗寥寂，故類而録之，以見放翁學識過人。即以此書而論，亦説部之傑出也。

邸鈔：上諭：左宗棠奏仍懇允收成命一摺。所稱巨憝稽誅，各省灾祲迭見，正君臣交警之時，不敢濫膺高爵，具見敬畏之忱，實堪嘉尚。際此時艱孔亟，該大臣於應辦事務殫竭忠誠，即所以圖報稱至。該大臣兩次陳請，固非飾讓鳴高，而錫爵酬庸，朝廷亦當有以示勸，著仍遵前旨，毋再固辭。

三十日己酉　晴。先本生祖考忌日，供饋。是日爲粗婢阿珊所忤，饋獻之頃，頗形辭色，瀆慢不敬，叩顙五十下，以告罪於先。余家自先六世祖天山府君家訓『不畜妾婢』，至先高祖妣周太夫人無出，高祖四十後始納傅太夫人。本農家女，生曾祖兄弟三人，婦德母儀，鄉黨稱頌。以後三世，皆守家法愈謹。曾祖妣倪太夫人有兩婢，一以習女工，與人鬥巧相忿詈，曾祖妣笞之，其夕縊死，益相戒不置婢。先王父無兄弟，年三十六無子，始納張孺人，本京師人，其父爲縣尉於蜀，卒官無子，其叔父携之自蜀來浙，復死，乃來歸。甫兩月而先王父卒，時尚未侍寢，年甫十八，誓死不嫁，以貞節稱。先本生王父年老，有勸置妾者，拒不許。有一婢親串中所贈者，年及笄將嫁矣，余時年弱冠，先本生王父召謂之曰：『人家置妾婢，最不幸事。重則釀事變，輕則致不和。儒素之家，尤非所宜。吾家更與它姓不同。傅太君之懿範，張孺人之節行，後必難繼。設小不慎，不特頓墮家教，且恐辱及先人，二母之靈必愀然不安。汝等其志之。』指將嫁婢曰：『此人厚重，聞將遣，涕泣數日矣。吾所以不留與汝等者，恐其年長質性漸變也。况來自外者乎？』余既不能服膺家訓，又治家無法，陵遲詬誶，致慢先靈，悚息何已！牧莊來夜談，二更時去。夜獨宿聽事，五更疾動。是日孺初來，僕輩以有家祭辭之。

邸鈔：左宗棠奏甘肅提督李輝武病卒，懇請優恤。詔：李輝武加恩照提督在軍營立功後病故例從優議恤。以前貴州提督周達武爲甘肅提督。上諭：左宗棠奏道員胡光墉歷年購辦西征軍火，籌運餉項，均無貽誤，其勞績實與前敵無異，自應量予鼓勵。胡光墉著賞穿黃馬褂。刑部郎中景維授雲南昭通府知府。詔：盛京工部學習員外郎凱肇革職，交地方官看管，追出原索銀五千兩，交還伊堂弟熙治，並出具永不滋擾甘結。署盛京將軍崇厚奏前大學士文祥之女、四川候補知府恒泰之子媳，呈稱氏父在日，已將祖遺家產全給胞姪凱肇、凱元，又分給自置產業一半及銀一萬兩。今年正月，凱元在京病故。月餘凱肇到京後，使凱元之妻倭氏索銀萬兩。

熙治年幼，其庶母不得已，凑集給付五千兩，情實難堪。

五月庚戌朔　晴。京師近日大疫，死者數萬人，知好中謝麐伯編修、同年史潤笙太守皆以此卒。其病起時似寒熱，兩日不發疹即死，有夕發病未及旦死者。饑饉之後，繼以疾癘，灾劫流行，何時已耶？得蕚庭書，贈新來姬人香奩八事，受象篦、鬢花、佩鏡、衣纈、《儀禮》作『景』。繡襬、絲帶，返其繡袖、段囊，作書復謝，犒使四千。

邸鈔：以協辦大學士、吏部尚書載齡爲大學士，管理工部事務。以刑部尚書全慶協辦大學士。以太僕寺卿劉典爲通政使司通政使。

初二日辛亥　晴熱，鬱悶，晡後陰，晚晴。比日幽憂不堪，鈔《南齊書》劉瓛、陸澄傳論，《北齊書·儒林傳序》兩首，便覺古人相對，經味油然。《南齊》無儒林傳，故蕭子顯即於劉、陸兩君傳論發之，其言極醇。李重規《北齊書》以《儒林傳序》爲第一文字，述北學源流升降甚備。作書致牧莊。下午答詣禔盦、蕚庭、葆初，皆晤，傍晚歸。夜得牧莊書，即復。

邸鈔：以禮部尚書靈桂爲吏部尚書；以都察院左都御史恩承爲禮部尚書；以户部左侍郎榮禄爲都察院左都御史；以刑部左侍郎志和調補户部左侍郎，兼管三庫事務；以盛京兵部侍郎繼格調補刑部左侍郎；以禮部左侍郎綿宜調補盛京兵部侍郎；以都察院左副都御史奎潤爲禮部左侍郎。

初三日壬子　晨陰，旋晴，上午晴陰相間，午後鬱悶，晡後雷雨，晚止。鈔《儀禮漢讀考》訖。閱《思適齋集》。以湖北新刻書九十册及《北齊書》七册還實森。得紱丈書，饋蝦子醬廿二包及酥合，即復謝，犒使二千。蕚庭饋醬臑、午餅、角黍、鳧茈，犒使二千。作書致紱丈，饋玫瑰餅、醬臑，得復。以酥合、角黍饋禔盦，得復。牧莊來夜談。一更後小雨。

邸鈔：詔：直隸轉運山西振糧出力各員：翰林院編修吴大澂賞加侍讀學士銜；直隸按察使黎兆棠、署直隸津海關道丁壽昌均交部從優議敘；直隸候補道王定安、湖北候補道朱其詔均遇該省道員缺出儘先題奏。從閻敬銘、曾國荃請也。吏部奏駁。大澂改賞加五品銜。右春坊右中允鐘駿聲升補翰林院侍讀。

初四日癸丑　晨微陰，終日晴陰鬱熱。剃頭。禔盦來。得王杏泉及令子芝仙四月望日鄞縣書，并惠桂林猺桂一匣，仙居野朮一包；又寄來上虞連君補送家傳潤筆番銀六十圓，此余所不及料者也。連君此傳已送六十番金，今復如前數，固由杏泉喬梓知余貧甚，極力經營，而連君揚其先德，不惜重價，亦可謂知所輕重矣。余比以過節一無所恃，告貸既絶，逋責益多，分以一身，付之衆手。蓋平生之窘，莫過於茲。得此横財，實同奇獲。天之未喪，吾道將行。即作書致牧莊，以此事告之。得禔盦書，饋角黍、杏子、普洱茶、白菊花，并惠借銀八兩，自此應責之外，可謀節物矣。作書復謝，犒使四千。牧莊來，託其向阜康取連氏所寄得銀四十一兩三錢。余不知市賈，常以此累友朋，可哂也。

邸鈔：御史李嘉樂授山東青州府知府。

初五日甲寅　晴。小治果饌供先。是日付米錢三百一十千，石炭錢一百千，衣儈銀八兩，賣花婦人衣物錢七十千，洋紗帳幔錢五十九千，南物果飴錢三十千，王媪庸直及市買小物銀三兩，庸直至今日訖。楊媪庸直銀二兩，至是月十七日訖。順兒工食、節賞錢七千，林升工食、節賞錢十千，各僕、長班、兵皂、水夫、車夫、牙儈、剃頭等節賞二十千。霞芬來叩節二十千，僕賞十千。秋菱來叩節銀二兩，左酒三十千，僕賞十千。午飲，微醉，索逋者盡謝去，復覺此心曠然，坐聽事讀書，時有獨得之處。近日煢惑宿斗口，犯紫微，聞司天有急奏。內中震懼，飭備注水機器筒料等數千具，又調神機營兵分衛宮門，醇王入宿禁中，蓋防有火灾，且虞非常也。民間訛言日甚，俱云五月有變，我輩濡須，其能免乎？牧莊來，夜飯，二鼓後去。

初六日乙卯　卯初一刻五分芒種，五月節。晨及上午微陰，薄晴，午後晴，傍晚陰，晚大風，有雷，驟雨。謝夢漁來，言廣西全州知州貴蒸以加賦激變，捕治紳士數十人。巡撫楊重雅遽發兵往。有舉人蔣雲鵬者，遂糾衆殺貴蒸，據州城，分犯平樂及湖南之永州。又河南晝晦二日，河間亦晦一日，徐州出人面豆，廣東省城雨血，聞紹興府城亦雨血，又聞河間木葉盡落如盛冬。儻所傳果真，吾儕有死所乎？閱《詁經精舍文集》。夜席姬侍。

初七日丙辰　晴，間微陰，晡後陰，晚有風。早起鈔書。開泠布窗。得曾君表書，贈常熟新刻《歸震川全集》一部，翁文端《知止齋詩集》二部及其先集社稿，又新茗兩瓶，炰脯一肩，作書復謝，犒使四千。姚伯庸之弟中書恩衍開吊，送奠分四千。閱《震川集》。此於甲寅秋熟觀之，今二十五年矣。黃昏雲合，有雷，人定時雨作，二更後苦雨達旦淋浪。付泠布錢六千，紙工錢十五千。

初八日丁巳　晨密雨，至日加辰稍止，巳日出，旋陰，下午小雨，傍晚漸密。課賣花傭雨中雜種秋花，又西偏小室以風雨墻壞，移花樹於中院。鈔顧千里《學制備忘之記》於《思適齋集》後。僕人李升以前日受庸，先給一月直八千。夜復苦雨達旦，凉甚如秋。

初九日戊午　晨及上午霒陰，午晴。作書致牧莊，贈以《翁文端集》。殷蕚庭來。鈔顧千里《周立學古義考》及《經韵樓集》所附刻《答段茂堂》第二、第三書於《思適齋集》後，以庚申之秋千里先生之孫河之孝廉曾爲余言原集本載此數首，爲楊文蓀削去，今寫補之，以成一家之言。其原書次第，河之手自編輯，詳見余庚申《思適齋集跋尾》中。比夜皆至三鼓始睡。是夜雨，夜分後漸密有聲。

邸鈔：詔：山西太原鎮總兵黄秉鈞、河南河北道吴潮均開缺，送部引見。以□□□□□張樹屏爲太原鎮總兵。工科給事中王榮琯授河北兵備道。

初十日己未　昧爽大雨滂沱，晨漸止，巳後晴。鈔顧氏書訖。其第三書甚長，文約五千言，以分與段氏告絶，報其累書切詆之苦，辭亦甚峻，牽連詰難，頗病詞費，今依阮氏《學海堂經解》删節段書之例，去其枝蔓複沓幾四之一，轉覺義據精深，詞氣嚴整，精神益出矣。惜河之久没，不克與相訂正。幽獨之中，聊以報良友耳。廿年宿諾，及今始償，言笑宴宴，逝陰如積，不禁感慨之深也。鈔畢，復系長跋記之。得禔盦書，送來彦清四月廿三日越中書，即作書復禔盦。作書致牧莊，還所借《經韵樓集》及俞氏《諸子平議》。得牧莊書，贈莫子偲《郘亭詩集》一册。子偲自是近日學者，其詩則不能工也。即復。得蕚庭片，借《全唐詩録》。作書致陳汝翼，送彦清所附書去。

邸鈔：上諭：榮禄等奏遵議資遣外來飢民一摺。直隸被灾較重之保定等府州縣流民，前經順天府先行遣令歸籍，現議將順天、直隸之武清等州縣，山東之臨清等州縣，陝西之蒲城等廳州縣，並河南、山西兩省在京灾民查明願回籍者，一併資遣，給予路費，並分别加給銀兩，以爲回里資本。即著督飭屬員，妥爲經理。加恩賞銀二萬兩，由户部給發。外城永定等門外粥廠，再行賞給米一千石，銀一千五百兩，由户部倉場衙門給發。

十一日庚申　晨日出，旋陰，上午霒陰，傍午晴。

閲林氏《三禮通釋》卷十二《釋辟廱泮宫校序庠》、卷十三《釋視學養老之禮》。其論《王制》『西郊』爲『四郊』之誤，《説文》廱下饗飲、泮下饗射即鄉飲、鄉射，皆申段駁顧。然段氏之學，固非顧所能及，而此事則以顧説爲長。顧氏《周立學古義考》分晰天子諸侯之大學、小學爲一類，鄉學、州序、黨序、遂學爲一類，及鄭氏立四代之學爲一義，《大戴》五學爲一義，王肅、劉芳、崔靈恩等創論四郊四學爲一義，引據謹嚴，語極分明。段氏雖博辯縱横，詞鋒四出，終不免强改經注，以成其説。林氏證引甚繁，尤多意必之辭。顧氏謂若四郊有學，則大學在中，鄭注何以云或尚西，或尚東，無尚中之説？林氏駁之，以爲『上西』『上東』乃注家之言，非經有明文。案《王制》曰：『有虞氏養國老於上庠，養庶老於下庠；夏后氏養國老於東序，養庶老於西序；殷人養國老於右學，養庶老於左學；周人養國老於東膠，養庶老於虞庠。』鄭注：『皆學名也。異者四代相變耳，或上西，或上東，或貴在國，或貴在郊。』是則所謂『上東』者，明指夏之東序、周之東膠，或貴在國也；所謂『上西』者，明指虞之上庠、殷之右學，所謂或貴在郊也。安得謂經無明文乎？又顧氏謂虞庠在國之西郊，與大學在郊互見，一爲周制小學，一爲殷制大學，同在西郊。林氏駁之，以爲殷之大學即右學。《王制》何不云右學、虞庠皆在國之西郊爲徑直乎？案《王制》『虞庠在國之西郊』句緊承『養庶老於虞庠』句，作《王制》者，正以上文上庠、下庠、東序、西序、右學、左學、東膠皆明系以所在之方，可知其地惟虞庠不系方，故足以『在國之西郊』一句。時方言周制，安得横加以『右學』二字乎？顧氏以小學在公宫南之左、大學在郊爲殷制，而周時爲諸侯之制，若『養國老於東膠，養庶老於虞庠』，爲周天子之制，兩不相干，未嘗謂周天子西郊更有右學也。禮經墜佚，古制半湮，學校、明堂，尤滋聚訟。要以周立四代之學言之，東膠養國老者，周學也；東序小學正詔學干戈羽籥者，夏學也；瞽宗大師詔春誦夏弦者，殷學也。三者皆大學，在國中。虞庠小學在西郊，此爲立四代之學。若謂四郊皆有虞庠爲成均，何以周於虞學獨立四處乎？且既有鄉學、遂學，而又四郊分立四學，不嫌重贅乎？况東郊、南郊、北郊之學，未嘗一見於經傳，而蔡氏《明堂月令論》引《易傳·太初篇》云：天子朝入東學，晝入南學，晡入西學，暮入北學。《蔡中郎集》作『暮入西學』，少『北學』一句；惠定宇氏《明堂大道論》據柳子厚《四門助教壁記》引『夕入西學，暮入北學』，以爲『夕』當作『晡』，是也。又引《禮記》古文明堂之禮曰：『日出居東門，日中出南門，日側出西闈，日入出北闈。』蔡氏以四學皆在大學明堂，與《大戴·保傅篇》所謂帝『入東學』『入西學』『入南學』『入北學』『入大學』者合。夫鄭注《王制》：郊在鄉界之外，則爲遠郊百里。劉芳引王肅注『天子四郊有學，去都五十里』，若謂四學分在四郊，豈有天子一日行四百里或八百里者乎？有以知四郊之義，不可通矣。

作書致孺初，贈以白菊花一包，鷄卵脆卷百枚，得復。

邸鈔：兩宮皇太后懿旨：翰林院侍講張佩綸奏請修德持静，以靖浮言，國子監司業寶廷奏訛言日起，請示鎮定各一摺。京師連次得雨深透，人心大定，外來飢民現已陸續資遣，本無庸作意外之防。紫禁城門，理應嚴肅，曾諭前鋒統領、護軍統領認真整頓。復據醇親王面奏，神機營兵年例歇夏，可派令幫同地面官巡查，當經允其所請。自四月初五日至二十八日，每見日月出入時，間有赤色。按《天文正義》内載：日月占驗，三日内有雨則解。逐日觀候存記，俱三四日内或有雨，或激雨，或雲陰，應不入占。該衙門照例具奏之事，亦無所用其張皇。若如張佩綸、寶廷所奏，民間因此訛言日興，是朝廷整飭紀綱之舉，轉爲群情駭惑之端，不可不明白曉諭，以釋群疑。著將欽天監原摺單一併宣示。至嚴申門禁章程，著御前大臣、軍機大臣、總管内務府大臣、前鋒統領、護軍統領查照成案，妥速議奏。所有京師内外城保甲事宜，著步軍統領等衙門實力奉行，不得虚應故事。神武門、蒼震門爲太監及各項匠役所出入，著總管内務府大臣嚴密稽查，並各處太監妥爲約束，毋任滋生事端。

十二日辛酉　晴。比夕月頗佳，坐庭中久之。

十三日壬戌　晨及上午輕陰，午晴，下午晴陰相間，晡後霠陰。剃頭。作書致牧莊。曾君表來。牧莊來，談至晚去。閲《思適齋集》。夜二更後有雷雨。

邸鈔：左春坊左贊善慶麟正藍，舉人。升左庶子。慶麟以繙繹翰林乙亥大考三等，由學士降調，今以實録館保舉得之。

十四日癸亥　微晴多陰。得伯寅書，惠銀一流，即復謝。上午出門答拜曾君表，不值。詣禔盦，晤。答拜胡光甫、袁爽秋、朱蓉生，俱晤，午後歸。蕚庭來，不值。何達夫來。孺初來。得君表書，乞題其尊人退庵年丈明瑟山莊及山莊課讀二圖。舊僕王升本名長榮，阜城廪生，近從彭京兆，京兆資之歸，從吴大澂編修，乞一振務。奔走之役，圖保舉，作校官，復來求余書致編修，不得已，夜草一書付之去，且給錢四千。付車錢四千，更夫工食錢七千，牙人一千，盲詞二千。

邸鈔：户部尚書魁齡奏病難速痊，懇請開缺調理。許之。

十五日甲子　霠陰，下午有小雨，傍晚止。作書致紱丈，得復。寫柬約諸同人十七日午飲，且作書致曾君表、殷蕚庭。小極，多卧，閲錢竹汀氏《宋史考異》。前日銀價一兩至錢二十二千，昨日忽減，今日僅十五六千矣。以人争取錢，且不肯用小錢，錢鋪有停閉者。錢法之亂，幾如咸豐末年，恐非佳兆也。得君表書。買竹簾二桁，付錢十八千。付順兒鞋錢五千。

邸鈔：以工部尚書景廉爲户部尚書，以都察院左都御史榮禄爲工部尚書，以内大臣文煜爲左都御史。以惠郡王奕詳爲鑲紅旗漢軍都統。詔：京師糧價未平，所有六門四鎮及蘆溝橋共十一處粥廠自本月起再展限兩月，賞給粟米一千四百石，並銀二千兩。趙村、鮑家莊兩廠一併展限兩月，仍每月賞米一百二十石。普濟堂功德林賞粟米四百石，並銀四百兩。從順天府請也。

十六日乙丑　晨陰，上午小雨，午微晴，下午微雨時作。得牧莊書，以新購蔣叔起超伯《通齋集》詩兩册、文一册見示。詩喜用新語僻事，以裁對工巧爲能，與俞蔭甫大略相似，而較有骨力；文則局促應酬，無可觀也。即復。得紱丈書，即復。是日潮濕有黴意，時時試香。垂簾聽之，北地黄梅雨，近年與南中節候不殊，亦地氣自南而北之徵。

邸鈔：署盛京將軍崇厚奏請以直隸候補道陳本植特署新設東邊道，留奉補用同知許之泰特署興京撫民同知，屠立成特署鳳皇直隸同知，委用知縣耆齡特署安東縣，李梅林特署寬甸縣，候補知縣張錫鑾特署通化縣，補用知縣章樾特署懷仁縣，皆新設邊缺。

上諭：左宗棠奏覆陳劉典病難速痊，親年篤老，懇准開缺回籍，並請簡員幫辦各摺。通政使司通政使劉典准其開缺回籍。前任浙江巡撫楊昌濬著賞給四品頂帶，幫辦甘肅新疆善後事宜。劉典著俟楊昌濬馳抵甘肅後再行交卸回籍。先是三月間，劉典奏請開缺回籍養親治病，詔諭左宗棠查奏。兹疏極言劉典駐甘三載之功，而病狀亦實，又其母年八十有七，勢不能留。固言：『臣自咸豐十年從戎，襄理營務者，已故道員王開化及劉典、楊昌濬三人，皆是素交。今楊昌濬以餘杭案去官，時論異同，臣固毋庸置喙。然觀浙民去思之切，亦足見其無負於浙人也。』是其意直欲翻餘杭獄矣。且所謂浙人去思之切者，亦不知是何等人也。

上諭：前據國子監司業汪鳴鑾奏杭州旗兵强買尋釁，招黨持械，傷斃鋪夥，凶犯潛匿營内等情，當經諭令果勒敏等嚴拏案犯，定擬具奏。兹據奏稱上年十一月間，有山東德州銷檔旗人鄭聽即榮福，在聯橋地方茶葉鋪强買茶葉，致相争毆，馬甲哈山保等往勸争打，致店夥方正恩等受傷，首犯脱逃等語。旗兵恃强滋事，實屬目無法紀。該將軍等平時既約束不嚴，事後又不能將逸犯立時拏獲，咎無可辭。果勒敏、濟禄均著交部議處，仍勒拏逃犯榮福，務獲歸案嚴訊。至該營雖無徹夜不閉情事，仍當嚴定營規，飭令各營官仿照保甲章程，設立門牌，稽查奸宄，毋任兵丁再滋事端。

上諭：御史秀文奏請慎拏倉匪，以免拖累一摺。據稱匪徒攪擾倉務，多有挾嫌揑告等情，而兩翼弁兵奉旨查拏，動輒百餘人，藉端搶掠財物，往往誤拏良民，並有私刑考問情事。請嗣後查辦倉匪，密交倉場訪拏等語。匪徒攪擾倉務，自應嚴辦，惟必須訪查明確，方可搜拏，豈容藉端滋擾？嗣後步軍統領衙門務當嚴飭派出弁兵，慎密查拏，不准妄拏良民，及藉勢騷擾。至倉場衙門，本無緝拏人犯之責。該御史所請，著毋庸議。

十七日丙寅　晨密雨數作，上午稍止，午後晴。牧莊、蕚庭、葆初、君表、蓉生、辛楣、爽秋、光甫來。葆初饋蕉紈扇一柄，芙蓉羅一匹。晡後設飲，并招秋蔆、霞芬，至夜始散。姬妾等亦觴蕚庭姬人於內。是日所費約三百餘千，亦小家終歲之需矣。比日疾役古『疫』字。流行，訛言四起，都中市肆亭古『停』字。廢者多。余質衣賣書，尚復爲此者，以買婢之事，諸君雅意殷勤，不得不酬之也。然今日坐間聞中外知識中死喪相繼，樂酒今夕，遑恤其他乎？廚饌一百四十千，酒十二千，米十千，炭六千，客車僕六千，殷僕媪五千八百，廚子賞十四千，秋、霞車飯八千，桌面二千，僕媪二千六百，果餌四千。

十八日丁卯　晨至午晴熱，下午陰，傍晚雨。終日困甚，多卧，讀《鄧析子》。夜雨聲甚密，凄然似秋。温味秋以婦喪來訃，送禮四千。

十九日戊辰　昧爽大雨，晨後密雨，至午後稍止，終日霒陰，晚又雨入夜。

邸鈔：吏部尚書、翰林院掌院學士毛昶熙丁母憂。以禮部尚書萬青藜爲吏部尚書；以都察院左都御史徐桐爲禮部尚書；以户部右侍郎翁同龢爲左都御史；以禮部右侍郎潘祖蔭調補户部右侍郎，兼管錢法堂事務，仍兼署工部左侍郎；以內閣學士馮譽驥爲禮部右侍郎，仍兼署刑部左侍郎。詔：前甘肅鞏秦階道張樹菼辦理山西振務，赴河南周家口采購糧米，設局轉運，積勞病故；山西候補知府、絳州直隸州知州陳世綸，升用直隸州知州、趙城縣知縣劉祥瀚，均以辦振積勞病故，俱交部議恤。從閻敬銘、曾國荃奏請也。樹英，故刑部左侍郎澧中子，舉人。上諭：曾國荃奏前山西按察使瑛棨在途病故，請准入城治喪。大員入城治喪，出自特恩，非臣下所能率請。曾國荃著傳旨申飭。

二十日己巳　晨雨，上午至晡晴雨不定，晡後晴。牧莊來，言今日以補缺驗放内閣中書，十年尚得補部曹，雖郎中亦須二十年矣。得户部主事王繂赴及秦澹如夫人赴，澹如以此赴屬王君轉交，而王君亦卒，故今日并至也。以明日夏至，先祀屋之故主。

邸鈔：以協辦大學士、兵部尚書沈桂芬充翰林院掌院學士。户部尚書董恂充實録館正總裁。刑部尚書桑春榮充武英殿總裁。皆毛昶熙缺。

二十一日庚午　亥正一刻四分夏至，五月中。晨至晡晴，晡後震雷驟雨，傍晚晴。祀曾祖考妣、祖考妣、本生祖考妣、先考妣，肉肴十二器，加果羹一，杏㒳大盤，桃一盤，芥醬、蝦醬各一，酒三巡，飯二巡，晡焚楮錢。牧莊來，饋山陰酒一罎。是日市中錢法又大亂，錢鋪停閉者十五六家，鋪家不肯收銀，民間不肯行票，銀價減至十二千，不知何故也。作書致牧莊，饋以祭餘蒸鳧，得復。晚坐庭下小飲，微醉而飯，頗快然自足，不知身外之憂。《農政全書》：夏至日雨，謂之淋時雨，其年必豐。又云：『二十分龍廿一雨，破車閣在街堂裏。』然則今日之雨，秋成可占，明年不至餓死乎！

二十二日辛未　晴，熱甚，傍晚微陰。得牧莊書，即復。得紱丈書，借日記，即復。劉仙洲夫人來。閲《經義叢鈔》。夜席姬侍。

邸鈔：詔：署盛京將軍崇厚來京陛見，以盛京户部侍郎岐元兼署盛京將軍。聞廷議將以崇厚出使俄羅斯。

二十三日壬申　晴，熱甚。閲《經義叢鈔》。得牧莊書，即復。得紱丈書，借《思適齋集》，即復。剃頭。更夫林長，阜城人，以饉來都供役，而屢病。余屢容之。日前執役數日，又病，予以錢數千令養疾。今日已愈，來言爲順天府資遣歸耕，以明日行矣，更予米五斤。晚坐庭下讀王、岑諸家詩。夜二更時雷雨。

二十四日癸酉　晨及上午澹晴，微凉，午後晴，鬱熱，下午霡霂，有零雨。兩得紱丈還書書，即復。牧莊來。

二十五日甲戌　晴，熱甚。夜始换草席。

閲杭大宗《道古堂集》。大宗之文，雅贍富麗，不愧宏詞之選。惟其考據，則多不確。如謂劉歆列孟子於兵家，蓋據《漢志》兵家陰陽有《孟子》一篇，而不知儒家自有《孟子》十一篇。班氏自注「名軻，鄒人，子思弟子」甚明。兵家之孟子列力牧、鬼容區之後，師曠、萇弘之前，蓋三代以上人，其詳不可考，安得混之？又謂余、佘各自爲姓，以余氏先訓與佘不通婚姻爲非。不知「佘」字本「余」之訛變，因轉音如蛇，猶庫氏之别爲厙音舍，刀氏之别爲刁音貂，皆本無其字。《廣韵》九麻尚作「佘」，不作「佘」也。又謂余之先世在漢有爲大司馬及司徒者，不知兩漢大司馬安得有余姓，司徒亦無姓余者，此皆其失之大也。

夜得何達夫書，以前日所追章乃奮罰款三十兩，又借潘自彊取償爲言。此輩鬼蜮百出，巧相嘗試，真可惡也。復書駁詰之。

邸鈔：詹事府右贊善葉大焯升司經局洗馬。是日考試六部内閣保送御史，命萬青藜擬題，潘祖蔭、松森、錢寶廉、張澐卿閲卷。『見利思義論』。試者二十七人，其一不完卷。命潘祖蔭管理户部三庫。

二十六日乙亥　晨晴，上午微陰，午有驟雨，下午陰，晡後晴。閲《道古堂集》及孫氏《讀書脞録》、洪氏《曉讀書齋録》。作書致牧莊，還蔣叔起詩文集、《邵亭集》，借以胡氏《儀禮古今文疏義》，得復。傍晚小感暑，不快，夜飯頗遲。付張姬答拜諸女眷車錢五千，賞各家婢僕錢六千。

邸鈔：上諭：前因京師錢價長落不定，錢店多閉，於民間生計有關，諭令步軍統領等衙門嚴拏私鑄，妥爲彈壓。兹據步軍統領衙門奏稱近因私鑄攙雜街市，挑剔小錢，致錢價無定，錢店關閉者不少。現將藉端滋擾搶奪之犯及有意牟利潛逃之奸商拏獲數起，擬先行枷號押赴各街示衆，再行按律治罪，以儆效尤。至私鑄人犯，現已拏獲數案，送部訊辦，日來市肆漸次安帖等語。仍著該衙門隨時整頓，毋任奸商罔利，致累閭閻，並仍嚴拏私鑄，以重圜法。　理藩院員外郎祥明授貴州鎮遠府知府。

二十七日丙子　晴，烈景可畏。終日坐聽事讀書。

屠、杜二氏本爲一，蓋皆出杜伯之後。故《左傳》晉之屠蒯，《檀弓》作杜蕢。而屠岸別爲複姓。《國語·晉語》：『里克及丕鄭父使屠岸夷告公子重耳於狄。』韋注：『屠岸夷，晉大夫也。』其後有屠岸賈，見《史記·趙世家》。岸夷、岸賈二名無義，自以屠岸爲氏。《莊子》及《韓詩外傳》《説苑》諸書所稱楚之屠羊説，蓋亦同族。謂以屠羊爲業者，子家緣飾之臆説也。余又疑兩『屠岸』皆當作『屠羊』，『岸』『羊』字相似而誤。屠岸賈，《漢書·古今人表》作屠顔賈。『顔』『羊』亦一聲之轉。晉之有屠羊氏，猶羊舌氏之比。《元和姓纂》、《廣韵》、王氏《姓氏急就章》皆祇載屠姓，而系屠岸夷、屠岸賈、屠羊説於『屠』下，蓋未之思也。惟《通志·氏族略》載屠岸複姓，最爲得之。

鄉人程雨亭吏部儀洛來。是日謝麐伯開吊，送奠分四千。又大興同年俞嵩屏舍人壽彭病故，送障分一千二百。印結局送來是月公費銀二十八兩八錢。

二十八日丁丑　晨晴，上午晴陰相間，午後晴，下午多陰，晡後薄晴。閲湖北重刻《曾文正公文集》。較舊刻增多二三十首，編年爲次，仍分四卷，然大率少年酬應之作，牽率無聊，且多膚霩，壽序、贈序居其大半，至有『年伯』『姻伯』等之稱。榛楛雜陳，菁華并掩，視其初刻，減色反多。蓋由門下依草附木之徒，以編纂爲功，不知别擇，良可歎也。中有《書歸震川文集後》一首，言震川文格頗卑，故集中序最多，不特不足上媲曾子固，亦不能下媲方望谿。其言頗爲有識。又《祭湯海秋文》，筆力頗勁。《嚴君伯宜墓志銘》亦可觀，其事亦有關係。嚴名萓，湘潭人，由生員軍功至同知直隸州，加知府銜，同治八年正月殉難於貴州黄平小甕口，照按察使陣亡例贈太常寺卿者。又《劉忠壯公墓志銘》，爲提督劉壽卿松山作，是文正絶筆，文半未成。

作書致牧莊，還《曾文正集》。得牧莊書。付姬人紗褂銀三兩五錢。

二十九日戊寅小盡　晨晴，上午陰，微晴，下午陰，終日鬱悶。剃頭。『腰纏千萬貫，騎鶴上揚州』，語出梁人殷芸《小説》。所稱揚州者，指建業，今之江寧府。六朝以揚州刺史爲宰相之職，故一人願爲揚州刺史者，猶願爲宰相也。一欲貴，一欲富，一欲仙，皆指其極者而言。千萬貫爲至富，或作『十萬』者，亦誤也。唐宋以後詞章家皆誤認爲今之揚州府，聊爲正之。夜雨。

邸鈔：國子監司業宗室寶廷升授詹事府右春坊右庶子。右贊善恩承轉補左贊善，編修宗室良貴甲戌。升補右贊善。

六月己卯朔　晨澂雨，即止，上午陰，下午略晴，復陰，晚晴。得陶文冲四月十八日書，并惠越茗四瓶，筍尖兩簍，及乾菜筍煮豆。書翰雙雋，且言茗是火前入山所親采，筍脯等亦出家焙。鄉味朋情，飫人無已。又言自去夏出京，已三致書於余，而僅達一緘。何洪喬之多也！今日右安門俗稱南西門。外俗謂之中頂者，賽會甚盛。其地去城十里，而近曰草橋，爲衆水所歸，荷池亘數里，居人以種花爲業，豐臺萬柳堂皆在其旁，國初之祖氏園、年氏園亦在焉。余以雨後气清，欲往一游，作書約牧莊，而牧莊以病辭，遂亦敗興。我輩營一出，固甚難哉！地在金元豐宜門外，國初阮亭、查浦、綿津、西崖諸老題詠甚多。又吴巖《游中頂詩》言：歲以四月一日開廟。今以六月一日，不知始何時也。都人所謂頂者凡五，皆碧霞元君廟，意以爲如泰山之頂也。東頂在東直門外；西頂在西直門外，麥莊橋之西長春橋，名廣仁宫；南頂在永定門外，南苑大紅門外；北頂在德勝門外，北極寺之東。然東、北久不著，都人惟稱三頂，今則止南頂爲盛矣。

初二日庚辰　晨密雨，至午稍止，下午晴陰相間。自昨夜中不適，今日覺腹痛，髀問亦酸楚，頗艱於行，蓋風濕所致也。閱馮注蘇詩。作復王杏泉書。夜席姬侍。

邸鈔：前任都統、一等鎮國將軍奕山卒。詔：奕山由侍衛出師回疆等處，洊升將軍、都統，補授御前大臣、内大臣，因年逾八旬開缺，賞食全俸。兹聞溘逝，殊深軫惜。加恩賞給陀羅經被，派貝勒載瀅帶領侍衛十員往奠。賞銀一千兩經理喪事，由廣儲司給發。並照例賜恤。伊曾孫頭品蔭生毓照賞給郎中，應封宗室毓楷賞給主事。奕山旋予謚莊簡。

初三日辛巳　晴。閱馮注蘇詩。看人種秋花及洋杜鵑、江西辣諸小卉。洋杜鵑來自西洋，莖甚弱，葉細如江南之瓦松花，小而圓，有紅、白、黄、紫諸色，甚鮮艷，如刮絨爲之，緣地蔓生，每日一作花，自四月至八月方止，絶不似杜鵑也。江西辣，蓋即五月菊，然四月已有之，至九月更盛，莖葉如蒿，而花似菊，南中亦有之，而花小，且止秋時，不及北之襛富。

初四日壬午　晴，酷熱。以仙居朮、白菊花饋紱丈，媵詩二首，得復。

紱丈書來言新用杖不出門因以海昌白菊仙居野朮爲壽賦寄二首

流憩資扶老，園林乍策功。豈嗟彭祖晚，聊與木公同。雨後朝眠起，花時午酒中。愧無鐵柳栗，還寄樂全翁。

甘井菊能壽，靈田朮最良。泉通天目活，雲帶赤城香。昨有還山信，傳來却老方。餉公權當茗，曳杖一相羊。

邸鈔：李鴻章奏直隸按察使黎兆棠因病呈請開缺。許之。以前直隸津海關道丁壽昌爲直隸按察使。上諭：前據御史世泰奏奉天昌圖府知府趙受璧信任門丁、苛斂商民等款，當經諭令崇厚等查明參奏。兹據奏稱，趙受璧被參需索賭規場規及縱放凶犯盜首卷款，查明情節，殊不相同，即著毋庸置議。至所稱在籍縣丞費宗堯上年因捏報搶劫，經該府據實詳明緝拏，費宗堯有進京布散謡言之事，著步軍統領衙門、順天府、五城御史一體訪查。如實有其人，潛住京城，即行嚴拏，解交崇厚等訊辦。上諭：崇厚等奏遵查奉省情形，在京宗室難以再議移居，著即毋庸辦理。至所請將舊居及原移居宗室變通升途一節，著宗人府會同吏部議奏。奏稱舊居宗室現有一千二百餘人，移居宗室一百七十餘人。舊例雖有考取學生揀補宗室正副管長，並准進京考選侍衛、筆帖式，而正副管長數十年方出一缺，赴京又無資斧。奉省僅有宗室營主事二缺，升途過隘。查盛京五部並將軍衙門額，設筆帖式一百三十餘缺，五部郎中十三缺，員外郎二十四缺，主事二十三缺，擬由滿洲筆帖式内撥出六缺，主事、員外郎内各撥出兩缺，郎中内撥出一缺，作爲宗室專缺。盛京五部，刑部郎中三缺，額設較多，即以一缺改爲宗室。其員外郎、主事，於户、刑兩部各一缺，改爲宗室。凡讀書及歲者，均與官學生一體考試滿漢文藝，由筆帖式遷升主事、員外郎、郎中。凡遇缺出，專用考班人員。

初五日癸未　晴，下午微陰，極鬱熱。終日坐聽事讀書。得牧莊書，即復。得紱丈書，即復。作寄王杏泉詩三首，酬上虞連明經詩一首。昨晚洗我足，今晨梳我頭，稍覺體中輕適。而比夜疾動，仍復困憊，此造化之不我由也。牧莊來，共夜飯，談至二更時去。

寄王景瑗表兄二首

文獻東南鈒鏤家，儒官祭酒髮垂華。芝蘭自繞盈庭樹，桃李長添一縣花。甬上衣冠看釋菜，海壖文武列嗚笳。弦歌能化錢刀氣，坐擁皋比勝建牙。

中表崔盧是世親，郭西坊巷復相鄰。十年長自修兄事，二頃田猶念我貧。白髮光陰同作客，青箱子弟獨超倫。何時歸老茆堂下，對占霞川一曲春。

謝王景瑗饋猺桂野朮

桂父千丸世久誇，商丘服朮駐容華。鳥銜遍地初成果，龍蜕何年不記花。丹質猶封猺峒雪，赤斑微點嶠城霞。故人此惠兼金比，何必遥尋句漏砂。

上虞連明經兄弟以幣乞撰其先人訓導君仲愚**墓表三年請益堅文成寄去復饋白金酬之以詩**

世上小兒誇捷徑，但憑官職不論文。輂金争自求居易，覆瓿何人問子雲。不作愧辭差信我，肯輸重幣獨憐君。賦詩聊用驚流俗，先德千秋播孝芬。

邸鈔：詔：汪仲珣、白桓、胡隆洵、以上吏部郎員。徐克剛、光熙、萬培因、孫紀雲、以上禮部郎員。蔣鎮嵩、兵部郎中。鍾孟鴻、葉蔭昉、馮光勛、章乃畬、李士彬、謝謙亨、陳錦、蕭韶、以上刑部郎員。丁鶴年、工部。王憲曾內閣侍讀。俱記名以御史用。記名自第一馮光勛至第十八章乃畬止。户部止送四人，而皆在後，故無記名者。蓋户部以御史爲冷署，多不願送也。

初六日甲申　陰，午微晴，晚有溦雨。終日憊甚，多卧，閲丙辰、癸亥兩年日記。得紱丈書，言近患利，故所寄詩尚未和，即復。作書致牧莊，饋以普洱茶一餅，以牧莊亦患腹疾也。得程雨亭書，送子宜所寄《嘉泰會稽志》來，即復。比日紫藤及款冬俱復作花。款冬亦曰款凍，俗謂之金銀藤。

邸鈔：詔：授載齡爲體仁閣大學士。以詹事府少詹事崇勳爲詹事。上諭：曾國荃奏臚陳山西目前要務一摺。山西值兹大祲之後，閭閻瘡痍難復，亟應妥爲經畫。該省荒地甚多，應即招徠開墾。曾國荃現擬酌給貧民籽種，至無人地畝，准其族鄰或客民承種，分别辦理。如本户歸來，俟次年播種之時，方許認回。倘五年後本户不回，即由佃種之人承爲永業等語。即著督飭籌辦，務臻妥善。我朝成憲，將丁糧歸入地糧，山西有未盡一律辦理之處，著照所請按户稽查，將有丁之糧歸之於地，並准將缺額之丁、無丁之糧核實酌減。該省傜役各屬攤派不同。該撫所陳均減差傜，以免此輕彼重，並除虚糧認差之弊，均著依議行。即著嚴檄州縣，不准藉端苛派。如有擅索車馬支應者，即照例治罪。至招集流亡，籌補倉穀，整飭鹺務，裁減練餉各事宜，並著隨時妥籌，次第舉行。奏稱：聖祖諭令，天下丁册，以康熙五十年人數定爲常額，續生人丁，永不加賦。世宗雍正四年，又以各邑丁糧攤入地糧，獨山西册籍有全未歸併者二十餘州縣，十歸二三者三十餘州縣。

初七日乙酉　晨晴，上午晴陰相間，下午晴，晚涼。終日坐聽事閲《嘉泰會稽志》及《寶慶續志》。

初八日丙戌　初三刻十二分小暑，六月節。晨陰，上午晴陰不定，午晴，下午多陰，有風，晚小雨，即止，夜涼。閲《嘉泰會稽志》。作復王子獻書，并寫前作四詩寄去。

初九日丁亥　晨晴，上午忽陰，有小雨，午晴，下午日景甚烈，晡後大風，有雷，小雨，旋日出，傍晚復有急雨，晚晴，霞甚麗，夜涼，月色娟然如秋。剃頭。得紱丈書，并前日饋菊朮詩一首，即復。得牧莊書，還《儀禮古今文疏義》，且言病益甚。夜坐月下，得詩一首。付李升工食八千，順兒四千。

夏晚雨後月下坐涼作此柬孝仲病中

好風自西來，晚雨過微徑。披襟如當秋，稍喜庭宇浄。緑樹吹細涼，孤花澹欲定。明月升東檐，流光照杯槃。携几就其間，蕭然理清詠。我生固天窮，守道恃能聽。譬人非理争，退處不受橫。積憂似聚兵，善解等脱阱。景光偶可乘，暫時樂吾性。七情遞爲帝，一豁乃稱聖。比日多悲懷，觸處入淖濘。幸此俄頃間，行坐返其正。張子亦瘁士，劬書夜未竟。徒步直東閣，旦往返以暝。微沴或相感，百病雜然應。我聞圜土囚，一身木爲命。偶然負墻立，搔摩樂餘映。又聞尹氏僕，執役日力併。夜夢爲王侯，恣意無與競。人生亦何常，轉瞬易季孟。長安冠蓋徒，襬襶争造請。歸來對妻子，面目熏餖飣。一心瞢無主，四體橛所令。蜚鴻千萬群，飢餓劣支脛。得粥偶一飽，鼾眠不知病。取彼兩相較，得失果孰勝？願子養天倪，不授物情柄。隨事取寄適，膏煎豈易罄。一語出達觀，萬倍良藥贈。樂於榮啓期，斯言非吾佞。

初十日戊午　晴。是日雖熱，而有清風，致多爽气。作書問牧莊疾。得紱丈書，以新詩三絶句見示，即復。得牧莊書。

十一日己丑　晴，酷熱。閲馮注蘇詩。得紱丈書，即復。是日作寄陶心雲七古一首。

陶文冲以手采新茗及其家人所製笋脯乾菜遠自越中寄惠賦詩爲謝

越山茗似幽閨姝，長眉細頰玉不如。嫣然掃黛奪天緑，鵝黄覆額髮半舒。點之細乳發輕碧，雪敷花展浮珍珠。龍井作娣洞庭姪，顧渚作婢岕作奴。洞庭謂太湖之碧螺春，所舉皆浙産耳。宋人茶有烹、點二法：烹者煎煮之，點者今之瀹。浙東、西之茶皆宜點，而不宜煮。東坡詩自注有『點日注絶佳』之語，『日注』即日鑄也。筍出裹山亦殊絶，粉指纖纖擢寒節。翠襦深裹冰雪肌，烏爪麻姑比猶劣。連畦芥脆尤南珍，三十蔬品無與倫。虀之愈久香益發，風味清古如幽人。我生近山習田畝，紫甲青尖夙能有。誰令墮落泥犂中，鄉味流涎滿饞口。君獨念我塵膠牙，入山親采騎火茶。碧甀封題遠將寄，媵以穰谿甘菊花。竹胎脱綳百十束，綸組千純嫩於肉。紅鑪手焙煩細君，篛笪團團壓腒鱐。堨來淪試松風長，消渴不藉甘露漿。寒廚三韭頓屏斥，午飯吹遍鄰家香。長安十室九枵腹，荒年疫癘併溝瀆。救之無術坐享此，恐君折我瓮齏福。

比日試心雲所寄茗，香味佳絶，真日注火前芽也。余最嗜龍井，次則洞庭東山碧螺春。然龍井清雋而太利，碧螺醞藉而太澹。兼兩美而無病者，其在此乎？又所惠乾菜瀹湯亦大佳。此二物固可頌也。

邸鈔：上諭：前據潘鼎新奏總督劉長佑袒庇楚勇等節，當經諭令丁寶楨確查具奏。兹據查明，該前撫所奏，或事出有因，或傳聞失實，惟提督胡中和於催餉遣勇一節，並不查明潰勇數目，含混支領，將盤費一項空糧盈餘作爲遣散賞需，雖無侵吞情事，實屬意存見好。胡中和著斥去黄馬褂勇號，以示薄懲。知府魏鼎勳、知州李光舒與在省各官往來徵逐，雖無鑽營串合各情，殊屬不知檢束，均著暫行革職，交該督撫認真察看。鹽法道沈壽榕與魏鼎勳等往來親密，雖亦無鑽營各情，究係不知遠嫌，且聲名平常，著即開缺，送部引見。劉長佑之子劉恩謙，既未干預公事，亦無與官員往來及娶部民爲妾情事，著毋庸議。劉長佑於魏鼎勳等往來徵逐，未能覺察，殊屬疏忽，著交部議處。鍾念祖補授雲南鹽法道。

十二日庚寅　初伏。晴，午後有風。作書問牧莊疾，得復。季士周來。夜凉，枯坐，徹旦不眠。去秋隨梅卿南歸之僕蔣升來見，饋茶葉、㷆脯，固却之不可，賞錢二十千。

邸鈔：詔：杭州將軍果勒敏、副都統濟禄俱來京當差。以西安將軍、三等承恩公廣科調補杭州將軍，以寧夏將軍克蒙額調補西安將軍，以鑲白旗蒙古都統善慶爲寧夏將軍，以乍浦副都統富爾森調補杭州副都統。廣科、克蒙額均即赴新任，毋庸來京請訓。以世禄爲乍浦副都統。時富爾蓀陛見，甫出都，聞召見時頗言果勒敏等之不職，故汪鳴鑾疏上後，旋有此調云。以通政使司通政使錫珍爲都察院左副都御史。翰林院侍讀學士孫家鼐補原官。

十三日辛卯　晨及午晴，下午多陰，極躁熱，晡後大風，有雷，小雨，晚虹見，小雨時作。作書問牧莊疾。終日多卧，閲龔定盦詩。得牧莊復。

邸鈔：豫親王本格補授鑲白旗蒙古都統。

十四日壬辰　晨至晡晴，晡後雷雨，晚晴，虹見。得雲門五月二十日宜昌書，并詩三首，詞三闋。感暑不快，晚不食。

十五日癸巳　晴，酷暑，傍晚小雨數作。中暍未平，多卧。爲心雲點定其《修初堂詩集》。夜初更忽雲晦合，大風，旋散。

邸鈔：掌廣西道御史吴鎮升刑科給事中。

十六日甲午　晴，晡時陰。節孝張太君生日，供饋素饌十器，時果四盤，緑豆桂花飲子一器，叔弟勉齋亦是日生，祔饋，加肉肴，晡後畢事。作書致牧莊，饋魚鱉燉豆腐、粉裹薄荷。閲《北史》。比既苦暍，又家事凌雜，略無好懷，讀書甚草草耳。得牧莊復，反㷆鱉。夜初更又雲合，不雨。付供饋錢十五千。

更夫嚴以今日受庸，先付工食七千。

邸鈔：上諭：何璟等奏四月間臺灣府城突被風灾，巡撫行署及北城垛口暨内外民房多有傾折，並傷斃兵民等語。此次究竟吹倒房屋、傷斃人口實在若干，禾稼及各屬有無被風之處，各澳師船、商船有無失事，著何璟、葆亨督飭臺灣道夏獻綸確切查明，妥爲撫恤。

十七日乙未　晴，微陰，傍晚雨，旋止。閲《北史》。得牧莊書，即復。剃頭。禔盦來。比夕頗凉，今夕月出後如秋初矣。達旦不眠。

邸鈔：以河南開歸陳許道德馨爲江蘇按察使。原任按察使龔易圖丁父憂。上諭：此次貴州按察使吴德溥遞萬壽賀摺，誤將恭祝慈安端裕康慶昭和莊敬皇太后萬壽摺呈遞，殊屬疏忽，著交部議處。　掌河南道御史張觀準升工科給事中。

十八日丙申　晴，晡後陰。讀《吕氏春秋》。作書致牧莊，以余今日移榻聽事，約其來同居，爲連床之話，得復。終日多卧。夜爲心雲詩集跋尾。

邸鈔：前廣東糧儲道貴珊補河南開歸陳許兵備道。

十九日丁酉　晴，酷暑。得牧莊書，即復。得曾君表書，饋醬燒舒鳧、荷裹粉肉，即復謝，犒使二千。作書致紱丈，饋荷葉裹肉，得復。始食西瓜。爲人書便面。讀《吕氏春秋》。藤床繩穿，令人編之，夜卧坑上，大爲蜰蚤所擾，又達旦不眠。付編床錢八千。

邸鈔：安徽巡撫裕禄奏遵查徽寧池太廣道劉傳祺近日患病，難以勝任。詔劉傳祺開缺，送部引見。掌京畿道御史恭鎧補授安徽徽寧池太廣道。恭鎧以通商衙門保舉。恭鎧，琦善子也。翰林院編修孫欽昂授福建興泉永遺缺道。敬昂以實録館保舉。詔：已故江蘇蘇松太道馮焌光辭職出關尋覓父柩，負骨萬里，積勞病故，孝行可嘉，宣付史館，以彰至行。從沈葆楨請也。詔：於二十一日親詣大高殿祈雨，惇親王等分禱時應宮等處。

二十日戊戌　晴，酷暑。閲馮注蘇詩。

邸鈔：上諭：前因春福等奏遵查遣犯劉鴻恩並未潛逃，與銘安所奏情節不符，當令將劉鴻恩解交刑部審訊。兹據該部奏稱，審明該犯由臺潛逃回籍，聞拏復回配所，供認不諱，按律定擬。劉鴻恩著照所擬，從重改發新疆效力贖罪。前任察哈爾都統慶春於遣犯劉鴻恩脱逃，失於覺察，春福並未確切查明，率以未經潛逃覆奏，察哈爾都統穆圖善率稱查無確據，均屬不合，著交部分別議處。副都統奎昌一併交部議處。劉鴻恩以捕役保至都司，屢犯窩賭縱盜，前署盛京將軍崇實訊實，按棍徒擾害例，發極邊足四千里充軍，以帶勇武弁改發新疆，以新疆未通，照章改發黑龍江，以吉林與黑龍江鄰省，改發軍台效力贖罪，其改而邊輕，以極邊足四千之限而從軍台效力之例，蓋已由賄脱。今刑部止如舊擬，而尚云從重，亦不可解也。

二十一日己亥　晴，酷暑。閲馮注蘇詩。得禔盦書，并五古四章，述前日枉顧談藝之事，并敘所懷。詩甚清老。即作小帖復之。得牧莊書，言病復劇，甚憂念之，即作書問訊。是日暑甚，有風，歊暴不可耐。傍晚浴，有風，微凉。夜陰，有大風，復爲蚉所擾，以聽事湫濕，久無人居故也。

邸鈔：上諭：文格奏辦理洋務需才請調員差委各摺片。四川候補道彭毓棻、候選道楊澍、湖南補用知府麻維緒，均准其調往山東差遣。前奉天府治中、候選知府高同善，著仍遵前旨往吉林聽候差遣。所請留於山東，著毋庸議。以山西候補知府長庚署理巴燕岱領隊大臣，黑龍江佐領依楞額署理額魯特領隊大臣，俱就近馳驛前往。從伊犁將軍金順請也。

二十二日庚子　晴。今日中伏，以瓜祭先。作書問牧莊疾，得復。得紱丈書，饋油紙扇兩柄，即作小啓復之。前日見一書，言所見嘉祐石經源流頗詳，是近人所記。比欲覆觀之，乃遍翻不得，兩日來頗爲此擾擾。案頭無《中州金石志》，而所見者較《志》爲詳，不知出何書也。比日食甜瓜頗美，今日食西瓜稍多，而風味轉遜。以祭餘瓜賦僕媪，并及儋水夫。夜坐涼庭中，無聊之甚，偕家人聽盲翁彈詞。

邸鈔：上諭：譚鍾麟奏在籍同知疑匪擅殺，請革職審辦一摺。湖北候補同知梁遇士奉差回籍，與團首梁多士等擅殺佘得升等。梁遇士供認梁多士殺斃四命，伊同梁多士等殺斃二命不諱，惟堅稱佘得升等持械吶喊，係屬匪黨。此外人證僉稱並無執械進街吶喊各情，實係疑匪妄殺，亟應徹底根究。梁遇士著先行革職，歸案審訊。其在逃之梁多士等一體查拏，務獲究辦。各省委員因差回籍，往往任意逗留。現在各督撫等委赴別省之員，如係本籍，均著撤回，另行派員前往。嗣後委員概不准派籍隸該省之人，以杜弊端。

二十三日辛丑　晨及上午陰晴埃𣇈，鬱悶不堪，下午大風猛雨，晡霽，晡後雨復大作，至晚不止。兩得牧莊片，言病甚，將走視之，以風雨止。剃頭。雨後呼車將視牧莊，先答詣程雨亭、謝夢漁。自夢翁處出登車，復值暴雨，遂歸。晚中溽暑，不快，旋大歐吐，請曾君表來診脉處方。夜密雨數作，達旦有聲。

邸鈔：都察院奏已革安徽銅陵縣知縣邢世銘，以沈葆楨奏參操守平常革職，兹據該革員呈訴被參冤抑。詔令裕祿確切查明具奏。

二十四日壬寅　巳初一刻七分大暑，六月中。終日陰濕，午少見日，有溦雨。閲《道古堂集》。

邸鈔：以通政司副使夏家鎬爲太僕寺卿。

二十五日癸卯　上午微晴多陰，下午晴，復酷暑。閱馮注蘇詩。兩作書問牧莊疾。是日食新蓮子甚佳，因以一碗詒之，而復書言不能食。作書致季士周。得紱丈書，即復。印結局送來是月公費銀十四兩。

邸鈔：以候補四五品京堂錫縝爲内閣侍讀學士。詹事府右贊善良貴升國子監司業。掌京畿道御史梁景先選福建興化府知府。

二十六日甲辰　晴，微陰，酷暑。禔盦來，不值。作書問牧莊疾。是日溽暑，不可堪，買荷花數柄，分插瓶中，食冰沁西瓜，讀東坡詩，用以遣煩辟暑。貧士消夏之法，不過如此而已。

二十七日乙巳　晴，酷暑。得牧莊書，言病小愈，即復。閱許周生《鑑止水齋集》。禔盦來，饋荷花三朵，蓮蓬四把，藕一雙，且訂後明日爲十刹海之游。得吴清卿二十日吴橋振次書。作書致牧莊，饋藕及蓮子，而牧莊言病又劇，不能食爲辭。夜溽暑尤甚，不得瞑。

二十八日丙午　晨雷，陰晦，有辟歷，急雨數作，上午陰，有小雨，午後晴，晚大雨。今上萬壽日。上午詣曾君表，不值。詣牧莊視疾。蓴庭來。作書致禔盦，得復。得牧莊書。付車錢四千。

二十九日丁未　薄陰，下午微晴。晨起，禔盦來，速十刹海之游。上午携兩姬同往。入宣武門、西安門，過金鼇玉蝀橋。南北海荷花方盛，裴回久之。出地安門，至十刹海，禔盦及其姬人已早至矣。借興侍郎興恩第宅臨街水榭三間，高槐老柳，夾峙門外。荷花百頃，亭苕滿前，眩色交香，風日尤美。禔盦更致酒饌冰果，食飲紛羅。所費過多，辭之不得。是日以雨後泥濘，游人甚稀，而輕陰嫩凉，花事彌勝。晡後回車，復入地安門，經南北海，倚橋柱延眺苑中晚景，薄暮始歸。可謂極清游之樂矣。付車錢三十千，姬人贖手釧錢二十八千，首飾錢二十七千，犒羊氏僕媪錢六千。

三十日戊申　晨陰，有微雨，上午陰，午微見日，旋陰，下午密雨數作，傍晚稍止，夜又雨。是日甚涼。兩得牧莊書，即復，饋以仙居朮二十枚。

閲杭大宗《道古堂詩集》。大宗詩分《橙花館集》《過春集》《補史亭賸稿》《閩行雜録》《赴召集》《翰苑集》《歸耕集》《寄巢集》《修川集》《桂堂集》《嶺南集》《閑居集》《韓江集》《送老集》，共十四集。《閩行雜録》者，其未第時應聘爲福建壬子科鄉試同考官時作也。《修川集》者，罷官後修《海寧志》時作也。大宗才情爛漫，詩學蘇、陸，頗工寫景。其刻秀之語，同時如厲樊榭、符藥林等，往往相近，所謂浙派也。其敘事詠古之作，用字下語，亦頗横老，又與同時全謝山爲近。蓋筆力健舉，書卷尤足以副之，自非江湖塗抹輩所及。余最愛其《書漢書高后紀後》一首云：『孝惠棄天位，吕氏恣傲擾。后宫美人子，一一痛孤藐。代王亦側室，非吕焉用剿。乃知平勃謀，用意甚陰狡。專心媚長君，畏忌及黄小。濟北一何愚，清宫殊草草。異哉蘭臺史，此義未蒐討。眇眇四皇子，闌入恩澤表。』卓識雄論，獨出千古。蓋少帝及四王，實孝惠子，特非張后子耳。平、勃誅諸吕時，恐日後不利於己，而迎立代王。《史》《漢·吕后本紀》中皆明言之，其後併加殺害，因名之爲非劉氏子，肺府如見。余向有此議，後讀俞理初《癸巳類稿》，言之甚詳，然此詩已先發之，夫豈尋常議論哉！文帝謂『朕高皇帝側室之子』，側室者，《左傳》『趙有側室曰穿』，又『卿置側室』，猶言庶子也，非後世稱妾之謂。側室之子，猶言庶生之子，非當阼之適子也。詩用『側室』字，亦見斟酌。又《邱嚴夫婦合昏詩序》，述仁和民嚴輝遠女字吴興邱天柱，天柱貧，嚴欲它昏，女恚，將自殺。其所鞠外母徐訴之縣。縣令歷城高模，字彦範，爲具衣襦環珥，即日成婚於縣廷，以儀從載酒肴送至邱氏。釋輝遠弗罪，令往婿家飲食以愧之。予天柱銀五十兩營生計。因及康熙末縣民王四聘刑書馬仁女，馬更賣其女於典史蔣某爲妾，四訟之縣。時郡守蓬萊張爲政，墨吏也，受蔣賕，以屬錢唐令芮復傳。芮遂匿其媒勿出，坐四誣，杖而荷校一月，女竟歸蔣。牽連書之，以見令之賢否，關於人心風俗甚大，冀後之修志者録而存之，此尤足以當詩史也。

是日得詩兩首。

酷暑中禔盦來饋荷花且貺新詩約爲十刹海之游賦此奉答

炎官虐焰恣三伏，老屋打頭日跧跼。無人裹飯看子桑，飲水枕書過幽獨。故人念我來叩門，清風謖謖迴笑言。爲道北湖好風景，荷花十里開朝暾。一畝泉流清鑑影，三坐橋邊爛堆錦。折枝携示風露鮮，艷艷紅衣照几枕。比來思屬江湖賒，日遣入市買此花。銖衣不整髻鬟倒，膽瓶一夕添光華。君言一臠未能飽，萬柄亭亭夾城道。雖貧下澤尚能辦，莫負凝妝待清曉。稔我積懶難昭蘇，新詩百琲投明珠。上言同志重聚散，下言行樂排憂虞。乘城妖言幸已息，今年五月間，京師訛言迭興，愚民岌岌不保，至屢見章奏。兩宮申諭始稍定。木飢火旱亦將極。歷劫不死非偶然，邪許勞歌慰貧力。我聞君語起蹶然，喝人休越如登天。携君京雒花游曲，同上河堤黄篾船。銀橋，謂銀錠橋，在三坐橋之北。三坐橋，即海子橋，所謂月橋響閘也，然不如用河堤爲渾融。

雨後輕陰偕禔盦携家人游金鼇玉蝀橋至十刹海看荷花飲興侍郎水榭作

苦熱得雨如解醒，羊侯促我湖邊行。天公亦憐久不出，朝來不放驕陽晴。一鞭西穿鳳城入，玉虹高跨苑湖直。五雲樓閣環鏡中，渌水中分萬花立。提鵰挈鷺香徘徊，玉泉蜿蜿城西來。宮墻曲折繞花苑，時見樹隙湖光開。萬壽山西碧葑展，積水潭東白波軟。緋霞縞雪相澄鮮，翠蓋千畦共舒卷。高槐古柳雙堤長，清風踠地鞭絲凉。朱門夾水照華好，憑闌各各凝紅妝。侍郎水檻更清窈，六六明窗俯花杪。鵁鶄對對不避人，花香衣香互繚繞。君携蟬鬢萼緑華，後車我亦馱觰沙。安得湖中買船住，並舫各借花爲家。花光忽斷百稜稻，風葉翩翩翠如掃。田田大有江南風，令人不思故鄉好。沿流莫問蝦菜亭，西涯漫園餘草青。即此碧紗數弓地，他年未必能重經。不見西鄰有華屋，主人三吴轉漕粟。昔年我亦結侣來，曾借樓居縱羈目。樓高下瞰湖之中，生香十里玻黎風。夕陽倒射碧檐影，湖光朵朵金芙蓉。居者久化樓亦否，來者今存十無九。而我貧病猶看花，安用臨風搔白首。羊侯傾囊營行廚，流連魚鳥相怡娱。回車更約經太液，飽看蓬瀛金碧圖。壬申夏余與朱肯夫、張香濤、陳六舟、謝麐伯、吴清卿、王廉生諸君來游，飲於浙江督糧道奇克坦〈泰〉家。今奇君久殁，麐伯亦亡，六舟守滇，肯夫使湘，清卿于役河間，將西上隴，廉生客蜀，在京者惟余與香濤耳。奇所居有樓，與今盛京侍郎興恩西接也。

秋七月己酉朔　上午晴，下午陰，酷暑。祀竈。閲桂未谷《晚學集》及許周生《鑑止水齋集》。剃頭。作詩柬牧莊。傍晚溽暑更甚，夜强就燭下看書，流汗浹體。

七月一日奉簡孝仲病起且答其秋游諸寺之約

伏日劬書不自休，喜看凉琯轉從頭。閑庭莎緑初含雨，遠樹蟬聲漸變秋。終日門關本無客，偶然腹飽更何求。西風張籍沉痾起，先約城南寺寺游。

初二日庚戌　上午晴，下午又陰，酷暑益甚。得紱丈書，以蕉扇二柄分惠姬人，即作小啓復謝，犒使一千。寫詩并作書致牧莊。得牧莊書，言尚未能飯。閲《道古堂集》，并題籤。付賃屋銀十兩。

邸鈔：譚鍾麟奏陝西布政使蔣凝學懇請開缺，回籍營葬治病。詔：蔣凝學准其開缺。以安徽按察使王思沂歸安，癸丑。爲陝西布政使，以鳳潁六泗道胡玉恒順天通州，舉人。爲安徽按察使。

初三日辛亥　晨及上午微晴多陰，午晴，下午陰，晡大雨，傍晚霽，晚密雨復作，夜雨，鬱溽更甚。籬豆花開。

邸鈔：以署湖北巡撫、布政使潘霨實授湖北巡撫，以署雲南巡撫、布政使杜瑞聯實授雲南巡撫。上諭：給事中夏獻馨奏試用同知、通判不准委署州縣等缺，請明定章程等語，著吏部議奏。江蘇蘇州府知府譚鈞培升安徽鳳潁六泗道。前甘肅蘭州府遺缺知府英敏授蘇州府遺缺知府，次年二月以常州府知府華保釐調蘇州，英敏補常州。

初四日壬子　晨陰，微晴，上午多陰，下午大雨，傍晚稍霽，晚又小雨。閲馬氏《目耕帖·周禮説》。夜雨聲達旦，蕭屑入秋。

邸鈔：以翰林院侍讀學士王之翰濰縣，甲辰。爲内閣學士兼禮部侍郎銜。以湖北按察使王大經平湖，舉人。爲湖北布政使，以四川川東道姚覲元歸安，舉人。爲湖北按察使。以浙江按察使升泰爲雲南布政使，以湖南岳常澧道增壽滿洲，舉人。爲浙江按察使。前翰林院侍講張鵬翼補右春坊右中允。鵬翼以大考降調。編修、候補贊善張楷補右贊善，楷以大考二等前列得之。

初五日癸丑　晨雨，上午晴，終日酷暑。

閲馬氏《周禮説》。竹吾之學，主薈稡而心得者少，然墨守鄭學者也。今日爲鄭君生日，欲具酒脯之祭，既無一錢，又無一客可招，念都中亦無人能爲鄭學者，絶業難紹，同志莫期，縱設牲醪，何關鼓篋，亦所謂『江上徒逢袁紹杯』而已。道光初胡竹村氏曾舉此祭，《研六室文鈔》有記，爲嘉慶甲戌，同祀者有郝蘭皋、胡墨莊、朱蘭坡、馬元伯，皆經學大師。胡玉樵、洪孟慈雖非專門，尚不失漢學榘矱，然已不免有依附之人。至己卯再祭，則墨莊、蘭坡外，若錢衎石、陳碩甫、魏默深、張彦惟，皆碩學盛名，而實與鄭君異趣。餘多録録無表見者，要不得謂非一時之盛也。兩年所記，皆無龔定盦、夏心伯姓名。而龔詩在丙戌作，夏則不言何人爲主，以與胡氏交甚深，知亦胡氏所招，在道光初矣。所招有龔定盦、夏心伯。而定盦集中有詩紀事，乃痛貶鄭君之學。心伯著《庭聞録》，深詆同集之人，叫讙裸袒，絶無儒者氣象。夫以胡氏經學名家，又爾時承乾嘉之後，海宇晏清，人才尚盛，而召客已不能盡擇。蓋同方同術，自古爲難，何論今日耶？即如都中近日顧祠之會，大率不識一字之朝貴及翕熱奔走之少年，其胸中尚不知《日知録》爲何書，而儼然衣冠，春秋奠醊，奴顔婢膝，塵汙糞言，吾知亭林之靈遁逃之不暇矣。禮堂孤學，服膺畢生，束帶陳經，羹墻如見，奚必修市脯之敬，盡村酤之醑乎？

作書致牧莊，得復。以佩表質銀三兩。

邸鈔：工科掌印給事中崔穆之授湖南岳常澧道。

初六日甲寅　昧爽雷，晨大雨，旋晴，酷暑鬱溽，下午陰，晡後大雨且久，晚晴，夜雨。比日小極，咳嗽復作。閲《彭甘亭詩集》，聊以娱情文字，息讀經之勞。晡時浴。

邸鈔：四川建昌道丁士彬調補川東道。科布多參贊大臣保英以病請開缺。許之。以正白旗漢軍副都統清安賞給副都統銜，爲科布多參贊大臣。

初七日乙卯　晨大雨，上午後晴，傍晚復密雨。先君子生日，供饋肉肴、菜肴各五器，鮮果四盤，加瓜及新蓮子羹，晡後畢事。作書致牧莊，饋以祭餘兩器，得復。

閲甘亭詩，其家數雖小，然矜嚴愛好，字不妄下，運事數典，俱有鑪錘。蓋績學之言，非同恒設，且處境屯塞，多勞者愁苦之歌，自與我心相印合也。是日付營饋錢三十一千，中惟一彘直錢六千七百，瓜果直錢五千七百，爲稍合市價，其餘皆恒品賤直，而所費如此，較之往時，貴逾一倍。近日爲僕輩劫脅朋持，竟無術以破之。都中此曹，惡習由來久矣。專愚如余者，乃爲害彌深耳。

初八日丙辰　終日陰晴不定，午後有雨。是日疲極，多卧。

邸鈔：以太常寺卿劉錦棠爲通政使司通政使。以翰林院侍讀學士啓秀爲詹事府少詹事。

初九日丁巳　晨及上午陰，時有小雨，傍午日出，旋雨，午後密雨兩作，晡霡陰，有濈雨，傍晚微晴，稍凉。比日紫藤作花甚多，今以雨盡落矣。

初十日戊午　丑初二刻十三分立秋，七月節。晨霡陰，上午大雨，午後晴，溽暑如故。剃頭。是日得詩一首，詞一闋。夜雨，一更後狂霖大作，逾兩時許，達旦瀧瀧不絶聲，墻傾屋漏，一夜數起。

鄭君生日欲具酒脯之祭苦無同志賦詩解嘲

化帛端門瑞再呈，赤符衰運紹蒼精。六經日月明常在，千載蜉蝣掃又生。仲遠不勞稱弟子，本初何事具壺觥。陳書庚子先賢例，束帶難勝仰止情。鄭君經注今存者，《詩》及三《禮》以外，《易》《書》近儒皆有輯本，梗概已全，《論語》雖有輯本，不能成書，《孝經注》則是否出於司農，未有定論，故止曰『六經』。

賣花聲七夕後二夜燭下作，是夕癸丑立秋。

人静畫簾低，銅鴨烟微。雨聲纔過碧檐西。先見一繩銀漢影，凉到生衣。　秋信是耶非，蓮漏聲稀。芭蕉剛與緑窗齊。添了豆花紅一桁，添個螢飛。

十一日己未　密雨，至上午稍稀，午雨止，下午漸霽，傍晚晴。是日甚凉。聽事前後墻俱傾，花樹多折。得牧莊書，即復。夜月頗佳，新凉可愛，點閲彭湘涵、龔定盦詩詞。五更疾動。

十二日庚申　末伏。晴暑復熾。慈安皇太后萬壽節。寫月初看花雨詩，作書致禔盦，并贈岕茶一錡。得禔盦復，言近患利。濮紫泉來，新自浙中入都者。是日復疲劇多卧。付李升工食十千，順兒四千。

十三日辛酉　晴陰相間，午後有風，澹晴，晡後陰，晚晴。整比書籍，隨取閲之，頗時有會心。夜小雨，二更漸密，三更後復霡霂有聲，逾時始稍止。

十四日壬戌　晨陰，至午微晴，頗鬱溽，下午晴陰相間，晚涼。作書問禔盦疾，問牧莊疾。閱書倦甚，多卧。得牧莊復。以明日爲中元節，先以素饌祀故寓公。晚晴，月出，旋又陰，二更密雨，雷聲溽溽甚久，大有壞墻發屋之憂。

十五日癸亥　晨及上午多陰，下午晴，復溽暑。先君子忌日，以是日中元例素饌，并祀曾祖考妣、祖考妣、本生祖考妣，加蓮子、燖凫、荷葉蒸肉、扁豆糕、中元餅，蘋果兩大盤，桃一大盤，饅頭兩盤，酒三巡，晡後焚楮錢。得禔盦書。作書致牧莊，饋以粉蒸肉、中元餅。作書致禔盦，饋以柰、桃。作書致紱丈，饋燖鴨。得禔盦復、紱丈復。

十六日甲子　晨陰，上午間晴，傍午大雨數作，下午陰晴餖飣，時有溦雨。是日蒸溽特甚。晚晴，月出甚佳。閱萬季野《石經考》、杭大宗《石經考異》及顧亭林《五經同異》。署中知會軍機處考取章京，户部於十九日考試保送，余注以不願送。樞部之選，本曰華要部曹，不得翰林，以此爲極選，舉人得之，尤爲清途，然所尚者趨蹌應對，衣服車馬，脅肩諂笑，勢軋朋傾。近年奸利益萌，此選尤雜，代言鄙拙，給札繁猥，上者影射其寵權，下者苟圖其醉飽。余老矣，尚能與黄頷年少烏瓛家兒承涕唾、視眉睫乎？况樞府以此樹私人，曹長以此餌親昵，雖與試亦必不送，雖送亦必不取。請君無辱我則知之矣。

十七日乙丑　晨陰，有溦雨，上午晴陰相間，下午雨數作，仍有日景，溽暑益甚。閱錢氏《宋史考異》。《宋史》紀載繁蕪，官職差互。錢氏句稽理董，具費苦心，於諸史考異中尤爲詳密。夜晴，有月甚佳，坐玩久之。

十八日丙寅　晴，間陰，溽暑益熾。錢氏《諸史拾遺》卷五考西遼、南宋、金、元事，多已見《養新録》卷四、卷五中，以此爲竹汀殁後其門人李鄦齋所刻不及檢對故也。作書問禔盦疾，得復。夜小雨，旋晴。

邸鈔：以詹事府詹事崇勳爲通政使司通政使。

十九日丁卯　晨晴，上午多陰，下午晴，溽暑如前，晚凉。

邸鈔：上諭：梅啓照奏五月間浙江金華、衢州、嚴州三府屬因深山發蛟，同時被水，有淹斃人口、衝失房舍，當經飭屬拯救，並開倉平糶，撥給錢米，現在天晴水退，民心尚爲安定等語。所有三府冲塌田畝，著確切查明，其被灾户口，妥爲撫恤，毋令失所。

二十日戊辰　晨晴陰相間，上午陰，微晴，午後大雨，有風凄厲以凉，傍晚稍止，日景復出。傷風咽痛，終日多卧，閲《白虎通疏證》。夜卧室西墻忽壞，壓損器物甚多，幸不傷人耳。凉甚，去簟。

邸鈔：上諭：左宗棠奏甘肅禁種罌粟情形，請將查禁不力及實在出力各員分别懲勸各摺片。所有查禁不力之儘先題奏道、寧夏府知府李宗賓，業因另案徹任，著暫行革職，併案查辦。候補直隸州知州、代理寧夏縣知縣胡韵蘭，著徹銷請補階州直隸州知州之案，察看酌補。靈州知州孫承弼、兩當縣知縣任懋修、碾伯縣知縣邵杜均因另案徹任，著併案查辦。寧朔縣知縣賀昇運失察縣境栽種罌粟，徹任後旋即查拔净盡，著免其置議，開缺另補。其查禁尤爲出力之寧靈廳同知喻光容，著賞加知府銜。署中衛縣知縣劉杰亮交部從優議敘。署寧夏府知府張家槐等均交部議敘。署寧夏鎮總兵馮南斌督飭兵勇，隨同鋤拔，甚爲得力，交部照一等軍功例議敘。

二十一日己巳　晨及上午微雨，午後雨漸密，晚稍止。是日凉甚，而霃埲潮溽，黯默不堪。身熱頭痛，衄涕不食，卧閲《白虎通疏證》。得牧莊書，即復。蓴庭招晚飲，作片辭之。夜又密雨，卧榻依北墉，時時聞剥落聲，危甚，偕家人兀坐達旦。

二十二日庚午　霃陰鬱溽，午後稍見日。得牧莊書，即復。牧莊恐余排墻而死，亟勸移床避之，然實無可庇處也。剃頭。

閲許周生《鑑止水齋集》。周生少顓力詞章，而詩甚浮滑，其詞尤拙。中年頗事經學，而以同時魁儒輩興，自知不能並驅，遂遁而欲言性命。其《答陳恭甫書》，謂經義大者數十事，前人聚訟數千年未了，今日豈復能了之？典章制度，誠不可考，使孔子生於今世，所學不過由明溯宋而止，必不遠追三代爲無徵之言。其小者校勘文字同異、辨析訓詁形聲，又不屑爲。其言幾於倡狂，故周生之學深爲余所不喜。其最有名者爲《廟祧考》，亦全是武斷，疵繆百出。它文皆牽率應酬，絶無義法。阮文達以與丙午同年，又爲己未所取士，又申之以昏姻，故極力稱之，其名遂盛，要不得爲定論也。惟《跋天聖明道本國語》云：宋公序取官私《國語》十五六本，以校其宗人緘之本，實較天聖明道本爲勝。學者惟新異是尚，而不求其是，因舉『昔我先世后稷』、天聖本『先』下有『王』字。『瞽獻典』、天聖本『典』作『曲』。『左右免冑而下』，天聖本作『下拜』。以及『褭人有獄而以爲入』句正文及韋《解》之皆脱，據《詩・白華》正義引有之；『王耕一墢』下之脱韋《解》『一墢，一耜之墢也，王無耦，以一耜耕』等十四字，據《詩・載芟》正義引有『王無耦』七字，《文選・籍田賦》注引有『一墢』七字；『室如縣磬』下之脱韋《解》『但有榱梁』四字。以爲此類不可悉數，俱不如公序本之善。其説獨與余合。足以令黄蕘圃輩之以骨董爲漢學者及世之耳食宋版者去其大惑也。周生《廟祧考》之謬，余於《學海堂經解》本略舉正之。明道本《國語》之誤，余於辛未冬校明道本言之甚詳。

牧莊來。是日身熱不止，鼽涕咳嗽。夜雨有聲。以姬人釧飾質錢二十千。

邸鈔：江西巡撫劉秉璋奏請開缺養親。許之。

二十三日辛未　晨小雨，巳後漸密，終日不絶聲，晚稍止。是日復凉。鼽涕不止，咳嗽大作。夜忽聞北墉有震盪聲，疑因雨將圮也，後知爲地動。

邸鈔：以江西布政使李文敏爲江西巡撫，以順天府府尹彭祖賢爲江西布政使，以大理寺少卿周家楣爲順天府府尹。詔：禮部左侍郎王文韶在總理各國事務衙門行走。新授順天府府尹、總理各國事務衙門章京周家楣在該衙門大臣上行走。

二十四日壬申　晨晴，旋陰，溦雨，即止，有風西北來，甚勁而凉，上午陰，傍午又有零雨，午後晴。朱蓉生來。得牧莊書。昨夕咳嗽甚劇，四更後遂不得瞑，今日與朱君談稍久，益憊甚。午後困卧，過晡始起。作書復牧莊。作書問禔盦疾，得復。夜凉甚，須絮衾。

邸鈔：上諭：都察院奏近來各省控案多有相驗遲誤，地方官並不親往者，請飭確遵定限等語。人命重案，地方官宜如何詳慎。如報案後遲延日久，草率從事，甚至委令雜職武弁，尚復成何事體？嗣後刑部於地方官相驗，均令確遵程途遠近定限，即於詳報時隨案聲明。倘有遲延及率委代驗者，嚴加處分。各直省一律遵照辦理。熱河及東三省弊端尤甚，著該將軍、都統益加慎重，毋任屬員再蹈積習。御史胡延夔授四川順慶府知府。前浙江衢州府知府海容授甘肅寧夏府知府。

二十五日癸酉　申正初刻十三分處暑，七月中。晴，晡微陰。得季弟是月十二日書。

邸鈔：大學士載齡充崇文門正監督，總管内務府大臣師曾充副監督。

二十六日甲戌　晴。得竹篔、爽秋、蓉生、紫泉書，約二十九日觴余於松筠庵，爲豫作五十生日，以取是日爲王深寧生日也。荼蓼之生，何堪齒數？前日蓉生已面致此意，曾力辭之。而諸君執意過堅，以此爲一日之息，且以厚齋相儗，祝其大年。錢竹汀據《延祐四明志》及陳著《本堂集・祭厚齋文》，謂生於宋寧宗嘉定十六年癸未，卒於元成宗元貞二年丙申，爲七十四。然方回《小學紺珠序》謂生於嘉定十四年辛巳，則七十六。而《袁清容集》謂大德初尚存，則七十七八矣。美意雅辭，徒爲口實而已。蕚庭來。牧莊來。自昨夕達旦不瞑，咳嗽益劇，晨稍合目，舊疾復動，今日對客久談，疲更不支。召圬人修築卧室西墻。付圬人工食錢八千，付青白堊灰錢二十千。

二十七日乙亥　微晴，多陰，下午小雨。得牧莊書，以《三禮通釋》寄余插架中，即復。曾君表來。作書致竹篔，致紫泉，皆言廿九日松筠之飲，屬其移請香濤也。余今日又病，恐不克往，且諸君盛意，實不敢當耳。印結局送來是月公費銀十五兩六錢。夜有雨，旋止。以被紬質錢十二千，付圬人工食八千。

邸鈔：詔：惠郡王奕詳之第一子命名載潤。

二十八日丙子　晴，間陰，溽潤，復熱。紫泉來。得牧莊書，即復。爽秋來。孺初來。竹篔來。禔盦來。

《意林》載《風俗通》云：俗云：『五月到官，至免不遷。』今年有茂才除蕭令，五月到官，破日入舍，視事五月，四府所表，遷武陵令。案：武陵令當是武陵太守。後漢秖有武陵郡，無武陵縣。且蕭屬沛國大縣，不當下遷沅湘之地。武陵所屬諸縣，亦止應有長，不應稱令。覿下文應氏自言爲營陵令，正觸太歲，五月遷泰山守。以此例之，當作『武陵守』無疑，誤爲『令』字耳。而近世刻《意林》者及盧抱經輯《風俗通》逸文，皆未及更正。付廚人司馬大酒饌錢五十七千，付青白堊灰錢十六千六百，圬人工食九千九百。

二十九日丁丑小盡　微陰，間晴。上午答拜君表，不值，即詣松筠庵赴竹篔、爽秋、蓉生、紫泉之招，諸君爲設巨燭、紅地衣，如稱壽之禮，且以金泥書燭上曰：『禮堂寫定，傳與其人。』諸君雅意綢繆，忘其溢分，以厚齋爲儗，已較力於鷗朋，至以高密相期，是等量於龍虱，稱情太過，汗體何勝。午後飲於諫草堂，酒肴甘潔。飯畢暢談，至晚而歸。晚雨，旋止，夜又密雨。付坊人工食錢七千，付車錢四千五百，犒諸僕錢四千。

八月戊寅朔　晴，微陰。是日咳嗽復劇，早餐誤食一蟹，益不快。得牧莊書，即復。君表來。天台陳子香來。得弢夫六月十日江寧書。夜困劣尤甚，卧閲《太平廣記》。付坊人工食錢四千。

邸鈔：上諭：御史李廷簫奏近來各省州縣往往因誅求百姓，不遂所欲，輒誣指爲抗拒，率請派營彈壓。武弁志在邀功，妄加剿洗。又有帶兵武員，遇有迹涉可疑及仇隙之人，指爲叛逆，擅用刑誅，流弊滋多，請飭嚴禁。所奏各節，殊堪痛恨。嗣後各督撫不得輕派營勇，致滋擾累，並嚴禁武員。如有賊虐無辜者，即照專擅誣殺律懲治。倘不認真查察，或縱容徇隱，定將該督撫懲處。

初二日己卯　晨晴，旋陰，上午大雨，雷，下午稍止，日出，晡後又雨。是日身復熱，病甚多卧，閲《太平廣記》以自遣。牧莊來。夜咳嗽益劇，達旦不得瞑。人生地獄，何時免乎？付坊人工食錢四千。

邸鈔：禮科給事中李宏謨轉工科掌印給事中。

初三日庚辰　晴。得牧莊書。作書致竹篔，致紫泉。得紫泉復。剃頭。付馬桶錢七千四百。

邸鈔：上諭：李鴻章奏永定河北六工漫口，在工各員分别參辦，並自請議處一摺。據稱本年夏雨時行，河水迭長，七月二十、二十一、二十二等日晝夜大雨，上游諸水匯漲，洶涌異常。二十二日戌刻雨勢如注，水又斗長，北六工十四號漫過堤頂二尺，大溜迅猛，人力難施，遂致漫口。北六工霸州州判鄒源，著即行革職；北岸通判江壋、永定河道李朝儀，著革職留任；李鴻章督率無方，交部議處。被淹地方量爲撫恤，毋令失所。

初四日辛巳　晨晴，上午霒䨴多陰，下午驟雨如注，有雷，逾頃止，傍晚又雨。是日鬱溽復熱。得竹篔書。比日晨以新蓮子煮粥食之，頗香美，今日分餉牧莊一器，作書致之，得復。孺初來。得葆亭七月廿二日書，以前事苦相促迫，不知余例不先訪人，且亦勢無能爲也。夜急雨數作，三更時瀧瀧尤密。

初五日壬午　晨有急雨，上午漸霽，傍午晴，晡後又陰，仍鬱熱。得牧莊書，并和七月一日所柬詩韵，即復。夜作書致族人葆亭及越鄉，告以與鍾學士不相往來之故。

初六日癸未　晴，溽暑復熾。作書致季弟，凡數千餘言。家事淩雜，内外多故，丁寧告誡至再三。余最憚作家書，以其事多不欲言、不忍言者，故每裁一書，輒小病一日。魏文帝云：『汝無自譽，觀汝作家書。』此猶止爲細碎言之耳。又作書致梅坡叔及品芳弟，皆與言葆亭事。紫泉來。夜復困劣，多咳嗽，早瞑。是日曝床席。

初七日甲申　晴，酷暑。發家書。牧莊移具來寓齋頭。午後詣椿樹胡同樂椿園，拜紫泉尊人壽君太守七十生日。紫泉留飲，與竹篔、蓉生、爽秋及方勉夫、錢筱仙同席。樂椿園，本賣花之圃，去年小築廊室及一樓設廚傳爲宴客之地，遂以園名。紫泉本欲觴於謝公祠，余以園名吉祥，勸移於此。然地逼而俗，實無足留憩也。夕陽時與諸君一登樓，樓已將壞，亦略無所睹。遂出詣禔盦，小談而歸。

初八日乙酉　晨微陰，旋晴，酷暑。蓴庭來。

初九日丙戌　晨晴，旋陰，上午晴陰相間，午驟雨，有雷，旋止，日復出，下午又雨，晡後有雷，大雨以風，傍晚稍止，傍晚又雨。

初十日丁亥　晴，午後微陰。作書致伯寅侍郎。沈校亭自越來，曉湖之弟也，言曉湖山居讀書無恙。得伯寅書，即復以節事甚迫，不得不干乞之也。剃頭。作書致禔盦，得復。

邸鈔：李瀚章奏湖南提督馬如龍傷疾舉發，懇請開缺調理。許之。以前福建提督羅大春爲湖南提督。

十一日戊子　陰涼，微晴。得紱丈書，饋蘇州鰕子鰟魚一合，糖佛手柑一匣，頻果一盤，松花卵一合，即復謝，犒使二千。得伯寅書。作書致紱丈，饋燒鳧一隻，笋乾一合，及蒲桃、梨子，得復。作書致禔盦，饋以月餅、蒲桃、杬卵、頻果，得復。蓴庭饋蒲桃、炙鷄、曼頭、麵筋。比日痔發。夜雨。

十二日己丑　寅正一刻白露，八月節。晨至上午密雨，午稍止，下午晴。得紱丈書，借日記。閲《目耕帖》中《周禮説》。比日憂貧，不暇讀書，皆無憀之甚，略無所得，林類榮期，獨何人哉。（此處塗抹）復紱丈書。是日時患腹痛，胸中不適。付賣花媪錢十七千。

邸鈔：上諭：已革四川酆都縣知縣徐濬鏞前在任時，江水進城，不救灾黎，輒先登舟出避。經吴棠奏參革職，永不敘用。兹據都察院奏，該革員以被參情節，均係邑紳徐昌緒挾嫌呈控，並串通總督衙門幕友徐巽齋舞文陷害等詞，赴該衙門呈訴。案關紳幕交通，職官被參冤抑，虚實均應根究。此案奏結有年，丁寶楨無所用其回護，即著該督確切查明，據實具奏。

十三日庚寅　晴，凉甚。得禔盦書，饋龍井茶兩瓶，龍眼一匣，受龍眼，作書復謝，犒使二千。作書致陳子香狀元，言戕夫告假事。以豚肉、杬卵、蒲桃、笋乾饋蓴庭。竹篔來取前日壽濮壽翁公分錢十二千。得伯寅書，饋銀二十四兩，即復謝，犒使四千。

十四日辛卯　晴。禔盦來。署中送來秋季養廉銀九兩一錢。牧莊饋江瑶柱、杏仁、蝦米、蠟燭。

比夕月甚佳，是夜徹旦不瞑。

邸鈔：以太常寺少卿周瑞清爲通政司副使。翰林院侍講學士桂昂轉侍讀學士，以左春坊左庶子慶麟爲侍講學士。

十五日壬辰　晴。以四裘質錢三百千。霞芬來。秋蔆來，爲僕輩辭去，可恨。作書致季士周，付賃屋銀十六兩。付米錢三百千，又三千。司馬廚子酒食錢百千，石炭錢八十二千，豐樓酒食錢四十千，霞芬果餌錢三十千。李升工食錢十千，節賞五千；順兒工食六千，節賞五千；王媪節賞五千；楊媪工食十千，節賞五千；張僕、鈴兒節賞五千；各長班、兵役叩節九千。有鄉人田心培者，曾爲胡梅卿佐籌算，余於庚午秋與梅卿同寓杭州時識之，近日忽入都來依梅卿。既知梅卿歸，遂欲依余。余辭之。復屢來乞索。今日予以錢八千，月餅一合，謝之去。作致弢夫江寧書。此節可謂窮甚矣，然亦竟得過去，不知它日復何如耳。夜月甚皎，偕牧莊小飲閑談。牧莊病後精力疲茶，余比日亦憊甚，昨夜又苦嗽，至終夕不能寐，相對黯寂，各有塗窮日暮之嗟。余飭家人小作月筵，雜飣花果，時秋卉盈籬落間，空庭露坐，頗有佳思，因賦二詩以遣無俚，且索牧莊和之也。四更後雨。是夕子初一刻望，漸有雲起，遂以雨。付鍾容餅卷錢八千，付月餅錢七千，蔣升叩節三千，馬媪二千。

戊寅中秋時孝仲來寓齋中感賦二首

明月入吾室，仰看河漢流。百年憐二鳥，四海共中秋。到處悲歡異，浮生老病休。著書徒自苦，急爲稻粱謀。

寥落天涯裏，荒齋酒一尊。秋林危墮葉，皓月自當門。計拙安身賤，心閑覺道存。斯民艱一飽，吾事且休論。

邸鈔：詔：山西南路平陽、蒲州、解州、絳州四府州并所屬各州縣應征光緒四年下忙及從前奏准緩至光緒五年秋後帶征上年蠲餘錢糧，均一律蠲免。從曾國荃請也。

十六日癸巳　晨雨，上午陰晴相間，有風，甚涼，午後晴。憊甚，身又微熱，卧閲《素問》。

邸鈔：詔：通政司副使周瑞清仍在軍機章京上行走。上諭：前因已革江蘇知縣曾紹勳以沈葆楨奏參冤抑赴都察院呈訴，當交吴元炳查奏。兹據奏稱，傳驗該革員雖未吸食鴉片，惟查有售賣烟土確據，吸食即非無因，且劣迹昭著，有干預縣署案件，從中關説等情。該革員平日既行同無賴，經沈葆楨奏參後，復敢怙惡不悛，妄行呈控，似此刁風，斷不可長。著發往軍臺效力贖罪，以示儆戒。

十七日甲午　晴。先妣忌日，供素饌十器，又加蟹羹、鴨肝、鴨胃，爲先君平生所嗜也，栗子湯亦二親所嗜也。晡後畢事。程雨亭吏部來，以改捐江蘇知府來辭行，不晤。孫鏡江吏部來，已改以知縣候選入京者，余方饋畢，出見之。付肴饌果醴錢二十千。

邸鈔：吴元炳奏江蘇候補知府陸費森素性佻達，宜興縣知縣施惠會稽，附監。昏憒無能，候補同知直隸州知州潘青照行爲不端，均請即行革職。從之。吏部郎中文啓授陝西同州府知府。

十八日乙未　晴，稍暖。作書致伯寅侍郎，得復。再得伯寅書，惠銀十兩，即復謝。

邸鈔：詔：原任陝西布政使蔣凝學照軍營立功後病故例議恤。從陝西巡撫譚鍾麟請也。詔：内閣中書孟繼勳等二十人記名以軍機章京用。自初五日至初七日，分試内閣六部保送之員。先爲『祇台德先論』，次『措置得宜能服其心論』，次『敏事慎言論』。閣部所舉，盡由捷足，而大員復互相屬託，公言不諱。内閣悉大學士載齡主之，以寶、沈皆樞臣，例回避，全協揆在病假也。吏部則尚書萬青黎，户部則尚書董恂，刑部則尚書桑春榮，餘亦皆一二人主之。而萬復於户部、兵部爲其兩婿地，故孽親媚子，蟻附蠅鑽，乳臭人奴，不辨菽麥，皆以充代言之選，備給札之才。第一日之試『祇台德先論』，多以台爲三台之台。樞臣知其故也，復昧目而取之。浙江止取三人：金保泰，仁和人；胡仁耀，上虞人；陳邦瑞，鄞人。保泰前十年尚逐劇場賣瓜果，爲人吹火進水菸以糊口，未嘗識字。杭人皆知之，保泰亦自言不諱也。『措置得宜，能服其心』，二語出《孟子・爲政不難章》集注林氏引唐裴度論平淮西事。上諭：御史孔憲瑴奏仕宦日巧，請飭部嚴定章程一摺。著該部議奏。所奏凡六事，頗切時務，別見於後。

十九日丙申　晨至下午晴，晡後陰。今日爲仲弟周年忌日，設饌四豆，加豚肩，時果四盤，棗兩盤，肉膾饅頭一盤，菜羹一，栗子湯一，祔以其元配陳及兩殤子。哀哉！晡後焚楮錢。傍晚剃頭。夜雷雨大作，一更後止，月復出。付果饌錢十三千。

邸鈔：上諭：前據銘安、玉亮奏吉林偏臉子屯齊傅氏家夤夜被搶財物、斫傷事主一案，承緝之佐領三慶縛拏傅甸奎等，起獲贓物，均多不實，並不將栽贓誣陷之齊廣貞踹緝到案，當經降旨將三慶暫行革職，並令銘安等傳獲齊廣貞嚴切根究。茲據齊傅氏之子侍衛倭興額赴都察院呈訴獲贓拏犯情形，多有不符，齊廣貞亦並非該侍衛家藏匿不合到案。吉省原有股匪竄擾，該將軍並不剿辦。該處攬訟之程思敬，展轉蒙蔽將軍，致派委之人有接濟金匪等情。案關事主冤誣，邊匪猖肆，虛實均應根究。著派崇綺、馮譽驥馳驛前往吉林，秉公查辦，據實具奏。隨帶司員一併馳驛。侍衛倭興額者即前赴吉林聽候質訊。前見邸鈔，銘安奏此案情節：傅甸奎等皆安分農民。嘗密遣員至偏臉子屯，改裝潛訪耆老村民，咸無異詞。因齊傅氏族人齊廣貞嘗向傅甸奎告貸不遂，挾嫌誣盜。三慶至甸奎家按贓，廣貞袖携齊傅氏家田契一紙，隨三慶往，僞爲自甸奎所搜得，遂以爲據。當其故墮地拾取時，衆目皆見。耆民皆詣三慶具保狀。銘安復細察所獲餘物，皆民間常用。而倭興額忽自京至吉林謁銘安，乞急治其獄。又屢傳廣貞，匿不到。則爲誣陷，似已無疑。今倭興額復來京控，蓋小人刁健之尤也。

二十日丁酉　晴暖。沈校亭來，不晤。以墨一篋爲贈，并得曉湖書。蓴庭來，不晤。

二十一日戊戌　晨陰，上午微晴，多陰，下午晴熱，晚復陰。午出門答客十餘家，晤濮紫泉、陳子薌、杜葆初。訪秋蔆，不值，留與一書，并拜節銀二兩，僕賞十千，晡後歸。付車錢五千。

邸鈔：詔：前署貴州巡撫韓超於咸豐間餉匱兵疲之際，擊退石達開大股逆匪，攻克尚大坪等處賊巢，肅清大定、安順、遵義、思南、銅仁諸郡，戰功卓著。嗣因病回籍調理。兹聞病歿，軫惜殊深。著將生平事蹟宣付史館立傳，並加恩予謚。從李瀚章請也。旋予謚果靖。以光禄寺卿許庚身爲太常寺卿。

二十二日己亥　晨至午陰，下午晴，晚忽大雨，有雷。作片致杜葆初，以葆初言與鍾六英善，故屬其轉交葆亭書。作片致沈校亭。牧莊移寓邑館。

二十三日庚子　晴，熱甚。作復陶心雲書。作致王子獻書。作書致牧莊，問其疾，得復。作片致程雨亭，致達夫，俱約今晚飲。下午答拜孫鏡江，不得其寓處，遂詣東小市金華館謝朱蓉生、袁爽秋稱壽之儀。晚至豐樓，邀雨亭、達夫、校亭飲，并招秋蔆、霞芬。秋蔆不至。夜二更後歸。付車錢六千，客車飯四千，酒保賞三千，霞車二千。

邸鈔：詔：直隸霸昌道續昌調補奉天奉錦山海道，工部郎中裕昆授直隸霸昌道。原任奉錦山海道景福病故。詔：雲南臨元鎮總兵李明惠現在因病出缺，著照提督軍營立功後積勞病故例從優議恤。雲南昭通鎮總兵鄧有德現在患病，著准其開缺。俱從劉長佑請也。以□□□□楊長春爲雲南臨元鎮總兵，以前雲南臨元鎮總兵麟志爲昭通鎮總兵。

二十四日辛丑　晴，熱甚。作片致程雨亭，託附寄心雲書及詩一册。作片致陳子薌，託附寄弢夫書。

二十五日壬寅　晨至午晴，下午陰。閲武虛谷《三禮義證》。武氏説經頗謹嚴，語亦簡質，惟於鄭注時猶體會未至，故不免疑所不必疑。

二十六日癸卯　晨霠陰，午後小雨，傍晚稍止，夜半後雨。

邸鈔：吏部左侍郎彭久餘奏病難速痊，懇請開缺調理。許之。

二十七日甲辰　未初一刻五分秋分，八月中。晨密雨，旋止，上午陰，下午晴。祀曾祖考妣、祖考妣、本生祖考妣、先考妣，肉肴六器，菜肴六器，加菜羹肉餡饅頭、糖覈饅頭兩大盤，栗子湯一巡，酒二巡，飯二巡，時果四盤，晡畢事。杜葆初來。方勉夫來。夜雨。付肴饌錢廿五千。付吏夫楊庸錢七千，以是日上庸。

邸鈔：以吏部右侍郎童華轉補左侍郎；以刑部左侍郎黃倬調補吏部右侍郎，未到任時，以内閣學士祁世長署理；以禮部右侍郎馮譽驥調補刑部左侍郎；以内閣學士龔自閎爲禮部右侍郎，未到任時，以大理寺卿朱智署理。兩宫皇太后懿旨：孚敬郡王之嗣子載沛溘逝，著以奕瞻之子載楫改名載澍，繼孚敬郡王爲嗣，封爲多羅貝勒。惇親王等奉懿旨將十六門載字輩已逾十歲者載峻等二人，二十四門載字輩五歲至十歲者載楫等七人，帶赴孚敬郡王府第閲看。敬王福晉請將奕瞻之子載楫年九歲爲嗣。十六門者，高宗十六王後也。二十四門者，聖祖二十四王後也。

二十八日乙巳　終日苦雨，下午尤密，夜苦雨達旦。

邸鈔：候補四五品京堂、毅勇侯曾紀澤出使外洋請訓，以代郭嵩燾也。定例，使外洋者三年瓜代。先是，郭嵩燾充英國聘問使，劉錫鴻副之。錫鴻者，廣東舉人，以貲爲郎，喜言經濟，自負能辦洋務。嵩燾撫粤時與之善，及將使於夷，力薦之，因驟擢京堂，爲之副。嵩燾浸不悦，論議屢相左。既抵英吉利一年，朝命錫鴻爲法國聘問使。嵩燾愈怒，出疏嚴劾之。然錫鴻實無它才，惟剽襲策略，爲浮夸詩語，自附名士，以結聲氣。嵩燾亦不能任夷事，爲夷所短，自求代還。乃更命紀澤爲英、法兩國聘問使，而召嵩燾、錫鴻還。

二十九日丙午小盡　晨小雨，霠陰，上午微晴，午復雨，下午漸密。印結局送來是月公費銀九兩四錢。作書問牧莊疾，得復。雨入夜有聲，蕭蕭達旦，墻傾屋漏，百憂坌集，以詩三首寫之，又賦《招隱辭》以自遣。

苦雨謡三首 戊寅八月晦夕作

秋霖積日慘不開，太行黯黯愁西頽。農夫九死補田作，坐看辛苦成污萊。黍子垂頭萬黄粒，丈半紅竿颭秫秫。方覬暫飽償積飢，詎料垂成委枯銍。天公愛物稱無私，朝廷旰食施淖糜。天心君心本一體，始知灾沴民自爲。我釜無魚甑無粟，謁鬼不通日炊玉。飽看雨脚愁向天，豈惟野老吞聲哭。程易疇以黄米爲黍，其秀舒散者是也，北人謂之黍子；以高粱米爲稷，其穎竦時者是也，北人亦謂之秫秫；以小米爲粱，其穗下垂者是也，北人謂之穀子。郝蘭皋以大黄米爲黍，以小米爲稷。案：今京畿人呼大黄米性黏作糕者爲黍子，其穗頭垂者是也。秫秫則爲高粱之通稱。

桑乾水自樓煩來，挾沙横决如奔雷。緡錢告絀外繇困，危堤齾齾常崩摧。神畿南北一河繞，南岸乘危北堤倒。積年葳葳眄雨工，十室一歸復逃潦。我乏羨卒半畝田，太倉斗食饔無緣。蜚鴻滿野心悄然，豈但墨突無炊烟。

頑雲缺兑現雌霓，雨勢騎月夜益急。東榮震裂西梠傾，昏巷沉沉萬憂集。蓋頭未得三重茅，瀧瀧檐雷百竅號。四壁股栗撼床動，一燈危與神魂摇。傭書力賃三間屋，流潦滿庭帶溝瀆。何事復取造物嗔，童僕愁冤爨婢哭。人生呼吸皆由天，幾家高枕能安眠。排墻死亦等化耳，蘧蘧安必非真仙。君不見東華門外火城濕，千官陛楯雨中立。馬蹄騰踔絶淖行，漆室遑知有人泣。

招隱辭 有序

淮南桂樹以《招隱士》出而仕也。余之所歌，屬招于隱，名同恉異，不必云反。沮溺丈人，風斯遠矣。

主人端憂客進言，我歌能令公解顏。公胡不歸雲門山，峰峰巧挽青螺鬟。桂花未老楓葉丹，溪流曲曲如玦環。山回竹斷逢飛泉，鐘聲十寺斷復連。花深一磬穿秋烟，秦望翠若波濤翻。鑪峰危戴雲中冠，下有陽明古洞天。令人一步千回旋，湖塘十里開平川。屏風列嶂丹青懸，青林碧篠圍檀欒。華屋鱗比盈萬廛，白雲突出紅樓研。開窗面面環青蓮，柯山巖壑如雕鐫。秋清峭壁藤蘿纏，一磴窺湖湖鏡圓。沿湖村村烏桕殷，斜陽盡作胭脂斑。下接芰罫繩相牽，時見菱女小艇穿。湖山之美難具宣，公胡不具獨鹿轅。或舁籃轝相後先，佩壺挈榼從青猿。有時載酒上畫船，古書捆束縹緗聯。古香佳槧四部全，香鑪茗碗無俗頑。斑絲隱囊輕勝綿，奇器一一隨方圜。圜者，天體也，天屈西北而不全圓者，渾圜也。《說文》謂之圜合，亦曰圜全。二字不同。名琴雖設不取彈，越女之白天下傳。輕鳳弄玉雙嬋娟，輕鳳，見《杜陽雜編》唐寶曆時浙東所獻舞女。弄玉，見《老學庵筆記》北宋時若邪谿才女。二人皆有本事，隱含其名。絳襦纖頎玉削肩。墨袿幽靚花爲權，淡妝炫服各自憐。捧卮含笑來公前，爲公拂几排牙籤。粉指印滿青絲編，有時研墨調丹鉛。校書既畢我詩篇，日注雪芽百跨團。對山時汲清泉煎，家家打稻香滿田。煮菱剥芡烹魚鮮，團臍大螯不論錢。公乎一醉能忘年，近游既足遠亦便。西溯百里桐江間，頭亭艇子十丈寬。漁姬婉麗能管絃，挂帆直上嚴陵灘。水色縹碧之作灣，夾以千仞青峰巒。交柯蔽日竹萬竿，瀑布四界飛猱緣。九里梅花村在邊，樹腰十圍花似拳。花飛亂點珊瑚鈿，東出剡谿就輕箯。天姥雲際修眉蜷，天台赤城一徑攀。國清異境開仙寰，松陰布算聲鏗然。賢首道場花蟬嫣，古德不談衣鉢禪。三生香火公所安，余未生時，先大母禱於國清寺，見余舊詩及文集中。盡翻貝藏窮涅槃。上尋華頂躋華鬘，金光昱昱摩天關。霞飛百道星辰攢，藍橋萬丈游蜿蜒。下俯青溪激奔湍，薜荔絡趾雲生巔。當之六月生清寒，林栖每見堅牢仙。斸苓隨向楓根眠，公乎此樂儕喬佺。采芝飯朮壽且千，丹巖碧海帶來還。胡爲五嶽胸鬱燔，人世逼仄何足歎。我起公疾公無難，願公輕齎駕歸舷。

邸鈔：詹事府右庶子寶廷轉補左庶子，翰林院侍讀貴恒升補右庶子。

九月丁未朔　晨小雨，上午日出，旋陰，下午晴，有風自西。積雨得晴，神思清豁，復賦五律一首，七律一首，一寄紱丈，一懷故居山鳥之鳴，自爲哀樂而已。付高麗參錢廿三千，王媪工食錢廿六千，洋布錢十五千。

秋霖忽晴柬紱丈爲酒壚之游

忽地商飆起，沉霾一掃清。天心娛晚節，老境愛秋晴。樹脱欹巾便，落乾曳杖輕。寒衣雖典盡，酒市且經行。

秋晴憶越中光相橋故居

鄉心且莫道林泉，即論城居也似仙。橋市玲瓏隔秋水，山亭峭蒨出寒烟。微風巖桂臨街宅，落日湖菱上堰船。西寺鐘聲如舊否，幾時紅舄著僧邊？光相寺即晉之西寺，近燬於賊。

邸鈔：上諭：果勒敏奏調任杭州副都統富爾蓀未奉諭旨，自行署理乍浦副都統原缺，顯違定制，並於用印事件不查照向章，鈐用將軍之印各等語，著富爾蓀明白回奏。其乍浦副都統印務，俟世禄到浙後富爾蓀再行交卸。奏稱：向例，乍浦副都統闕人，則以杭州副都統代理，不得云署理。乍浦自寇亂後，駐防營爲墟，副都統寄治杭州。富爾蓀之抵任也，大吏有議修復乍浦滿城者，富爾蓀以司庫支絀止其議，故官民頗稱之。秋初入覲，適杭州旗兵酗毆事發，内中傳詢，富爾蓀頗直言其事，因有更易之命。果勒敏深恨之，故有此劾，以修怨也。

初二日戊申　秋社日。晴。作書并寫兩詩致紱丈，得復。剃頭。爲曾君表撰其尊人《明瑟山莊課讀圖序》并詩。作書問牧莊疾，得復。作片問程雨亭行期。

曾退庵舍人熙文明瑟山莊課讀圖序

明瑟山莊者，年丈退庵先生之所營也。朝簪乍卸，即成谷口之居；楹書有儲，先就城南之築。輟鳳池之染翰，爲馬蕃之傳經。時則舍發瘞錢，新喪長豫，亭披玄草，方慟童烏。然而珠樹雙榮，彌劭河汾之業；靈椿未老，遂開履道之坊。倚林結園，緣池作館。墻形不設，以竹爲援；榭勢略施，照波成舫。風欄幾折，紅亦侵花；月洞重規，碧將封蘚。危亭間出，斜廊曲通。既絶流而爲橋，亦就山以藏閣。樹多於屋，不隔聽鸝之林；石欲分泉，且留調鶴之徑。凡兹意匠，皆繪詩才。初因北海之荒莊，繼益詠樓之舊址。莊本爲毛氏、沈氏宅。經始乙巳，以訖甲寅；歲周十干，景成十六。先生自記，言之詳矣。於是開徑延賓，下帷課子，琴歌互作，巾舄咸歸。滴薇露以研朱，劈蕉箋而試墨。夜燈分几，樹影當窗；晨篋開緘，山光在卷。書聲出於花上，衫色迷其柳痕。或刻竹以題詩，間指棗而策事。謝公家法，無取香囊；柳氏舊聞，分占副本。其曰招邀風月之廬者，課讀所也；曰雙鳳樓者，插架處也。琴川碧水，偏匯階前；吾谷丹楓，都來檐際。飛泉拂檻，硯水能添；長風過松，籤牙自響。老桂對峙，知爲燕山之家；垂楊獨高，尚記永豐之里。蓋亦極昇平之樂，備家園之娱矣。喬蔭忽傾，蘭畹滋茂。向禽始願，遂畢於巖阿；翬肇能文，益顯其家業。滄桑既閲，無改通德之門；樹石依然，不煩平泉之誡。山條水葉，藉銘字以長留；竹翠花深，披畫圖而宛在。次君君表比部，寶持遺蹟，廣乞能言，辱以齊年，徵爲喤引。郊居十詠，敢希齋壁之題；石臺一經，長寫君家之策。因系四韵，用示後來：

丹黄三萬卷，卷卷手親模。退隱疏泉石，清芬入畫圖。水分鳥目澗，花迓紫薇壺。家法茶山老，風流在海虞。

初三日己酉　晴。程雨亭來，言初七日行。爲君表寫圖序。得紱丈書，并和昨所寄五律，即復。得牧莊書，言病甚欲歸，即復書慰問。作書并圖致君表，得復。

邸鈔：詔：前署古城領隊大臣、升任哈密辦事大臣保恒加恩予謚。從金順請也。賜謚桓靖。保恒，今内閣侍讀學士錫縝之父。　詔：寶森遇有四川道員缺出即行補用。寶森，大學士寶鋆弟也。素無賴，前以知縣需次直隸，無所不爲，人皆惡之。後加捐至道員，發四川，益鄙誕百出。今年春，川督丁寶楨忽特疏薦之，謂熟悉邊情，才識卓絶，爲蜀中所僅見，且薦辦馬邊廳軍務，邊圉多賴其力。然馬邊廳，即明之馬湖府，今屬敘州，實無警也。或謂寶楨惡其人，實欲使之去蜀，故請送部引見，加之擢用；或謂寶楨欲以媚政府，丁士彬因獻此策，爲具奏草。然寶楨疏言川中道府需次年久者几數十人，惟寶森能留意邊事，則不欲其離川可知矣。蓋寶楨莅蜀後，政日不理，丁士彬者奸險小人，中外所指目，寶楨大信任之，以建昌道調署成龍潼綿道，惟其所爲，事皆倚之以辦。朝命薛允升爲成龍潼綿道，寶楨不令之任，而移之署建昌道。有湖南人舒某者，久在寶楨幕，以軍功保至記名道，勁直爲寶楨所畏，悉廉得士彬奸狀，書牘以告寶楨。寶楨大怒。舒因請置獄與質，有一不實者，甘就誅。寶楨亦置不理。舒乃投劾歸。蜀人憤甚，視眼中雙丁，有大書總督轅門曰：『閲公之名，驚天動地；見公之來，歡天喜地；睹公之政，昏天黑地；望公之去，謝天謝地。』　署雲南巡撫杜瑞聯奏安平、文山、寶寧、巧家、會澤、大關、魯甸、恩安、思茅、威遠、他郎、寧洱、中甸、維西、龍陵、緬寧十六廳縣請添設學校，以光緒六年歲試爲始，擬定文武學額名數，捐建文廟、考棚、學署，其應設校官，由通省一學兩員之内酌量裁移。詔該部議奏。奏稱各廳縣自雍正年間改土歸流二百餘年，尚未設學，請援近年奉天之昌圖、岫巖二廳，福建臺灣等處增設學校之例云云。　劉瑞祺補禮科給事中。

初四日庚戌　晴熱。寫單約孺初、竹篔、褆盦、紫泉、鏡江、君表夜飲豐樓。得褆盦書、竹篔書，一以疾，一以事，俱不能來，又聞豐樓復閉，遂罷請諸君。晡後步詣館視牧莊疾。傍晚詣程雨亭，小坐，晚歸。適仲彝自宜昌至，已卸車在門矣。得雲門書及陳藍洲書。藍洲卸署房縣，後亦奉檄宜昌鹽釐局也。仲彝留寓客廳之東室，夜談甚暢。謝夢漁爲其子婦開吊，送分子四千。

邸鈔：詔：崇綺、馮譽驥現在出差，以户部右侍郎麟書兼署吏部右侍郎，吏部左侍郎童華兼署刑部左侍郎。命潘祖蔭充實録館副總裁。

初五日辛亥　晴，熱甚。仲彝饋兔脯、鯗魚及錦段顈裁一事。顈見《儀禮》，亦作『景』。《禮記》作『絅』，《詩》作『褧』，《説文》《正字》作『褧』是也，今謂之飯襌。得葆亭前月廿一日書。偕仲彝步至慶樂園觀劇。自去年重九後不聽此矣。曾君表來，不值。傍晚偕仲彝詣福興居，并邀竹貧、君表、紫泉小飲，夜二更歸。得褆盦書，饋龍井茶兩瓶及重陽嬭餅。付劇場坐錢七千，酒保賞四千，客車飯四千，霞芬車飯二千，車錢一千五百。

初六日壬子　上午晴，下午微陰，晡後有雨數點，旋晴。作書致褆盦。沈校亭來，饋兔脯一肩，笋脯、乾菜各一簍。付李升工食錢十千，犒沈使二千。

邸鈔：孫毓汶補翰林院侍讀學士。

初七日癸丑　晴陰相間。作書致程雨亭，約今日夜飯。褆盦來。蕚庭來。孺初來。雨亭來，偕仲彝夜談甚暢。

邸鈔：以詹事府少詹事啓秀爲詹事。

初八日甲寅　晨及上午霒陰，傍午密雨至夜。夜雨甚寒。

初九日乙卯　晨霒陰，有風，上午雨雹交作，午後稍止。校亭來，言十一日行。褆盦來。夜邀褆盦、校亭、仲彝詣宴賓齋小飲，聊應客中佳節而已，夜一更後歸。仲彝惠銀二十兩。知己之饋，不敢過辭，先施既慚，稱情彌愧。夜有微月。付酒保賞三千，客車飯三千，又二千。

初十日丙辰　微晴多陰。作書問牧莊疾。作書致雨亭，問明日準行否。作書并寫前日所作《招隱辭》致伯寅。余自謂此詩實千古奇作，將分寄曉湖、牧莊、雲門諸同人。平生最不喜寫詩示人，此爲破例耳。爲校亭書團扇。得王松谿六月二十六日江西志局書，得族弟小帆書。得伯寅書。得校亭書，言改期十三日行，即復。得趙心泉書，約十三日午飲。寫《招隱辭》寄曉湖。夜作致心雲書，再託雨亭寄去。以山妻在家，寒餓可想，雨亭爲之計畫，將乞心雲爲我籌之。得牧莊來，告病又劇，作書慰之。紱丈來借日記，即復。買菊花三十六叢，付錢八千。

十一日丁巳　晨晴，上午後多陰，晡後晴。偕仲彝至邑館視牧莊疾，又詣伏魔寺送程雨亭行，午後歸。君表來，不值。得紱丈書，還日記，即復。作書致君表，辭今夕之飲。作致曉湖書。作致內子書，并寄杏仁二斤，高麗參半斤，又寄王氏妹杏人、麗參，寄鄭氏妹蕉扇、錦襌。作片致校亭，俱託其附去。是日初曉時卧聞寒鴉聲嘹戾過去，頓覺歲寒將至，羈愁爲碎，夜賦一詞寫之。

霓裳中序第一　秋曉聞寒鴉聲，便覺暮歲催人，霜雪將集，賦此寄興。

屏山懶未展。夢覺瀟湘秋漸遠。纔報妝樓過雁，又嘹戾帶星，寒鴉天半。西風尚緩。問碧雲、何事催趲。天涯路，爲誰舊約，破曉送悽怨。　剛斷，涼蟬幽咽。祇客裏雕梁塵掩。歸期難問去燕，想故里荒村，斜陽何限。昭陽能幾見，便做弄、憑高數點。林枝借，未飄紅葉，忍自召霜霰。此詞本用入聲，南宋以後多有用去者，因其聲太悲以促，故從之。

邸鈔：吏部左侍郎崇厚出使俄羅斯請訓。餘姚人工部員外郎邵友濂充參贊。詔：工部左侍郎成林仍兼署吏部左侍郎。　察哈爾都統穆圖善奏已革總管內務府大臣茂林、奉宸苑卿慶林於本年四月到口，茂林派在第十三臺當差，慶林派在第十五臺當差，各報效銀二千兩，作軍臺津貼之用。援光緒二年七月已革吉林將軍宗室奕榕報捐布魯圖臺站銀一千五百兩，經前任都統慶春援照歷次成案，奏請賞收，並請奬敘，奉旨加恩釋回例爲請。詔：銀兩賞收，俟在配所扣足二年即行釋回。御史李廷簫授河南開封府遺缺知府。

十二日戊午　終日寒陰。得王子獻八月廿二日寧波書，并宋高宗賜吕頤浩手詔石本數通，上虞連揙香新拓之西郭吕忠穆廢祠者。君表以近作五古四首送閱。禔盦約明晚飲福興居，辭之。作書致牧莊，得復。孫鏡江來。

夜偶取定盦詩，略評點之。定盦文筆横霸，然學足副其才，其獨至者往往警絶似子。詩亦以霸才行之，而不能成家。又好爲釋家語，每似偈讚，其下者竟成公安派矣。然如《能令公少年行》《漢朝儒生行》《常州高材篇》，亦一時之奇作也。詞則非所知耳。

邸鈔：上諭：前據御史孔憲穀奏參河南振務辦理不善，由臬司傅壽彤前署藩司任内倚任非人所致，當經諭令涂宗瀛確查具奏。兹據奏稱，查明陝州知州查以謙並無盗賣倉穀入己情事，惟性情豪侈，公事不免廢弛。趙集成在安陽縣知縣任内被控勒索鹽規，業經李鴻章等奏結，將家丁照例科罪，未聞李鶴年有勒令告病之事。該員官聲毁譽參半。路璜到安陽縣署任時出示禁止飢民求賞，語雖失當，心尚無他，惟不免玩視振務等語。河南陝州知州查以謙，宛平，監生。署安陽縣事、洛陽縣知縣路璜，畢節，進士。均著即行革職；安陽縣知縣趙集成涇縣，監生。著開缺留省察看。至查以謙等均非傅壽彤在署藩司任内調辦振務之員，並非倚任非人，尚無操守不端及代屬員彌縫營求等款，惟於路璜辦振情形，未經考察，輒以飭回署任爲請，實屬冒昧。傅壽彤著交部議處。涂宗瀛奏特參庸劣不職各員：河南汝陽縣知縣蔣式鈺，正陽縣知縣白檠，順天通州，監生。武陟縣知縣張葆謙，南皮，舉人。鄢陵縣知縣陸以勳，浙江山陰，舉人。候補知縣顔懷愚、何瑛福，均請即行革職。從之。詔：已故刑部左侍郎袁保恒於河南省城建立專祠，地方官春秋致祭，並祔祀伊父袁甲三陳州專祠。從涂宗瀛請也。上諭：御史周開銘奏東南數省被水，請飭豫籌拯救一摺。本年江西、福建、廣東、湖北、湖南等省雨水過多，被淹地方甚衆，江西饒州，湖北安陸、荆州，湖南常德等處被灾尤重。著各該督撫確查所屬情形，豫籌拯救，所有疏導水勢、安輯流亡、籌辦振濟、勘報蠲緩各事宜，均著悉心體察，妥爲辦理。

十三日己未　戌初初刻十四分寒露，九月節。晨陰，上午陰晴相間，下午晴。趙心泉來催飲，辭之。剃頭。閱錢氏《唐書》《宋史》考異。譚硯孫來。夜月甚佳。

邸鈔：丁日昌奏此次辦理晉豫振捐，計至五月末已解天津銀五十餘萬元，六月内又起解二十餘萬，其餘亦亟催繳起解，皆由惠潮嘉道張銑、臺灣道夏獻綸、臺北府知府林達泉、臺灣府知府張夢元等，視公事如家事，飢溺爲懷，體用兼備，顧全大局，不遺餘力，非尋常泛泛勸捐者可比，懇恩飭令李鴻章於事竣後從優酌保。臺灣紳士候選道林維源捐款至五十二萬元，保全灾民尤多，前經户部奏准俟款項繳清破格優奬，以資觀感。今該紳已繳至四十五萬元，尚餘（九）〔七〕萬元，亦即可源源起解，合併乞恩。飭知李鴻章等俟繳清後爲之破格從優請奬，庶幾四海好義紳商，尚可聞風興起。詔：著丁日昌分别知照李鴻章、何璟、吴贊誠等奏請奬敘。

十四日庚申　寒陰，間有日景，晚有明霞甚麗。兩作書致牧莊，借俞蔭甫《賓萌集》。潘味琴開吊，送奠分四千。

閱《賓萌内集》。凡五卷，分《論篇》《説篇》《釋篇》《議篇》《雜篇》，其議論雋利而頗涉膚淺，又喜新巧，而偏駁者多，文筆亦太輕滑，故爲時所詬病。然讀書既富，時有特識。如《先穀論》《滕文公論》《秦始皇論下篇》《馬援論》《鄒元標論》《明代争國本諸臣論》《周書明醜説》《左氏春秋傳以成敗論人説》

《蜀漢非正統説》《釋盤古》《釋姜嫄》《釋公主》《釋佛寺》諸篇，皆言之有故，持之成理。而《明醜説》借古之象刑，爲申明其義，尤有功於名教。以左氏之論成敗，謂不欲窮天道之變，所以著興亡之理，絶禍亂之源，深得聖人微意，亦爲有裨經學。《學校祀倉頡議》欲以沮誦、史籀、胡母敬、程邈爲四配，以司馬相如、史游、李長、揚雄、班固、賈魴六人從祀，而不祀李斯；又以書法之義、獻，韵學之周、沈，破壞字體，變亂古音，爲六藝之罪人，八體之巨蠹，亦折衷平允。雖今之所謂帖體者，非始於二王，今韵亦非周、沈之舊，而力創新意，風俗靡然，爲古今之一大變，實自四人始也。《考定文字議》謂經典之字，皆宜壹以許書爲墇，即俗之『的』字。一曰正字義，二曰正字體，悉羅列許書正字，辨俗體之誤，尤學者所不可不讀。

自乾隆後，通儒輩出，盧弓父等專事校書，遂謂經典自有相承之字，不必媕依《説文》，於是黄蕘圃輩墨守宋版，至以骨董爲經學，豈知字之宜正者先在於經，經文既訛，何論它事？宋槧俗誤甚多，其結體多依法帖爲之，即上而唐石經及《五經文字》，亦不免參以俗學。再上而蔡邕一字石經，媕用隸體，已漸開碑帖臨摹之習，取便流俗，豈三代竹簡之所傳，漢初縑素之所留耶？俞氏此議，實獲我心矣。其釋『左』『右』二字，謂『左』『右』對文，取義當相配。今『左』从工，『右』从口，爲不倫。『工』當是『巨』之省，巨所以爲方，从巨，即从方也。『口』是囗讀圍。帀字，非手『口』字。囗者，圓象，从囗，即从圓也。『𠂇』執方又執圓，天地之道也。論甚名通。然『方圓』之『方』，《説文》自有『匚』字，何不云左即从匚，而必从巨作省文以爲迂曲乎？

《外集》駢文四卷，皆其舊作。俞氏亦自謂鄙薄卑下，其氣體淺俗，詞意纖佻，誠近於吴薗次一派，然終是讀書人語，如《與友人謝不飲酒書》《答汪蓮府書》《報孫蓮叔書》《謝夢漁香南憶夢圖序》，亦典雅清綺，足稱佳構也。

夜月甚佳。

邸鈔：上諭：刑部奏秋審擬絞情實官犯，查無伊子死事請恤案，據請毋庸核辦等語。詹啓綸著照刑部所擬，歸入本年秋審情實辦理。至此案前，經民人胡佐懷以營官吴東山等商通御史鄧慶麟爲詹啓綸營脱罪名等詞，赴都察院呈控，當經降旨交刑部訊究，事隔年餘，尚未訊結。著該部咨催步軍統領等衙門，迅將在逃之吴希之、詹焕章一體嚴拏，務獲歸案訊辦，毋再遲延。詹啓綸旋於秋審勾决。

十五日辛酉　微晴，多陰。仲彝邀至天樂園觀劇，晚偕飲太和樓，食蟹，甚佳。夜歸，月皎甚。

十六日壬戌　陰晴相間。得牧莊書。得杜葆初書，言葆亭及鍾六英事，作片復之。作片致沈校亭，問其行期，得復。再偕仲彝至天樂園觀劇，厭倦之甚。夜邀飲福興居，招霞芬。薄醉，中惡，身微發熱。是日本不快，重以涂淖穢蒸，行路疲苭，遂感疾矣。二更時歸。月甚佳。是夜望。終夕胸中閡逆，不能寐。付劇樓坐錢七千，酒保賞三千，車飯三千五百。

十七日癸亥　陰曀。竹篔來。上午後胸腹益作惡，服普洱茶、建麯湯，歐吐，大疲頓，終日困卧，身大發熱。作書致牧莊，得復。

十八日甲子　晴。疾益甚，作書致曾君表、致陳汝翼求診，皆不來。得牧莊書。夜大霧。

邸鈔：詔：山西本年六月間又遭大旱，殘喘餘生，何堪重困？加恩撥給山東漕米十二萬石，以濟振需。即由山東巡撫督飭糧道，務於年内全行起運，毋稍稽延。其隨漕輕齎等銀一併先行扣留備用。並著户部撥給庫銀二十萬兩，備充運費。所有應振灾黎，著閻敬銘、曾國荃督率官紳，妥爲經理。

十九日乙丑　晨霧，至巳始已，終日霃陰，未刻微見日景。君表來診。汝翼來診。作書致牧莊，以其疾久未平，又圖南歸，故爲言歸計之善、海道之險，勸其三思，擇便而行。得復。服君表藥。上焦終未開，夜大溲。後服胡椒湯，始覺熱氣滿中，所鬱稍下。

二十日丙寅　晨至上午陰，午晴。胸鬲漸開，頗患腹張，荼弱尤甚，服汝翼藥。禔盦來。夜始食粳麵，尚覺中滿不舒。

邸鈔：上諭：穆宗毅皇帝、孝哲毅皇后梓宫奉安山陵，欽天監謹擇於光緒五年三月二十六日，所有應行典禮事宜，著各該衙門届期敬謹豫備。

二十一日丁卯　昧爽雨，至晨漸稀，上午止，風起，晴。仲彝饋蟹。是日午食飯一器，甚不快。夜復不食，爲牧莊寫《招隱辭》横卷。

邸鈔：鑲藍旗蒙古副都統、内閣學士宗室奕慶卒。詔：奕慶由主事洊升侍郎，調盛京工部侍郎，同治年間曾在弘德殿行走，宣力有年，克稱厥職。兹聞溘逝，軫惜殊深。加恩照副都統例賜恤。上諭：桂清等奏修治運河，請飭統籌全局，併力開通一摺。著該部議奏。

二十二日戊辰　晴。晨起甚早，以小事怒家人，肝氣大發，遂復疲憊。爲牧莊題顧晴芬侍郎皋墨畫竹石蘭菊小册，得四絶句。下午詣邑館與牧莊話别。歸益不支，身復熱，再請君表來診。夜身大發熱。

二十三日己巳　晴。服君表藥。作書致牧莊，贈以綿要衱一事及骽脯、醬肉、蒸鮝，牧莊以明日行也。校亭來，亦以明日行。是日身發熱，夜尤甚。兩夕憊甚，皆和衣卧。

二十四日庚午　晨晴，上午微陰，午後陰。身熱益甚，夜尤劇，咳嗽大作，服小柴胡湯。

二十五日辛未　晴，比日稍暖。身熱少差，胃气未動，不能食。夜三更後雨。

邸鈔：上諭：順天府奏大員重赴鹿鳴筵宴一摺。協辦大學士、刑部尚書全慶歷事四朝，洊襄揆席，品學醇粹，懋著勤勞。現在年近八袠，重遇鹿鳴，洵爲熙朝盛事。加恩賞加太子少保銜，准其重赴鹿鳴筵宴，以示優眷。

二十六日壬申　晨密雨，上午稍止，下午晴。比日理焦氏《孟子正義》。

邸鈔：詔：派禮部尚書恩承、吏部左侍郎童華馳驛往四川查辦事件。以給事中吴鎮劾奏丁寶楨等十款也。

二十七日癸酉　晴和。身熱始退，稍能飯，看書作字如平時。午負窗日梳頭，亦地獄中一度快樂劫也。許竹篔來，暢談，至晚去。印結局送來是月公費銀十四兩。

邸鈔：翰林院侍講尚賢轉補侍讀，詹事府右贊善祥麟升補侍講。

二十八日甲戌　晴。亥初三刻九分霜降，九月中。得王子獻十五日甬上書。得葆亭十八日里中書。得孫鏡江書，言已出京。付賃屋銀四兩六錢。夜理段注《説文》。

邸鈔：以鴻臚寺卿徐樹銘爲大理寺少卿。詔：南城清化寺街崇善堂、北城梁家園百善堂兩處暖廠收養貧民，加恩賞給小米各三百石。又西城教子胡同回民設立粥廠，給贍回族貧民；北城南下窪太清觀地方官紳捐建公善堂暖廠，栖止貧民，加恩自本年爲始，每年各賞給小米三百石。從巡視南城等御史請也。

二十九日乙亥　晴暖如春，菊花半開。作書致汝翼，爲阿席乞診，以此婢胎動將墮也。汝翼來，君表來，皆爲阿席診脉。汝翼定方，用大熟地一兩，高麗參、淮山藥各五錢，阿膠四錢，仙居朮、茯神、當歸各三錢，甘草二錢，又先用安胎銀苧散，白苧根四錢，銀五兩，同煎。汝翼加建蓮子，君表加龍眼。舊方用酒。袁爽秋來。

邸鈔：記名海關道、候選知府鄭藻如補授直隸津海關道。藻如，廣東辛亥舉人。

三十日丙子　晨大霧，上午霒陰，下午晴。作書致汝翼，再請爲阿席診。用生地六錢，枸杞子三錢，高麗參減至二錢，去淮山藥，餘皆同。得袁爽秋書，饋吴尚先方製安胎膏藥，即復謝。比夕霧，是夜補作送牧莊詩。

送孝仲還里二首

病裏持君別，相看乏寶刀。疲驢扶𣎆疾，短褐犯風濤。十月重洋險，千山落木高。故園松菊在，息影解天弢。《説文》：𣎆，瘻也，力卧切。《廣韵》：𣎆，瘻病也，魯過切。與『𣎆』字異。𣎆，本羊瘦，引申爲凡瘦。

困極營訾吏，邅回已十年。微官方挂籍，一病遽歸田。禄薄家人怨，身孱路鬼憐。吾衰君更甚，搔首問蒼天。

冬十月丁丑朔　晨大霧，上午陰，微見日，午晴，甚和。剃頭。

《文子·九守》篇：『人受天地變化而生，一月而膏，二月而脉，宋本作『血脉』，蓋字誤。三月而肧，四月而胎，五月而筋，六月而骨，七月而成形，八月而動，九月而躁，十月而生。』《淮南子·精神訓》作『二月而胅，三月而胎，四月而肌』，餘悉同。惟『七月而成』，無『形』字。《説文》：腜，婦孕始兆也。肧，婦孕一月也。胎，婦孕三月也。案《淮南》『胅』字即『肧』字之誤。《説文》：胅，骨差也。謂骨節差忒而胅出，與此無涉。篆文『胅』與『肧』形近而誤。《説文》婦孕一月，亦二月之訛也。其『腜』下曰婦孕始兆，即婦孕一月也。腜者，肥也，即所謂膏也。《漢書·地理志》：上郡高奴，有洧水，肥可燃。肥者，膏也。許於『胎』下曰：三月肧在腜、胎之間。其文相次，則『肧』下當作『二月』，審矣。許君嘗注《淮南》，所用皆

《淮南》説也。至《文子》作『二月而脉』，謂始有血絡如脉耳。此亦一説也。宋惠父《洗冤録》云：『胎形一月如露珠，二月如桃花，三月分男女，四月形像具，五月骨節成，六月毛髮生，七月動右手，是男於母左。八月動左手，是女於母右。九月三轉身，十月滿足。』其曰『二月如桃花』者，即所謂『二月血脉』也。『三月分男女』者，謂陰陽胎形已分，即所謂『三月而胎』也。『四月形像具』者，謂肌肉形具，即所謂『四月而肌』也。宋氏之言，得之目譣，尤足與古書相證明。孫淵如氏《釋人》於此頗不明晰，爲辨正之。《大戴禮·易本命》云：『狗三月而生』，『豕四月而生』，『猨五月而生』，『禽鹿六月而生』，『虎七月而生』，『馬十二月而生』。

夜閲《嘉泰會稽志》。是夕胃氣始開，飲酒食麵如平時。三更後雨，四更漸密，達旦有聲。付剃頭錢四千。

邸鈔：上諭：前據御史李廷簫奏湖北樊口堤閘係農田民命，委員勘報不實，請飭覆查，當派彭玉麟等前往確查。兹據彭玉麟奏，樊口堤閘於濱湖農田民命所關甚重，必須將濱江黄柏山至樊口四十里之大堤趕緊修補，再於黄柏山以下添修里許，樊口以内修一石閘，並應設立步頭，搬運貨物，均由民間自行修理，官立條規，重懲需索等語。該處堤閘既據該前侍郎查明有裨國課民生，而於漁户商販尚無大害，自應權衡輕重，酌度興修。即照所請，由李瀚章等督飭屬員趕緊辦理，毋任該地方官拘泥成規，稍形鬆懈。此因地勢變遷，必須興辦，既於民田有益，而江流宣泄，亦無妨礙。他處情形不同，不得援以爲例。訟棍增生袁兆麟、楊光朋，著該督撫嚴拏重辦。另片奏此案獲咎各員可否開復等語。已革監利縣知縣劉篤慶著送部引見；廪生郭瑞麟、訓導胡書田等著該督撫隨時察看，如果安分，再行奏請開復。

初二日戊寅　晨密雨，至上午益甚，下午風起，稍止，晚晴寒。祖妣倪太恭人忌日，供素饌八器，又以初六日祖妣余太恭人忌日，今日併供特鶏、特鳧、豚肩、雙魚、大蝦、全蟹六器，肉餡、糖覈饅頭兩大盤，醬醢四疊，時果四盤，栗子湯一巡，酒五巡，飯兩巡，晡後畢事，焚楮泉兩挂。此日之併祭，固由艱窶，亦以祭不欲數，恐精意不專，又近瘝年，十旬九病，洗滌奉獻，事必躬親，力或不任，轉致褻嫚。其必併於今日者，以倪太恭人逮事，余太恭人不逮事也。每記及祭品者，以貧家可力辦。余老矣，自分終無嗣息，弟姪皆單弱，或後人有稍具知識者，得見此書，可以勉行也。傷哉！夜閲《會稽志》。一更後大風，徹旦震撼。付肴饌等錢三十千。

邸鈔：詔：山東登州鎮總兵陳擇輔開缺，送部引見。以巡撫文格奏其人地不宜也。以吴奇勳爲登州鎮總兵。

初三日己卯　晴，終日大風，甚寒。作書致伯寅侍郎，借銀二十兩，得復。校《乾隆紹興府志》諸圖。嘉泰、寶慶志皆無圖；萬曆志始有圖，而未備。國朝康熙俞《志》、乾隆初李鐸《志》，余未之見。此爲乾隆末李亨特《志》，頗詳晰，其圖依《浙江通志》例，改舊法上北下南爲上南下北。然人坐必南向以取明，書對人而設，故圖爲上北下南者，以便觀閲。若轉而就書之方位，則仍下北上南，此古法不可易也。

晚風止。付更夫楊工食錢七千，順兒工食四千，李升工食十千，犒潘使五千，冬季《搢紳録》四千，明年新曆一千二百。

初四日庚辰　晴。菊花始開，移皮聽事。

邸鈔：上諭：吏部奏遵議處分一摺。河南按察使傅壽彤照部議降一級調用，不准抵銷。

初五日辛巳　晴。君表來，再請爲席姬診。作書致葆亭。作致吴碩卿廣州書。作致秦鏡珊江寧書，以鏡珊近由高淳令調知甘泉也。廿年舊雨，寒盟久矣。余比日窘乏已極，聞其宦橐甚富，牧莊、仲彝深爲我謀，力勸通書，聊一試之耳。是日以京錢三百十八千四百贖中秋所質裘四領，又以六十一千贖三月間所質敝裘一襲，計質券尚滿篋，囊錢已罄盡矣。

邸鈔：以江西吉南贛寧兵備道應鏶番禺，癸丑。爲河南按察使。掌四川道御史王昕升禮科給事中。昕以三年十月回避左都御史徐桐姻親，仍回翰林院，今年八月復補御史。故事，御史回避對品改員外郎，張問陶等皆是也。上諭：前據都察院奏主事楊恩海等呈進伊祖楊景仁所輯《籌濟編》二函，當交南書房翰林閱看。據稱是書於荒政事宜極爲詳備，實爲有用之書，並據楊恩海等呈稱，是書現在本籍開雕，將次竣事，著沈葆楨、吴元炳酌量刷印，分咨各省，用裨荒政。所進原書著留覽。

初六日壬午　晨晴，上午多陰，下午晴。禔盦來。蓴庭來。是日得詩四首。爽秋來，以近游西山日記一册送閲。夜作致孫琴西布政書，以秦鏡珊書託其轉遞，未知鏡珊近在何地也。又作致弢夫書，附去。

戊寅冬初雜感四首

朔風凓洌起庭柯，一夕長安落葉多。南去波濤窮勃海，東來陰雨接黄河。豫愁鴻雁天邊少，誰見壺觴客裏過。千里瘡痍家四壁，許身稷契欲如何。

太行西去地皆童，又報東南遍澤鴻。楊可告緡心未厭，延齡除陌計將窮。救荒自詡疆臣策，轉餉虚論賈豎功。終見大夫興榷酤，賢良讕語等書空。

絶島東番郡縣開，又疆周索出輪臺。天驕金帛終何極，横海樓船歲幾回。拓地祇鏦餘善去，和戎待縛鬼章來。河湟解辮維州入，始信儋孺是下才。

金印虚懸鬼一車，競傳夷俗變中華。鄢流已壞離堆法，鑿空争乘博望槎。未必拔釘輸趙賦，贛寧兵備道。

深防賣國繼典牙。梁公祠宇人間遍，寄語纖兒好作家。

邸鈔：以候補四五品京堂、襲一等毅勇侯曾紀澤爲太常寺少卿。江西南昌府知府蔣繼洙升吉南

初七日癸未　晴和。理段注《説文》。作書致袁爽秋，還日記，得復。夜復得詩一首。

孝仲嘗饋白燭今夕用之盡矣孤坐有懷却寄道中

蜜炬貽來爛似銀，青簾寒照苦吟身。已悲形影分千里，猶愛光明爲故人。溟海可能無疾苦，今宵何處息風塵。幾時相對山窗下，聽雨挑燈共細論。

邸鈔：刑部郎中斌鑑授江西南昌府遺缺知府。

初八日甲申　晴，和潤有雨意。作復王子獻書。朱蓉生來。吴松堂來。作書催仲彝歸寓。夜與仲彝談先世舊聞。六世祖天山府君有《京邸冬夜夢亡内》四絶句，記其一云：『梅花嶼裏一株松，泉路他年與子同。笑看兒孫澆麥飯，滿山寒雪紙錢風。』梅花嶼，在謝墅，府君自營生壙，先葬樊孺人處也。先本生王父蘊山府君少本生王母顧恭人二歲。咸豐辛亥顧恭人卒，府君輓聯云：『六十載夫妻無時暫别，七一年人世送爾先歸。』次年壬子三月，豫題壙聯云：『受天地生成七十年，贏得白水盟心，青山埋骨；告兒孫春秋一二祭，須趁梅花未落，楓樹初紅。』府君最愛梅花及紅樹也。是時府君康强無恙，逾月竟卒，蓋前知者。

初九日乙酉　晨陰，至午微有日景，下午薄晴。得紱丈書，借日記，即復。再得紱丈書，借《定盦續集》。曾君表來。夜仲彝邀同禔盦、竹篔飲宴賓齋，招霞芬，二更時歸。是晚寒陰，夜分大風。

與某書

足下日記中有擬簡鄙人書，讀之不勝駭異。弟閉門謝客，舉國皆知，往往數月不出户，兼旬不見一人，而足下乃勸其息交絶游，戒其與裙屐少年爲伍，豈寱語耶？抑本非簡鄙人而誤書姓字耶？弟之一生困阨、神怒人怨者，政坐避俗若浼，不特熱客貴游無從狎之，即高流名士亦罕能識面。足下以今年入京，弟通計今年所見者，自足下外不過五六人，皆同鄉舊識，其中惟牧莊過從最數，亦衹彼來而我不往。禔盦次之。如足下及竹篔諸君，則不過兩三月一見矣。足下所謂裙屐少年，果何所指耶？弟之日記，遠不如足下之博雅，然皆據事直書，絶無文飾。販夫庸豎，悉記姓名，不似足下之概以道俗二字括之。其日記自翰林、進士外，皆不出姓名。有過之者，概曰道俗枉存；遇酒食之會，但曰有酬應。然有曰曾太史培祺枉過，注曰字某，某科進士，某地人；有曰坐上晤韋太史業祥，其注如曾例；有曰徐鴻臚招飲，注曰公曾官九卿。其書具在，可覆按也。豈拾某某等忌嫉之餘唾，以游爲狎游耶？

藍洲嘗勸弟和光同塵，彼固未識此四字之恉。弟之以仕爲隱，浮湛此間，實深味柱下之言，養性養身，悉由於此，特非藍洲意中所有之四字也。足下所言，不益謬耶？弟老矣，於世情實洞見癥結，嘗懸揣一事，逆料一人，雖極詭詐矯飾之才諝，終不能出其所億，益深知世人之不能爲善，亦不能爲惡。足下乃云不肯爲悠悠之目所重，亦不肯爲詆諆之口所輕，此又非也。處世萬無中立之涂，亦決無兩可之術，既不爲其目所重，安得不爲其口所輕？雖大聖如孔子，亦恐不能兩全也。且使我固無可輕，則詆諆者而出於小人，固爲浮游之撼，即出於君子，亦不過如蟲鳥之鳴，何足爲意哉！

足下日記，字字用心，其日記不書晴雨，不紀行止，務爲文語，多如蚪户筱驂之比。又屢曰今日編内集成，分經權，今日編外集成，今日作一詩，入某編，極可嗤笑。必傳無疑。惟此書不特厚誣弟，且恐世間尚有一二知者，將以此并疑足下所言之無一實，亦爲足下累不小。謹塗去鄙人姓字，希改致他人之好交游、鶩聲氣者。否則此亦似非足下上乘文字，不如竟削去之。恃愛妄言，伏惟鑒宥。

又與某書

昨承枉過，見示日記一册。古雅峻絜，名理湛然。紀西山之游，刻狀清新，詞旨簡質，時賢罕與抗也。中有數條，略參愚管，敢以質之。

《庫頁島詩》『順治康熙八十年』，此法元遺山《甲午除夜》詩『大定明昌五十年』也。然彼是國亡後寄其黍離之感，若在本朝，不應有此辭氣。且金源惟大定、明昌爲極盛，故有此語。若我朝則雍正十三年之精强，乾隆六十年之豐大，豈不如順治耶？語更無當矣。

『詒某人許』，『許』皆作『鄦』。姓氏之鄦，从無旁邑，此本字也。若語辭之許，則當作東言西午，《詩》之『昭兹來許』，乃本字也，不當作『鄦』。

《與宗室某侍讀書》當爲劉子政，不當爲耶律晉卿，此誤會也。耶律遼之宗族，久仕於金，爲世臣。晉卿之父耶律履爲金名宰相，謚文獻公者是也。文獻卒於金章宗明昌元年，年六十一。計其生於金太宗天會八年庚戌，時遼亡已五年，是已不當以仕金責文獻，况文正乎？文正生於文獻卒之歲，仕金位已通顯，後仕於元，是當責晉卿以仕元，不當責以仕金也。耶律非金之宗室，比擬不倫，且亦非所宜言。

《文儒吟》云：『文儒經世韓孟縣孫容城顧崑山，道法中行老苦縣管潁上朱新安。』韓之行業，與孫、顧絕不同。至以朱子與老、管並言，則非三代後人所知矣。詩中自加句讀，似以文指韓，儒指孫，經世指顧，道指老，法指管，中行指朱，則自古未聞有此句法，且亦近於硬砌。妄人日記約十餘紙，記三四月中經濟、學問、文章，其疵謬百出不勝言。此四條偶拈一二葉中切舉其最荒唐無理者告之，且戒以非所宜言，亦憐其小有才，冀教正之也。而負氣不服，遂肆横逆，是余過矣。

復某書

僕息交絶游，政畏見妄人、聞妄語。足下於僕，非總角之好，無平生之歡，乃以絶不相涉之言，妄附於諍友之列，誠僕所不解。頃復以長牘見責，詆僕爲妄，且恐僕不能句讀，而自句讀之。吾知妄人自有所歸也。足下少年得意，讀一二破碎書，自以爲見理已深，狂譫百出。僕誠未聞道，亦不足稱文人，然如足下者，恐須息心静氣，從僕等游十餘年，方可啓齒牙也。僕老多病，無閑氣力與後生較是非，原書附還，以後見絶可也。

此等文字，唐宋大家集中多有。然余於書簡百不一存，雖或用意作之，而無甚關系者，亦不録，以爲聽後人收入外集可也。此三書尤底下不經意，特録之者，一以見妄人之不可作緣，一以見小慧之不庸節取。

初十日丙戌　晴。得伯寅侍郎書，惠銀十兩，言昨見日記，知其乏絶，故復分廉，甚可感也。即復書謝，犒使四千。得紱丈書，還所借諸書，即復。是日理段注《説文》。

十一日丁亥　終日霒陰，午略見日景，晚雨，入夜漸密。同年程黻卿來，以福建同知入都引見者。言八月間福州烏石山之變，以夷人向於山上築洋房，漸占官地。去歲丁日昌爲巡撫，發其事，諭夷人還所侵者，久不報。至是郡縣官往勘，民隨之者萬餘人。忽見肩輿舁少婦三人入夷館，民益怒。夷之領事官大詬駡，欲捕民。民遂舉火燒其房。郡縣急發兵至，乃散。逮夜，民潛集山上，復火之，遂焚其屋之半。夷人大鬨。總督何璟意右民，而署巡撫吳贊誠欲嚴懲之，中旨亟起丁日昌往勘，亦責督撫任其事，今尚未決也。槭卿道天津，謁合肥，語及此事。合肥謂此與雲南馬嘉哩一案情事正同。蓋中外之意，皆主殺人媚夷矣。湘鄉之治獄，天津作俑，流毒可勝歎哉。顏魯公言晚節末路之難，良有以也。夜一更後雨止，二更月出。

邸鈔：恩承、童華以讞獄四川請訓。聞此爲成都郫江之役也。郫江爲秦蜀守李冰所穿離堆故蹟，分大江之流，與錦江合水，可通舟，不爲害，而環成都十餘州縣皆引以溉田，數千年矣。自丁寶楨爲總督，以至不肖之丁士彬署成潼龍綿道，任水利，更鑿開離堆，以暢江流，又高爲堤以壅之，江水遂怒決不可瀦，舊所引渠皆涸，數州縣之田盡失溉。蜀民大嘩，欲焚道署。近日御史達縣吳鎮發其事，故命恩承等往讞，隨帶司員六人：禮部三人；吏部二人，一滿一漢，漢司員則金保泰也；刑部漢司員一人，山陰人謝鉞也。此曹子出，事可知矣。以吏部尚書靈桂兼署禮部尚書，以兵部右侍郎夏同善兼署吏部左侍郎，以工部右侍郎宜振兼署刑部左侍郎。詔：桂豐來京當差。以內閣侍讀學士錫縝賞給副都統銜，爲駐藏幫辦大臣。

十二日戊子　晨晴，巳後微晴多陰，午後晴。謝夢漁來，言久病未愈，又不能飯，其羸瘠殊甚，而不肯乞假，日日出門，貧老可念。仲彝書來，爲友人邀觀劇，作復辭之。前年肯夫視學湖南，意欲邀余同行，余以其所約之幣太重，不遽就也。嘗欲爲序送之，文以見意，亦久不成。今日偶理舊篋，得其稿，僅數行耳。下午晴窗無事，遂續爲之，將以寄湘中，且謀禦冬也。何達夫來。

送朱肯夫侍講視學湖南序

丙子之秋，吾友肯夫侍講，銜命奉使，往彼湘服，總文學之任，發輶軒之光。簪組相慶，褎博喁望，迺以重幣，要余同行。人事邅屯，諾而未果。祖帳既設，不能無言。

夫儒學之臣，以文爲職；講幄之地，乘軺是恒。凡誦翹材之能，侈皇華之盛者，膚辭枝說，揚榷何窮。即謂君研六藝之精，綜四部之略，提唱絶業，激揚宗風。又楚南一隅，騷雅所萃。南靈一嶽，主天下之文明；東陵九江，匯寰中之汪濊。湘竹無盡，不勝清怨之書；澧蘭自生，長播國香之詠。岣嶁禹迹，發靈秘於蒼文；零陵舜藏，補墜佚於虞典。二酉之奇自在，九歌之魄可招，悉其菁英，歸於融冶。楚辭雖富，得越吟而益和；娥瑟有靈，接姚江而彌婉。此之爲説，猶主故常。縱罄掉其詞鋒，悉無當於宏指。蓋專千里之使者，以轉移風會爲功；苞九流之才者，以張弛道化爲責。

楚南控帶黔蜀，輨轄苗猺，包絡洞庭，阻阨谿峒，山澤牙互，風俗錯居，英鷙之民，奇侅之士，亦往往出焉。其氣鷙而不馴，其學駁而不理。自潢池盜弄，元二遘灾，則益陽障狂流之瀾，湘鄉回再中之日。朝廷倚以復興，東南仰其蘇息。一時提挈，間出才雄：二李王羅，國之虓虎；湘陰使相，勝汝南之甲兵；衡陽侍郎，突臨淮之壁壘。其餘生爲民捍，死作國殤，罄竹殫縑，難窮紀載。以故魏冢象闕，不數祁連之山；明堂報功，遍作睢陽之廟。白骨所積，將齊迴雁之峰；碧血成流，欲過倉浪之水。論材武者，於兹而極盛；蓄山川者，悉發而無餘矣。

繇是以孫尉作詩書，習戰鬥，爲穜藝。佩牛帶犢，盡勃海之風流；枕鼓卧戈，儗關中之保壁。丈矛左右，誦陳安壯士之歌；雙鞬雍容，誇李波小妹之略。賨徒餓隸，悉化通侯；開府儀同，多於走狗。門有節度，不知天子之尊；家畜健兒，莫非亡命之藪。加以蒼頭悉遣，半赤籍之無歸；青犢潛藏，久白直之爲伍。奉鬼道爲煽惑，指熟食以彊梁。『熟食』二字，出《晉書·苻登載記》。黑雲之都，探丸於白晝；銀刀之隊，燒臂於袄神。不有移風，勢將沉陸，而士流莫振，學術彌詖。數彼邦之典型，亦僂指而蓋闕。遠則船山耒陽王夫之。文富，始出藏書；九溪寧鄉王文清。禮深，僅傳官纂。惠棠巴陵許伯政。測日之學，未著片言；公申湘鄉易宗君。説經之編，止窺類譜。余嘗見易氏《歷代名賢年齒録》數十卷，亦僅類書之學。近則安化雅談經濟，道州粗涉藩蘺。騶子鄒漢勛。鏗鏗，已亡片羽；鄒氏湛精古學，所著《讀書偶識》數十卷，余嘗得其《書經》《儀禮》《爾雅》《説文》之説三册，張香濤借觀，遂爲安人趙某篡去。孫卿孫鼎臣。嶽嶽，偏妒道真。猖狂之説遂興，支僿之文益出。仇近代之儒林，遂攻高密；附新安之末學，狂詆陽明。黜雅故爲侏離，尊死綏於道學。高掌遠蹠，議曲臺之非真；空腹冥談，視兩廡而可獵。被髮而祭，謂西方之可師；沐猴爲歡，已五經之掃地。非特文武之墜，將爲陵谷之憂。

夫事必正名，其身可範；言必由禮，斯俗不媮。是以漢之學僮，先諷籀律；周之諸子，始教方名。踐小節大節之程，嚴移左移右之法。形聲或昧，理韞何宣？訓詁不明，道岐愈出。課以繁重，知等級之難窮；密其心思，庶邪僻之自絕。正學之寄，實惟大師；獷俗之除，先以横舍。君顓精姬雅，耽業周官。探端門之緒言，搜淹中之逸簡。叔孫而後，禆助以許《説文》張《廣雅》；公彦以前，博求夫黄慶李孟哲。將以發皇孤學，宣暢微言，風彼諸生，申其善誘。指歸既的，坊表彌端。又且導以宗傳，本之先正。功如新建，諭儒術之能昌；學似南雷，識文獻之攸託。鑿彼一孔，網之千絲。上酬黼扆之聰，下滿子衿之望。在昔尊公宗伯，持節武昌，杞梓畢收，雲夢猶乂。篳路之蔭，遥接於鯉庭；玉尺之譜，私傳於燕翼。指北南之水國，瞻前後之使星。三户花開，一門鵲喜。長沙地陜，侯吏切。看舞袖之迴旋；京雒秋高，想登車之忼慨。

邸鈔：上諭：沈葆楨奏耆紳重遇鹿鳴，請與筵宴一摺。前任户部右侍郎温葆深早年登第，由翰林洊擢卿貳，退老林泉。現在年近八袠，鄉舉再逢，洵屬藝林盛事。著加恩賞給頭品頂帶，准其重赴鹿鳴筵宴，以惠耆年。葆深本名葆淳，實道光辛巳舉人，茲援乾隆乙卯前御史馮浩以丙辰舉人赴宴例及近年史樸例也。詔：雲南騰越鎮總兵張從龍開缺，留於淮徐一帶督辦防務。從沈葆楨請也。以□□□□李文益爲騰越鎮總兵。詔：記名總兵陳浚家在寓聚賭，不守營規，行同無賴，著革職永不敘用。從沈葆楨請也。

十三日己丑　亥初二刻二分立冬，十月節。晨陰，上午微晴，有風，下午澹晴，風益甚，夜風，月出寒甚。令表黏工糊房補壁，付京錢三十千。得君表書，以朱絲闌紙乞書《招隱辭》。是日得詩一首。

立冬日柬鄭盦侍郎

玉衡指上冬，八能按鍾呂。勞人喜養夜，志士悲短序。寒日何蕭條，落葉積庭户。朔風偶披幃，寂寂此中處。故人昨有饋，炊烟偶然舉。課僮補窗壁，暫計息羈旅。菊花亦耐久，娟娟依寒宇。因之念故園，東籬渺何許。紅葉滿空山，誰聽静中雨。

十四日庚寅　晴。作書寫詩致伯寅。寫致朱肯夫序。剃頭。得伯寅書，即復。夜寒甚，二更後風起勁肅，凜冽可畏，念傭賤之作苦，聽乞丐之叫號，殊覺負此布被冬烘也。付洋布錢八千三百，苦水錢四千三百，箋牘錢二千四百，綫裝《爾雅》錢二千。

邸鈔：上諭：上年十一月間曾經降旨，諭令各部院堂官常川進署不得後時，以爲司員表率。近來召見各部院堂官，屢經詢問，每以逐日到署奏對。乃詳加訪察，仍復相率因循，或數日進署一次，或到署僅止片刻，虚應故事，漫不經心。遇有應辦稿件，輒令司員奔走私宅，或在朝房呈畫。俄頃之際，豈能詳細講求？該堂官等皆受國厚恩，洊陟崇階，理宜激發天良，力圖報稱，乃竟怠惰自甘，不知振作，朝廷訓諭，視爲具文，玩愒成風，殊堪痛恨。嗣後各部院堂官，務當懔遵節次諭旨，力除積習，奮勉從公，將應辦事宜互相商榷，無負朝廷誥誡諄諄至意，將此通諭知之。　以候補三品京堂吴贊誠爲光禄寺卿，仍署理福建巡撫。詔：前廣西桂林府知府鹿傳霖補授廣東廉州府知府。

十五日辛卯　上午晴，下午多陰，水始冰，有風，甚寒。得紱丈書。作致肯夫書。作書致紱丈，并五律一首。得紱丈和詩。昨始著綿鞋，今日復著絮韈，并加腰衱。夜陰。

對菊作柬紱丈

閑對數枝菊，誰來酒一尊。家人聊煮茗，暖日不開門。爲想退吟叟，蕭然獨樂園。扶笻應一笑，詩意兩忘言。

附紱丈和作：

吾老且多病，因之罷酒尊。愛書多插架，好客不關門。竹石添新畫，溪山憶故園。君詩同菊瘦，相對只無言。

十六日壬辰　晴，地始凍。

《爾雅·釋詁》：晉、戾、厎，待也。又晉、戾、底、厎，止也。注疏本於上『厎』字誤作『底』，於下『厎』字誤作『廢』，惟《釋文》皆不誤，近儒多據以訂正。然邵氏《正義》於『底』『厎』二字未能畫然分別，盧氏《釋文考證》且以『待也』之『厎』爲誤。阮氏校勘尤爲轇轕，又惑於『厎』『厎』之分。張氏福禮堂本又誤從《五經文字》，以『厎』爲『厎』。段氏《説文注》辨『底』『厎』二字音義最爲明晰，又謂古祇有『厎』，無『厎』，『厎』與『底』争首筆之有無，末筆則從同，語尤直截。郝氏《義疏》本皆依段説，詮釋極明。

得尊庭書，即復。夜陰，二更雪，比曉積寸許。

邸鈔：以翰林院侍讀學士興廉爲詹事府少詹事。

十七日癸巳　晴，有風，寒甚。曾祖考忌日，供饋肉肴八器，菜肴四器，加蓮子羹一，火鍋一，肉餡、糖餡饅頭兩大盤，時果四盤，栗子湯一巡，酒五巡，飯兩巡。今年二月五日曾祖妣忌日，八月八日曾祖考生日，十月七日曾祖妣生日，皆未及饋食也。付肴饌等錢三十三千。

詔：都察院左都御史翁同龢，禮部左侍郎王文韶，工部左侍郎、總管内務府大臣成林，鑲黄旗滿洲副都統托雲，均加恩在紫禁城内騎馬。

十八日甲午　晴，下午陰晴相間。得紱丈書，并雪後柬余五律一首，即復。午後偕仲彝詣禔盦，不值。即至流黎廠吕祖閣，從瞽者張姓按太素脉。其法，按左右手之脉及十指，更詢生辰八字，以决休咎。實則一算命之庸劣者，借按脉以欺人耳。余素不信星命卜相之説，以此盲者之名頗著，友人多傳其奇中，故聊試之。及坐定而詢禄命，始啞然失笑。蓋得名都下者大率如此矣。然其謂余科名止於舉人，官位止於郎中，一生困頓，今年尤多横逆，則此瞽者之名亦不虚也。仲彝言其卦卜頗譣，余因卜席姬妊身事而出。仲彝邀至太和樓，持敖小飲。復至慶和園觀劇。夜邀同禔盦、楊正甫飲聚寶堂。此都中新酒家也，坐客甚衆，肴饌亦佳。二更時歸。得牧莊是月六日滬上書，言以初四日抵滬，是日行矣。付命卜錢二千四百，車錢一千。

邸鈔：上諭：淦宗瀛奏拏獲誘賣婦女匪徒，就地正法一摺。豫省周家口匪徒李長和膽敢將逃荒婦女誘拐搶奪，抑勒逼賣，恣意污辱，實堪痛恨。淦宗瀛密派練軍前往查拏，將李長和及王輔清等七名擒獲，起出婦女四十餘名，審訊明確，立將匪首李長和正法梟示。仍著該撫悉心查察，儻再有此項匪徒，立即嚴拏懲辦。現在各省流民尚多，難保無此等情事，著各該督撫隨時認真查拏，嚴行究辦，毋稍疏忽。

十九日乙未　晴。楊正甫來，持觀立軸小幅二。一爲文待詔古木寒鴉，晚霞數道，寥寥幾筆，極荒寒蕭瑟之致，然疑是臨本也；一爲王麓臺山水，上題京江詩思，爲迪庵道兄畫，蒼老沉厚，是司農本色。索價皆五六十金。又梁武帝草書真蹟横卷，有趙松雪及明御府印，凡百四十五字，是題河間獻王畫者，下有『天監三年八月十日題』九字，蓋作僞者也。又《聖教序》帖一通，云是南宋搨本，神采可愛，然裝表割截，全出俗手，盡失原碑行式，又脱去『無翼而長飛道無根而永』十字，『顯揚斯旨』至『文抱風雲』共五十格四十六字，索價百金。余勸正甫不必購也。孺初來。得葆亭是月三日書。以致肯夫書交湖南提塘楊材官寄去。和紱丈詩，并作書致之。仲彝爲贖羊皮長袖褂京錢五十八千，約銀三兩有零。

孟冬十七日雪晴後紱丈賦詩見簡用韵奉答

放翁生日罷銜卮，時丈以病戒酒。正及頭番雪下時。一夜梅開江上驛，半庭山入畫中詩。烟笻鏡櫂情何限，桐帽椶鞋事最宜。猶有風懷堪把菊，初晴籬落寄相思。

附原作：

此是頭番雪，剛逢賞菊時。花光晴更好，詩境冷逾奇。我正支笻望，君言把盞宜。看雲憶余季，鄉里早梅知。

邸鈔：上諭：西寧辦事大臣豫師奏目疾加劇，請開缺回旗一摺。豫師著准其開缺回旗調理，其所署之烏魯木齊都統著恭鏜署理。

二十日丙申　晴，風。終日無事，細閲《聖教帖》，亦静中消受也。是日得詩五古一首，五律一首，七律一首。

得孝仲滬瀆書計近已抵里雪後訊之

鴻雁盡南邁，之子與余别。微言誰共參，蕭寥我心結。昨得申江書，行程趁寒節。霜風吹五兩，中流一帆絶。照見歸人影，斜陽與明滅。遥知抵里門，三徑掃除潔。晚菘翠堪把，殘菊黄未折。款款親戚話，曖曖松柏悦。日午開門看，遥遥數峰雪。

秋末屢約禔盦仲彝君表游西山許竹篔爲言翠微山秘魔崖之勝勸先游之又以事阻近日得雪山思益深賦詩柬諸君子

夙有山水嗜，微尚屢難愜。太行峙京西，靈區未嘗躡。頗聞翠微山，麗矚近可涉。蒨壁飛清泉，層巒絢紅葉。藤蘿互雲衣，松杉舞霜鬣。穿林得懸崖，了了見城堞。杖策既取便，屛蹻亦云捷。秘奥雖未探，勝趣暫能恊。譬如讀異書，大義粗涉獵。我聞元度言，荷裳待先攝。相與邀素心，共理前齒屧。人事苦不恒，病魔復余懾。佳賞一以負，幽徑孰先躐。烟霞每納夢，蒼翠常在睫。昨夜雪初下，山理繪層疊。想見烟寺深，寒光遠相接。安得借僧樓，撥火擁經笈。冥與鐘聲會，静聽鑪香裛。寒淙玉細響，凍竹冰半摺。寥寥茶烟生，山情此時怗。

寄懷雲門修志荆州

錦袍載酒仲宣樓，西陜聲華據上游。江水寒消洞庭雪，峽山樹接渚宫秋。文章銀筆三千紙，賓主珠槃第一流。應是歲闌催省覲，梅花官燭送歸舟。

冬晴早起再柬紱丈和前韻二首

天心藏物候，吾道閉門時。葉禿樹能静，石寒山益奇。詩情争雪艷，老境與冬宜。自有春和在，應從杖履知。

晨興巾櫛罷，茶熟粥香時。事到窮途少，文從晚世奇。論交千載足，閉目一生宜。負日南榮意，黄花與我知。

附紱丈和作：

之子親風雅，清高不入時。客來同輩少，文到老年奇。滋味寒燈戀，心情晚菊宜。一編可傳世，落落不求知。

曉起新寒峭，圍鑪正此時。平臺山覺近，老屋樹偏奇。竹笋登盤早，梅花入夢宜。無絃得琴趣，只有素心知。

二十一日丁酉　晴，風。得紱丈書，并和詩二首，即復。得楊正甫書，取還畫卷法帖，即復。再和紱丈詩二首，又前日仲彝爲贖羊裘酬以詩一首。作致雲門荆州書，并寫近詩四首與之。夜作致牧莊山陰書，并詩四章。

紱丈再次韵見柬復疊前韵二首

官閣詩成後，寒門鵲噪時。迹疏情更密，文少語能奇。寒夜留燈久，荒年减食宜。閑身憂樂意，應有古人知。

看書還讀畫，消息總隨時。瓶小栖花艷，冰殘鬥石奇。三冬棉襖足，一飯菜羹宜。此福人間少，休令俗客知。

仲彝爲余贖羊裘詩以志謝兼寫所懷

一領羊裘直十千，禦冬深荷故人憐。綈袍贈豈同須賈，裌布寒猶愧百年。兩世裓衣無此物，先大母、先妣皆以奉佛不著裘，内子亦守此戒。一家裋褐自前緣。京邸中家人皆以絮衣過冬。宵來别有安禪法，絮被如烘裹足眠。『安禪』字見范忠宣詩。

邸鈔：上諭：工部奏請將改捐知縣未請離署之司員議處，並自請議處一摺。工部候補主事黄河清業經改捐知縣，並未呈請離署，此次保送軍機章京時，輒以他人代捐尚未核准爲詞，實屬有意取巧。

黄河清著交部議處，並徹銷記名軍機章京。該部堂官未能覺察，亦屬疏忽，著一併議處。黄河清，四川舉人，聞其試軍機時剃其須。及引見，傅粉於面。此亦人妖矣。旋議革職。以鑲黄旗漢軍副都統喜昌爲副都統銜西寧辦事大臣。

二十二日戊戌　晴，比日稍和。得紱丈書，再次前韵詩二首見柬，即復。王子獻以所著《硯銘》二十六首寄閲。詞恉清隽，句法簡雅，小品當行也。今日爲之加墨，且系評語。禔盦來。謝夢漁來。作致子獻鄞縣書，并還《硯銘》一册，且以寄牧莊書附入，屬轉致越中。夜再和紱丈詩六首，亦以消遣窮愁也。

紱丈三次前韵見柬復疊和六首

奚童頻走柬，剛及早炊時。我力看將竭，公詩愈出奇。心邀迂叟賞，銜署漫郎宜。裴白聯吟事，風流定可知。

爲道貧家樂，晴窗日到時。茶光如雪淡，香篆得風奇。赤柿堆盤熟，銀魚入饌宜。山姬還解事，薪盡不教知。

糊窗施皂帳，商略過冬時。日影侵霜薄，霞光奪雪奇。風門桑紙厚，石炭瓦罏宜。車馬門前路，壺中自不知。

插架書多散，難忘閲市時。才從三史富，老覺六經奇。青帙圍床遍，丹毫點句宜。畢生高密學，心事禮堂知。

亦有消閑地，添香注水時。畫耽唐法密，碑愛漢分奇。花影當簾静，松枝拂几宜。晚來還理詠，消息寺鐘知。

應門虛設簿，絕少客來時。戶礙蛛絲巧，床看鼠迹奇。家風盤谷舊，詩派武功宜。似此嫛娑樂，還教洛社知。

邸鈔：詔：派銘安、馮譽驥馳驛往黑龍江查辦事件，隨帶司員一併馳驛。吉林將軍著崇綺暫行署理。上諭：吳贊誠奏病勢增劇，請開署缺一摺。光禄寺卿吳贊誠著開福建巡撫署缺，仍督辦福建船政事宜。以河南布政使裕寬爲福建巡撫，未到任以前，布政使李明墀暫行署理。

二十三日己亥　晴和。作書并詩致紱丈，得復。作書致竹筤，并寫前約游西山詩與之，得復。爲殷蕚庭撰其從兄莘夫衡墓志銘。莘夫以賈致富，官福建試用直隸州知州，有子爲諸生。其人實未合銘法，以蕚庭請之篤，勉應之。文甚修絜，中一段論貨殖之道，足感和氣，極有名理，其義味亦非近人所知。因非所願爲，故不録本，夜即作書并稿致蕚庭。閱《南史·隱逸》《孝義》《恩倖》諸傳。

邸鈔：以廣東按察使覺羅成孚爲河南布政使，以廣東督糧道金國琛爲廣東按察使。詔：江蘇按察使德馨與新授河南按察使許應鑅對調。以德馨尚在河南開歸道任也。

二十四日庚子　晴和，下午微陰，地潤如雨。蕚庭來。剃頭。紱丈再贈百子箋一束，即復謝。閱《南史·隱逸》《文學傳》，并校《梁書·文學》《處士傳》。劉孝標之答劉沼『劉侯既重有斯難』云云，乃答書之序，非書也。自《文選》誤收入書類，題爲《追答劉沼書》，沿訛至今。考《梁書·文學·劉峻傳》明云『峻乃爲書以序之曰』，以下所載之文悉與《文選》同，《南史·峻傳》削去其文，但云『峻乃爲書以序其事』，皆不誤也。文中絕無答書之語，而人莫之察，可見讀書細心之難。

邸鈔：上諭：何璟奏臺灣後山番社悔罪自投，請將出力之提督獎勵一摺。福建臺灣後山加禮宛等社番衆滋事，經官軍擊敗後悔罪投誠，並將姑乳斗玩一名縛獻正法。各番社現已一律安帖，辦理尚爲妥協。記名提督、福建漳州鎮總兵孫開華赴剿迅速，尤爲出力，著賞給白玉柄小刀一把，白玉四喜般指一個，大荷包一對，火鐮一把，以示鼓勵。上諭：桂清、畢道遠奏北運河上游水勢泛濫，運道淤墊，請派員查勘筑垻束水摺。著派廣壽、賀壽慈前往詳細查勘。以詹事府少詹事許應騤爲内閣學士，兼禮部侍郎銜。户科掌印給事中夏獻馨授廣東督糧道。

二十五日辛丑　晴，晡後陰。作書致蒓庭，言都中無可書余文者，以楷隸之法久絶也。仲彝三日不歸，今日自城中書來，言已卧病。紱丈屬寫所作《觀荷》《招隱》二詩，今爲各書一通。

夜閲邸鈔：漢軍人貴賢選户部山西司郎中，山陰人沈永泉選長蘆運同。貴賢，余庚午同年。永泉即松亭，余素識者，以户部貴州司經承致富數十萬，其十餘年前著破布短衣入京者也。然事母頗孝，歲能以千餘金周恤族黨，士大夫所不如。

二十六日壬寅　晴，風，又寒。作書并所寫詩致紱丈，得復。作書問仲彝疾。殷蒓庭來。夜作致秦澹如杭州書，以澹如春間以喪耦來赴，今始唁之也。

與秦澹如書

别來幾將十稔，音問日疏。每南跂風徽，寢饋爲輟。今夏六月間，忽承魚軒西逝之問，并讀黄門述哀之辭，追昔悼今，甚爲黯慘。想蕭然琴鶴，忽痛鼓盆；偕老情深，益添白髮。相望南北，致奠無從，既乏束芻，又慚誄製。即欲馳函奉唁，而十旬九病，多在床蓐。申紙者屢，握管難終。且赴告之函，來已羈滯，以本附王星鋤農部書來，而星鋤亦遽怛化。人事遷變，良可賫咨。知我之深，亮不責也。

弟困居都下，無異囚山，窮鳥枯魚，不足爲喻。生性不好諂人，近益不喜見客，門無轍迹，坐滿素塵。脱粟之餐，并日而食；繫縲之褐，經冬不更。林類啓期，古有斯比；求之今世，蓋無其人。五十之年，倏焉已過；豚犬之育，杳然無期。自去秋二舍弟暴亡，亦無嗣息，大懼先人之祀將殄，醋醋花時，買一粗鬟，近日似已有娠，或冀暮齯可徵耳。

浙中近狀何如？官事鉏鋙，窮途同慨，晨星相望，落月多思。田園之計難成，首丘之心彌切。未知何日得以布衣草笠，相從於惠山聖水間也。潘星齋丈春歸道山，紱翁近亦多病，酒罏風味，遂以頓絶。少年袞袞，豈足爲群？吾道之孤，良非一日。冬寒風雪，惟善衛興居，强飯自愛。風便惠復，不盡所言。

此書未及半頃，寫訖閲之，尚有意理，因録存之。澹如名父之子，風致蕭簡，雅好書畫，與余非素交，而深相知愛，惟文字則非所長。余於戊辰春病居里中時與一書，自謂簡雋，得六朝之神。而澹如復書，稱其詞條豐蔚，則可知矣。

邸鈔：以詹事府詹事啓秀爲内閣學士，兼禮部侍郎銜。

二十七日癸卯　晴。作書與蓴庭，戒其與諸亡賴殷如獐、周景憎等交，且時以糞土之言傳於余耳。因與之約，言若不悛，當與絶交。作片致陳培之，屬轉寄吴碩卿廣州。作書致褆盦，屬轉寄秦澹如杭州書。再作一紙致雲門，更爲小函附前書寄宜昌。作書詢仲彝疾，得復。印結局送來是月公費銀十一兩四錢。付更夫楊皮襖賞十千。

邸鈔：上諭：彭玉麟奏湖南岳州鎮總兵彭昌禧年近七旬，精力就衰，請准開缺。另片奏保記名總兵、長江水師提標副將陶立忠，請補岳州鎮總兵，並請以副將高光效補提標中軍副將。彭昌禧著准其開缺，長江水師總兵各缺同治七年曾經奉旨：遇有缺出，即由該省督撫保舉堪勝總兵人員擬定正陪，請旨簡放。此次既據彭玉麟奏稱陶立忠堪勝是缺，自爲江防得人起見，湖南岳州鎮總兵員缺即著陶立忠補授，嗣後仍照定章辦理。其長江水師提標中軍副將一缺，仍著咨行該省督撫等遴員請補，以符定例。

二十八日甲辰　酉正二刻二分小雪，十月中。晴和。比以作書過多，夜苦咳嗽，今日晴窗無事，偶閲《金石萃編》，因爲揭櫫，以篆書大名及卷數，以八分書碑目，得二十餘册，每册約五十字，蓋已千餘字矣。用羊豪頗覺純熟得理，亦一消遣法也。蕚庭衣冠來謝。此君敦厚，而真至極，能受盡言，世所難得，轉令余自愧。蓋近日肝氣益盛，卞急易怒，不特非處世之道，亦爲心性之大害。此矜持氣節之弊，不能自克故也。付被單錢十千。

二十九日乙巳小盡　晨霿陰，有微雪，上午後微晴，有風，下午晴陰相間。作書致汝翼，以蕚庭乞閩縣王修撰仁堪書墓志，故託汝翼轉詢，得復。仲彝自城内歸。再得汝翼書，即復。作書致蕚庭。得陳培之書，并所著《戢經筆記》一册，即復。得心雲十五日書，言已與雨亭各籌番銀十五枚致余家矣。山妻今年可免餓死，心雲可感，雨亭尤可感也。得葆亭十六日書。得蕚庭書，再復之。以王君楷法爲近日館閣第一，頗不肯輕作，余屬蕚庭送十六金，而蕚庭猶以爲難，此亦周旋之苦矣。

夜再題《金石萃編》籤十餘册，凡魏齊以後造像，唐宋以後題名及祠廟之牒、紀游之詩，非文有關系，或事出名人者，皆不標出。以其中多鄉里鄙言，傖荒惡札，實爲石文之累。余嘗謂收藏金石自是好事，然須有别擇。兩漢久遠，片石皆珍，固無論矣。六朝以前，鐫刻無多，亦宜兼收並蓄。至唐以後，則不特題名等字紛糾可厭，即編户男婦之志銘、緇徒塔廟之碑碣，大率荒誕鄙俚，語無倫次，名山之産，横遭刻鑿，較梁簡文所謂『烟墨不言，受其驅染；紙札無情，任其摇襞』者，尤爲冤酷，祗足入骨董小販之行，釘村塾驅烏之壁，學者所不道也。

桃花聖解盦日記癸集第二集

光緒四年十一月初一日至光緒五年三月二十九日（1878年11月24日—1879年4月19日）

光緒四年戊寅十一月丙午朔　晨雪，上午止，終日霒陰。《四庫提要·史部·目録類》都穆《金薤琳琅》下及顧炎武《金石文字記》下俱引《潛研堂金石文跋尾考》。《四庫目録》以乾隆四十七年壬寅告成，其書例不引並時人之説。竹汀卒於嘉慶八年癸亥，時尚健在，而兩引其説，惟不出姓名耳。蓋當時已甚重其書矣。

得羊敦叔書。仲彝饋鸜哥張醬蘆菔五斤，此都中最有名者，其肆在西直門大街，主肆者以喜畜鸜武得名。每年惟以是日買此物，一日而畢，然味雖少澹，不能佳也。禔盦來。夜仲彝邀同禔盦、君表飲聚寶堂，招霞芬，二鼓時歸。付賃屋銀四兩，王媪是月庸直六千，順兒是月庸直六千，霞車飯四千。

初二日丁未　晴。竹篔來。作書致汝翼，爲殷氏送碑紙。致王可莊修撰，爲劉鎸山師蔗圃自訂詩文集系跋尾一首，凡文二卷，詩二卷，續集一卷。師臨没時以屬其婿陳主事授余作序，且爲删定者也。庋架上已三年，未及一展卷。今取閲之，詩文皆率意而出，然真氣流露，自爲長者之言。其詩如《浙江闈中食蓴羹鱸魚》一絶云：『鱸膾蓴羹未足誇，吴中原不是吾家。秋來我亦鄉心動，海蟹鮮蟶蕨菜芽。』亦極有風致。

邸鈔：詔：通州王恕園等粥廠賞給秈米八百石。從倉場侍郎等請也。甘肅西寧府知府鄧承偉升甘凉兵備道。

初三日戊申　晨陰，上午雪，下午晴陰相間，晡後霒陰，晚又澂雪。

比日多閲《金石萃編》。此書述庵極一生之力，又同時若錢獻之、嚴久能、黄小松、張芑堂等，皆精擘小學，碑版顓門，助其搜討，而錢氏竹汀、王氏西莊、武氏授堂等收藏金石之書先後已出，盡得取以參校，故搜羅宏富，抉摘精深，實爲此事之大觀。其推演所及，如漢《建初慮俿銅尺》下詳考古尺之異同，《禮器碑》下詳考漢時内緯之學，《楊統碑》下詳考奚斯作廟之義，《楊著碑》下詳考『至孝烝烝』之句，魏《受禪碑》下詳考列名諸臣，後魏《司馬元興墓志銘》下備論志銘之制，唐《聖教序》下旁考觀音、勢〈至〉《心經》原始，《岱岳觀碑》下詳敘唐代齋醮投告之儀，《開成石經》下詳考十二經文字異同，《郎官石柱題名》下詳考諸人爵里，宋《元祐黨禁碑》下詳考黨人本末，《高宗七十二賢贊》下詳考諸賢名字異同，皆本本原原，極爲晐洽，爲考據之淵藪。其餘因事附見，足資學識者，指不勝屈，實集金石之大成。或所采過多，卷帙繁富，亦間有不能照及之處。

又述庵晚年目盲，其門下士如陶梟薌等，不免草草成編，失於檢勘，疏漏踳駁，時亦間出。如北朝有領民酋長、領兵酋長，屢見魏、齊、周、隋之書而不能記；徐長卿爲藥名，見《本草》及《廣雅》而不能識；鉗耳爲代北姓，世有顯人，鉗耳康買見《北史·□□□傳》，鉗耳大福見《新唐書·李克用傳》，而以爲無考；灰𡊅字，《説文》作『𡊅』，『熻』乃俗字，而以唐《孔穎達碑》作『𡊅』爲省文；『閥閲』古祇作『伐閲』，『閥』亦俗字，而以《穎達碑》作『伐』爲通用，此類失之眉睫者亦不可枚舉。

要之，其書體大思精，所包甚廣，豪毛之疵，不累全體，較之近時劉燕庭、許印林輩描摹點畫，自詡精細，不過爲骨董清品、賞鑑專家者，奚啻霄壤？世人讀書，惡繁重，好新異，不論實事，妄肆游談，頗有輕議是書者，故備論之。

初四日己酉　晴，有風。外祖仁甫倪公忌日，供饋肉肴六器，菜肴四器，肉餡、糖脂饅頭兩大盤，時果四盤，蓮芡湯一巡，酒三巡，飯兩巡，火鍋一。外祖以十一月三日生，是日卒。外祖母以是月八日卒。余年來在都，多以八日饋食。以外祖母卒於咸豐辛亥年是日，親覩其痛。外祖則卒於嘉慶甲子年之今日，而先妣以乙丑正月十一日始生，已不及見也。自惟頑劣，追遠爲難，如在之誠，必有所託。裳衣放愸，几筵僾然。肅敬所生，由於感慕。此後世像設之禮，遠勝於古之立尸也。今日以家人告錢將盡，至初八日恐不能具饔，余亦以去年以八日祭時得仲弟之訃，故改用今日。作書致紱丈，饋饅頭一盤，得復。

初五日庚戌　晴和。丹徒戴少梅以浙江知府來辭行，乞題《蜀岡登高圖》。君表來。得紱丈書，贈洋糖一瓶，即復謝。剃頭。夜爲家人所觸怒，肝气大發，終夕不瞑。爲殷蕚庭作書致君表，轉乞吴清卿篆蓋。兩日連得葆亭書，以與鍾六英訟事紛糾益甚，苦相聒擾，駔奘交争，狺誩不解，深可厭也。葆亭寄閲六英所與書，虚憍恐嚇，尤爲可笑。因作答致葆亭，還其書。

初六日辛亥　晨晴，上午晴陰相間，下午陰。君表來，邀至廣和樓觀霞芬演《長生殿》劇，晚復邀同仲彝、楊正甫飲聚寶堂，一更後歸。仲彝邀飲春馥，丙夜後歸。讀唐高宗所撰《大唐紀功頌萬年宫銘》。鴻偉奇麗，四六之傑製，似過太宗遠甚，蓋初唐气運極盛時也。後來張、蘇，皆從此出。

邸鈔：以翰林院侍講學士慶麟轉補侍讀學士，以左春坊左庶子寶廷爲侍講學士。上諭：調任杭州副都統富爾蓀明白回奏，稱八月五日到杭州副都統任，先於七月二十五日咨詢果勒敏乍浦副都統印信應否擇員護理，至八月三日始接回咨，仍未將咨詢情節分晳見覆。迨初七日續接該將軍咨會暫行代理之文，已在列銜奏到新任仍署舊任之後，因未離舊任，將到任奏咨事件仍酌用乍浦副都統印信等語。富爾森到杭州副都統調任後，其乍浦副都統印務應暫行代理，乃率用『署理』字樣，殊屬非是；果勒敏咨覆遲延，亦屬不合：均著交部議處。

初七日壬子　晴，風，沍寒，始暫試鑪。得君表書，送清卿篆額來，即復謝，以篆額交蓴庭。爲戴和甫作《蜀岡載酒圖序》。本擬題詩四十字了之，以戴君言其日爲尊人廣州太守及其叔父浙江縣令二老人壽，群從畢集，爲人生極樂，非登臨寄興之比。其言可感，因信筆成儷體小序一首，且勉以爲清白吏，附古人贈言之義。戴君由户部實缺郎中截取知府，分發吾浙，其補缺當不遲。余爲此言，亦欲爲嚴、台、温、處四郡造福，雖興會偶至，事近應酬，亦非苟作者也。戴名燮元，己未舉人，由中書捐升郎中。其到户部在余後數年，以玉牒館議叙，驟得補缺，即保繁府，送御史，不得入臺，遂請外。速化如此，其翕熱嗜進可見。以尚知加敬於余，故及其未任，進以箴言，此區區之志也。　文不録稿，即作書致之。得紱丈書，借《望谿集》，即復。讀唐李義府所撰《蘭陵長公主碑》、李孝倫所撰《紀國太妃敬善寺石像銘》，文皆甚麗，足掩六朝。

邸鈔：上諭：李瀚章等奏稱樊口建閘，惟於西楊畈附近一隅有益，而江湖盛漲之時，皆難宣洩，有害通省水利。所奏亦不爲無見。惟建築石閘，究非堤垻可比，但當察看外江内湖水勢消長，以時啓閉，既可宣洩盛漲，又可保衛田廬，未始不可兩全。該督等所稱下閘必在桃汛以前，放閘應俟霜降以後，殊屬拘泥成説。至應如何嚴立章程，重懲需索，著李瀚章等督飭屬員妥議辦理。將來建閘以後利病若何，仍准隨時體察情形，據實具奏。　以前太僕寺少卿壽昌爲鴻臚寺卿。壽昌，崇綸子，以漢軍補漢缺。

初八日癸丑　晴。得戴少梅書。殷蓴庭來。作書致禔盦，作片致程黻卿，俱約今日夜飲。仲彝邀至廣和樓觀劇，晚偕至聚寶堂，邀禔盦、君表、正甫、黻卿小飲，吃菊花魚羹，甚美。夜一更後正甫復邀飲馥荃，三鼓後歸。

邸鈔：以□□□忠瑞爲西安左翼副都統。

初九日甲寅　晴。曉卧時疾動，終日咳嗽大作，晚又身熱，以今冬止著絮衣，是月朔始服羊皮褂，猶是綿袍也。得伯寅侍郎書，惠銀十兩，即復謝，犒使四千。子縝來，鮑敦夫來，皆新自越入都者。敦夫與余同里閈，而余家無一字。予季不良，乃至於此。偕兩君暢談，盡日而去。

初十日乙卯　晴。是日除仲弟期服，始著重裘。

《喪服小記》『久而不葬者惟主喪者不除』一節，《正義》引『庾云謂此字衍。昔主當作『注』。《要記》』，案《服問》曰』云云。此『庾』謂庾蔚之，所引者《禮記略解》之文；《舊唐書·經籍志》：《禮記略解》十卷，庾蔚之撰。《隋書·經籍志》：《禮記略解》十卷，庾氏撰。庾氏即蔚之，此乃《隋志》駁文。齊氏召南不加深考，作《禮記正義孔穎達序考證》，遂謂《隋志》止載蔚之《禮論鈔》，不載《略解》矣。謂『昔注《要記》』者，蔚之常注賀循《喪服要記》也。《隋志》：《喪服要記》十卷，賀循撰，梁有，宋員外常侍庾蔚之注。《唐志》：《喪服要記》十卷，賀循撰，庾蔚之注。又案《隋志》別有王肅注《喪服要記》一卷，蔣琬撰《喪服要記》一卷，《唐志》止有王肅，而別有《喪服要記》五卷，賀循撰，謝微注。考兩《志》王肅注，『注』字皆當作『撰』。又引盧植云『下子孫皆不除』，蕭望之又云『獨謂子皆未善也』。考《漢書·蕭望之傳》雖有從夏侯勝問禮服之文，然自來無言望之有著述者。庾氏劉宋時人，當必有所本。

近人吴頊儒《喪禮經傳約》僅十一葉，間有小注，可謂簡之至矣。然有不當詳而詳，不當略而略者。如練與小祥雖同在十三月，而爲兩祭兩事，小祥爲殺哀之制，練爲除服之節，《小記》所謂『祭不爲除喪也』。而吴氏乃曰十三月而小祥，期乃練也，略不分晰。期喪之有禫，惟父在爲母及爲妻。而吴氏乃曰十五月而禫，期喪也，壹似凡期服皆有禫者。此等大節目尚不能全，亦太約矣。而備述《檀弓》

『兄弟之子猶子』一節經文，此人人所讀者，又詳所不必詳也。

得紱丈書，還《望谿集》。作書致君表，屬其轉託戴少梅到揚州代購丁儉卿《頤志齋叢書》。復紱丈書。作書致禔盦，辭明日之飲。吴松堂兩次來邀飲福興，作片辭之。是日病甚，不食，終日涕流，而讀書作字不輟。付更夫楊工食七千。

邸鈔：上諭：延煦奏幫辦司員未能得力，請旨更換一摺。據稱刑部派往熱河候補主事蕭育東浮躁性成，無知妄作，辦事未能得力。著刑部於正途漢主事另揀熟悉刑名之員前往接辦，蕭育東即徹回原衙門行走，並著該堂官隨時察看。如仍前躁妄，即行據實參奏。蕭育東，河南進士，以敗類聞，在刑部屢被訐控。今年七月改送軍機，尚書桑春榮以育東之乙丑坐主也，竟列名上。大學士寶鋆亦主乙丑試者，見之大詫，曰：『此人亦豫送耶？』黜之。桑春榮遂派往熱河，且爲致書延煦。未及兩月，竟列彈章，此近日之快事也。桑昏庸老弱，而於攬權徇情，如猛獸鷙鳥之發，可咄咄矣。

十一日丙辰　晨至午陰，下午晴。咳嗽少止，尚不能食。閱《小謨觴館集》及《思適齋集》。《思適》卷十六碑跋一卷，極爲精確。《跋嘉祐二體石經》一首即在其中。余夏中遍覓諸書，竟不記及此也。君表來診脉。夜風起，月甚明，二更後風止。咳嗽大作，達旦不瞑。

邸鈔：上諭：廣壽、賀壽慈奏遵查北運河上游情形，請分別疏築一摺。據稱詳察潮白、温榆兩河泛濫情形，擬請通州東北受橋東西兩岸缺口堅築堵塞，以免潮白西灌温榆之患；另將沙窩村、鈴鐺口兩處缺口修補，於白馬河南岸起，至西浮橋西岸止，斜築長堤一道，以爲北關保障。至温榆改道之處，宜裁灣取直，挑挖舊河，俾循故道。新舊河相接之處，築當水埧二道。其東岸通大橋處，另築一堤，使河流不致東灌。並將下游自下關口起至小河口止，及白馬河下游淤淺處所，均挑挖疏通，使漫流仍由温榆而下，庶有裨益。請飭籌款興修等語。著照所請，即由直隸總督會同倉場侍郎自行籌款，趕緊興修，以衛民生而濟漕運。上諭：内閣侍讀學士廣安奏請嚴禁佐貳各員擅受民詞等語。佐貳雜職營汛各員不准擅受民詞，例禁綦嚴。若如所奏，近來佐貳等衙門差役煩多，武營汛地巧立掌標老將名目，接受民詞，私設刑卡，武斷案件，貪贓不遂，即牒詳州縣，顛倒是非，魚肉小民各情，殊堪痛恨。著各直省督撫隨時訪查，嚴行禁止。如有此等情弊，即著嚴參懲辦，毋稍姑容。將此通諭知之。（人）〔又〕奏請嚴禁賭博，以清盜源等語。賭博一事，最易藏奸。刻下天氣嚴寒，盜竊之案層見疊出，著步軍統領衙門、順天府、五城御史嚴行禁止，有犯必懲，毋得視爲具文，虚應故事。又奏旗兵困苦，請將甲米照舊變通，以恤兵艱，並請將刺麻口糧酌量變通各摺片。著户部議奏。

十二日丁巳　晴。是日勾到市中行刑。成禄仍不勾。

閲《小謨觴館集》及《思適齋集》略校訛誤。千里先生深於漢魏六朝之學，熟於周秦諸子之言，故其爲文，或散或整，皆不假繩削而自合。甘亭畢力於文，駢體自爲專家，然工麗雖勝，而痕迹亦顯。此文人、學人之别焉。顧集有《錢竹汀可廬兩先生對床風雨圖賦》，彭集中有《錢可廬徵君六十壽序》，皆藝苑之鴻製，合之以胡竹村先生集中《錢竹汀先生入祀鄉賢記》，而嘉定之學，發揮盡矣。文至壽序，可謂惡道。然如甘亭此序，及胡集中《王石臞先生八十壽序》，龔定盦集中《阮尚書年譜第一序》。即文達六十壽序。是三首者，包括群言，錯綜六藝，實可作儒林傳、經籍志讀。此等皆奇絶之作，非古來所有者也。

自昨夜終夕咳嗽，胸腹震動。晨起甚憊，竟日支慑，傍晚骉飯，盡兩器許，稍覺可支，然夜嗽如故。

十三日戊午　晴。得子縝書，惠銀一流，并贈甘泉葉蘭如女士蕙心《爾雅古注斠》一部，作書復謝，犒使六千。又得心雲九月十六日、十月七日兩書，并惠蘭谿㷩脯兩肩，以近詩一册寄閲。得敦夫書，惠㷩脯兩肩，龍井茶兩瓶，即復謝，犒使兩千。

閲《爾雅古注斠》，凡三卷。女士乃江都李賓嵎祖望之婦也。其搜采較臧拜經所輯爲多，間附案語，亦甚精密。賓嵎即刻《小學類編》者，伉儷嫛經，唱隨雅詁，栖霞福山，並艷千載，雖不敢望惠、班，恐非義成、宣文所能逮矣。書刻於光緒二年，後有賓嵎跋，言女士時年六十有二。末附刻詩一卷，則未能工也。

王可莊送所書殷氏志銘來，即致蕚庭。夜月甚皎，嗽仍不止。

邸鈔：詔：明年三月二十六日穆宗毅皇帝、孝哲毅皇后梓宫奉安山陵，朕於三月二十一日恭奉慈安端裕康慶昭和莊敬皇太后、慈禧端佑康頤昭豫莊誠皇太后啓鑾。所有應行典禮並一切事宜，著各該衙門及直隸總督敬謹豫備。

十四日己未　未初一刻十三分大雪，十一月節。晨至午陰，下午晴。久嗽疲甚，身復微熱。余以飲麥冬及燕窩湯，故嗽益不止。徐洄谿所謂肺爲嬌藏，風火之嗽，不可用滋膩酸寒之品者也。因作書致汝翼，求一散風清火降淡俗作『痰』。之方。禔盦來，不晤。得汝翼書并方，用苦桔梗、雲茯苓、川貝母、甜杏仁、海蛤粉、蜜枇葉、蜜橘皮、括蔞皮、生甘草、冬桑葉，遂量藥煎服之。程戟卿來。閲《爾雅古注斠》，其書兼采郭氏《音義圖讚》。夜禔盦招飲聚寶，辭之。五更大風。是夕嗽益劇，蓋汝翼方是用甘桔升提湯加減，此亦於風火之嗽非宜，故气逆淡升，展轉達旦。諺云：『不藥常得中醫。』信哉。付風帽錢十五千。

十五日庚申　晴，大風，午後少止。作書致禔盦。偕仲彝造花好月圓人壽箋，各爲之贊：『花釵九樹，桂林一枝。爲神仙婦，爲玉雪兒。春風之喜，美人之思。書此花葉，以報我知。』右花好箋，繪一美婦，折花一枝，左抱一小兒，又一兒牽其裙帶。『團團如鏡，蓬蓬如春。月中名字，現此善人。是大智慧，皆大歡憙。同心之言，宛轉如意。』右月圓箋，繪一人團團如月樣，宋人所謂一團和氣也。『觀河之面，以皺爲妍。有桃如斗，有藕如船。禮権聃耳，古諏彭籛。文章之壽，同此萬年。』右人壽箋，繪一壽星。又造宜子孫箋，爲之贊云：『食芣苢，佩蘭茝。國添丁，家有子。得之者，各歡喜。』

十六日辛酉　晴，嚴寒。久嗽困甚。

邸鈔：以鴻臚寺少卿宗室奕年爲内閣侍讀學士。

十七日壬戌　晴。祖妣倪太恭人生日，午供饋素饌六器，蓮芡羹一器，加特凫、豚肩、燖雀，爲祖考也；火鍋一，肉餡、素糖饅頭兩大盤，時果四盤，扁豆湯一巡，酒三巡，飯兩巡，傍晚畢事。朱蓉生來，方上食，辭之。夜偕仲彝坐室中久談。是夕望。

邸鈔：上諭：梅啓照奏耆紳重遇鹿鳴，懇與筵宴一摺。按察使銜前署福建汀漳龍道王廣業，早年登第，由部曹洊擢道員，引疾歸里。現在年近八袠，鄉舉再逢，洵屬藝林盛事。加恩賞給二品頂帶，准其重赴鹿鳴筵宴，以惠耆年。廣業，江蘇泰州人，本名佐業，道光辛巳舉人，癸未進士，由主事捐升兵部郎中，補軍機章京，充乙未科會試同考官，授湖南衡州府知府，再授福建漳州府知府、候選道。咸豐七年引疾歸，今年七十五歲，就養其子紹興府同知貽穀署中。

十八日癸亥　終日霒陰。同邑姜仲白秉初來，新舉孝廉方正入都者，携來王氏妹十月廿六日書并番銀十枚，又大妹四枚，仲妹二枚，僧慧四枚，皆爲余五十之壽者。諸妹貧苦，所不忍言。仲妹今年十月亦四十初度，僧慧今年承三代祀事，余日思寄少財物，尚無能爲計，而轉以相累，自惟此生不孝不友不慈之罪，上通於天。得書嗚咽而已，以一詩寫之。

諸妹及舍姪皆寄金爲壽貧家拮据遠道辛勤得書悲來無端詩以寫之

十年骨肉分存没，劇憐作苦寄金來，鄭重封題忍淚開。孤露餘生何足算，飢寒諸妹獨相哀。半世功名竟草萊。贏得向南增一慟，天涯誰與勸銜杯。

邸鈔：上諭：前據都察院奏侍衛倭興額呈訴等情，當派崇綺、馮譽驥前往查辦，嗣因馮譽驥往黑龍江查辦事件，諭令崇綺查明覆奏。兹據該侍郎奏稱，查訊此案贓物不甚符合，不能指現獲各犯爲正盜。至齊廣貞挾嫌栽贓一節，該犯供詞閃鑠，提訊要證供復游移，亦難憑傅、鄭氏一面之詞，刑求逼認。擬將傅貞、齊廣貞監禁一年，緝拏正賊，務獲質明贓證，再行分别辦理；倭興額令回京當差等語。該侍郎於此案既未查詢明確，自應悉心推求，期於水落日出，乃遽以監候待質，即行奏結此案，竟致懸宕辦理，殊屬草率。仍著該侍郎一面將現審犯證詳細推鞫，一面嚴飭承緝各官，迅將正賊拏獲。倭興額著仍在吉林聽候質訊，不准先令回京。另片奏吉林馬賊結夥擾害軍民之案，實所常有，經銘安督飭將弁，隨時巡緝，迭經拏獲正法。現雖伏莽尚多，並無大股竄踞。韓效忠係金廠頭目，銘安因捕賊需人，准令投效，賞給功牌及衣物等件。韓效忠陽奉陰違，仍於挖金處所勾引圖利。銘安訪知，派員查拏，遣散挖金人衆。韓效忠先期外出，未經拏獲。程思敬訊無蒙蔽情事，惟屢次運貨赴金廠售賣，雖無與韓效忠勾結確據，究屬交通往來，且平日干預地方公事，人皆側目。副將哈廣和齎送韓效忠賞項及稟領軍火等件，均有銘安札批可憑，並非私行接濟，惟與韓效忠蹤迹較密，以致嘖有煩言等語。程思敬著照所擬，革去翎頂，杖一百，徒三年。哈廣和著飭回奉天聽候差遣。並著崇綺督飭將弁將韓效忠嚴拏，務獲懲辦。上諭：江蘇學政、翰林院侍讀學士林天齡於同治年間曾在弘德殿行走有年，克稱厥職。茲聞溘逝，軫惜殊深。伊子林開棻加恩賞給舉人，一體會試。以兵部右侍郎夏同善爲江蘇學政。詔：翰林院編修吴大澂以道員發往山西交曾國荃差遣委用。大澂，以李鴻章薦其可任監司，有旨交吏部引見，因有是命。

十九日甲子　晨及上午陰，午晴。比夕疾動，嗽益劇。孺初來。作書致子縝，借莫子偲《宋元舊本書經眼録》，得復。

閲《宋元舊本書經眼録》，同治癸酉子偲次子繩孫所輯録者也。凡三卷，又附録二卷，共五卷。卷一爲宋槧，自《毛詩要義》至《萬寶詩山》，共四十六種。卷二爲元槧及明槧，自《書傳輯録纂疏》至《崇古文訣》，共四十六種。卷三爲舊鈔本。自明卓爾康《易學》至《金石三例》，共三十八種。間收近人著述，如朱右甫《吉金古文釋》、阮文達《積古齋款識》底本、周信之《鄭堂讀書日記》之類。信之，名中孚，烏程人，阮文達弟子，著書甚多，皆未刻。此乃其所讀書之解題，每一書爲一篇，條其得失，凡三十四册七十一卷。於經佚其《易》及《爾雅》、小學諸書，集止國朝二卷，所佚多矣。附録卷一爲《書衣（題）〔筆〕識》，自《吕氏家塾讀詩記》至《貴陽潘氏八世詩集》，共四十三種，皆其家藏佳本及希見之書，繩孫從所題書衣中録出者，故曰『書衣筆識』。卷二爲《金石筆識》。自《秦之罘刻石摹本》至《宋達州進奉大禮銀鋌》，共五十一種。鋌爲同治元年皖南鎮總兵官唐義訓發休寧黄氏窖銀所得，重五十兩（款識原文），準今庫平止少一兩四錢，漕平四錢。上有款識三行，因拓存其文。金石而及藏鏹，且文至五十九字，中有『權達州事任隆祖』結銜，亦異聞矣。其書備載行式及收藏印記，間録序跋，時亦有所考訂。子偲本績學之士，入曾文正幕府，江南平後爲文正收書，頗得秘籍，又備見上海郁氏及近日豐順、錢唐兩丁氏日昌、松生。新得之本，故裒然可觀。二丁皆俗吏儈夫，必不能久有，它日可因地因人以求之者也。郁氏有宋槧《毛詩要義》、《儀禮要義》、《禮記要義》、《史記集解》（三種不全）、《通鑑目録》、萬玉堂本《太玄經范注》、《韓昌黎集》（世綵堂本）、元槧《玉海》，附刻諸種皆備。丁氏有宋槧《儀禮鄭注》、景祐本《漢書》、《鹽鐵論》、元槧《元禮部韻略》、乾道本《通鑑綱目》、《管子》、《書法鉤玄》（趙凡夫手批）。杭丁氏有宋槧《晉書》《唐書》。永康應氏實時有宋槧《兩漢會要》。海寧查氏有宋槧《九經直音》（孫奕著，十五卷巾箱本）、元巾箱本《史記集解》附《索隱》、元槧虞伯生《續編》、國朝諸錦《周易觀象補義略》（寫本，半出手書）。上海瞿氏有宋槧《百川學海》、《揮麈前録》、《續博物志》，元槧《三國志注》、《列子張注》、《道園學古録》，明仿宋本《野客叢書》。莫氏有元大德本《吴越春秋》、明仿宋本《太玄經范注》、國朝趙紹祖（字琴士，涇縣人）《通鑑注商》十八卷。其所載有宋湖北提舉茶鹽司小字本《漢書》，嘉祐杭州本《唐書》，北宋本《唐書》，宋本《名臣碑傳琬琰集》，元大德本《考古圖》，元本《事文類聚》，元本《東萊吕太史文集》、《劉静修文集》、《樂府詩集》、《中州集》，明刻王禎《農書》二十二卷本，皆不言今藏何氏。

邸鈔：詔：夏同善現出學差，以刑部右侍郎錢寶廉兼署兵部右侍郎。上諭：給事中王昕奏山西地方辦理振務，不免欺飾，請飭認真查核一摺。據稱山西上年異常荒旱，地方官仍前征比錢糧，及至奏明蠲緩催科，已將竣事，並有壓閣謄黄，於額征掃數後始行張貼者。該省富户捐款，各州縣託詞解省，勒限交官，甚至縱容書差，苛派中飽。至放振之弊，官吏侵吞尅扣，實惠不能遍及。若如所奏，尚復成何事體？著閻敬銘、曾國荃即令派出之查振各員紳，將所奏各情一併認真稽察，如有虚冒情弊，即行據實嚴參。前准李鴻章等所請，將承辦山西振務人員分别保獎，其辦理不能得力各員，仍遵前旨，毋許濫列。另片奏山西禁種罌粟，請飭勸種桑棉等語。著該撫飭令所屬良田種穀外，並相度土宜，有可以樹桑種棉之處，隨時勸課，俾利民生。

二十日乙丑　晴，嚴寒，有風。比日嗽甚，至晚尤數，項背俱作痛，而精神不劣，校《禮記注疏》。

鄭志《檀弓》曰：『祥而縞，是月禫，徙月樂。』答趙商曰：祥謂大祥二十五月，禫謂二十七月。既禫徙月而樂作，禮之正也。孔子五日彈琴，自省哀樂未忘耳。逾月可以歌，皆自省逾月所爲也。案：此鄭君兼答孔子既祥，五日彈琴而不成聲，十日而成笙歌之義。趙商必以是經『徙月樂』與『孔子既祥』經文兩義爲問，而鄭答之，今本佚脱耳。《檀弓》是節疏引作『自省樂哀未忘耳』。其下『皆自省』作『皆自身』。今案：『樂哀』二字，當從疏本，志本誤倒耳。此以『自省樂』爲句，謂祥禫之月，暫縣樂以自省習，而不令人作之。《檀弓》：『孟獻子禫，縣而不樂。』《疏》云：依禮，禫祭暫縣省樂，而不恒作。是也。『哀未忘耳』爲句，『皆自省逾月所爲』者，謂孔子十日而成笙歌，亦在祥後逾月，蓋喪事先遠日，大祥之祭，已在二十五月之末，又十日則逾月矣。笙歌亦自作之樂，非正樂也。《疏》之『身』字誤。鄭君以『是月』二字不連上文爲義。『是月』猶此月也，謂此月禫者則徙月樂，故云禫爲二十七月，則樂在二十八月矣。孔冲遠引《論語》『子於是日哭』之『是日』以證之，謂亦自爲文也。見『孟獻子禫』節《正義》。

古既葬，虞而祔，虞主復於寢，不入廟；既練，作主遷廟；大祥，始祔於廟。廟則有寢以藏衣冠，陳平生所用器物。此大清禮猶然。嘗疑未入廟以先，衣冠器物設於何所，今讀鄭志答張逸云：未葬，以脯醢奠于殯。又如下室設黍稷，曰饋。下室，内寢也。本注：『謝兹云：下室之饋，器物几杖如平生。』乃知古人制禮之精，無事不盡善也。未葬則殯在正寢，器物在内寢。既葬則几筵在正寢，三年而畢，器物在廟，遞遷而畢。此今日士夫家稍有力者皆可以行，而禮久不講，遂無知之者矣。

子縝來，敦夫來，禔盦來。

邸鈔：前户部尚書魁齡卒。魁齡字革峰，滿洲人，幼孤貧，咸豐二年進士，由部曹擢道員，留辦定陵工程，不數年至卿貳，遂擢尚書，兼總管内務府大臣。其人頗謹厚，而不學無術，闇於大體，又識字甚少，屢主文柄，多被嗤笑。余辛未覆試文用『致』字，右从『夂』，不作『攵』，此《康熙字典》亦如是。魁齡閲卷，以爲誤，竟簽黄以進，其妄至此。然在内務府，頗不作惡；在户部，亦不如董恂所爲，容容自守而已。今夏久旱，外議多歸咎户部，而内務府以覆奏樽節之疏，復被臺抨。魁齡遂移疾。蓋尚知羞耻云。卒謚端恪。

詔：魁齡老成練達，辦事慎勤，前因患病開缺。兹聞溘逝，軫惜殊深。加恩賞給陀羅經被，派貝勒載澂帶領侍衛十員即日往奠，照尚書例賜恤，賞銀五百兩經理喪事。伊子福緒賞給主事，俟及歲時分部學習行走。

二十一日丙寅　晴，嚴寒。作書致仲彝城中。作《練祥兩祭異日説》。夜風。偕仲彝堂内夜談。

練祥兩祭異日説

《儀禮·喪服》傳曰：既練，舍外寢，始食菜果。鄭注不明言練之在何日。後儒或疑練即小祥，無二祭也。以諸經傳考之，而知其不然。

《雜記》云：『期之喪，十一月而練，十三月而祥，十五月而禫。』鄭注：此謂父在爲母也。案：凡期之有禫者，如父母既没爲妻，亦當如此。夫期之練，且與祥異月，則三年喪之練，不與小祥同日明矣。又曰：『凡喪，小功以上，非虞、祔、練、祥，無沐浴。』疏云：練、祥不主大功小功也，則三年期之喪，先練而祥，猶先虞而祔。既爲兩事，則練有祭可知也。又曰：『如三年之喪，則既潁，其練、祥皆行。王父死，未練、祥而孫又死，猶是祔於王父也。』鄭注：未練、祥，嫌未祫祭序於昭穆爾。夫既曰練，復曰祥者，以練而作主遷廟，然後爲小祥之祭。鄭君以祥爲大祥，故有祫祭昭穆之言，恐不然矣。《大戴禮·諸侯遷廟》篇曰『成廟將遷之新廟』，此謂既練遷廟也。其末云：『出廟門，告事畢，乃曰擇日而祭焉。』此謂小祥之祭也。《穀梁》文二年傳云：『立主，喪主於虞，吉主於練。』『作主壞廟有時日，於練焉壞廟。』夫作吉主及壞廟，皆大事也，而皆於練，則練之不可無祭又明也。《喪大記》曰：『既練，居堊室。』『既祥，黝、堊。祥而外無哭者，禫而内無哭者。』既祥者，謂小祥也。祥而外無哭者，謂大祥也。蓋間傳云：期而小祥，居堊室。又期而大祥，居復寢。夫復寢者，謂復正寢，即先爲殯宫之寢，至禫而吉祭，則復内寢，是大祥以後不居門外之堊廬矣。以此知『既祥，黝、堊者』，爲小祥之居。黝爲地飾，堊爲墻飾，是黝、堊仍爲堊室也。惟練後則不暇治地，但飾其墻，小祥乃飾地耳。此尤易明者也。大祥而外無哭者，以大祥則已居門内之寢，故不復有門外之哭。至禫而樂已在縣，并不復有門内之哭矣。惟練之祭，專爲喪服變除，無筮日筮尸之事，其禮殺於小祥，故言禮者多略之。《喪服小記》曰：『期而祭，禮也。期而除喪，道也。祭不爲除喪也。』期而祭者，謂小祥也；期而除喪者，謂練也；祭不爲除喪者，謂小祥之祭，非爲除喪，以除喪自有練祭也。

合諸文以推之，凶事先遠日，練祭當在十二月之末或十三月之初，小祥則在十三月之末矣。練之祭既無明文，而古人文義從便，往往以『練』字代小祥。《禮》之所謂『既練而歸』『未練而出』『未練而反』，及《小記》所謂『練，筮日，筮尸，視濯，皆要絰杖』『大祥吉服而筮尸』者，凡此言練，皆是小祥也。

邸鈔：上諭：御史段福昌奏請將京控案件專責臬司親審，不得再委府局，並嚴定章程一摺。著刑部議奏。

二十二日丁卯　晴，間有風。得紱丈書，借日記，即復。得子縝書，以所著《漢孳室近文》一卷、《淮南許注存疑》一卷屬閲，即復。閲《漢孳室近文》。皆説經之作，擘搜古訓，剔抉小學，備極細心，其精鋭不可及也。《鄭易小學序》《鄭易爻辰考序》《許氏淮南説文補詁序》三首，尤漢學之干城。

二十三日戊辰　晴，晡後陰。剃頭。自昨夜咳嗽復劇，今日氣弱殊甚，又天气稍温，爲石炭氣所中，頭痛涔涔，頗不自持。

閲常熟楊景仁《籌濟編》。凡三十二卷。首二卷冠以《蠲振功令》《救荒總論》，卷三《報灾》至卷三十一《備雜糧》，共二十九門，門爲一卷，而附以《救火》一門，爲三十二卷。其書采取各史、《通鑑》、《通典》、《通考》及諸子文集，間及地志，頗爲詳贍，《水利》《雜糧》二門亦尚可觀。前有吴縣潘文恭、侯官林文忠二序。景仁，字静閑，嘉慶戊午舉人，由中書官至刑部員外郎。

二十四日己巳　晨至午陰，午後晴。

閲子縝所輯《淮南許注逸文》，據《文選注》《藝文類聚》《御覽》《廣韵》《群書治要》，所引與高注異而與許説近者刺取之，得四十餘條。其於許君此注，用力可謂勤至矣。

莫氏《經眼録》云：海寧查氏藏宋本《九經直音》十五卷，共百一葉。廬陵孫奕撰。《四庫》收元刻明州本排字《九經直音》二卷，知爲宋人所著，而不知出於季昭，以未見此本也。元王楨《農書》二十二卷，每卷題集之一、集之二。集之一下附説云：古之文字皆用竹帛，逮後漢始紙爲之，乃成卷軸，以其可以舒卷也。至五代後唐明宗長興二年，詔九經版行於世，俱作集册，今宜改卷爲集。案：周秦以竹作簡册，漢以縑帛作卷。嘉靖中山東所刊，至萬曆後刊者删併爲十卷。《四庫》本約用王氏元卷第，重編爲二十二卷，案：《四庫》據《永樂大典》所載已併爲八卷，乃更依原序條目，用《讀書敏求記》卷數編爲廿二卷。亦未見此本也。丙寅六月，上海市出一宋本《江文通文集》，十卷，目録一卷，第一、二卷賦；三、四卷詩；五卷傳、書、奏、記、牋、表；六卷爲始安王、建平王章、表、教、啓、行狀；七卷敕，爲朝賢作書及尚書符慰勞雍州文，爲蕭驃騎諸表、啓、教；八、九卷爲蕭太尉、太傅、齊公、齊王表、啓、章，受禪後諸詔；第十卷誄、志、祭、咒諸文，及頌讚、雜言、騷辭。終以自序一篇，有云未嘗著書，惟集十卷。編次極有條理。《四庫》本四卷，特據明人鈔集者，亦未見此本也。皆足以廣見聞。

又宋治平二年歐陽修等撰進《太常因革禮》一百卷，寫本，依道光中錢唐羅以智本過録，備載羅氏一跋，考證甚詳。羅氏即著《七十二侯表》者。此書《四庫》未著録，嘉慶中阮文達得舊鈔本進呈，中缺卷五十一至六十七凡十七卷。當時編纂者項城令姚闢、文安縣主簿蘇洵也。《揅經室外集》、《四庫未收書提要》止括其例目，不及羅氏備覈其得失。又此書明載晁氏《讀書志》，而阮氏謂晁、陳皆未著録，可謂疏矣。

邸鈔：上諭：封疆大吏受朝廷特簡之恩。近聞各直省督撫，實事求是者固不乏人，而因循怠玩、怙過飾非者亦正不少，且有偏袒同鄉及護庇年世交誼，用舍不公；又聞帶兵將弁往往虚報名糧，冒銷軍火，私肥囊橐，日用豪奢，何以使將士一心，緩急足恃？著通諭各督撫等痛自循省，有則改之，無則加勉，用人一秉大公，不得瞻顧情面。各營武弁查有前項情弊，即行嚴參。經此訓誡後，儻敢不知振作，積習相沿，一經朝廷訪聞，或被參得實，必當執去嚴懲，決不寬貸。

二十五日庚午　晨陰，上午後澹晴，下午晴，有風翛然。

《經眼録》言同治戊辰於金陵訪獲梁石七八事，皆在孫伯淵氏《訪碑録》以外，有梁文帝武帝父。建陵石闕正刻、反刻二石，安成康王蕭秀東碑、西碑額各一，西碑陰字尚存，在江寧太平門東二十七里甘家巷。始興忠武王蕭憺碑，在安成碑西一里，地名黄城村。吴平忠侯蕭景神道石柱題額，在始興碑西南三里，地名花林村。案：二事諸家多已著録。臨川惠王蕭宏神道二石柱題額，在上元北鄉張庫村。東柱順讀，西柱逆讀。兩『楊州牧』，『楊』字皆从木，足證唐以後从手之誤。南康簡王蕭績神道二石柱題額，在句容縣侯家邊。建安敏侯蕭正立石柱二，在上元淳化鎮西鳳城鄉。案：正立即宏子，暎即憺子，其謚敏、謚寬，與《南史》合，《梁書》不載。新渝寛侯蕭暎西闕。在句容。其蕭憺碑全載其文，較《金石萃編》增繹出千二百二十字，正其誤者十六字。又《萃編》所載蕭憺碑陰，實蕭秀西碑陰，蓋述庵未親至碑所，遂誤合兩爲一耳。潘孺老喜搜金石，聞江寧新出此數碑，嘗屬余求之，以證南北當日書法異同及宋以後集帖之得失，故記出之，當致書弢夫爲購覓也。

作書致子縝，并寫單約同仲彝、敦夫、敦叔、姜仲白後明日小飲。殷萼庭來，沈松亭來，皆不晤。

夜校《金石萃編》。是夕仍咳嗽，達旦不瞑。

邸鈔：以詹事府少詹事興廉爲詹事。

二十六日辛未　晨微晴，旋陰，巳後雪，下午轉密，入夜不止，積二寸餘。

邸鈔：上諭：順天府奏耆臣繙譯鄉試中式，科分重逢，應否重與鹿鳴筵宴一摺。予告大學士英桂，早年中式繙譯舉人，由内閣中書洊登揆席。現在鄉舉再逢，洵屬科名盛事。加恩賞給太子少保銜，准其附入己卯科鄉試，重赴鹿鳴筵宴，以示優眷，並著禮部纂入則例。英桂亦辛巳繙譯舉人。繙譯向不預鹿鳴等宴，故禮部以無例可稽爲言。正紅旗蒙古都統皂保奏病難速痊，懇請開缺。許之。

二十七日壬申　終日陰寒。印結局送來是月公費銀二十兩。謝夢漁爲子娶婦，送分子四千。作片致王可莊，爲殷蕚庭送潤筆銀。子縝、敦夫來，晚同詣聚寶堂。禔盦、仲彝、姜仲白已先至，遂設飲，肴饌甚劣，酒直復高，以近日惡少濁流群聚於此也。夜二更歸，大風。付車飯錢十二千一百，酒保賞三千四百。

邸鈔：以鑾儀衛鑾儀使、鑲黄旗滿洲副都統托雲爲正紅旗蒙古都統。

二十八日癸酉　晴，嚴寒。得王子獻是月十六日鄖中書。以馮注蘇詩四帙還殷蕚庭。閲《三禮通釋》。其後附圖五十卷，於天文畝步甚詳，而於宗廟喪服皆太略。又其圖雖兼綜諸家，而時出臆決，亦往往不可信。

邸鈔：以鎮國公奕佩爲鑾儀衛鑾儀使。鎮國公奕謨調補鑲黄旗滿洲副都統，成林調補正紅旗滿洲副都統，奎潤補鑲白旗蒙古副都統。户部郎中耆彬授甘肅寧夏兵備道。

二十九日甲戌　辰初初刻二分冬至，十一月中。陰，下午澹晴。是日寒益甚。祀曾祖考妣、祖考妣、本生祖考妣、先考妣，祔以仲弟，供饋肉肴七器，菜肴六器，肉餡、糖覈饅頭兩大盤，餛飩兩大盤，春餅一盤，火鍋一器，蓮子湯一巡，時果四盤，酒三巡，逮闈畢事，焚金銀寓鋌。得弢夫上海書，言秦鏡珊已被劾，余所寄書，又成畫餅矣。此書之寄，實爲牧莊、仲彝兩君所劈。良友之爲我謀，切於在身，不可謂不忠也。而造物弄人，所至輒阻，然則我之泊然寡營，豈矯情哉！作書致子縝，饋以饅頭、餛飩。作書致汝翼，饋以炒鷄、燖雀。得子縝復。

閱《三禮通釋》圖。其中據陳氏《禮書》及近儒程易疇、焦里堂、張皋文諸家者頗不少，亦有采時人者，如曰『陳慶鏞定』『桂文燦定』。又有曰『寧德韓信同定』者，未知何時人。又有曰『龔景瀚定』。景瀚，閩人，亦不知所著何書也。其圖有重出者，有繪而未成者，有所題非所圖者，且有圖無説者十之九。又繪事未工，或時染坊刻《禮書》之陋習。

夜一更時雪，二更後漸止。付牲餼等錢三十五千。

三十日乙亥　晨及上午陰，午晴。得子縝書，以詩詞兩册屬閲，并惠毛燕屑一匣，即復，還燕屑。得禔盦書，爲龍松岑户部致其尊人翰臣布政《經德堂文集》三册，即復謝。得汝翼書。再得子縝書，饋燕屑，即復謝。閲《經德堂文集》。内集四卷，外集二卷。文頗質實，其説《春秋》之文，乃多臆斷。外集末附駢體七首，甚庸下。犒陶使三千。

十二月丙子朔　晴，嚴寒，滴水皆冰。作書致子縝，借以殿本《水經注》兩帙。

午坐南窗，負暄點讀《戴東原文集》。東原之文，醇質簡古，不肯爲一偶句。其意欲追周秦而上之，而於西漢董江都、東漢鄭司農爲近。其《答彭允初書》辯程、朱、陸、王之學甚詳，與所著《原善》三篇及《讀易繫辭論性》《讀孟子論性》《孟子字義疏證序》諸篇互相證明，發揮性命理欲之指，極爲透徹，然亦太辭費矣。余以爲此等皆汪容甫所謂宋以後愚誣之學，實不足辯者也。其《與是仲明論學書》，謂誦《堯典》數行，不知恒星七政所以運行，則掩卷不能卒業；誦《周南》，自《關睢》而往，不知古音，則齟齬失讀；誦《禮經》，先《士冠禮》，不知古者宫室、衣服等制，則迷於其方，莫辨其用；不知古今地名沿革，則《禹貢》《職方》失其處所；不知少廣旁要，則《考工》之器不能因文而推其制。此則今人讀之，隆冬冱寒，汗流浹背。學者所當人書一通，置坐右者矣。

夜大風，校補《金石萃編·梁始興王碑》訖，并是正莫氏之誤數事。

初二日丁丑　晴，大風，極寒，滴水堅冰。始於室内用鑪，炙硯校書。下午風稍止，夜又風。付賃屋銀八兩。付順兒工食六千，更夫七千。

邸鈔：詹事府右春坊右庶子貴恒轉補左庶子，郎中宗室福錕鑲藍旗滿洲人，己未。補右庶子。宗人府右司理事官桂勛補鴻臚寺少卿。

初三日戊寅　晴，寒稍殺，午後有風復凛冽，晡風止。校《梁書》及《南史》，以昨偶取證碑文，因校及之。作書致子縝，還莫氏《經眼録》。阮文達《四庫未收書提要》，共百七十五種，實多不急之書。書目無次序，多非文達所自作，故編之外集也。然頗有異聞，足資考索。

初四日己卯　晴，寒益殺。得子縝書。得曉湖書，言余去冬所寄詩札附入子宜緘中者竟未到，蓋附毁夫至上海以交潘某，遂浮沉矣。又得校亭十月廿一日書。作片致敦夫，詢牧莊消息，得復。爲君表寫《招隱辭》訖。剃頭。是日聞道凍多釋，南北街復濘不便行。夜有風，不久止。

初五日庚辰　晨至午陰，下午晴，有風。作書致君表。君表來。子縝來，敦夫來。夜風，校《南史》及《梁書》。

邸鈔：兵科給事中謝增轉户科掌印給事中。

初六日辛巳　晴，風，嚴寒。校《南史》及《齊》《梁書》。夜風不止。

初七日壬午　晴，有風。校《南史》及《梁書》。夜五鼓大風。

邸鈔：上諭：御史孔憲瑴奏樊口建閘築壩，有關農田水利，請簡派大員覆勘一摺。據稱彭玉麟與李瀚章所奏意見不同，請飭彭玉麟將李瀚章原奏逐條查覆，或飭楊岳斌就近查勘等語。此案李瀚章續奏情形，當經諭令該督等妥議辦理，並令將建閘以後利病若何，隨時據實具奏。如果創建石閘有利無弊，而李瀚章固執成見，不爲辦理，朝廷亦不能爲之曲恕。現在該督方奏明飭議舉行，該御史復請派員覆勘，殊非政體，應毋庸議。李瀚章等惟當懔遵前旨，於該省農田水利通盤籌計，務出萬全，不得稍涉偏執，亦不准故爲遷就，以致貽誤地方。前派恩承、童華往四川查辦事件，孔憲瑴何以指爲灌口決堤之事，率以臆見，形諸奏牘，殊屬冒昧。另片奏武昌府知府方大湜居心巧滑，專事逢迎，李瀚章辦理樊口一案均由該府引導，請飭查辦等語。方大湜歷任官聲若何，其於樊口之案有無迎合妄爲之處，著潘霨確切查明，據實具奏，毋稍瞻徇。憲瑴疏略云：伏讀十一月二十四日上諭，戒飭各省督撫怙過飾非。竊惟近日事勢亟應講求者，莫如川中灌口決堤、湖北樊口築堤二事。川省既蒙派恩承、童華查辦諸事，必能水落石出，上慰宸廑。惟樊口築堤決堤，事已數年，迄無定見。督臣事繁，恐不能親身周歷，且建閘之論深以爲非，雖未必先有成心，而屬員迎合意旨，必將附會原議。臣觀李瀚章原奏詞氣虚憍，不如彭玉麟所言平實，較可依據。彭玉麟巡閲長江，往返多次，全局久在胸中，非僅服官一隅者比，而且短衣草笠，下情不隔，見聞更真。可否將李瀚章原奏交彭玉麟逐條查覆，據實具奏。彭玉麟公忠體國，必不敢怙過飾非，回護前説。如謂該大臣等意見稍歧，未可偏聽，則前陝甘督臣楊岳斌管帶水師多年，長江情形尤所熟悉，可否飭令查勘。又云：臣聞武昌府知府方大湜，貌似堅愎，而居心實爲巧滑，甚且殺人媚人，絶無顧忌。如李瀚章上年調派練勇，夤夜決毁樊口民堤，衝覆泊船數十號，淹斃男婦數百人。本年辦理胡炳盧等私築横堤一案，並未訊取確供，輒將獲犯正法諸事，逞性妄爲，均由該知府導之，應請查明懲辦。

初八日癸未　晴，晨風，旋止，寒威少減。上午入署，京察過堂。午後出城，答詣一客而歸。得紱丈書，饋臘八粥及烏魚須羹，即簡謝。煮臘八粥供先人，且祭先炊，遍賦諸僕媪。校《南史》及《梁書》。《梁書·司馬筠傳》載武帝辨三慈母之服，甚爲臆斷，且以爲鄭君不辯三慈，尤非當。別詳論之。《南史》文同。付車錢七千。

初九日甲申　晴。得子縝書，還《水經注》，即復。校《南史》及《齊》《梁書》。閱《愛日精廬藏書志》。

喪服小功章君子子爲庶母慈己者鄭注考

《梁書·儒林·司馬筠傳》：高祖曰：『禮言慈母，凡有三條：一則妾子之無母，使妾之無子者養之，命爲母子，服以三年，《喪服·齊衰下當有『三年』二字，《南史》亦脱。章》所言「慈母如母」《梁書》脱『如母』二字，《南史》有。是也。二則適妻之子無母，使妾養之，慈撫隆至，雖均乎慈愛，但適妻之子，妾無爲母之義，而恩深事重，故服以小功。《喪服·小功章》所以不直言慈母，而云「庶母慈己」者，明異於三年之慈母也。其三則子非無母，正是擇賤者視之，義同師保，而不無慈愛，故亦有慈母之名。師保既無其服，則此慈亦無服矣。《内則》云：「擇於諸母與可者，使爲子師；其次爲慈母；其次爲保母。」此其明文。言《梁書》『言』上有『此』字，衍。《南史》無。擇諸母，是擇人而爲此三母，非謂擇取兄弟之母也。若是兄弟之母，其先有子者則是長妾。長妾之禮，實有殊加，何容次妾生子，乃退成保母，斯不可也。又有多兄弟之人，於義或可；若始生之子，便應三母俱闕邪？鄭玄不辨三慈，混爲訓釋，引彼無服，以注慈己。後人致謬，實此之由。』

案：梁武分別三慈，多乖經義，而譏鄭君混而不辨，彌屬過言。近儒褚氏寅亮駁之云：《内則》師、慈、保，本指庶母，若缺人則兼取傅姆等。其曰諸母，即庶母也。武帝專以慈母等爲傅姆，而遺諸母，非矣。褚氏墨守鄭君，衛道甚篤。然鄭君此章之注，議者甚多。胡氏培翬亦謂其與《内則》之注自爲罅漏。間嘗反覆鄭君此注及《齊衰三年章》注、《緦麻章》注、《禮記·曾子問》、《内則》、《喪服小記》諸注以求之，而知其脉絡貫通，條理精密，惟此注實有傳寫上下倒易之處，且歎世之能通鄭君之恉者少也。今列經注而爲辯明之，具於下方，覽者可以憭然矣。

《齊衰三年章》：『慈母如母。』《傳》曰：慈母者何也。《傳》曰：妾之無子者，妾子之無母者。父命妾曰：『女以爲子。』命子曰：『女以爲母。』若是，則生養之，終其身如母。死則喪之三年如母。貴父之命也。注：此謂大夫、士之妾也。不命，則亦服庶母慈己之服可也。大夫之妾子，父在爲母大功，則士之妾子爲母期矣。父卒則皆得伸也。

案：鄭君此注，則於《齊衰三年》之慈母，與《小功》之庶母慈己，晝然已明。云『父卒則皆得伸』者，大夫、士之妾子，父卒皆爲所生三年，與適妻之子同也。

《小功章》：『君子子爲庶母慈己者。』注：『君子子』者，大夫及公子之適妻子。

案：公子者，諸侯之子也。公子厭於諸侯，公子之子則不厭於祖矣。諸侯雖在，公子之子，亦得伸此服也。

《傳》曰：『君子子』者，貴人之子也。爲庶母，何以小功也？以慈己加也。注云：『君子子』者，則父在也。父没，則不服之矣。『以慈己加』，則『君子子』，亦以士禮爲庶母緦也。《内則》曰：『異爲孺子室於宫中，擇於諸母與可者，必求其寬裕慈惠、温良恭敬、慎而寡言者，使爲子師，其次爲慈母，其次爲保母，皆居子室，他人無事不往。』又曰：『大夫之子有食母。』庶母慈己者，此之謂也，謂傅姆之屬也。其不慈己，則緦可矣。不言師、保，慈母居中，服之可知也。國君世子生，卜士之妻，大夫之妾，使食子，三年而出見於公宮，則劬非慈母也。士之妻自養其子。

案：云『君子子』，則父在者，以大夫之子及公子之子。若非父在，則與士同，無緣，特置此服，故父没則不服之矣。謂父没即無此服，非謂父没則不服庶母也。經傳既明言庶母，鄭君亦明引士爲庶母緦之本服。其《内則》之注，亦云諸母衆妾也，而此下云謂傅姆之屬，是自相違反矣。傅姆者，《昏禮》注云：姆，婦人年五十無子，出而不復嫁，能以婦道教人者，若今時乳母。案此引漢制以相況，謂今之乳母，乃古之傅姆，非古之乳母也。《内則》注云：可者，傅御之屬也。《既夕》注云：内御，女御也。是傅姆非父妾，非慈己之庶母，明矣。《内則》：『大夫之子有食母。』注云：選於傅御之中，《喪服》所謂乳母也。然則鄭君此注『他人無事不往』下當接云：庶母慈己者，此之謂也。其不慈己，則緦可矣。不言師、保，慈母居中，服之可知也。其下方云：又曰：大夫之子有食母，謂傅姆之屬也。國君世子生，卜士之妻、大夫之妾，使食子，三年而出，見於公宮，則叩非慈母也。士之妻自養其子。蓋『自服之可知也』句以上，釋庶母慈己之義，自『又曰：大夫之子有食母』以下，乃辨慈母之名。云『其不慈己，則緦可矣』者，『慈己』統師、慈、保三母言之，謂若非此三母，則自服爲庶母緦之服也。云『不言師，保，慈母居中，服之可知』者，謂師與慈母、保母皆服小功，以庶母本緦。三者，皆以慈己加也。蓋鄭意以國君之食子取士妻及大夫之妾，大夫之乳母取之傅御，故曰三母。證慈己之庶母外，復引父母食子之非慈母以别之。注義本明，而傳寫到亂，遂滋異說。蓋未細尋鄭注之脉理，沿泥誤文，遂不可通矣。馬季長以貴人爲適夫人，是也。適夫人之子尚然，則妾之子不必言矣。金氏榜以注不及庶子爲闕漏，非也。鄭志：陳鑠問氾閣引鄭注『大夫之子有食母』

句，已在『庶母慈己者，此之謂也』上。案：鄭志此條，采之《通典》，乃後人據今注誤本改之。

《緦麻章》『乳母』，《傳》曰：何以緦也？以名服也。注：謂養子者有它故，賤者代之慈己。

案：養子者，即食母也。大夫之子有食母，亦謂之乳母。國君之子，則謂之食子，無母稱。國君之子，於慈母且無服，無論食子矣。鄭君注《内則》之『食母』，引此經之『乳母』以釋之，而此注謂：養子者有它故，賤者代之慈己者，非殊養子者於乳母，亦非殊傅御於賤者。蓋鄭意欲以博乳母之名，謂若始所選傅御之養子者，或有疾病他故，更使賤者代之，則亦爲乳母，死亦當服緦也。且此經雖主大夫，而亦當兼士言之。士之妻妾雖皆自食其子，而或有疾病死亡，安得不使人代之？即庶人之妻，亦有不得自食其子者。凡此皆名乳母，皆服緦。此聖賢之所以通人情，而乳哺者恩之大，赤子之所恃，重其名，報其服，亦所以重民生也。賤者包外人言之，若今之顧庸亦是也。鄭君此注，所以推廣經意，而賈疏乃謂三母之内，慈母有疾病或死，則使此賤者代之養子，故云乳母。既掍慈母於乳母，又淪父妾於賤者，五月三月之服，殽亂而不分；慈己養子之名，牽合而失序，謬之甚矣。《通典》引鄭志：劉德問田瓊：今時婢生口，爲乳母，甚賤，不應服緦？案：漢末以俘虜生口爲婢，如所獲羌胡及反者家口也。此皆不應服。

《曾子問》：『子游問曰：「喪慈母如母，禮與？」』注：如母，謂父卒三年也。子游意以爲國君亦當然。禮所云乃大夫以下，父所使妾養妾子。

案：此注以子游稱『慈母如母』，故引《齊衰三年》之慈母以釋之。

孔子曰：『非禮也。古者男子外有傅，内有慈母，君命所使教子也。何服之有？』注：言無服也。此指謂國君之子也。大夫、士之子爲庶母慈己者服小功，父卒乃不服。

案：此與傳對言，故引《小功》之『庶母慈己』以釋之，所謂言各有當也。此注云大夫、士之子，連士言之。孔氏《正義》謂士之妻自養其子，則不得有庶母慈己。此云『大夫士』者，因大夫連言士耳。又引熊氏云：士之適子無母，乃命妾慈己，亦爲之小功。以士爲庶母緦，明士子亦緦，以慈己加小功，故此連言大夫、士也。今案：鄭君意以士不得備衆妾，故《內則》之『三母』，但指諸侯言之，《喪服・小功章》連大夫言之，以大夫得備姪娣三母之擇，理可無闕，士則妻自食其子而已，故庶母慈己之服不言及士也。然士之適妻子或妾子無母，而命妾以慈己，則仍制此服，固不待言，所謂禮以義起也。故此注連士言之，以取互文相備。云『父卒乃不服』者，與《小功章》注同，謂父沒則服庶母之本服也。

『昔者魯昭公少喪其母，有慈母良。及其死也，公弗忍也，欲喪之。有司以聞曰：「古之禮，慈母無服。」』注：據國君也。良，善也。謂之慈母，固爲其善。國君之妾子，於禮不服也。

案：鄭君此章之注，皆爲國君之慈母言之，經注之文甚爲明白，與《喪服》三年之慈母、《小功》之庶母慈己爲大夫以下言者，絕不相涉。以國君之子於三母無服，大夫之子於三母則服小功，此不待辯者也。而梁武乃謂子游所問，自是師保之慈，非三年小功之慈也，故夫子得有此對。豈非師保之慈母無服之證乎？是蓋不知諸侯與大夫之別，而又不知師保之慈即小功之慈也。

《內則》：『異爲孺子室於宮中。擇於諸母與可者，必求其寬裕慈惠、溫良恭敬、慎而寡言者，使爲子師，其次爲慈母，其次爲保母，皆居子室。』注：此人君養子之禮也。諸母，衆妾也。可者，傅、御之屬也。子師，教示以善道者。慈母，知其嗜欲者。保母，安其居處者。士妻食乳之而已。

案：鄭君此注以士妻指乳母，在三母之外。其曰『士妻食乳之而已』者，所以補經義之不具，與下『食子者』節注互相明也。段氏玉裁謂『可』即『阿』字，是也。《義疏》謂諸母指生子者之父妾，大謬。諸母對孺子言之，謂孺子之諸母也，猶庶母對慈己者之己言之也。《禮》文稱謂，皆有一定。

『食子者三年而出，見於公宮，則劬。』注：劬，勞也。士妻、大夫之妾，食國君之子，三年出歸其家，君有以勞賜之。

『大夫之子有食母。』注：選於傅、御之中，《喪服》所謂乳母也。

『士之妻自養其子。』注：賤不敢使人也。

案：諸注，則三母之中無乳母，至爲明晰。乳母，即所謂食子者，大夫之子謂之食母，國君之子不謂之母也。食子者，猶養子者也。又《内則》云：『國君世子生。』『卜士之妻、大夫之妾，使食子。』注謂食子不使君妾，適妾有敵義，不相褻，以勞辱事也。士妻、大夫之妾，謂時自有子。然則以君夫人之尊，尚不使妾食子，何論大夫以下乎？《喪服圖》注乃云父妾乳哺，誠爲謬甚。而梁武云：若是兄弟之母，其先有子者，則是長妾。又云：多兄弟之人，於義或可。若始生之子，便應三母俱闕。是又誤以三母爲必須有子者，與乳母混矣。

又案：鄭君之注三母，雖止云人君養子之禮，而鄭志：陳鑠一作鏗。問氾閣云：爲庶母慈己。鄭注引《内則》：國君之子有子師、慈母、保母。《内則》，人君養子之法。禮人君有庶母，尚無服，何人爲慈母服乎？若欲施大夫，大夫無此禮，但有食母耳。氾閣答曰：《内則》實總國君及大夫養子之禮。是則鄭君平日之論，實以爲此三母，兼大夫言之，故其弟子得以記論。孔氏《正義》亦云：此文雖據諸侯，其實亦兼大夫、士也，但士不具三母耳，大夫以上則具三母。胡氏培翬以鄭注《小功章》爲矯揉遷就，非也。

《喪服小記》：『爲慈母後者，爲庶母可也，爲祖庶母可也。』注：謂父命之爲子母者也。《正義》引皇氏云：此鄭注總解經慈母、庶母、祖庶母。云即也者，是庶子父命之使事妾母也。案：據《正義》所言，則注文『謂』上當有『即』字，此不兼適妻之庶子言。即庶子爲後，此皆子也，傳重而已。不先命之與適妻使爲母子也，《正義》引庾氏云：鄭注此明庶子爲適母後者，謂此庶子皆適母之子，但命之傳重而已。母道舊定，不假命之爲母子也。案：爲適妻後，即爲父後也。故曰傳重，不但命之爲母子也。緣爲慈母後之義，父之妾無子者，亦可命己庶子爲後。《正義》注不云命後己妾，唯言後父妾者，緣己妾既可爲慈，亦可爲庶母後易見，不言自顯。

案：《正義》云：記者見喪服既有妾子爲慈母後之例，觸類言之，則妾子亦可爲庶母後，亦可爲祖庶母之後。庶母，謂經有子而子已死者，祖庶母，亦經有子今無者，若無子則不得立後故也。案：此之庶母，非慈己者也，但父命之爲後而已。若《齊衰三年》之慈母如母，則不必先有子，以《傳》明云妾之無子者也。即三母亦不必皆有子。大夫及大夫之子於庶母皆無服，不論有子無子也。國君之子於三母本無服，亦不論有子無子也。《緦麻章》『士爲庶母』，傳、注及疏皆無分别有子無子之文，且爲慈己之服與爲後異：爲後必須有子者，其服以三年；慈己不須有子者，其服以五月。此名義之不容混者也。爲後者亦止生養之如母、死喪之如母，於子祭，於孫止，不世祭，皆與慈母同而已。故鄭君别言庶子之爲後者，傳重以明之。《正義》引賀瑒云：雖有子道，服於慈庶母三年，而猶爲己母不異，異於後大宗而降本也。是也。

合諸經注以觀之，據《禮》經之文，慈母止一而已。《齊衰三年》之慈母如母是也。據鄭注之文，《小功章》之『庶母慈己』，即《内則》之『三母』。三母雖有師、保、慈之分，其實皆慈己而已。是慈母有二，而實則四，然三母終不得正名之爲慈母，則慈母亦止一而已。至乳母，注云賤者代之慈己者，此慈即字字慈己者，猶養己也，與庶母之慈己義異。則大夫、士之制，並無三慈之名也。國君及國君之子，惟有師、保之慈母，亦無三慈之名也。而梁武强爲分别，名曰三慈，其誤一矣。又云：兄弟之母，先有子者，則是長妾。長妾之禮，實有殊加。夫《禮》云：公、士大夫爲貴妾緦，士無貴妾，有子則爲之緦，天子諸侯降其臣妾無服，未聞長妾之禮有殊加也。且先有子者，不必定是長妾。其誤二矣。又云：經言君子子者，雖起於大夫，明大夫猶爾。自斯以上，彌應不異，故傳云貴人之子也。總言曰貴，則無所不包。案：《喪服記》云：『公子爲其母練冠，麻，麻衣縓緣。』鄭注：公子，君之庶子也。麻者，緦麻之經帶也。麻衣者，如小功布深衣也。夫爲其母服尚不得伸，豈反於慈己之庶母從乎加服？其誤三矣。至鄭君必主庶母慈己爲大夫之制者，以經言君子子雖可兼乎士，而君子之稱經典多主在上位者。又傳言貴人之子，士與士妻皆不得當貴人之名也。又以《内則》之三母例之，《白虎通》云：卿大夫一妻二妾，士一妻一妾。大夫有二妾，則備娣姪二媵，更有傅御之屬，足以取擇三母。士惟一妾，故《士昏禮》云『雖無娣，媵先』，明士止一媵，或有娣無姪，或有姪無娣，雖亦有御者，何足以擇三母乎？《魏書·臨淮王孝友傳》云：古諸侯一娶九女，士有一妻二妾。《曲禮》：『士不名家相長妾。』《正義》引熊氏安生亦云：士有一妻二妾。二妾者，謂一媵一御也。《白虎通》專主媵言之，元、熊皆連御言之，其實一也。是則士無三母之證矣。沈氏彤謂士亦姪娣具，以顧亭林謂士無姪娣者非。金氏榜以君子子爲士之子，皆未達鄭君恉者也。然鄭意雖以爲士無三母，而庶母慈己者則自可兼士言之，故注明云君子子亦以士禮爲庶母緦，即孔冲遠所謂士不必具三母者耳。而司馬筠乃謂慈母之服，止施於卿大夫，上不在五等之嗣，下不逮三士之息，則又誤會鄭義矣。若梁代此禮之議，則又有説。《梁書·太祖五王傳》

云：安成康王秀年十二，所生母吴太妃亡，秀母弟始興王憺時年九歲，並以孝聞。太祖哀其早孤，命側室陳氏并母二子。陳亦無子，有母德，視二子如親生焉。案：太祖者，武帝之父順之，本齊臣，官止丹陽尹。武帝踐阼後，追尊爲太祖文皇帝。當其命陳爲母子時，實大夫也。子雖貴，不爵父。《禮》云：『始封之君，不臣諸父昆弟。』是秀與憺比始封之君，猶用大夫、士禮也。文帝命爲母子，而陳又無子，是《齊衰三年章》之所謂慈母如母也。天監七年，陳太妃薨，秀爲江州刺史，憺爲荆州刺史，並以慈母表請解職。詔不許，還攝本任，命二王諸子攝喪祭事，因敕禮官議皇子慈母之服。周捨、司馬筠皆執《禮經》爲議，而武帝不從，遂定適妻之子母没爲父妾所養服之五月，貴賤並同，以爲永制。竊以爲是重失禮之大也。秀、憺當行三年之喪，而不行皇子無慈母之服，而爲服。武帝本出儒生，而任臆武斷，勇改古禮，亦已甚矣。末世之制，多不足言。而梁武三慈之辯，後儒多惑之，雖以近世如胡氏培翬之顓精禮學，亦以其議爲是。《儀禮義疏》多出方氏苞之手，亦采其義，而又誤以武帝語爲司馬筠語。所謂彌近理而大亂真者，故爲詳辯之。至金氏《禮箋》之駁鄭義，凌氏曙《禮論》已辭而闢之，而近人林氏昌彝《三禮通釋》，全襲《禮箋》，掩爲己説，益不足詰矣。

初十日乙酉　晴。校《南史》及《梁書》。午後步詣邑館，偕子縝、敦夫及姜仲白談，晡後坐車歸。陸漁笙編修廷黻來，王可莊修撰來，俱不晤。

夜閲歸安戴菔塘侍郎璐《藤陰雜記》。凡十二卷，嘉慶丙辰其官太常少卿時所作。前四卷雜記國朝掌故瑣事，卷五以下分記五城郊坰居宅寺觀。自序謂《舊聞考》《宸垣識略》者已載者悉去之，而見聞殊隘，筆亦冗漫。

十一日丙戌　晴，上午後大風，入晚漸止。考索禮服諸説。

十二日丁亥　晴。考索禮服諸説。

邸鈔：上諭：鑲黄旗滿洲奏承襲公爵，查覈誥命，與吏部查覆不符，請旨遵辦一摺。文謙所出之入八分鎮國公一缺，著以入八分輔國公降襲，再出缺時，以不入八分公世襲罔替。至誥命内清文、漢文因何歧異之處，著該部查明具奏。文謙之父慶敏，於嘉慶二十四年襲忠鋭嘉勇貝子。時奉有諭旨，慶敏出缺之時，再照例降襲一等鎮國公，以次遞減，至不入八分公，即著世襲罔替。咸豐五年文謙承襲鎮國公時，奉有諭旨，候襲次完後遞降，至不入八分鎮國公時世襲罔替。同治元年，文謙呈稱前襲公爵時，將履立箋册呈送禮部，應得誥命由何處辦理，經禮部具奏，■旨交内閣辦理。此是比照宗室之例，職非宗室人員，誥命應照民公例由本旗造册，咨請吏部辦理云云。案：文謙所襲者忠鋭嘉勇貝子，福文襄王福康安之遺爵也。嘉慶元年，文襄卒於軍，特贈郡王，詔其子副都統德麟襲貝勒，嗣後德麟之子襲貝子，其後襲鎮國公罔替。

十三日戊子　晴。作復沈曉湖書、陶心雲書。剃頭。夜閲《梁書》昭明等三太子傳、豫章王綜等四王傳、《侯景傳》，取《南史》互校之。

答沈曉湖書

歲暮得十月下旬所寄書，詞意簡至，傷離歎老，誦之黯然。何其悲也！吾儕貧賤不足計，所恨者讀書未遍，所欲言者甚多，而歲月已至，衰病相踵，精神日劣；又性命相契之友，常不得在一處宴宴言笑，邈絶山河。以積瘁之身，處百憂之地，此旁觀之所寒心，而况身當之者乎？古人之所以千里趣相思之駕，隔年赴鷄黍之約，誠懼夫事故之不可測，而相見之無幾也。然世有以芻豢爲養，有以藥石爲養，有以服气導引爲養，而吾儕則以道爲養。所謂道者，讀書安貧賤而已。譬經以圓其神，考史以充其氣，吟詠以暢其性，山水以悦其情。故古來儒生詩人，枯槁隱逸，往往多壽。

弟行年五十矣，憂傷之事無弗嘗，疢疢之苦無弗備。比以冗員需次，人滯京邑。一日之食，營之兼旬；隔宿之糧，寄之宵漢。蓋其窮猶有甚於兄者。頻年入春，稍覺和煦，濕疾即動。及將届夏，遂如痿痹，偃卧床蓐，竟日寐寤，展卷不能畢一葉，伸紙作字，不能數行。每歎風和日暄，萬物欣動，雖檐際庭隙，寸土之植，一莖之卉，皆敷榮滋翠，有得時之樂，而頑然七尺，獨與槁木死灰，奄奄造物之外。往時至秋高候凉，宿痼漸起，嚴霜將降，頓若更生。一年功力，補以此數月中。自去年後，入秋輒有大病，病必兼旬始愈，愈不數日復病，侵尋以至冬盡矣。蓋生質更脆，榮衛更虚，霜霧之感，更以易入。又苦咳嗽，與之經年，夜中尤甚，十九不寐，淡沫涕洟，透茵繞榻。沈休文所謂後差不及前差，後劇必甚前劇者，殆又過之。今年秋冬之際，令弟在都，所親見也。然一室之内，書籍丹黄，未嘗去手。隨所賃之宅，闢地種樹，循墻藝花，每自荷臿抱甕，躬泥水之役，當興之所至，雖烈日炙背，嚴飆刺肌，疏壤剔葉，芟枝拾蕊，不以爲苦。或新竹沿階，韶花當户，緑陰碧浄，清風徐來，輒灑然自樂，不復知身之病也。性喜泉石，結念烟霞，雖匿迹朝市之間，此身常若在空山中，故鄉巖壑無夕不入夢：西郭村居，霞川左右，魂神所習，無時或離。次則謝墅湍渚，西皋項里，皆先壟所在。湖桑湖塘，夙契所結。柯山僑寄之地，一旬之中，亦必數夢之。即兄所居壽勝之山，溪林幽蒨，廬里静深，以及平生所游禹陵之葱鬱，蘭亭之清遠，曹山之峥泓，雲門之綿麗，客中魂魄，未嘗不時時往來其間也。故由前之所陳，兄當以爲憂；由後之所言，兄當有以知其樂。樂則神全，神全則外感不能遽傷，而羸腈亦足以自立。夫人生少得八九十者，桑榆景光，儵忽電滅，亦何足把玩？况莊生有云：『佚我以老，息我以死。』又曰：『君子息焉，小人休焉。』』

弟雖少壯失學，不克樹立，荒嬉懦緩，百不如人。幸清夜自思，於倫常負疚之外，尚無大得罪於名教者。蓋心怯膽薄，又處貧賤，不敢爲惡。而近年在都，又頗束身繩墨，一切非分營求、奔走之事，概絶不爲，於舉世陷溺昏狂下流之中，冀稍存一息之廉耻，以爲朝廷扶持清議，所以報吾君而不負吾學者，不過如此。苟得以此没世，下見先人，啓手啓足，差無所恨。所以區區顧戀，欲留其身者，豈望降黻佩於黔婁，責鼎鐘於墨允哉！誠以先世尚多未葬，骨肉諸殤，累累淺土；又故居久燬，先人無饗祀之所，無魚菽之産，不能不自責厲，冀有萬一之得耳。

間嘗與仲彝、子縝兄弟談湖塘之勝，謂它日得有草堂之資，當於西跨湖橋畔，買地三畝，以一畝作屋，外爲三間，中啓一門，旁爲兩塾，塾上各爲樓面，施朱闌，爲眺遠之所。再進則爲屋五間，中爲聽事，須少修廣，各四筵，以供冠昏喪祭之用。左二間通爲一，不隔以墻，以爲廟寢。前爲廟，中設四龕，遵會典之制，奉四世栗室；後爲寢，藏遺像及祭器。值四代之生日、忌日，皆供饋於廟，設像而懸之。上元、清明、端午、七夕、中元、中秋、重九，薦新亦於廟。朔望供香燭、茗飲、點心。凡供饋皆八豆：時果四，羹一，蓮芡之湯一，餅餌二，饅頭一。薦新則三豆一湯，四龕各具。禮皆止四拜，不備祭器。二分、二至及伏臘，則祭於聽事，祭器備，有力則具少牢於俎，其尊壺籩簠簋鉶敦之屬，亦須視力爲之。惟笵銅爲兩罍以盛酒，罍置兩勺以𣃁之。又爲銅爵三，以備三獻。笵錫爲豆十二，高其足。此猶易辦者也。其餘則甆杯瓦碗，瓦木之盤，皆可用，但潔而藏之寢，不它用可矣。值高祖以上之祀，亦皆於聽事。新年懸像，亦於聽事。聽事之右二間，爲見賓客、宴戚友之地。庭中小植花木，疊石穿池，以爲娱賞。主人病則移宿於此，齋宿亦於此，略放古之正寢。無事則讀書其中。再進又爲屋三間，一堂二内，内有後室，放古北堂之制。室外有小庭，結石爲池，以蓄金鯽，栽牡丹四五本，海棠、辛夷、繡毬、紫薇、幽桂、緑萼梅之屬宜於闔閣者各一本。上爲樓三間，宜更高於塾樓，以便看山。樓皆儲書，中間臨窗設几案。左右二間，窗下皆置床，北皆開牖，以俯視園圃。東西壁列架插書，中間經，左間史，右間子、集。剛經柔史，又一日閱子、集。窗嵌波黎，每朝睡足，一攘幔則旭日滿窗，隔岸之山，浮青潑翠，貢媚送妍，光滿一室。樓之後則爲庖湢之屬。以後皆爲圃，五分其地，三分種竹，一植果木，一藝瓜蔬。一年所食，取給於此。如有子姓，則令入塾讀書，春秋於樓上，冬夏於樓下。塾外皆有小庭，植杏、桂、槐、柳各一，以取佳兆。廟寢之庭，皆植李以應氏姓。

左塾之樓，北爲龕以奉宣聖，配以子思、孟子、漢鄭君、宋朱子。不敢備四配者，私塾不得效學宫也。有思、孟，無顔、曾者，童子讀四書，《庸》《孟》先河，不可不致敬。若《大學》之出曾子，宋以前無此説也。右塾之樓，北爲龕，以奉倉頡，配以沮誦、史籀、子夏、漢許君。人生先識字，禮不可廢。有子夏者，童子當先讀《爾雅》，後及諸經。卜氏，小學、訓詁之鼻祖也。上學之日，行釋菜禮。朔望上香，師弟齊肅。後堂中樓，則主人自朝夕讀書之處。北爲龕，奉周左氏、荀子，漢高堂生、伏生、后蒼、毛亨、毛萇、孔安國、戴德、史遷、劉向、杜子春、鄭興、鄭衆、賈逵、班固，晉陶淵明，唐陸德明、孔穎達、賈公彦、杜甫、韓愈、杜佑，宋歐陽修、司馬光、蘇軾、陸游、王應麟、馬端臨，國朝黄宗羲、顧炎武、閻若璩、全祖望、惠棟、江永、江聲、錢大昕、戴震、孔廣森、邵晉涵、洪亮吉、孫星衍、段玉裁、王念孫、阮元、汪中、凌延堪、桂馥、張惠言、郝懿行、王引之、陳壽祺、焦循、胡承珙、胡培翬五十五儒，焚香酌醴，畢生嚴事。所謂讀其書者，思其人也。逢宣聖生日，以俎豆祭於聽事。鄭君、朱子生日，亦祭於聽事，去俎。六一、東坡、渭南生日，以四豆果醴祭於右寢。又吾鄉有王、劉之會，祀陽明、蕺山，此亦可行之。生日以八瓦及果醴祭於塾，修鄉先生之敬，以代流俗文昌、關帝之祭。婦人不得登樓，賓客不輕入塾。子或授室，則堂下有東西箱，各爲兩間以處之。主人或終，則殯於聽事，以右二間爲孝子之廬。或有米粟，須倉廩，則更於圃中隙地爲屋。

凡此所言，皆不背於古，可行於今。苟得白金之爲爾者，二千即可集事。約略及之，以發一笑。願奢詞縱，繁而不殺，聊當夢囈而已。兄養親事畢，兩弟能治生産，孺人甚賢，下有兩婦，有子有孫，有屋十間，門臨流水，庭饒竹樹，讀書之處，蒼然見山，下榻之樓，尤爲幽絶。詩文之境，入老彌佳，歌嘯其間，貧而彌樂。且天懷澹定，與人和易，疾言遽色，略不一形。有道盎然，養之素粹，以視弟之剛腸疾惡，褊心易怒，何啻霄壤？願益蓄精力，保康强，寤寐之間，神明常通，勿以不覿面爲恨。青山息壤，茆堂有成，蕭然兩翁，白頭相對，其樂當無量也。

賢子以賈折閲，官事未成，此不足急。人生吃飯，自有定分。校亭何日赴粤，不别致書。風便嗣音，希示一一。不宣。

邸鈔：上諭：翰林院侍講張佩綸奏大臣子弟不宜破格保薦一摺。據稱四川候補道寶森係大學士寶鋆之弟，特膺保薦，恐以虚譽邀恩；刑部郎中翁曾桂係都察院左都御史翁同龢之兄子，並非正途出身，不由提調坐辦，而京察列入一等，恐爲奔競夤緣口實。所奏絶無瞻顧，尚屬敢言。丁寶楨特薦寶森，著有何項實績，著該督據實奏聞，毋稍回護。所稱寶森前官直隸並無才能一節，並著李鴻章查明，詳細具奏。翁曾桂平日差使若何，此次京察因何列入一等，著該堂官據實覆奏。至司員不由正途出身，京察列入一等，是否與例相符，並著吏部查明具奏。工部左侍郎、順天學政何廷謙奏病難速痊，懇請開缺調理。許之。以内閣學士祁世長爲順天學政。李鴻章奏前因河間等屬災區耕田牛馬宰賣殆盡，奏奉恩旨賞撥察哈爾牧群孳生馬三千匹，並派委員往張家口內外勸捐牛隻，以濟貧農。聲明每牛一隻合價銀十四兩，請從優給獎在案。嗣據張家口軍台已革總管內務府大臣茂林、已革奉宸苑卿慶林捐助牛三百隻，已照數驗收。查前有已革吉林將軍宗室奕榕報捐台站經費銀一千五百兩，奉旨加恩釋回。今茂林、慶林前捐台站經費銀四千兩，奉旨俟扣足二年，即行釋回。茲又續捐耕牛三百隻，合價銀四千二百兩，有裨災區，實堪嘉獎，請旨加恩。詔：茂林、慶林均著加恩再行減免一年。茂林、慶林盜占禱壇，圖葬龍脊，其罪本不足贖，况侵蝕巨帑，積賄千萬，區區捐助，曾何足言。而李鴻章稱其克己爲民，不知所克者何己也？前日李鴻章又奏湖北巡撫潘霨之母陶氏捐直隸振銀二千兩，該命婦平時矜恤孤寡，樂善好施，晉、豫兩省振需，迭經捐濟。來歲壽屆八旬，救灾濟民之誠，老而彌篤，請援前任陝甘總督楊岳斌之父楊彥貴、母向氏捐山西振銀二千兩賞御書扁額例，賞給御書扁額。有旨照例旌表，毋庸賞給扁額。又奏江蘇吴縣人、已故三品封職鄭言樑孝友兼全，急公好義，請飭部旌表。有旨孝行例應旌表，向由本省督撫分別具題。該督所奏，著毋庸議。聞前月二十二日給事中張觀準、御史孔憲穀俱以截取召見，兩宫詢以二李優劣，觀準等頗言其非，聖眷亦漸回矣。

十四日己丑　子正初刻一分小寒，十二月節。晴，下午微陰。校《南史》及《齊》《梁書》。

邸鈔：以內閣學士孫詒經爲工部左侍郎，未到任以前，仍以潘祖蔭兼署。祁世長所署吏部右侍郎，以左副都御史張澐卿署理。以翰林院侍讀學士宗室桂昂、孫家鼐俱爲詹事府少詹事。

十五日庚寅　晴。比日頗和，可不用鑪。

閱江慎修《鄉黨圖考》、焦里堂《群經宮室圖》、張皋文《儀禮圖》、林惠常《三禮通釋》所載宮室圖，皆以爲大夫、士亦有東西房，房皆有北堂，以鄭君謂大夫、士止東房西室爲非。然竊以爲鄭說不可易。即以賈誼言一堂二內證之，亦明是東房西室。二內者，謂在堂之內也。若亦如諸侯有中室及左右房，則爲三內矣。林氏謂堂之左右爲東西箱，即東西夾，以鄭君謂東西堂即東西箱。後之室爲東西夾者爲誤，尤屬武斷。

夜月甚佳。子縝、敦夫偕姜仲白來談，二更後去。有風，三更後大風。

邸鈔：以翰林院侍講學士歐陽保極轉補侍讀學士，前侍講學士徐郙補原官。詔：新授福建巡撫裕寬暫緩交卸河南布政使，經理振撫事宜。從河南巡撫涂宗瀛請也。上諭：前據都察院奏已革知縣邢世銘以被沈葆楨奏參冤抑呈訴，諭令裕禄查奏。兹據奏稱，查明該革員雖無貪婪情事，惟前在定遠縣任内，辦理匪徒，措置未宜，平日不能約束書差，催糧訊案，藉端擾累，又容留因案遞籍改换姓名之家丁，尤屬有心欺飾等語。邢世銘既據查明並無冤抑，業經革職，著毋庸議。

十六日辛卯　晴，有風，晡後漸止。

閲沈匏廬《説文古本考》。共十四卷，未有刻本，近有人從其子芙江鈔得者，尚無序例，云其稿已七易矣。其書采唐、宋人所引《説文》以證二徐本之誤，亦有謂二徐是而所引非者。采取極博，折衷詳慎，極有功於許書，學者不可不讀也。乃有小生方恮者，妄題卷首，以其命名爲誤，且牽及東原戴氏，以爲隟括好奇，排斥前人。匏廬其再傳弟子，故深染此風。恮近年在直隸志局，雲門曾言其人爲彦聞先生之曾孫，監生，能讀書。今觀此序，乃妄人耳。自言與沈氏外孫勞玉初交，因得見其書，而序中皆直斥匏廬，不加以先生及觀察之稱，且肆口詆諆，謂段令若在，必復有所撙節，不幸殁矣，壹似先生長者之詞。近年後生小子謬妄不遜，往往如是。其文中虚字尚未明白，『隟括好奇』四字，亦極不通。用『撙節』二字尤不通。又書『匏』皆作『匏』，書『證』作『証』。此等浮游生滅，本不足言，聊書之爲子弟之戒耳。

前日見江蘇巡撫吴元炳奏已故河南靈寶縣知縣方駿謚之子、監生方恮妻趙氏爲常熟人前任直隸易州知州趙烈文之女，年二十二適恮。今年三月，恮在直隷通志局病故，趙氏時方娠，八月二十七日産一女，九月五日黎明投繯以殉，年二十八。得旨旌表。恮有此婦，可謂幸矣。

是夕望，夜月尤皎，賦五律一首，柬子縝、敦夫。

十二月十五夜敦夫子縝月下見過次夕望月色尤皎作詩柬之

歲暮數佳夕，清輝今倍寒。徑猶三益待，月隔一年看。老樹鴉聲噤，虛簾燭影單。耽吟應不寐，耐冷倚闌干。

邸鈔：上諭：前因軍務未平，用款不繼，不得已開捐納職，藉濟饟需。乃近來中外捐納各員，其爲守兼優、才具可用者，固不乏人，而濫竽充數，甚至有玷官箴者實屬不少。至各局辦理捐輸，原不無實事求是、有裨國計之處，而行之日久，捐資之影射，捐生之取巧，又委員等種種弊竇，不一而足，於澄清吏道既多窒礙，於饟需亦多有名無實，自應及時停止，以肅政體。著户部及各省督撫通盤籌畫，務將京捐局及各省捐局每年入項若干，詳細查明，將此項作何支用之處，設法籌款相抵，一面奏明停止捐輸，毋得藉詞款項難籌，有意延宕。詔：加賞西城資善堂暖廠小米三百石，普濟堂功德林粥廠小米六百石，並著崇文門監督於税課項下撥給經費銀六百兩。從順天府請也。左春坊左中允王先謙升司經局洗馬。黑龍江將軍豐紳等奏黑龍江所屬呼蘭、巴彦蘇蘇、北團林子三處，各相隔二百餘里，東南毗連吉林之三姓、阿勒楚喀等城，西北距省一千餘里。該處地面遼闊，佃户日漸稠密，良莠不齊。呼蘭城守尉額設兵四百八十餘名，實不敷用。請將呼蘭城守尉一缺改爲副都統，原有副管二缺改作正任協領，加添佐領四員，驍騎四員，筆帖式三員，委官七員，領催十六名，前鋒二十四名，甲兵一百六十名，合舊有額兵共六百八十餘名，分旗撥添，勤加演練，以壯軍威。巴彦蘇蘇、北團林子兩營均係適中之地，稽查捕盜，更屬緊要，擬請將巴彥蘇蘇武營現有官兵全行移駐北團林子合併。該營原有官兵共爲二百七十七名，歸委協領管束，在北路梭巡。巴彥蘇蘇武營請添協領一員，佐領四員，驍騎校四員，筆帖式二員，領催十六名，甲兵一百八十四名，並舊有副甲一百名，均請改爲正兵，共合爲三百一十一名，歸協領管束，在南路稽查。該南北兩營暨同知廳員，均請就近歸呼蘭副都統衙門節制。詔該部議奏。詔：已革三姓副都統勝安賞給二等侍衛，在大門上行走。

十七日壬辰　晴。閱《説文古本考》。禔盦來。夜作書致子縝。姜仲白謂余之久嗽，由於血少，非止肺氣受傷，當戒讀書用心。其言甚有理。昨爲余診脉，且撰兩方，今日作書謝之。

十八日癸巳　晴。族弟慧叔之女出嫁，送分四千。繪房室堂塾諸圖。

邸鈔：上諭：吏部奏遵查捐納人員京察保送一等，曾於嘉慶年間欽奉諭旨，載在例文，准應分別年資，統計歷俸試俸，並無不准保送之條。刑部奏郎中翁曾桂在部行走十餘年，才具優長，實堪一等，向無不由提調坐辦、不列一等之例各一摺。翁曾桂既據奏稱並無不合，張佩綸所奏著毋庸議。刑部奏稱，同治元年京察一等孫尚紱，爲現任吏部侍郎孫葆元之子，爲不避大員子弟之例。然孫葆元由蔭生充秋審提調，例得京察者也。山西差委道吳大澂補授河南河北兵備道。前授河北道王榮琯未抵任病故。

十九日甲午　晴和。先本生王父生日，供饋六豆，點心四盤，時果兩盤，火鍋一，杏酪一巡，酒三巡，饅頭、麵各一盤，春餅一盤，飯兩巡。作書致伯寅，問紱丈疾，得復。繆小山來，楊正甫來，子縝來，敦夫來，禔盦來，君表來，章實卿來。今日仲彝約諸君借東坡生日，爲余豫作五十之壽，固辭不得。嘉肴玉醴，筵設甚豐。又定内造宮燭兩巨挺，絳蠟高花，鮮麗特甚。夜招霞芬諸郎。燃燈四照，春氣滿堂。此亦客中之極樂矣。汝翼饋燭及麵。二更酒畢，三更始散。月色甚佳。付供饋錢十九千，廚子賞錢六千，霞車飯四千。

二十日乙未　晴。閲《説文古本考》。作書致伯寅，問紱丈疾，得復。作致弢夫黄巖書，作片託陳子香寄去。

邸鈔：上諭：涂宗瀛奏耆紳重遇鹿鳴懇與筵宴一摺。二品封職候選道王守毅，早登鄉榜，由教職保薦知縣，在籍捐升道員。現在年近九旬，鄉舉再逢，洵屬藝林盛事。加恩賞給二品頂帶，重赴鹿鳴筵宴，以惠耆年。守毅原名會圖，改名恩泰，復改濟宏，今名守毅。道光辛巳舉人，曾任四川大竹縣知縣，年老告歸。報捐雙月選用道花翎，今年八十六歲。上諭：御史樓譽普奏抽查漕糧御史營私舞弊，請旨飭查一摺。據稱本年漕糧米數多有偷漏，御史英震得贓縱容，請飭查辦。漕務關係極重，若如所奏，殊屬荒謬糊塗。著倉場侍郎秉公確查，據實奏明，毋稍徇隱。另片奏此次漕務完竣，請奬巡糧員弁人數較多，係英震主稿，亦有賄求蒙奬情弊。著一併查奏。所請嗣後每年漕務完竣，應否酌奬數人示以限制，著户部、倉場侍郎妥議章程具奏。

二十一日丙申　晴和，晡後微陰。閲《説文古本考》。傅子蓴來，留共夜飯，一更後去。子蓴饋肴饌一席，佩飾四事，酒五斤，麵五斤，饅頭五十枚，爲余壽，受其酒、麵、饅頭，餘盡反之，犒使二千。夜書春聯。大門云：『但來投刺皆佳客；暫自栽花作寓公。』又枋間短聯云：『已有孚象；卯曰春門。』聽事云：『常愛書窗滿晴日；偶緣客坐得新聞。』堂柱云：『隨分讀書吾事了；多方種樹此心長。』房扉云：『梅蕊漸消寒九九；桃花雙結閏三三。』明年閏三月。

二十二日丁酉　陰，午微見日，傍晚晴，有霞。作詩柬紱丈，并以書致伯寅侍郎。吴松堂來，以新印《會典》數部乞售，每部銀六十兩。得君表書，以銀八兩爲壽，作書還之。得伯寅書，惠銀二十四兩，即復謝。再得伯寅書，即復。

柬紱丈病中時臘月二十二日

聞説維摩縈小灾，護經簾下待春回。静聽藥鼎消殘臘，細嚼梅花當宿醅。羔粥和餳宜緩款，支筇看鶴亦徘徊。一聲爆竹微疴失，會乞甜羹潤筆來。用是日李端叔偕希韓、德循天寧寺，圓若首坐品茶事。

邸鈔：詔：委散秩大臣伯爵勒英由三音諾彦愛曼致祭，回至中途病故，殊堪憫惻，加恩照委散秩大臣例賜恤。詔：新授山東登州鎮總兵吴奇勳與福建海壇鎮總兵蔡國祥對調。雲南巡撫杜瑞聯奏甄別庸劣不職鹽運使銜補用道李應華、石膏井提舉辛傳桂，請降爲通判及府經歷縣丞。候補同知黎厚德，補用知縣劉永華、孫綰榮等六人，均請即行革職。鎮雄州知州陳謐、魯甸通判秦學賢，均請開缺酌補。從之。奉天府府丞兼學政王家璧奏請開盛京兵部站丁考試例。疏略云：道光二十四年禮部則例載：盛京兵部所屬站丁，係吴三桂户下逃丁及僞官子孫承充，與八旗户下帶地投充莊頭及家奴無異，本身及子孫均不准其捐考。臣查旗民家奴尚有伊主放出後，扣足三代所生子孫，與平民一例應考之條，而此項站丁，節經歷任盛京兵部侍郎永福、兆惠、富德、花尚阿、書敏、書元、户部侍郎延煦等奏請照户、禮、工三部所屬官丁，一體准其考試，均經部駁。臣直永福、兆惠、富德、花尚阿四次奏請，見於《學政全書》者，皆在嘉慶十九年以前，部駁皆以䮐站緊要，恐准考則有力之家盡以讀書爲名規避差使，致誤䮐務，並無一語謂係吴逆逃丁也。永福初次奏請在雍正八年，其時去吴逆之平未遠，乃世宗上諭，謂事雖應行，但此途一開，俱各染於漢習，而於〈漢〉仗武藝正項差使恐不無懈弛之處，亦未言及吴逆逃丁及僞官子孫也。至嘉慶十九年，將軍和寧與書敏不合，始有康熙年間招安吴三桂户下逃丁四百四十名編爲二站之語，亦未指明何站。其實盛京兵部所屬二十九站，皆設自順治二年，今曰皆吴逆逃丁之後，豈原設二十九站各丁竟無一丁有後乎？在站丁世受豢養，例准考補䮐丞，何敢必希上進？但因一二站編有招安投回之人，遂使二十九站站丁，祖父子孫，同受不韙之名，不准上進，未免向隅。現今站丁生齒益煩，䮐務不至懈弛，臣不敢以案經屢駁，緘默不言。可否准照莊頭及旗民家奴放出例，除去始編站丁本身及其子其孫外，再扣足三代所生子孫，旗檔有名者入旗籍考試，旗檔無名者入民籍考試，其服官限制，亦查照辦理。

事關盛京根本重地，屢駁之案，似應廷議僉同，以昭慎重。伏請飭下王公大學士六部九卿翰詹科道平議。詔該部議奏。

二十三日戊戌　晴。校《東都事略》及畢氏《續通鑑》。得君表書，再送銀來，再作書還之。子蕁再送饌席來，再還之。剃頭。黄昏祀竈，送竈神。三更後祀門、行、户、井及歲神，牲醴絜齊，爆鞭四發。祀畢飲胙酒，微醉。得牧莊十一月二十五日書，言病小愈。

二十四日己亥　晴，風。校《東都事略》及《續通鑑》。殷蕁庭饋年禮。

邸鈔：上諭：都察院奏請徹銷御史京察一等，並請議處一摺。據稱抽查漕糧御史英震，才具似尚開展，因係上届京察一等之員，此次仍列入一等，現爲御史樓譽普奏參。英震與樓譽普同辦一事，如果秉公持正，何至爲同官揭參？且聞該御史携帶伊子在差次居住，難保無招摇生事之處。將該員一等行文吏部徹銷等語。著照所議，該衙門堂官於保薦時未經查出，均著交部議處。至該御史携帶伊子在差次有無招摇情弊，著倉場侍郎一併確查具奏。

二十五日庚子　晴，哺後微陰。午出門詣曾君表、楊正甫、羊敦叔、鮑敦夫、陶子縝、陳汝翼、傅子蕁，謝爲壽，並答拜繆小山、陸漁笙、王可莊，晤敦叔、敦夫、子蕁，晚歸。得禔盦書，饋梅花四盆，文雉一雙，木瓜一合，麵魚兩簍，年糕一盤，作書復謝。得何達夫書，饋碧桃四盆，紅梅兩盆，以爲余壽，且祝多男。作書復謝，并口占四絶句報之，詩不録。署吏送冬季養廉銀十六兩來。

二十六日辛丑　陰曀，甚寒。饋禔盦年禮，頻果十二枚，橘十四枚，冬笋一合，燒鷄一對。饋紱丈年禮，橘一盤，木瓜一盤，麵魚一合，浮圓一盤。饋蕁庭年禮，猪肉一合，采卵一合，年糕一合，燖菜一合。蕁庭饋壽禮八色，受其檳榔扇一，甌紬飯單一及糕、麵、雙鷄，反其漳紗袍裁、甌錦被裁及燭，犒使四千。作書致敦夫、敦叔、子縝、達夫、君表、正甫，俱約明日晚飲。紱丈饋年禮，松花卵一合，醬乳兩瓶及年糕、福糕。伯寅饋年禮，燒猪一合，燒鷄一對及肉餃子卷蒸。饋劉仙洲夫人年禮。夜姬人輩治具張燭，爲余暖壽。蕭然獨飲，感念身世凄戚，殆不自勝。賦《貂裘换酒》兩闋寫之，一以自悲，一以自解也。夜晴。

貂裘换酒 戊寅十二月二十七日余五十初度，先夕姬侍輩爲治具作暖壽筵，賦詞兩闋示之。

百歲平分了。謾相傳、南人衰易，此年難到。更有蕭家天子語，各半東西相禱。祇未食、長生茶蓼。人鬼擠排終不去，有黄齏百甕供人咬。憂患窟，此中老。生來百藥都愁夭。記當年、瑶環就塾，未離懷抱。歷盡人間千萬劫，轉眼頭顱都皓。祇剩取、形單自吊。今日杯盤紅燭影，算三生、留得枯禪稿。歸去也，故山好。余前身爲天台國清寺僧。

且作團圞計。有蓬頭、翾風房老，恭心獠婢。使指浣衣萱草輩，銀鹿青猿差備。争進食、欲令公喜。雪樣餈糕花樣肉，更黄鷄玉麵淘來膩。京雜食，故鄉味。練裳蓋簏都搜抵。勝相嘲、影妻椅妾，乏人料理。祇念白頭花燭伴，獨自牽蘿鄉里。愧割肉、東方難寄。比似買臣差不惡，便從公餓死寧相棄。下床答，百年禮。

邸鈔：上諭：裕禄奏本年十一月間，有湖南候選道夏聲律，在安徽設立黔捐分局，既無貴州巡撫奏咨案據，又不將委札呈驗。該員並非貴州職官，所稱奉委辦捐，是否確有其事，請飭查明等語。夏聲律是否奉有貴州巡撫札委，抑係委在湖南勸捐，該員私自隨地勸辦，著貴州巡撫即行查明具奏。

二十七日壬寅　晴和。余五十生日。早起敬懸三代神位圖，叩拜行禮。禔盦來，蕚庭來，朱蓉生來，子縝來，敦夫來，達夫來。午留諸君喫麵。禔盦饋酒一壜，燭五斤，桃百枚，麵十斤。敦夫、子縝饋酒一壜，燭二斤，桃百枚，麵十斤。章寶卿饋紅蠟宫燭一對，御用玉田米四包。禔盦姬人、蕚庭姬人俱來。傅子尊來，君表、正甫來，霞芬來。夜燃燈，偕諸君及霞芬飲，姬人等亦觴羊、殷兩家少房於內。二更後散。客主皆醉。余賦百字令以紀之。

百字令五十生日，鮑敦夫、曾聖輿、楊斯大、羊敦叔、朱蓉生、陶子縝、何達夫、殷鶴庭諸君枉過，張燈夜飲，霞芬爲之左觴。酒釃花禯，陶然一醉，即席賦此。

瘦年前夜，喜冬暄回暖，春風催律。小試燈屏圍絳蠟，照遍梅花如雪。白髮龐眉，兒童指點，冊載填詞客。斯人猶在，東方游戲還劇。漫道鑄錯郎潛，三朝京輦，幾醉閑花月。同輩少年偏見愛，來作靈均生日。更喜尊前，一枝瑶樹，綽約依人立。笑他坡老，紫裘誇煞吹笛。

二十八日癸卯　卯初一刻一分大寒，十二月中。晨陰，微雪，上午陰，下午微晴。得伯寅侍郎書，饋銀二十兩，即復謝。作書致伯寅，饋以酒一罎，頻果一盤，雉一雙。

邸鈔：上諭：翰林院侍講學士寶廷奏敬陳管見一摺。所奏嚴程限、去欺蒙、慎赦宥各條，不爲無見。各部各省遇有議行事件，自應遵限迅辦，何得任意延宕，甚至日久含糊覆奏，或竟置若罔聞。似此疲玩因循，尚復成何事體！向來科道各官，原有稽察之責，嗣後著實力奉行，不得虚應故事。其緊要之件，並著軍機大臣隨時認真稽查，各省奉旨查覆之事，尤當逐一稽考。如有遲延不覆，即據實奏聞，定將該督撫嚴懲，決不寬貸。中外大臣，於覆奏事件倘有掩飾欺蒙，甚或割裂例文，傅會成案，以伸其説，查辦事件如果調停遷就，皆不能逃朝廷洞鑒。嗣後軍機大臣益當悉心查覈，毋稍徇隱。赦宥本非善政，從前起用廢員，均擇其情節較輕，實有可原者酌量録用。嗣後廢員報效，著據情奏聞，不准援案代爲聲請，以示限制。　聞寶廷所奏凡六條，内外諸大臣多被劾者。其一即指寶鋆、榮禄，言其所兼差使太多也。其言去欺蒙，隱爲楚督李瀚章之奏樊口建閘事、川督丁寶楨之奏東鄉誣逆及灌口決堤事而發，有曰：『試觀近年覆奏查辦之事，有幾如原參者？

豈言官無一非妄語耶？皆因皇上尚在冲齡，皇太后深宫高拱，外事罕聞，遂至大臣欺蒙，樞臣徇庇，是使至尊獨憂社稷也。』其言慎赦宥，專劾李鴻章之爲茂林兄弟乞恩，有曰：『赦宥出自特恩，非罪臣所敢妄希，尤非他人所敢妄請。邇來獲罪廢員捐輸，每有代爲援案乞恩者。此端開則廉吏難沐聖恩，而貪吏盡逃法網，人亦何畏而不貪也？今雖度支不足，尚不缺此數千金。漢貢禹云：風俗敗壞，皆起於犯法者贖罪、入穀者補吏。捐例大開以來，名器已多濫矣，尚賴有法以糾之，或知所畏。此例再開，小人更何顧忌耶？』所言皆極剴切。

上諭：寶鋆、榮禄差務較繁。寶鋆著開去國史館總裁、閲兵大臣差使；榮禄著開工部尚書缺，開去總管内務府大臣差使。以刑部尚書全慶調補工部尚書；以都察院左都御史文煜爲刑部尚書；以吏部左侍郎崇厚爲都察院左都御史，未到任以前，以户部左侍郎志和署理；以吏部右侍郎崇綺轉補吏部左侍郎，未到任以前，以户部右侍郎麟書署理；以工部左侍郎成林調補吏部右侍郎；以都察院左副都御史文澂爲工部左侍郎。户部尚書景廉充國史館正總裁。兵部尚書廣壽補授閲兵大臣。都統安興阿補授總管内務府大臣。刑部尚書桑春榮奏病難速痊，懇請開缺調理。詔賞假一月，毋庸開缺。以工部尚書賀壽慈兼署刑部尚書。上諭：御史戈靖奏鄉試年老諸生恩賞，請分别准駁，及貢監録科嚴分棄取，及殿試點名按排放進各等語，著禮部議奏。奏略云：鄉試年老諸生賞給副榜舉人，其初每省不過一二人，或多至四五人，而近來多倍於前。臣前官禮部，每見老生學册，有甫經入學即填注七十、八十、九十者，難保不虚填年歲，濫竊榮名。請自今以後飭下禮部，核老生之年歲，須查其入學年分已滿三十年以後者爲真，即再寬爲定限，亦必已過二十年或十年以後者方准奏請恩賞，是亦慎重名器之一端也。近來科場每恃人多，鬧場犯規。自軍興以來，各省加廣學額，則士子之倖進者必多。監生減成捐納，及發給監照，隨人填注，則士之流品尤雜。國子監之考到録科，不問文字，學政之考試遺才，務博寬大，皆概爲送考，以致直省添建號舍，尚不能容，又復添蓋棚號，賢愚混雜。愚以爲從前減成所捐之監生，市儈屠沽，雜然並進，槍冒頂替，擾亂場規，皆其優爲，可否飭部定議概不准其鄉試。至生員及實銀所捐貢監考到録遺，亦必酌量號舍之多寡，專憑文字之優劣，嚴於棄取，凡遲來投卷者概不收考。如此一經澄汰，庶外場易於防維，而内簾閲卷亦不至睬目矣。

二十九日甲辰小盡　歲除。雪大作，至夜積二寸許。作書致敦夫、子縝，饋以燒肉、燒鷄及菜肴四器，角黍兩串，得復。剃頭。今年歲事逋券至二百金，惟得鄭盦饋四十四金，養廉銀十六金，餘一無所抵。今日仲彝爲代還廚傳費百五十千，又與敦夫、子縝共籌得二十金有奇，將伯助予，室人交謫，因付米錢五百四十千，石炭錢二百千，酒食錢一百三十二千，僕媪賞錢七十千，房租銀八兩，燈油錢二十六千，甜水錢二十千。百孔千創，暫得支絀過去。治生之拙，深愧顛當。得子縝書，并除夕絶句十首，閑適之中，自饒清綺可愛也。即復。夜一更後風起，雪漸止。祀竈神、祭地主畢，祭先，供饋肉肴七豆，菜肴七豆，火鍋一，年糕一盤，角黍一盤，蒸藕一器，糖一盤，酒三巡，飯兩巡。二更始畢，焚楮錢五挂，始與家人飲分歲酒。三更後晴。守歲至五更，復賦百字令一闋。

百字令戊寅除夕，風雪大寒，歲事甚窘，賦此自遣。

繞床逋券，任扃門高卧，雪花如掌。到晚粈平盆光影裏，又見先生無恙。裹飯荷包，籠薪筠筥，山侶能相餉。臘筵纔罷，墻頭還度家釀。　自數五十今朝，但除童幼，盡作謻臺長。滄海翻流家再破，此老依然强項。爆竹聲中，撚平髭吟罷，静待黄鷄唱。茸裘風帽，明年新試携杖。

光緒五年（一八七九）

光緒五年太歲在屠維亦作祝犁。單閼亦作蟬嫣。春正月在修陬元日乙巳　陰晴相間，嚴寒。余年五十一歲。早起放鞭爆，拜竈神，叩先像。書春勝。得紱丈書，索觀去冬日記，即復。供湯圓。讀吉祥文字數首。試朱筆，校《太史公書》及《漢書·蕭何傳》。敦夫來，仲彝、子縝來，姜仲白來，禔盦來，暢談至晚去。吴清卿觀察來，不晤。凡賀客非請見者不記。

邸鈔：上諭：梅啓照奏在籍大員重遇鹿鳴筵宴一摺。前任内閣學士兼禮部侍郎銜李品芳早年登第，由翰林洊擢卿貳，退老林泉。現在年届八旬，鄉舉再逢，洵屬藝林盛事。加恩賞給頭品頂帶，重赴鹿鳴筵宴，以惠耆年。李品芳，字蘅皋，東陽人，道光辛巳舉人，癸未翰林，以内閣學士丁父憂，回籍服闋告養，遂不出，今年八十歲。

初二日丙午　晴，微陰，嚴寒。得紱丈書，借《龍翰臣文集》。校《太史公書》及《漢書》高五王傳、曹參傳。先像前供蓮子湯。付岑福叩歲及送禮錢十八千，蔣升叩歲二千。

邸鈔：克興阿調補武備院卿。尚宗瑞調補上駟院卿。

初三日丁未　晨晴，上午微陰，旋晴，嚴寒益劇，滴水皆冰。得紱丈書，即復。先像前供炒年糕三大盤及酒。作書致敦夫、子縝，饋以燖凫一，鰕子鱒魚六包，骰脯裹粽一串，得復。

初四日戊申　晴，下午澹晴，嚴寒如昨。得紱丈書，借葉女士《爾雅古注斠》。先像前供紗帽餤子。

校《太史公書》及《漢書》張良傳。四皓之名，《史記》有之，而《漢書》不見。班氏於史公書雖有所删節，大率閑文不急之事，若此則非所應删，疑《史記》亦本無之，後人取它書附益者也。蓋四皓不必實有其人，所謂須眉皓然者、衣冠甚偉者，不過一時賓客聳動觀瞻，高帝藉以塞戚夫人之請，豈真憚其羽翼太子哉？故史家皆等之傳疑荒忽。後人侈張其事，既傅其姓號，又妄造名字，且有爲作碑祠神坐者，所謂巵言日出。而疑之者又或謂是子房所假託，或謂史公好奇傅會，皆非也。

初五日己酉　晨及上午晴，下午微陰，晡後陰，嚴寒。梳頭。偕仲彝閑談。子縝來，姜仲白來，入晚始散。夜祀先，供六豆及春餅、菜羹，酒二巡，飯二巡。

初六日庚戌　晴。校《太史公書》及《漢書》陳平、周勃、王陵、周亞夫、樊噲、酈商、夏侯嬰、灌嬰傳，皆校正頗多，各附校語。又校《史記・伯夷列傳》，亦附論識。趙心泉來。

初七日辛亥　晨及上午晴，傍午陰，晡有微雪，旋見日景，復陰，傍晚霒陰，夜雪大作。校《史記》及《漢書》傳寬、靳歙、周緤、張蒼、周昌、趙堯、任敖、申屠嘉傳。比日手瘃復劇，以朱筆作細書校注，頗甚艱苦。劉仙洲夫人來。

邸鈔：上諭：黎培敬奏已故革職總督遺愛在民，請開復原官，予謚立傳建祠一摺。已故總督賀長齡於道光年間由翰林洊擢封圻，嗣因在雲貴總督任内辦理回務不善，兩次獲咎，欽奉諭旨革職。其平日能勤官守，則拔擢以奬其功；迨措置乖方，有關全局，則斥以正其罪。先朝進退人才，權衡至當。黎培敬率敢臚列賀長齡政績，以予謚建祠爲請，殊屬冒昧。且所陳治行，皆身任封疆者分所應爲之事，何得任意鋪張，冀邀異數？至賀長齡係湖南人，該撫亦湖南人，更難保無偏袒同鄉之見。所請著不准行，仍交部議處，以示懲儆。予謚爲易名之典，豈容稍涉冒濫！嗣後各該督撫務當懔遵同治十二年閏六月二十五日諭旨，不得率意陳請。

初八日壬子　陰，晡後微晴。料檢門簿，見來賀者亦有百餘家，皆佳客，不可不答也。下午出門并謝達夫、子縝、敦夫、禔盦、蕚庭諸君之爲壽者，晤子縝、敦夫、達夫，拜劉鎸山師像。入城至徐蔭軒師家投刺。夜歸，約已答五十餘家。譚研孫來，報其太夫人於今日卒。明日又須入城矣。得子縝書，并人日絳都春詞。敦夫饋家製醉魚六匚，味甚佳。晚大風，至乙夜後漸止。付車錢九千。

初九日癸丑　晴。作片致達夫，支印結銀十兩。作書復子縝。孫琴西布政寄炭銀十二兩。禔盦來，爲求其太夫人八十壽序。晡入城唁研孫，順道答客二十餘家，夜歸。

校《漢書》及《史記·淮陰侯傳》《韓王信盧綰傳》。淮陰、韓王二人同名，故史公以此題篇爲別。它傳凡涉淮陰者多曰淮陰侯，涉韓王者皆曰韓王信，所以別之也。《楚漢春秋》謂韓王名信都，不足信也。

邸鈔：譚鍾麟奏甄別庸劣各員：陝西韓城縣知縣程逢春、候補同知羅映奎、候補知縣王遇春均請革職；府谷縣知縣魏含忠請以教職選用。從之。

初十日甲寅　晴，稍和。作書致仲彝、子縝、敦夫，約游廠市。仲彝來，子縝、姜仲白來，下午偕至琉黎廠西門下車閲市，小憩廠甸，於貨攤上買茶碗及托子四而歸。子縝邀同敦夫夜飲宴賓齋，一更後散。先像前供角黍一盤，炸年糕兩盤及清茗飲子。夜暫收神位圖，以明日先妣生日須特薦故也。付茶碗及托子錢十四千。

十一日乙卯　晴。先妣生日，供饋菜肴八豆，加肉肴兩豆，爲先君也，饅頭肉餡、糖覈各一大盤，紗帽餡子兩盤，蓮茨羹一器，笋菜羹一器，杏酪一巡，時果四盤，酒三巡，飯兩巡，祔以仲弟，晡後畢事。剃頭。夜校《史記·吕不韋列傳》《李斯列傳》。

邸鈔：沈葆楨奏特參庸劣不職各員：江蘇高郵州知州姚德彰、安徽定遠縣知縣吴洵捕蝗不力，江蘇山陽縣知縣孫元祖庇私人，婁縣知縣祥和辦事顢頇，安徽太和縣知縣景瑞操守平常，署無爲州事、候補知州王峻玩視堤工，江蘇興化縣教諭程鴻遇輕薄喜事，兩淮候補鹽(太)〔大〕使沈鑅品行卑污，均請即行革職。從之。裕禄奏甄別庸劣各員：安徽池州府知府周金章江蘇，監生。有志向上，惟性情偏執，輿論不洽，請開缺留省另行酌補；候補知府周煌枝年衰氣惰，不能振作，請以原品休致；和州直隸州知州關平相河南，附貢。心地粗疏，試用知縣馬廷棫才質迂鈍，請降爲府經歷縣丞，歸部選用；涇縣知縣楊志洵才識庸闇，聽信差役，補用知縣孫宗寅聽斷顢頇，任性粗率，六安直隸州州同梁鼎榮性情躁妄，聲名甚劣，宣城縣訓導吴奇彦聲名狼籍，阜陽縣訓導劉焱南行爲乖謬，均請革職。從之。

十二日丙辰　晴。得君表壽鄗人五十七古一章，用東坡聚星堂雪詩韵，風格老成，爲佳作也。上午出門答客五十餘家，午後歸。君表來，子蕁來，均不晤。付車錢十二千。

十三日丁巳　晴。比日少和，冰釋。敦夫、仲彝、子縝、仲白來，午後偕游廠市，晚歸。買得揚子《法言》一册，《十子全書》本。莊珍藝《夏時明堂陰陽經》三册，不全。銅凫香鑪一枚，小玉印一枚。復懸三代神位圖，夜以上燈節，供紅棗銀杏湯，換牙盤食物及供果糕餅飴餳。付銅鴨鑪錢四十千，小玉印及象箸錢十二千，茶碗六及托子四共錢十八千，書錢十千。

十四日戊午　午初二刻三分立春，正月節。晴和。得紱丈書，即復。寫宜春小帖。以今日立春、明日元夜，先修饋食之禮，於先像前供肉肴四器，菜肴四器，春餅兩盤，酒三巡，飯兩巡，逮闇畢事。作書致君表，得復。禔盦姬人來。作書附致禔盦，約明日晚飲。今年欲温《尚書》《周禮》二經，以立春日始點《尚書注疏》一葉，《周禮注疏》一葉。校《漢書》及《史記》劉敬、叔孫通傳。得程雨亭去臘十二日江上書。

十五日己未　微晴間陰。入春賀客又積五十餘家矣，半在内城，下午復出答拜。進宣武門，出正陽門，僅得九家，已逮暮矣。欲至工部、兵部觀燈，不果，順涂至廊房胡衕看燈而歸。敦夫、仲彝、子縝、仲白來，禔盦來。夜叩先像，供浮圓子及炸元宵兩盤，設清茗飲子。偕諸君小飲，微醉，至二更後散。小放花爆。比夕月頗佳，今夜微陰。

邸鈔：上諭：左宗棠奏大員病故，懇恩賜恤予謚，並將事迹宣付史館一摺。前幫辦陝甘軍務通政使司通政使劉典，於咸豐、同治年間轉戰浙江、安徽、江西、福建、廣東等省，所向有功。嗣督辦陝西軍務，署理陝西巡撫，剿撫兼施，肅清回匪。此次幫辦陝甘軍務，於關内防營兵事餉事殫心區畫，助理成功。前准其回籍養親治病，甫經交卸。遽聞溘逝，悼惜殊深。劉典著照侍郎例賜恤，加恩予謚，生平戰績、政績宣付史館立傳。靈柩回籍時，沿途地方官妥爲照料。伊子同知劉本鑑以知府用，主事劉本鐸以員外郎用。　李瀚章、潘霨奏甄別庸劣不職各員：湖北署宜都縣知縣吴錫震，嘉魚縣教諭王丙壽，訓導秦有鍠，江陵縣訓導雷炳鏞等七人，均請即行革職；署咸豐縣知縣向崇基、候補知縣王濤、東湖縣知縣李希鄴、試用知縣劉培元、鶴峰州州判孟志瀚等七人，均請勒令休致。從之。王濤劾以志趣卑污，不堪造就，何以僅止勒休？

十六日庚申　薄晴多陰。得紱丈書，借日記，即復。校《漢書》及《史記》酈生、陸賈、朱建、季布傳。先像前供湯餃子。晚風起，夜月微晦，有暈，風時有聲。門僕戴齡以今日受庸，付錢八千。

十七日辛酉　晨風止，晴，上午後又風，甚寒。得紱丈書，即復。作書致子縝，得復。子蓴來。夜月甚佳，是夕望。先像前供清茗餃子。

閲郝蘭皋《宋瑣語》。分德音、藻鑑、吏材、綜練、機權、兵略、殘苛、風操、嫚侮、藴藉、標韵、廉退、躁競、儉素、豪奢、高趣、奸邪、清賞、穢黷、超詣、諧媚、傀異、佛事、談諧、詞贍、文藝、駢麗、言詮二十八類，皆刺取《宋書》，分條聯綴。雖有部居未當，或不應采者，蓋隨手掇拾之故。間附注語，頗有發明。又補《宋書》刑法、食貨二志，以《宋書》獨闕此二志，采取紀傳中涉二事者，分條緝集，凡得《刑法》六十二條，《食貨》九十一條，亦略附論識。二書及《晉宋書故》皆嘉慶二十年所成，自序謂時以養疴廢業，流覽史書，因爲輯録，附於不賢識小之義。然編述雅馴，時存詁訓，經儒所爲，終非苟作者也。兩書皆偶附胡墨莊按語。

十八日壬戌　晴。先像前供饋八豆，饅頭兩大盤，酒三巡，飯一巡，加玉田香稻飯。晡後焚楮錢，收神位圖。作書致敦夫、子縝，饋以祭餘兩器，得復。

閱郝氏《荀子補注》。共兩卷，無序跋。其所引已及劉端臨《補注》、洪筠齋《叢録》之說，而尚未見王氏《雜志》，多正楊注之誤。詁訓名通，兼亦發明精理。末附《與王伯申論荀子》《與李月汀璋煜論楊倞》兩書。

十九日癸亥　晴。雜校《史》《漢》，頗得前人所未發者數條，各識本書眉上，不及劄録。敦夫、仲彝、子縝、仲白來。夜子縝邀飲宴賓齋，一更後歸。讀揚子《法言》。

邸鈔：上諭：前據御史樓譽普奏參御史英震抽查漕糧營私舞弊，又據都察院奏英震携帶伊子在差次居住，先後降旨令倉場侍郎確查。迄今將及一月，未據覆奏，實屬遲延。著迅即查明，據實具奏，不得稍涉含混。

二十日甲子　晴和。得紱丈書，即復。始澆花樹。作片致孺初，得復。下午步詣孺初，問其疾，晡後歸。校《史記·秦始皇本紀》，兼校王石渠、姚薑塢、梁諫庵諸家之說。

邸鈔：以新授河南布政使成孚調補廣東布政使，以廣西按察使長賡爲河南布政使，以山東督糧濟東泰武臨道崧駿爲廣西按察使。本任廣東布政使楊慶麟丁本生母憂。以翰林院侍講廖壽恒爲河南學政。本任學政、侍講學士瞿鴻禨丁母殷氏憂。詔：定昌、麟徵、錫光、延楨俱賞給委散秩大臣。

二十一日乙丑　晨晴，微陰，上午晴，午風，下午澹晴，晡後陰。剃頭。作書致孺初，饋以玉田香稻米兩包，南中醬菽乳一瓶，果糖一合。校《秦始皇本紀》。三家於此紀發明最多，俱采附本書，兼及《索隱》《正義》之説，附訂其誤。

邸鈔：上諭：户部奏遵旨停止捐輸一摺。肅清仕途，自以停止捐納實職官階爲要。該部業將京捐局銀捐等項及各項實官並常例未載條款火器營章程均行停止，即著有捐省分各督撫將籌餉事例條款概行停止，以昭畫一，並一面迅速設法籌款，一面將捐務趕緊清釐造册報部。所有照根、空照分别截清數目，咨部繳納，統限於本年二月悉數截止。該督撫等自能仰體朝廷澄清吏治之意，不致輕聽局員，率請展限，希圖延宕。另片奏請飭將支用捐款開單報部等語，著各督撫各將辦捐以來所收捐款，無論已未奏銷，均逐款詳查，開單報部。其收受捐款省分，並著一律咨報。江西按察使國英奏請因病開缺。許之。以江西廣饒九南兵備道沈葆靖爲江西按察使。兵科掌印給事中陸仁愷原名仁恬，臨桂，進士。授山東督糧道。

二十二日丙寅　晴。校《秦始皇本紀》及《項羽本紀》。

邸鈔：上諭：吴元炳奏耆員重遇鹿鳴筵宴一摺。前江蘇常鎮道周項早年登第，由部曹洊擢道員，緣案革職，旋因籌捐餉項出力，賞給道銜，並加三品銜。現在年逾八旬，鄉舉再逢，洵屬藝林盛事。著加恩賞加二品銜，准其在江蘇省就近重赴鹿鳴筵宴，以惠耆年。周項，貴州貴筑人，嘉慶己卯舉人，庚辰進士，由庶吉士改禮部主事，升員外，轉御史、給事中。道光庚子湖南正考官。辛丑授常鎮道，旋以暎夷陷鎮江革職。今年八十二歲，掌教泰州書院。詔：甘肅甘凉道鄧承偉與西寧道鐵珊對調。從左宗棠請也。吏部郎中文惠授江西廣饒九南道。

二十三日丁卯　晴。校《史記·項羽本紀》。

邸鈔：上諭：朕奉慈安端裕康慶昭和莊敬皇太后、慈禧端佑康頤昭豫莊誠皇太后懿旨，三載考績，爲國家激揚大典，中外滿漢諸臣有能恪共職守、勞勩最著者，固宜特加甄敘；其有年力衰邁者，亦難曲予優容。兹當京察届期，吏部開單題請詳加披閲。恭親王首贊樞廷，親賢夙著，殫心輔弼，悉合機宜；大學士寶鋆，協辦大學士、兵部尚書沈桂芬，户部尚書景廉，禮部左侍郎王文韶，同心翊贊，共矢公忠：前有革職留任處分，均著加恩開復。大學士、直隸總督李鴻章宣力有年，實心任事；大學士、陝甘總督左宗棠肅清邊塞，懋著勤勞；兩江總督沈葆楨任事精勤，不辭勞怨：均著交部從優議敘。户部左侍郎殷凡鏞年逾七旬，精力尚未就衰，惟户部事務較繁，辦理恐難周到，著調補禮部右侍郎，毋庸兼署吏部左侍郎，仍在上書房行走。工部右侍郎德椿、理藩院右侍郎惠泉、本名惠林，蒙古人，庚申翰林。内閣學士載慶體弱多病，均著以原品休致。餘著照舊供職。以户部右侍郎潘祖蔭轉補户部左侍郎，兼管三庫事務，仍兼署工部左侍郎；以工部右侍郎宜振漢軍人，楊姓，乙巳翰林。調補户部右侍郎，兼管錢法堂事務，仍兼署刑部左侍郎；以禮部右侍郎龔自閎調補工部右侍郎，兼管錢法堂事，未到任以前，以大理寺卿朱智署理；以詹事府詹事徐致祥署理吏部左侍郎；以内閣學士啓秀爲工部右侍郎，兼管錢法堂事務。以都察院左副都御史錫珍爲理藩院右侍郎。啓秀，正白旗滿洲人，乙丑進士。溥翰補鑲黄旗蒙古副都統，松森補鑲白旗漢軍副都統，明秀補鑲紅旗漢軍副都統。

二十四日戊辰　晴。

自六朝言四聲，往往一字分平仄兩讀，而牽强盭戾，在所不免，近儒多論之矣。如『使使』二字，虚字之『使令』『役使』，上聲，實字之『使命』『使者』，去聲，其分别本無理。《左傳》之『行李』，即『行使』也。『行使』字當讀去聲，而借『李』字則上聲矣。《論語》：『子華使於齊。』《釋文》：『音使，所吏反。』

『蘧伯玉使人於孔子。』《釋文》無音，而於下『使』者音所吏反，云下同，謂使乎也。是陸氏於上『使人』之『使』讀上聲，故不發音。朱子《集注》本則於『使人』字亦讀去聲矣。此等本古人長言短言、急氣緩氣之別，以理而論，虛字之『使令』字當讀去聲，實字之『使命』字當讀上聲，既相沿互到而又無一定，其矛盾處不勝詰也。史傳中凡『使使』兩字連者，上『使』字讀上聲，下『使』字讀去聲，六朝以來定法也。今即以《史記·盧綰傳》言之，如云『陳豨使王黄求救匈奴』，此『使』字當讀上聲，謂使令也。『燕王綰亦使其臣張勝於匈奴』，此『使』字當讀去聲，謂聘使也。又云：脱勝家屬，使得間。此『使』字當讀上聲，謂使令也。而『陰使范齊之陳豨所』，此『使』字當讀去聲，謂聘使也。其它可以類推。此等雖易生轇轕，幾同庸人自擾，而既有此説，自當辨别幾微。張守節《史記正義》有《發字例略》，舉四十二字，『使』在其一，但云『所里反，又所吏反』，不言其義，其自言點發蓋詳。今其書不傳，然所舉四十二字中如『從』字云：訟容反，隨也。又縱容反，南北長也。又從此字誤，當作『才』，或作『子』。用反，侍從也。是史傳中凡曰『從漢王』『從高祖』者皆當讀如字，而《索隱》多讀去聲，此亦難别之一端矣。發音正讀，亦何容易哉！

邸鈔：上諭：倉場侍郎桂清等奏查明御史英震雖無得贓縱容偷米情事，伊子前往差次省視，亦無招摇生事之處，惟該御史於漕糧偷漏之案，並不認真懲辦，任令伊子時常往來，致招物議，殊屬不知遠嫌。英震著先行交部議處。至請獎員弁，據稱查共咨獎二十六名，與樓譽普所稱十七名不符。內十三名一單書吏供係英震面交，何以樓譽普亦同判行，難保非該吏影射。並據該吏供，英震家人林六有干豫保獎情事等語。著該衙門將閘科書吏解交刑部審訊，並著英震將林六交出，送部歸案訊辦。英震著聽候傳質。另片奏覆奏遲延，桂清近因患病請假，畢道遠請旨議處等語。桂清、畢道遠著一併交部議處。

二十五日己巳　晴，下午有風。偶檢《北史》，略校羊祉等傳，復校《漢書・項籍傳》。

邸鈔：廣東巡撫張兆棟丁母憂。兆棟母宋氏年八十九歲，於十二月二十六日卒。以新授福建巡撫裕寬調補廣東巡撫，以福建布政使李明墀爲福建巡撫，以山東按察使陳士杰爲福建布政使，以安徽鳳潁六泗兵備道譚鈞培爲山東按察使。詔：貴州巡撫黎培敬照吏部議降三級調用，不准抵銷。以前江蘇巡撫張樹聲爲貴州巡撫。上諭：崇綺、馮譽驥奏侍衛倭興額家一案，已將正盜徐花拏獲，訊與盜犯殷福等搶劫齊家，其到案時有傅姓等曾經邀伊之語，係氣忿妄扳，傅貞等實非同搶之人。齊廣貞因與傅貞有嫌，將齊家錢糧領子扔入傅家，作爲贓證。齊廣貞栽贓訊有確據，乃一味狡展，迨面質時，該犯俯首不言，正在取供，即患病身死。此案犯證明確，而倭興額等恃齊廣貞已死，栽贓無可質証，任意狡執，應照衆證確鑿例定擬具奏等語。本日復據都察院奏，倭興額遣抱呈訴，別稱崇綺將此案交盜案局承審，局員一味刑求，將自行投案之齊廣貞當堂逼斃，爲誣捏栽贓、死口無憑地步。徐花初供與傅姓同夥，送局後令改初供，袒護傅姓，屢訴不理等情，與崇綺所奏情節歧異。究竟徐花是否正盜，齊廣貞是否病故，抑係受刑身死，並崇綺等另片奏相驗齊廣貞屍身，有仵作前次錯報，委員安楚拉恩禧自行檢舉更正，請予察議一節。此中有無情弊，著派志和、户部左侍郎。恩福、奉天府府尹。馳驛前往吉林秉公覆審，務得確情，並將齊廣貞屍身詳加檢驗，是否刑斃，徐花所供是否局員刑逼，即行定擬具奏，隨帶司員一併馳驛。詔：户部左侍郎志和充實録館副總裁。上諭：李鴻章奏侍郎病故，代遞遺摺。前任工部右侍郎何廷謙由翰林洊躋卿貳，迭司文柄，供職勤慎，在順天學政任内因病開缺調理。兹聞溘逝，軫惜殊深。著照侍郎例賜恤。

二十六日庚午　晴，下午微陰。上午與仲彝談。下午入城詣譚硯孫，送其太夫人出殯廣慧寺，晤江右人黄禮部某、鄧刑部某，皆言與余舊識，余實不能憶也。禮部言近日節使黜陟，皆非無故。黔撫以去秋請停貴州各官分發，而旋請發空白執照數千紙，備黔中捐輸。朝議甚非之，故因事降黜，特重其罰也。汴藩爲天下膏腴首缺，而閩撫爲瘠苦之最，故裕寬升閩撫不肯往，而豫撫爲奏留汴藩任。今粤撫丁憂，中旨即以授之。其言似有理也。刑部與硯孫同居，見其客坐懸一長額，曰『四十八萬蕉葉蓮花之室』，袁桐琴甫所書，取《華嚴經》語也。字作古文篆，甚有意。晡後出城唁紫泉。紫泉尊人壽君太守以去冬署順德府，十二月卒於任。紫泉今奉其母歸矣。傍晚詣陳汝翼談，仲彝亦來，晚歸。兩得孺初書，皆復。夜撰褆龕母太夫人八十壽序。太夫人許氏歸贈公小峴文學，文學卒於咸豐乙卯歲，無子，褆龕以兄子爲之嗣也。爲散體文，一更後訖，即作書致子縝。

邸鈔：詔：此次京察引見三品以下京堂各官，太醫院使紀振綱、太醫院左院判馮玉，年力就衰，均著以原品休致，餘著照舊供職。　以湖南按察使傅慶貽爲安徽布政使，以新授山東按察使譚鈞培調補湖南按察使，以浙江鹽運使宗室靈杰爲山東按察使。本任安徽布政使紹誠丁父之生母憂。以安徽候補道任蘭生江蘇，監生。補授鳳潁六泗道。刑部尚書桑春榮奏病仍未痊，請開缺調理。許之。

二十七日辛未　晨及上午晴，午後晴陰相間，晡後陰，有風。偶檢《舊唐書》，因取李藩、杜黄裳、高郢、杜佑諸傳略校一過，復校《史記·項羽紀》及《高祖紀》。夜陰，有澂雪。

邸鈔：以都察院左都御史翁同龢爲刑部尚書；以户部左侍郎潘祖蔭爲都察院左都御史；以禮部左侍郎王文韶調補户部左侍郎，兼管三庫事務，仍兼署兵部左侍郎；以内閣學士祁世長爲禮部左侍郎，未到任時，以内閣學士王之翰署理。詔：吏部尚書萬青藜充武英殿總裁。　以山東運河兵備道王化堂河南密縣人，壬子進士。爲浙江鹽運使。掌廣西道御史林拱樞授山西汾州府知府。拱樞，侯官人，文忠公則徐少子，舉人。

二十八日壬申　晨日出，旋陰，有霏雪，上午霁陰，下午晴。校《史記》及《漢書》高祖紀。禔盦來。得紱丈書，即復，且賀鄭盦擢御史大夫。夜校《史記·刺客列傳》。

邸鈔：詔：潘祖蔭仍署理工部左侍郎。以通政使司通政使崇勳爲都察院左副都御史。翰林院侍講學士寶廷轉補侍讀學士，以詹事府左春坊左庶子貴恒爲侍講學士。前直隸霸昌道穆特布授山東運河道。

二十九日癸酉　辰初二刻七分雨水，正月中。晴，午後有風，晡後微陰。得袁爽秋書，送來薛慰農所寄《六十自述》詩十二章。作書致敦夫、仲彝，饋以燖豕一器。

雜校《北史》及《舊唐書》諸傳。《舊唐書·楊收傳》云：『馬公嘉之。收即密達意於西蜀杜公。』又云：『馬公乃以收弟嚴爲渭南尉。』馬公謂馬植，杜公謂杜悰，此據當日志狀之文，其不檢至此。然則謂收之十三歲工詩，吴人呼爲神童，至於造門請詩，觀者壓敗其藩，又可盡信耶？《日知録》舉《中宗紀》《玄宗紀》、唐臨等傳之誤承舊文者數條。錢氏《考異》舉《崔元翰傳》之稱李勉爲李汧公一條，尚未檢及此傳也。

三十日甲戌　晨澂雪，終日霁陰，有風，甚寒，午後微見日景。得紱丈書，即復。得孺初書。繆小山約初三日晚飲。敦夫、子縝、仲白來，戲擲采選格數周。禔盦來，催飲聚寶堂，即偕鮑、陶兩君赴之。坐有仲彝、竹篔、君表、霞芬，夜一更後歸。

二月乙亥朔　晴寒。閲武進費伯雄《醫醇賸義》。伯雄字晉卿，今之名醫，江南人推爲徐洄谿後一人。寇亂後居武進之孟河莊，就醫者舟車湊集，遂成邑市。嘗著《醫醇》二十四卷，分六門，曰《察脉》，曰《辨證》，曰《施治》，曰《醫理》，曰《治法》，曰《法外意》。經亂版燬，且亡其副，乃追憶緒言，録成四卷，故曰《賸語》也。其言以平淡爲主，於東垣、丹溪諸家，多有所駁正。所論脉象藏徵，俱有名理，所載諸方，亦多平實可依，惟不載傷寒證治耳。後附《醫方論》四卷，取《醫方集解》中所載者，各爲論其當否。自言專爲初學而設，然最爲有用之書也。其書刻於丁丑，聞其人去年已卒。而汪謝城近購得其《醫醇》中《論脉》者一卷，爲刊行於越中，不知果否耳。其言藥中升麻、柴胡、知母、黄柏、石膏、附子、肉桂七味，不可輕用，而於升、柴、知、柏四者，尤反覆言之，尤爲名言。余見京師醫生，以此等藥殺人者，歲不知凡幾，深可痛也！

夜校《史記》《漢書》高祖紀。印結局送來十二月、正月公費銀十兩二錢。

邸鈔：詔：太常寺卿許庚身署理禮部左侍郎，王之翰毋庸署理。詔：山東應交通倉漕米八萬餘石撥給山西，以資振濟，並將上年所收豆子二千七百餘石隨米撥解山西，以給豆種。從閻敬銘、曾國荃請也。

初二日丙子　晴。校《史記》《漢書》高祖紀。得子縝書，即復。夜校《史記·秦楚之際月表》。付吕祖祠扁錢十五千，順兒工食十二千，更夫工食十四千。

初三日丁丑　晴，稍和。得紱丈書，即復。剃頭。傅子蕁夫人來。再得紱丈書，即復。敦夫來，仲彝來，傍晚偕兩君步詣邑館，子縝、許竹篔亦在。小山來催飲，遂同往，夜一更後歸。有風，徒步頗寒。校《史記》《漢書》鄒陽傳。

初四日戊寅　晨溦雪，午又雪，終日霠陰，甚寒。得紱丈書。作書問孺初疾，問子縝疾。再得紱丈書，皆復。得孺初復、子縝復。閲《小謨觴館集》。

邸鈔：上諭：文格奏查明前築黄河南岸新堤報銷舛錯一摺。據稱前署山東巡撫、布政使李元華所辦黄河南岸堤工，實係四十五里。前曹州府知府馬映奎估報六十餘里。現據該員稟稱，係將填補坑溝土方及河灘加倍功力歸堤長里數核算，當時並無案據。而李元華歷次奏報，均係七十餘里。至堤身高寬丈尺，馬映奎承修時，李元華曾令在後再行加築，輒以豫擬未辦之事，報爲已竟之工，高寬丈尺，均有增添。其工需銀兩，馬映奎册報用銀二萬八千四百餘兩，該前署撫奏銷至五萬一千兩，計浮多銀二萬二千五百餘兩，據稱歸入防汛動用。查堤工奏銷案内，並未聲明劃撥防汛經費項下，亦未將此項作收造銷。馬映奎收支册内有此款目，核計尚多銷銀一千兩，請勒令李元華賠繳，並將該前署撫等分别議處察議等語。工需均關國帑，應如何慎重查核。李元華於堤工里數丈尺既不覈實奏報，復將銀兩任意那移，種種不符，殊屬不成事體。李元華著交部議處，並將多銷之銀一千兩先行勒令賠繳。其修築堤工餘銀二萬餘兩，所稱歸入防汛經費動用，是否確實，著户部、工部、文格詳細查明。倘有不實不盡，一併勒令賠繳，以重帑項。馬映奎將添補阬溝等項歸併堤長里數計算，未經先行據實稟辦，殊屬不合，著交部察議。

初五日己卯　晴，稍和。曾祖妣忌日，供饋肉肴七豆，菜肴三豆，菜羹饅頭兩大盤，果兩盤，蓮子湯一巡，酒三巡，飯兩巡，茗一巡，晡後焚楮錢。子縝、敦夫、仲白來，留共夜飯。

初六日庚辰　終日霠陰，夜小雨。雜校《史記》《漢書》。作書致紱丈，饋饅頭一盤。書禔盦太夫人壽聯。得子縝書，即復。

邸鈔：志和往吉林查辦請訓。詔：户部左侍郎著成林兼署，都察院左都御史著全慶暫署。昨日邸鈔：馮譽驥奏偕銘安赴黑龍江查辦事件，行抵呼蘭查辦完竣，當將訊明定擬緣由於十二月十六日恭摺馳報，隨與銘安於二十五日回至吉林，即於五年正月二日帶同臣部主事尹壽衡啓程回京。詔即折回吉林，仍遵前旨，會同崇綺，將倭興額控案訊明定擬具奏。蓋馮侍郎以後交覆審之旨，專及崇綺，遂謂不與其事，欲自還京。然馮去年本與崇侍郎偕出讞吉林獄，而抵吉未幾，命與銘安往讞黑水。其所按亦不知何事，不發鈔也。

初七日辛巳　終日霒陰，大風，下午有溦雪。

點閱《小謨觴館詩》。甘亭一身坎廩，詩多鬱抑忼概之辭，骨力遒上，采色亦足。《樓煩》一集，狀塞上風景，尤多名篇。乾、嘉以還，莫能及也。《傭書》兩集，多落宋調，率爾之作，時見累句，於全集中，最爲下乘。蓋依人結轖，滑手應酬，故以刺促，減其性靈耶。余雅不喜評抹詩詞，今日寒風掩帷，霒晦匝宇，羈苦窮悴，以遣無聊，亦以處境與甘亭頗同，窮鳥之鳴，自有合契。世之所謂工拙，不必計耳。後有得此集者，玩其品騭，於學詩亦非無補。

夜大風不息。

初八日壬午　大風，晨陰，上午後晴。研孫太夫人廣慧寺開吊，午往吊，送奠分十二千。下午詣安徽館拜禔盦太夫人壽，晡後歸。子縝邀飲雁儂家，禔盦招夜宴，俱不往。夜讀《北史・后妃傳》。

邸鈔：倉場户部侍郎桂清卒。詔：桂清老成謹慎，由翰林洊擢卿貳，在弘德殿行走有年，補授倉場侍郎，克稱厥職。兹聞溘逝，悼惜殊深。著照侍郎例賜恤。　以刑部左侍郎繼格調補倉場侍郎，以刑部右侍郎長敘轉補左侍郎，以工部右侍郎啓秀調補刑部右侍郎，以理藩院右侍郎錫珍調補工部右侍郎，以内閣學士阿昌阿爲理藩院右侍郎。

初九日癸未　晴。卧起甚遲。貞姬生日，賜以玉麈三斤。閲《南史・隱逸・劉凝之傳》，云：人嘗「認其所著屐，笑曰：『僕著已敗，令家中覓新者償君。』」案：《宋書》「敗」作「故」，「償」作「備」，「備」即今之「賠」字也。皆以《宋書》爲優。「故」字與「新」對。

邸鈔：以詹事府詹事徐致祥爲内閣學士，兼禮部侍郎銜。詔：此次京察引見年至六十五歲以上之兵部郎中景亮、趙慶麟，刑部郎中納默謹，均以原品休致。

初十日甲申　晨薄晴，上午後陰，甚寒。是日市中決盜。閲《聖武記》。得紱丈書，以《七十述懷》七律三首見示。禔盦來謝爲壽。得孫琴西布政江寧書。作復紱丈書并詩。姜仲白來邀飲聚寶堂，晚同車往，坐有仲彝、子縝、敦夫、杜葆初、霞芬、扶雲，夜一更後歸。月頗佳。

邸鈔：上諭：李瀚章等奏休致光禄寺卿雷以諴重遇鹿鳴筵宴一摺。雷以諴加恩賞還原銜，准其重赴鹿鳴筵宴。雷以諴，湖北咸寧人，道光辛巳舉人，癸未進士，由部曹改御史、給事中，升内閣侍讀學士，至左副都御史，巡察南河，幫辦江北軍務，加侍郎銜，又加尚書銜，革職戍軍臺。咸豐九年賞四品頂戴，署理陝西布政使。上年授光禄寺卿，署刑部右侍郎。同治元年京察，勒令休致。今年八十四歲。

十一日乙酉　晴。比日窘甚不堪，以敝裘質京錢百三十千。婁丙衡以婦喪來訃，送奠分四千。作書致孺初，問其疾，得復。讀《史記・匈奴傳》。夜陰，二更後有雪。殷萼庭招飲，辭之。

邸鈔：上諭：前據閻敬銘、曾國荃奏山西吉州知州段鼎燿扣留振銀不發，降旨將該員革職審訊。兹據閻敬銘等審明具奏，此案已革知州段鼎燿於奉發振銀四千兩並不散放，將前任知州李徵材買補還倉穀石私自糶賣，所稟捐銀買穀墊發耔種及墊買振糧倉穀各情，均係虚揑，並無其事。散放義社倉穀以少報多，希圖冒銷影射抵扣振銀，殊屬貪婪不法。被灾省分，朝廷廑念，惟恐一夫失所。該革員喪心昧良，膽敢肆意侵吞，置災黎於不顧。若不從嚴懲辦，何以肅法紀而儆效尤？ 閻敬銘等請將該革員照侵盜錢糧入己一千兩以上例擬斬監候，惟因侵吞振銀於未定案前全數完繳，照例減等定擬，殊屬輕縱。段鼎燿著即行正法，以昭炯戒。 陝西西安府知府李慎漢軍，癸丑。升延榆綏兵備道。

十二日丙戌　晨微雪，旋晴，甚寒。校《漢書·匈奴傳》。剃頭。姬人詣吕仙祠上扁額。姜仲白來。傍晚詣紫泉苦次，久談。晚詣聚寶堂赴敦夫之招，坐有仲彝、子縝、禔盦、仲白、葆初及霞芬諸郎。夜月甚佳，一更後邀諸君飲雲龢堂，霞芬新定居也。君表、正甫諸君亦在，談諧頗暢，三更後始歸。付霞觴錢四十千，僕賞十千，車錢十千。

邸鈔：詔：派兵部尚書廣壽、刑部右侍郎錢寶廉馳驛往山東查辦事件，隨帶司員一併馳驛。 刑部郎中齡椿授陝西西安府遺缺知府。

十三日丁亥　晴，風，嚴寒如冬中。校《後漢書·南匈奴傳》。

邸鈔：上諭：前據給事中吴鎮奏丁寶楨誤聽道員丁士彬之言，將灌縣離堆拆毀，有礙水利等情，當派恩承、童華前往查辦。兹據奏稱，查明都江堰堤工原參毁掘石梁及淹没田廬各節，尚無其事。惟該處舊用竹籠作堤，此次全行揭去，改用石工，並加寬厚，致河身逼窄，水勢激冲，將新堤一百三十丈冲刷過半，與丁寶楨所奏僅冲刷金剛墻三丈餘情形迥不相符等語。丁寶楨辦理堤工要務，又值經費支絀之時，乃僅憑丁士彬之言，並不詳細考察，率更成法，發帑興工，以致被水衝刷，又不據實奏陳，迨至降旨詢問，仍以人字堤豪無損折等辭粉飾覆奏，實屬辦理乖方。丁寶楨著交部議處。 前署成綿龍茂道丁士彬、前署灌縣知縣陸葆德，承修堤工，領款甚鉅。 現經查明做法與原禀懸殊，難保無浮冒侵蝕情事。丁士彬、陸葆德均著先行交部議處，仍交恩承、童華確查有無情弊，據實具奏，並著該督將此項工程迅速核實，造册報銷。上諭：前因丁寶楨、李宗羲先後覆奏四川東鄉縣一案情節不符，當派恩承、童華前往查辦。兹據恩承等奏，已革大員供詞狡展，請旨嚴訊，並請將玩誤公事之知縣議處一摺。已革提督李有恒等，經恩承等提訊，强詞狡辯，忽認忽翻，亟應徹底根究。著恩承、童華嚴行審訊。倘仍堅不吐實，即著按照藩臬兩司並委員李傳駿等詳稟各節，秉公酌斷，定擬具奏。至東鄉案内應訊之糧紳李開邦等，經恩承等札令東鄉縣知縣路朝霖解省候審，該員任意遷延，迄無一人解到，實屬玩誤。路朝霖著先行交部議處。

十四日戊子　卯正初刻三分驚蟄，二月節。晡寒，晡後微陰。紫泉爲其太翁開吊，送奠分十四千。校《後漢書·烏桓鮮卑傳》。馮子因自江右來，得張公束書。仲彝來，傍晚邀同禔盦、敦夫、仲白、子縝飲聚寶堂，招霞芬。夜一更後復邀飲春馥堂，蹋月而往，仍招霞芬。三更後歸，月皎於晝，而寒甚。

邸鈔：上諭：正紅旗滿洲暨查旗給事中安祥奏南新倉米色黴變，不堪兵食，查倉御史鄧慶奏查詢黴變情形，請旨辦理各一摺。倉厫米石，關係緊要，乃南新倉應放本月正紅旗滿洲甲米，查有黴變不堪食用，實屬不成事體。著景廉、賀壽慈前赴南新倉查看各厫米色，將該倉米數認真盤查，如有短缺情弊，即行嚴參。其該旗應領本月甲米，即著户部另行札倉，趕緊開放。

十五日己丑　晴。得雲門人日宜昌書。比日盆中紅梅盛放，水仙亦開，點玉吹脂，香韵幽絶。寂無人事，終日勘書。雖乞米典衣，窮不自給，如此清福，宜亦有所折除也。夜月甚佳。

邸鈔：上諭：劉坤一奏請將已故藩司優恤予謚並將事蹟宣付史館一摺。前廣東布政使楊慶麟由翰林洊擢藩司，克盡厥職，兹因痛母情切，遽以身殉，實屬可憫，著交部照布政使例賜恤。至易名之典，出自特恩，非臣下所得率請。楊慶麟平日循分供職，並無異常勞勣，所請予謚並將事蹟宣付史館，殊屬不合。劉坤一著交部議處。前廣東巡撫張兆棟、學政吴寶恕一併交部察議。奏稱慶麟本生母以十二月十八日卒，慶麟即以今年正月三日在苫次一慟而絶。詔：此次京察一等覆帶引見各員，除陳啓焜、內閣侍讀。施之博、翰林院編修。周德潤、編修。洪鈞、修撰。龍湛霖、編修。韋業祥、編修。甘醴銘、檢討。劉廷枚、編修。奕杕、宗人府副理事官。博啓、吏部郎中。白桓、吏部員外郎。張照南、户部郎中。廷愷、户部員外郎、內倉監督。增貴、户部員外。忠斌、户部員外。霍順武、户部員外。范鴻謨、户部員外。鳳英、户部顔料庫員外。英文、禮部員外郎，提督四譯館。萬培因、禮部員外。常喜、兵部郎中。胡義質、兵部員外郎。敖册賢、刑部郎中。福謙、刑部員外。苗穎章、刑部員外。素麟、工部郎中。文光、工部郎中。耆紳、工部員外。蔡同春、工部員外。存振、理藩院郎中。崇絢、理藩院郎中。李宏謨、工科掌印給事中，巡北城。和寶、京畿道御史。胡聘之、掌河南道御史，巡西城。何桂芳户部郎中，坐糧廳。毋庸記名外，户部銀庫郎中宗室敬信仍以四五品京堂補用；宗人府理事官宗室阿克丹以四五品京堂補用；户部員外郎宗室松安、兵部員外郎宗室豐烈以五品京堂補用；禮部郎中善聯、工部郎中文沛本係專用道員，交軍機處記名，仍專以道員用；內閣侍讀鍾秀、王憲曾，壬戌。翰林院侍讀英煦、辛未。張家驤，壬戌。右春坊右中允聯元，戊辰。編修崔志道、壬戌。曹煒、癸亥。劉燡、癸亥。何金壽、壬戌榜眼。陳振瀛、癸亥。于蔭霖、己未。尹蕭怡、壬戌。解煜、癸亥。張端卿，乙丑。檢討周冠、庚申。童棫，癸丑。軍機翻書房章京、刑部郎中魁元，吏部郎中春岫、葉廷杰，乙巳。員外郎崧蕃，户部郎中額勒精額、宜霖、紹榮、秦焕，庚申。員外郎朱丙壽，乙丑。禮部郎中王毓藻，癸亥。兵部郎中貴成、蘇佩訓，己未。刑部郎中桂斌、慶恩、劉正品、丙辰。張岳年，壬子舉人。工部郎中鄂禮、恩良、林鳳官，拔貢。理藩院郎中全志、恒齡，員外郎豐紳泰，兵科掌印給事中克什布，掌京畿道御史奎光、馮爾昌，癸亥。京畿道御史余上華，丙辰。太僕寺右司員外郎景桂，步軍統領衙門員外郎倭什鏗額，吏部郎中、户部坐糧廳聯興，俱交軍機處記名，以道府用；内務府郎中、奏事處權賡音布記名以關差道府用。

十六日庚寅　晴，有風。仲彝、仲白來。讀揚子《法言》。

十七日辛卯　晴。子縝、敦夫來。讀《荀子》。

邸鈔：上諭：兵部奏遵議前任提督處分一摺。前任浙江提督鮑超，住宅不戒於火，延燒前奉御賞各件，著照部議罰俸六月，准其抵銷。該提督所奉硃批，未經恭繳，該部查照稽遲不繳革職公罪例請旨遵行，本屬咎有應得，惟念該提督不諳體制，從前帶兵剿賊，著有戰功，加恩寬免。鮑超奏稱於居宅建御書樓供奉御賞各件，因工匠修樓，遺火被焚，自請議處，借用四川總督關防馳奏。詔：廣壽、錢寶廉現在出差，以刑部尚書文煜兼署兵部尚書，理藩院尚書察杭阿暫兼署禮部尚書，恩承缺。太僕寺卿夏家鎬署理刑部右侍郎，左副都御史程祖誥暫署兵部右侍郎。夏同善缺。

十八日壬辰　晴和。得禔盦書，饋酒一甀，甀容五斗。金繡佩飾一匣，絲兩純，紙四幅，受酒與紙，作書復謝，犒使四千。朱蓉生邀飲福興居，辭之。仲彝來。作書致伯寅，得復。再得伯寅書，饋銀十兩，即復。讀《荀子》。夜補作詩七首。

七月二十九日王厚齋尚書生日許竹篔朱鼎甫兩編修袁公廌户部濮梓泉庶常觴予於松筠庵爲豫作五十之壽賦詩奉酬二首

雲物清秋近帝閶，勝流裙屐展華觴。生辰爲借深寧叟，佳事長留諫草堂。敢冀家傳比麟鳳，厚齋與弟太常博士應鳳同日生。相期晚節勵冰霜。百年耆舊凋零盡，修敬居然到漫郎。

甬江私淑自平生，困學樓居舊系名。余讀書一小樓，先君子顔之曰困學，後所得書皆儲其中，經亂悉燬，孫退宜山人詩所謂『困學書樓已作塵』者也。異代經師尊伏勝，九流學海匹康成。讀書深愧知非晚，聞道還期炳燭明。厚齋自題《困學紀聞》云：『炳燭之明，困志不分。』勉接東南文獻脉，坐中廚顧一時英。

東坡先生生日同年曾君表羊敦叔兩比部陶仲彝郡丞子縝編修鮑敦夫陳汝翼兩編修楊正甫舍人携廚傳過寓齋爲予豫壽五十賦詩紀事三首

梅花深雪照瓊筵，剛是南飛鶴降天。詩虎酒龍千里聚，瓊枝璧月兩行妍。有樂部霞芬諸郎。已知此集傳圖畫，自覺清談勝管弦。良夜百杯應不惜，人生能幾到華顛。

戒公過嶺語將迎，我亦瞿曇記再生。余前生爲天台僧。笑學雄文成畫虎，差傳豪氣欲騎鯨。命宮宿柳猶非匹，酒户量蕉足並名。忽憶卯君琴已絶，香盤拄杖不勝情。謂去年仲弟之痛。

游戲紅塵鬢已華，耕雲修月作生涯。謫仙再世丹元子，書吏新宮蔡少霞。竺屐隨緣成舊雨，海天一醉借名花。題詩他日推庚甲，九老同過李叟家。是日主客共九人。

己卯元夜敦夫敦叔仲彝子縝及(此處塗抹)孝廉小集寓齋

上元風日入春妍，開徑停雲小啓筵。貧裏杯盤三韭足，客中燈月一家圓。閑身因病能無事，佳節占晴喜有年。爲想傳柑宣宴罷，漏聲隱隱鳳城邊。

賀伯寅擢御史大夫

漢廷亞相繼三公，首陟臺端一品崇。獨坐舊居中執法，六官仍莅少司空。君於甲子、乙丑間以副都御史署工部右侍郎，及今擢總憲，仍攝工部左侍郎，皆以山陵事也。蘭陔日映宫袍紫，蓮炬春回苑樹紅。自有清名驚百辟，不須白簡已生風。

花朝夜飲霞芬新居

驕驄扶醉趁花朝，來扣銅鋪月上梢。深院漏聲通密坐，畫簾燈影定新巢。倩顔上酒春紅重，纖手藏鉤軟玉交。似此良宵暫行樂，銀屏咫尺忍輕抛。

邸鈔：上諭：吏部奏遵議前任藩司等處分一摺。前署山東巡撫、布政使李元華，著照部議即行革職。四川候補道、前任山東曹州府知府馬映奎應得降一級調用處分，著准其抵銷。詔：翰林院侍講學士吴寶恕轉補侍讀學士，以侍講廖壽恒爲侍講學士。右春坊右中允張鵬翼轉補左春坊左中允，國子監司業汪鳴鑾補授右中允。吏科給事中周鶴補授兵科掌印給事中。掌京畿道御史馮爾昌升兵科給事中。京畿道御史余上華升户科給事中。周聲澍憂缺。前河南河北道吴潮以知府選用。工科給事中安祥補授户科掌印給事中。

十九日癸巳　晴。得伯寅書，即復。作書致子縝，并寫詩五首與之。校《宋書》及《南史》隱逸傳。是日始徹鑪火。付王嫗工食錢六千。

邸鈔：上諭：吏部奏遵議大員等處分一摺。丁寶楨應得降三級調用，即行革任處分，加恩降爲三品頂帶，仍留四川總督之任。四川川東道、前署成龍綿茂道丁士彬、榮昌縣知縣、前署灌縣知縣陸葆德，均照部議先行革職。詔：翰林院侍讀張家驤在毓慶宫學習行走。

二十日甲午　晨及上午陰，有風，下午晴。先祖考忌日及庶祖母張節孝忌日，供饋肉肴六豆，菜肴六豆，菌菜羹一，饅頭兩大盤，春餅一盤，頻果、大梨各一盤，蓮子湯一巡，酒三巡，飯兩巡，晡後畢事，焚楮錢兩挂。得子縝書，并和《飲霞芬新居》詩一首。夜校《宋書》《南史》隱逸傳。

邸鈔：四川雅州府知府彭名湜升川東兵備道。户部郎中恩綸授浙江紹興府知府。本任知府奇臣丁憂。

二十一日乙未　大風，晴。得紱丈書，借日記，即復。仲彝來談竟日。校《宋書》《南史》孝義傳。

都中自去年十月坊市小兒忽歌云：『太平年，太平初，十八女兒想丈夫，媽媽你好糊塗。』音節凄促，漸至今年，遍滿内外城，不知其所來。近日聞廣西、雲南皆馳奏李揚材事。李揚材者，廣東靈山人，歷從楚軍征伐，江寧之克，亦與其役，積功至記名提督。别爲營部，防剿廣西，所部漸至十餘萬。去年署廣西右江鎮總兵，代者未至，巡撫楊重雅檄令去任。（良）〔揚〕材乞緩期。不許，且詬之，又令遣散所部。揚材索餉，亦不許。遂怒，率所部出太平關，投書重雅及廣西提督馮子材，言中國既不能容，當并力圖越南，以自存活。迭破越南諸郡縣，直搗其國都。越南告急，法蘭西夷以越南所屬國也，亦移書通商衙門。朝議依違而已。而揚材衆益盛，至百餘萬，遂克其都城。蓋其東京，唐之交州都護治所也。馮子材出關擊之，大敗而還。阮氏請夷兵攻之，亦敗。揚遂建國號曰新，改元順清元年，名所都曰太平府。豈童謡此之讖與？

邸鈔：編修崔志道授四川雅州府知府。

二十二日丙申　晴。校《南齊書》《南史》孝義傳。得紱丈書，即復。作書致子縝，爲紱丈借莫子偲《經眼録》。

二十三日丁酉　晴，比日頗寒。作書致紱丈。仲彝來，禔盦來，下午偕兩君至慶樂園觀劇，晚邀兩君及敦夫、子縝飲豐樓，敦夫不至。招霞芬，夜二更時歸。付酒保等錢七千，編葦籬錢三千。得紱丈書。

邸鈔：上諭：林肇元奏黔省用款難籌，請暫緩停捐一摺。各省捐輸，業經户部覆奏，諭令將籌餉事例概行停止。林肇元所請暫緩停止黔捐，著毋庸議。至該省用度浩繁，入不敷出，亦屬實在情形。

各省應撥協濟該省餉項，著户部嚴催各督撫竭力籌撥，源源接濟，勿誤要需。張樹聲到任後即著通盤籌畫，將該省防營酌量裁減，一切用項，力求撙節。每年實需經費若干、歲入之數若干、近年捐輸實在銀數若干，據實分晰具奏，再由户部指撥有著之款抵補。該署撫即遵奉前旨，將該省停捐事宜趕緊辦理，毋稍稽延。

二十四日戊戌　社日。晴。剃頭。校《梁書・孝行傳》《南史・孝義傳》。晚世士大夫當多讀此等文字，方自知非人類也。得紱丈書，借《淮南子》，即復。

蕚庭來，以張香濤《書目答問》相商。此書余未嘗過目，乃已有翻刻者。今日閲之，所取既博，條例復明，實爲切要之書。惟意在自炫，稍病貪多，非教中人之法。又經學諸門，所注太略。甲部爲讀書先務，既欲以誘人，宜最其菁華，條注書名之下，使人知涂轍所先，不可不讀。至其例以低一格者爲次。然如惠松崖氏之《周易述》及《易漢學》，江鱷濤氏之《尚書集注音疏》，乃古訓專門，桂未谷氏之《説文義證》，爲古義薈澤，皆學問之淵海，考據之輨鍵，稍知學者，宜首從事，而皆列之低格。於集部出入，尤多不確也。付戴齡工食錢八千，順兒工食六千。

二十五日己亥　晴。得紱丈書，借《晉書》，即復。下午偕仲彝至邑館，與敦夫、子縝談。子縝邀晚飲宴賓齋，夜一更許歸。雜閲群書。是日見邸鈔，四川榮昌、東鄉知縣皆別選人，蓋吏部議，路朝霖亦降調矣。朝霖爲人，見余壬申日記。其父名璜，爲河南洛陽知縣，去年以署安陽匿灾事革職。

二十六日庚子　晴。午前後微陰。雜閲群書。周福清來，以金谿令被劾入都引見者。印結局送來是月公費銀十六兩七錢。付豫製褶緥等錢卅六千四百。

邸鈔：上諭：翰林院侍講張佩綸奏山西人李鍾銘即李春山，在琉璃廠開設寶名齋書鋪，藉勢招搖，干預公事，煽惑官場，敗壞風氣，請飭驅逐等語。李鍾銘身爲商賈，膽敢不安本分，至於此極，亟應嚴行究辦。該侍講所稱商人捏稱工部尚書賀壽慈親戚招搖撞騙一節，李鍾銘與賀壽慈究竟有無戚誼，著該尚書明白回奏。其所稱與内外官吏交結往來，包攬户部報銷，打點吏部銓補，爲京員鑽營差使，爲外官謀幹私書，戴用五品冠服，每有職官引見驗放，混入當差官員出入景運門各節，著都察院堂官將該商人傳案逐款訊明，據實具奏。至身膺仕宦，宜如何敦品勵行，謹守防閑。若如所奏，近來士大夫不分流品，風尚日靡，至顯秩崇階，有與吏胥市儈，飲博觀劇，酬酢饋遺，實屬不知自愛。嗣後如有此等情事，或一經奏參，或別經發覺，定當照例嚴懲，決不寬貸。以詹事府詹事興廉爲内閣學士，兼禮部侍郎銜。詔：陝西鹽法道方鼎録、雲南廣南府知府廖修明均開缺，送部引見。詔：江蘇、浙江本届漕米各四萬石，撥給直隸文安等被水州縣，振濟灾區。從李鴻章請也。

二十七日辛丑　晴。比日忽忽，時若小極，讀書凌亂，無可記者。子縝以是日移賈家胡衕新居，下午步詣之，敦夫、仲彝、仲白皆在，小坐而歸。

邸鈔：駐藏幫辦大臣錫縝奏病難速痊，懇請開缺。許之。錫縝初以户部郎中簡授江西督糧道，告病不赴。及修《穆宗實録》，派充提調。以乞病之道員，占翰詹之劇任，本非故事，乃館事敘勞，得内閣侍讀學士，未幾而有此授。其出入皆非恒例，今復乞病不赴，爲不樂外任歟？抑巧取捷徑歟？皆不得而知矣。内閣侍讀鍾秀授廣東潮州府遺缺知府。

二十八日壬寅　晴，下午有風。作書致姜仲白，爲紱丈借《醫醇》。寫單約繆小山、朱蓉生、馮子因、許竹篔諸君明日小飲。

校《漢書》韓安國等傳。《安國傳》：高祖曰：『提三尺取天下者，朕也。』《高祖紀》亦云：『吾以布衣提三尺。』師古注云：三尺，劍也。今流俗本『三尺』下妄加『劍』字。案《史記》兩處皆有『劍』字，不必皆是妄人所加。《考工記》言：上士劍長三尺，中士劍長二尺五寸，下士劍長(三)〔二〕尺。所謂上中下者，以形貌大小言之，則劍不必定是三尺。疑師古所見《漢書》本偶脱兩『劍』字，遂附會之。觀安國此傳，如論匈奴云『自上古弗屬』，《史記》作『自上古不屬爲人』，據《索隱》引晉灼云『不内屬於漢爲人』，正本晉灼《漢書》注，則《漢書》本作『弗屬爲人』。詳見王氏《讀書雜志》。『弗屬爲人』，猶弗屬爲民也。而師古本無『爲人』二字，則解曰不内屬於中國矣。又云：『安國爲人多大略，知足以當世取舍。』《史記》作『取合』。汲本亦誤作『舍』。取合，猶迎合，謂安國之智足以取合於世也。而師古本誤作『舍』，遂注曰『舍，止也』『可取則取，可止則止』矣。又云：於梁舉壺遂、臧固、至它，皆天下名士。《史記》作『郅它』。《索隱》以爲人名，是也。『郅』與『至』通，王氏《雜志》亦言之。『它』即今『他』字，古人名『它』者，如涉它、尹公之它、項它，亦作『佗』，皆同字。不可枚舉。而師古讀『至它』爲虚字，遂注曰『於梁舉二人，至於它餘所舉，亦皆名士』矣。此等皆望文爲説，亦猶注『三尺』之比耳。然則唐彦謙詩所謂『耳聞明主提三尺』者，葉少藴譏其爲縮後語，雖失檢《漢書》，亦非無理也。

得紱丈書，還《醫醇》，即作片致姜仲白還之。

邸鈔：上諭：賀壽慈奏遵旨明白回奏一摺。據稱該尚書與商人李鍾銘並無真正戚誼，素日亦無往來，其有無在外招摇撞騙之處，請飭都察院查究等語。著都察院堂官懔遵前旨，將李鍾銘傳案確切查訊，據實具奏。外間皆云賀壽慈之妾李鍾銘所贈，今立以爲夫人。而鍾銘之妻，賀之婢也，今亦冒五品封。賀日往來其家，呼之爲女，而鍾銘呼賀爲丈人，此回奏所云『非真正戚誼』，乃假邪戚誼之供狀也。　以成都副都統色楞額爲副都統銜駐藏幫辦大臣。以西安協領多綸布爲福州副都統。本任福州副都統全福告病。

二十九日癸卯　辰初一刻七分春分，二月中。晴。每年今日祀先，以今年閏三月，而清明在三月十四日，故改春分之饋於清明，以酌疏數之中。錢篴仙爲其兄楞仙司業開吊，送奠分四千。楞仙名振倫，戊戌翰林，告歸二十餘年，主揚州安定書院，遂卒於揚，年六十四。其人頗孤介，有學。常熟翁文端，其乙未鄉試座主也，以女妻之。而翁婿不相能，每詆翁爲不學，士論以此少之。所著已刻者有《示樸齋駢文》。聞其胎息義山，甚有唐法。又嘗與其弟共注《樊南文集補編》十二卷，余皆未之見也。近日翰林家居有文名者，司業與臨川李小湖、大理聯琇出處相似，大理告歸時，年亦甫逾三十，遂主講以終，所著詩文集皆已刻，聞亦多佳構，去年亦卒於江寧鍾山書院矣。爲陶心雲點定近詩。傍晚詣宴賓齋，邀朱、繆、許三君飲，夜一更後歸。付賃屋銀八兩。

邸鈔：上諭：前據給事中吴鎮奏參四川總督丁寶楨不諳機器，私虧庫款，縱容私人，徇庇劣員等情，當派恩承、童華前往查辦。兹據覆奏，原參各款所設機器局費用較鉅，製造未精，著該督即將此局停止。道員勞文翿管理籌餉局務，所稱並無提銀送歸督署之事，有無掩飾，著先行撤去差使，責成藩、臬兩司將歷年收發款目逐一清查覈算，如有不實不盡，再行揭參。至原參道員丁士彬、勞文翿，前署華陽縣知縣田秀栗與門丁黄瑞廷交結等情，雖無確據，然人言藉藉，豈盡無因？除丁士彬業經革職外，著該督即將田秀栗撤任，督同藩、臬兩司隨時密查。該員及勞文翿聲名如果平常，即行據實參奏，不得稍涉回護。並著將家丁黄瑞廷驅逐出境，毋任逗留。上諭：御史李璠奏商人李鍾銘又名李炳勳，書鋪住宅侵占官地，並將栖止貧民義院霸占造房，請飭嚴訊等語。著都察院堂官歸入前案確切查訊，據實具奏。上諭：御史李璠奏霸昌等道及直隸道府與各省駐防旗員有距該旗藉五百里以内者，請飭明定回避章程等語。著吏部議奏。以鑲黄旗漢軍副都統維慶調補成都副都統。工部左侍郎文澂補鑲黄旗漢軍副都統。

三十日甲辰　晴，有風，甚寒。是日得文一首。

書南史孝義傳後

余讀《宋》《齊書》孝義、《梁書》孝行等傳及《南史·孝義傳》，而不禁廢書歎也。秉彝之好，人所共有。當六朝之際，朝廷日以弑殺爲事，梟鏡虺豺，接跂連踵。而窮檐編户之下，乃孝義天至，過人之行，史不絶書，此天心之仁不絶於天下，亦生理之所恃以存者，固不足怪。吾獨怪夫時之人君，亦皆表里旌閭，賜粟振帛，如恐不及，其累世同居或同爨者，亦皆蠲其調役；而於己之兄弟子姓，則斬艾如草芔，絶不少顧惜。豈真權勢之所迫，如昔人所言，周公、管、蔡不處於齊民，遂不得保其白首歟？抑祖制相沿，以旌恤爲故事，徇有司之奏，聞而行之，果不一以動其心歟？蓋惻怛好善之性，雖極强暴者亦有時而一發。故以北齊高洋之慘虐，可謂全無人心者，而其戒射梟晝人，猶以日射人爲非。南朝諸主，齊明之惡甚矣，高帝以諸子翼而長之，又受武帝重寄，而剿絶其子孫，甚於敵仇。然當誅戮方行，必先對之以泣。范雲爲言竟陵王子良諱夢之事，而嗚咽流涕，謂竟陵此恩不可負，是亦有幾希之未滅者。特其時居位者，大率高門世胄，夜氣梏亡，甚於其君，無能以仁心感動發其天良者。烏虖！梁武、簡文，佞佛爲害。然當其時，骨肉之禍獨小。此儒術既絶，先王之教不行，憂世者有不能已而用二氏者歟？

邸鈔：上諭：宗人府代奏貝勒奕劻之本生父病故，懇請成服百日，請旨辦理一摺。綿性現在病故，奕劻准其成服百日。奕劻在御前大臣上行走有年，尚屬勤慎。綿性已革副都統銜加恩賞還。以□□□師曾爲内閣學士，兼禮部侍郎銜。上諭：吏部奏遵議處分一摺。兩廣總督劉坤一應得降二級留任處分，著不准抵銷。

三月乙巳朔　晴。得吳碩卿歲暮廣州書，言已得一子。作書致禔盦，致敦夫、子縝，約三日飲龍樹寺爲仲彝餞行，均得復。讀《周禮》。子縝、敦夫來。夜睡甚遲。

邸鈔：工科掌印給事中李宏謨祥符，丙辰。升通政司參議。翰林院編修張之洞升國子監司業。通參李祉於去年十二月丁憂。

初二日丙午　微晴多陰。禔盦來。剃頭。讀《周禮》。

邸鈔：詔：初四日親詣大高殿祈雨，時應宮等遣惇親王、恭親王、惠郡王及貝勒載瀓分禱。以大理寺卿宗室寶森鑲藍，庚申。爲都察院左副都御史。以左春坊左庶子黄體芳爲翰林院侍講學士。

初三日丁未　晴，下午有風。馮子因來，言初七日行。午偕仲彝詣龍樹寺，坐蒹葭簃。敦夫、禔盦、子縝旋至。晡初酒行，霞芬、扶雲諸郎先後來。是日風日晴麗，游塵寂然，軒窗面水，明瑟如繪，壺炙間進，談諧甚愜，終日而罷，客中之佳集也。黄昏始歸。付廚賞錢十千，霞車四千，客車三千，酒錢十二千。

邸鈔：詔：五城飯廠及朝陽閣等處粥廠均展限兩月。從巡視中城等御史請也。國子監司業榮惠升内閣侍讀學士。詹事府右庶子福錕轉左庶子，翰林院侍讀英煦升右庶子。

初四日戊申　晴，下午有風，甚寒。得子縝書并昨日紀游詩，即復。得禔盦昨日紀集（時）〔詩〕，即復。校《史記·韓世家》《田敬仲完世家》。夜得詩四首。

己卯三月三日偕敦夫禔盦子縝集城南龍樹院餞仲彝之官吳中子縝有作即和其韵

銀罌翠榼向城闉，暫緩驪歌拂鈿塵。魏晉清游三日例，京華佳事曲江春。尊前草入池塘色，坐畔花依鏡檻人。爲説渡頭桃葉近，湔裙重待玉河濱。時子縝姬人將至，有閏三日游極樂寺之約。

同日禔盦復以詩見示再和之

城南游屐歇經年，爲選良辰作祖筵。風動葦間明積水，山斜堞影入春烟。醉鄉漸覺花枝老，歸路愁看草色連。絶憶全家上河日，夕陽簫鼓郭門船。余家舊事，以是日詣木客山上高祖冢，山與蘭亭連。君詩末聯憶禊亭之勝，故述所懷。

送仲彝試令江南二首

送君此去試鳴琴，春水桃花别思深。群從才名俱國用，中年出處總親心。九科匡鼎知非計，匹絹胡威好嗣音。自古江南游宦樂，不須手版歎浮沉。

大府争求汰吏方，近傳明詔罷貲郎。澄清漸見官師肅，撫字尤資牧令良。幸有寫書傳治譜，莫嗟捧檄滯周行。懸知十畝公田稻，猶勝侏儒羨一囊。

邸鈔：上諭：翰林院侍講學士黄體芳奏大臣覆奏欺罔，據實直陳一摺。據稱工部尚書賀壽慈與商人李鍾銘毫無瓜葛，惟李鍾銘前後兩妻，賀壽慈皆認爲義女，往來一如親串。賀壽慈之轎常停其門，地當孔道，人人皆見。前次覆奏之語，顯然欺蒙等語。賀壽慈身爲大臣，於奉旨詢問，豈容稍有隱匿，自取愆尤？此次黄體芳所奏各節，著該尚書據實覆奏，不准一字揑飾。如敢回護前奏，稍涉欺蒙，别經發覺，決不寬貸。以上各節，並著都察院堂官歸入前案，會同刑部，將李鍾銘嚴切訊究。

初五日己酉　晴。雜閲群書。寫詩致子縝、禔盦，得子縝復。夜改作詩中一重字，至百思不得，展轉鷄鳴矣。昔人所云艱於一字，然亦無益，費精神也。

初六日庚戌　晨及上午陰，午後微晴。作致張公束南昌書、王松谿南昌書，并寫去冬自壽詞兩闋寄之，俱託馮子因附去。下午詣子因送行，又答拜周福清，詣繆小山、姜仲白，俱不值，晡後歸。仲白來，邀同敦夫、仲彝飲聚寶堂，夜赴之。招霞芬，一更後歸。付車飯錢七千。

邸鈔：上諭：景廉、賀壽慈奏盤查米石完竣，開單呈覽，並據畢道遠奏倉米短缺，將監督奏參，自請議處各一摺。倉庾正供，豈容稍有短缺？南新倉米石竟虧至九萬五千九十餘石之多，殊堪痛恨，亟應嚴行究辦，以昭儆戒。該倉花户祁芳、王玉，書吏吴裕隆、韓繡，現在潛逃無蹤，著步軍統領衙門、順天府、五城御史一體嚴拏，按名弋獲，送交刑部嚴審。小甲金瑞先行交部審訊。該倉監督、工部員外郎豐林，兵部主事董泗，職司典守，於倉糧虧短，毫無知覺，形同聾瞶，且恐有徇隱侵蝕等弊，均著先行交部議處，撤去監督之任，聽候傳訊。倉場侍郎畢道遠，未能先事覺察，亦屬咎有應得，並著交部議處。查倉御史著刑部於定案時聲明請旨，所有虧短米數著落悉數賠補，應如何分賠之處，由該部查核辦理。該倉現存米石，著倉場侍郎迅即赴倉加封，以備開放。上諭：賀壽慈奏遵旨據實覆奏並自請治罪一摺。據稱該尚書曾向李鍾銘所開寶名齋書鋪購買書籍，照常交易，並無來往情弊。去冬至今，常在琉璃廠恭演龍輴車，時或順道至該鋪閲書等語。賀壽慈此次所奏各節，何以前次回奏時未經陳明？且恭演龍輴車係承辦要務，所稱順道閲書，亦屬非是。賀壽慈著先行交部議處。詔：沈葆楨現在來京陛見，吴元炳署理兩江總督並辦理通商事務大臣，勒方錡暫行護理江蘇巡撫。詔：本月二十一日啓鑾後，著派惇親王，協辦大學士、尚書全慶，尚書董恂，步軍統領榮禄留京辦事。命大學士李鴻章、載齡恭書神牌，肅親王隆懃、豫親王本格、貝勒載治、載瀓奉册寶入地宫。

初七日辛亥　晴。袁爽秋來，不見。爲仲彝書摺扇。作書致仲白，乞爲席姬診。禔盦來。仲白來。以上四事是初八日事，誤記於此。

初八日壬子　陰，微晴。是日頗疲劣不快。子縝來，留共午飯。爲孝仲事作書致敦夫。敦夫來。

以上三事是昨日事，互移先後。窗下及前院補種三桃樹。夜爲子縝書楹聯云：『古誼縑緗搜墜漢；閑情花葉鬥朝雲。』爲霞芬書楹聯兩聯，一云：『霞呈寶鏡雙花藹；芬染銀罏百福雲。』首尾藏其名字也。一云：『緑鸚款語宜春樹；玉燕新巢稱意花。』切其新居也。爲扶雲書楹聯云：『扶花吹絮春庭樂；雲影霞光綺户多。』爲鄭子霞妹夫書楹聯云：『壽獻金萱無量佛；春添珠樹寧馨兒。』宋人詩：『家無阿堵物，門有寧馨兒。』其母年將八十，且祝其生男也。

邸鈔：以詹事府少詹事孫家鼐爲内閣學士，兼禮部侍郎銜。以光禄寺卿鍾濂爲通政使司通政使。詔：免蹕路所經大興、通州、三河、薊州、遵化五州縣地方本年錢糧。

初九日癸丑　晴，微陰。得禔盦書，約今晚飲豐樓。作書致子縝并楹聯，得復。得雲門二月二十日宜昌書并近詩詞數首。得王氏妹二月二十七日書。仲彝以明日行，饋以食物，并犒其僕蔣福錢五千。夜詣豐樓赴禔盦之招，二更酒畢，子縝復邀飲景慶堂，皆爲仲彝話别也。四更後歸。比日心緒惡甚，思歸不得，又值送行，倍覺悽然魂斷。世之有親不肯養，有田不肯耕者，未嘗此境，終不悟耳。

邸鈔：户部銀庫郎中宗室敬信升内閣侍讀學士。兵科給事中馮爾昌轉鴻臚寺少卿。鴻少李汝弼於正月死。

初十日甲寅　晴。作書致敦夫。作書問紫泉疾。作書問君表疾。子縝書來，借書案及床，以案借之。得紱丈書，即復。是日體中復不佳，卧看唐人詩。

邸鈔：上諭：吏部奏遵議大員處分一摺。工部尚書賀壽慈著照部議降三級調用，不准抵銷。上諭：前據都察院奏江西試用從九品龔榕敬陳管見十二條，據呈代奏一摺。詳加披閲，所陳取真才中之變通文武兩試，汰冗兵中之移剳提督、罷徹塘汛，裕財用中之裁恩養恤賞及宗室廩糈、加徵丁錢、暫除烟禁並鑄銀餅一條，或變更成法，或有傷政體，均屬窒礙難行；其請廣漕儲、停外捐、省則例、減差役、核外官，業已隨時見諸施行，毋庸置議；惟請疏水利以固淮揚，關係漕運事宜，著各該督撫體察情形，酌議具奏；又請增京廉一節，能否辦理，著該部議奏；至求人材以達遠情一條，及各條内有關邊防等事者，交該衙門詳細查閲，用備采擇。

十一日乙卯　晨及上午陰，有風，頗寒，下午微晴。昨夜席姬所娠墮，已將九月矣。自去年十月震動後，腹漸大而不實，蓋胎已壞，而體充氣盛，不遽墜，其血積而日滿，至今乃胚塊雜下，血流如注，此亦小月之變證矣。家運衰替至此，深可歎悵。作書致仲白爲之診。紫泉來。仲白來。陳子香來。子香以頭等侍衛新選廣東督標參將。

邸鈔：以都察院左都御史潘祖蔭爲工部尚書；以吏部左侍郎童華爲都察院左都御史，未到任以前，以禮部尚書徐桐署理；吏部右侍郎黄倬轉左侍郎，未到任以前，仍以内閣學士徐致祥署理；以兵部右侍郎夏同善調補吏部右侍郎，未到任以前，仍以左副都御史張澐卿署理，以大理寺卿朱智爲兵部右侍郎，仍兼署工部右侍郎，兼管錢法堂事務。

十二日丙辰　晴。樆桃已華，柳稊漸長。念明日寒食矣，天涯流落，何日得歸？哀哉！子縝、敦夫來。夜月甚佳。

十三日丁巳　晴，下午微陰。是日甚和煦。作書致子縝。剃頭。比日生事乏絶，明日清明，當祀先，而魚菽之資，計無所出，至數夕不能寐，今日乃悉搜衣物，質得百千，遂命家人亨㲋割牲，肉菜雜治。祖宗血食，不過盡我之身，一息尚存，其敢解乎？潘孺老來。殷萼庭來。得子縝書并昨夕所填《高陽臺》詞。付戴齡錢三千，以是日罷。

邸鈔：以□□□□□恩麟爲内閣學士，兼禮部侍郎銜。詔：十六日再詣大高殿祈雨，分遣恭親王、惠郡王、貝勒載治、載澂禱時應宮等處。翰林院侍講烏拉布轉侍讀，右春坊右中允聯元升侍講。

十四日戊午　午初三刻三分清明，三月節。霒陰，午小雨，下午有風，晡後溦雨。祀曾祖考妣、祖考妣、本生祖考妣、先考妣，肉肴六豆，菜肴六豆，菜羹一，梨兩大盤，饅頭一盤，杏酪一巡，酒三巡，飯兩巡，晡後畢事，焚楮錢。得紱丈書，即復。得曾君表書。作書致子縝，得復。敦夫招晚飲宴賓齋，復書辭之。

十五日己未　陰。出門答客數家。詣蕁庭，借書數種而歸。

閲全謝山《鮚埼亭詩集》。共十卷，詩八百三十六首，道光十四年慈谿鄭爾齡據董小鈍校本及二老閣諸本付刻。先生詩爲餘事，而當日與杭堇浦、厲樊榭、趙谷林、意林、馬嶰谷等唱和極多，頗以此得名，亦頗以此自負。其詩學山谷而不甚工，古詩音節未諧，尤多趁韵，然直抒胸臆，語皆有物。其題目小注，多關掌故。於南宋殘明事，搜尋幽佚，尤足以廣見聞。五、七律頗有老成之作，暇當最録，以見其凡。

黄昏大風，夜初更雨。

邸鈔：上諭：前因翰林院侍講張佩綸奏四川候補道寶森特膺保薦，當經諭令丁寶楨、李鴻章據實具奏。旋據李鴻章覆陳，該員前在直隸歷任州縣，官聲尚好，在饒陽縣任内拏獲從逆要犯，得邀保奬。兹據丁寶楨奏稱，寶森在川省籌辦馬邊夷務，及裁徹夫馬局供應，辦理木坪土婦争印謀嫡要案，委辦夔關釐務，均能得力。寶森既經李鴻章、丁寶楨先後查明，即著毋庸置議。同日刻出湖北巡撫潘霨奏查明武昌府知府方大湜歷任官聲甚好一摺。略云：方大湜以湖南巴陵附生由前撫臣胡林翼調辦營務，洊升知縣。於署理襄陽縣任内，政績優異，專摺保奏，特擢知府。仕楚最久，樸誠峭直，操履端方，歷任督撫臣迭經奏保，衆論允孚。至樊口創建閘埧，咸豐年間即有此議，武昌府知府官非一任，均因博采輿論，利少害多，稟請禁止。知府有管轄屬縣之責，理應通籌兼顧，不能曲徇附近樊口之一隅。督撫臣職任疆圻，於此等農田水利事，宜權利害之重輕，分別准駁，公事公辦，固無所用其逢迎，亦何必藉人引導。臣深知督臣李瀚章辦理此事，隨時經畫，不設成心。方大湜如果迎合妄爲，臣雖至愚，亦何敢稍涉瞻徇云云。

十六日庚申　陰，下午微見日景。是日有風，甚寒。得子縝書，即復。作書致繆小山，借汪龍莊《九史同姓名略》《三史同名録》《元史本證》，得復。

閲《九史同姓名略》。共七十二卷。九史者，新、舊《唐書》，新、舊《五代史》，宋、遼、金、元四《史》及《明史》也。書成於乾隆五十六年龍莊署湖南道州知州時。前有自序及例言四則。其歸田後，又著《二十四史同姓名録》一百六十卷，《二十四史希姓録》四卷，皆未見刊行。據《病榻夢痕録餘》，自言《二十四史同姓名録》再録再校，尚有脱誤。補遺之功，俟之兒輩。則其書雖成，而尚未寫定，故行世惟此本也。其書分韵編次，上一格大字爲姓名，下一格小字分注一見某書、一見某史，與所著《史姓韵編》體式皆同。惟以編纂爲事，間亦有考訂，而發明者稀。蓋以爲讀史之助。董理繁碎，鈔纂之功，亦非易也。

其舛誤頗不能免，姑舉一二條言之。如『李』下有『商隱』一條云：一見《舊唐書·裴漼傳》，御史李商隱劾崔湜、鄭愔者。案此李商隱，《新唐書》本作李尚隱，《舊書·良吏·李尚隱傳》亦明載其事。《漼傳》作『商』，乃字誤耳。又有『暠』一條云：一見《唐書·藝文志》，晉人，撰碑頌雜文一百八十餘卷。案：此即凉武昭王，非有二人，『卷』當作『篇』。《晉書·凉武昭王傳》載所上晉帝兩表，《誡子文》兩篇，《述志賦》《槐樹賦》《大酒容賦》《上巳宴曲水詩序》《夫人辛氏誄》，又云自餘詩賦數十篇。《隋書》《舊唐書》經籍兩志皆不載其集，《新唐書》始見於志。

此類蓋不勝僂指。又帝諱亦皆並列，尤爲非體。且其斷代始唐，而於《唐書·世系表》《藝文志》所載者，雖三代秦漢時人概爲牽入，自亂其例。甚至於『朱』下載入『朱虎』，以朱温妄造爲舜臣朱虎之後，遂據《舊五代史·梁紀》亦混入之。又其例皆略載始終官位事蹟，而如蘇轍下云：仕仁宗至哲宗，元祐官翰林學士，徽宗朝大中大夫致仕。竟不知子由官至黄門侍郎、尚書右丞，爲宋之執政。此等皆失之眉睫者也。此書鄖時浙中多有，直亦甚廉，近則頗不易得矣。

閲《三史同名》，共四十卷，《元史本證》，共五十卷，皆龍莊晚年所撰。據《病榻夢痕録餘》，言兩書皆刻於嘉慶辛酉，時龍莊年七十二歲。而行世絶少，余未之見也。此本筱山得之琉璃廠，爲高郵王文簡故物。《三史同名録》者，《遼史》五卷，《金史》十卷，《元史》二十卷，分載遼、金、蒙古、色目人之同名，其有姓者著之於下，以名之首一字分韵編次。遼、金則以名爲綱，而分注氏姓；元則以蒙古、色目及遼、金部族爲主，而附存漢姓。其漢人、南人間有不繫姓者，則不書附字。又《總録》二卷，載三《史》之同名者；《附録》二卷，載《五代史》《宋史》《明史》人名之同於三《史》者。《敘録》一卷，則其序目也。其前有章氏學誠序一首。《元史本證》者，《證誤》二十三卷，《證遺》十三卷，《證名》十四卷，皆取《元史》紀、傳、表、志之文參稽互證，不旁及它書。

兩書之成，龍莊時已老病，其子因可繼培爲之補輯，故多附繼培案語。其體例版式，與《史姓韵編》《九史同姓名略》絶不同。《本證》無序文。據《夢痕録餘》載，王葆淳師即文端公杰。答書，稱兩書考訂非易，甚有益於學者，不可云讀書末節。自序二篇，極有關系。今惟《三史同名録·敘録》卷中有自序一首，殆王氏此本偶失之也。遼、金、元三《史》人名糾雜，最爲讀史者所病。《元史》潦草舛戾，考索爲難。龍莊縷析條分，使人易瞭，非細心耐勞者不能爲此，誠如文端所言。然遼、金、元人之同名者，當合三《史》而編之，其見於五代、宋、明諸《史》者，則低一格附之。其史文本各系姓者則不必載，庶更令讀者醒目。《元史》草率成書，自當參證它籍。今其書中考辨精確者，皆取之錢氏《考異》也。

夜大雪。付更夫楊庸直八千，以是日罷。

邸鈔：上諭：前據都察院奏侍衛倭興額呈控署吉林將軍銘安於奉旨派崇綺等查辦事件後，即暗遣哈廣和與金匪韓效忠送信，令其暫避等情，當諭令崇綺、馮譽驥查奏。茲據奏稱，詳查上年九月間，並無銘安家丁自京赴吉，副將哈廣和被倭興額控告，經銘安飭調回省，在營聽候，並未遠離。該署將軍派降調協領永海赴金廠密查，及派協領金福等緝捕，核計日期，未得被控信息。該侍郎等派司員尹壽衡會同協領富淩阿往夾皮溝一帶查勘。該處窩棚實已燒燬净盡，並無金匪偷挖形迹。游擊周衍勳亦無娶傅姓女爲妾情事。倭興額呈控銘安各節，毫無確據，實屬任意妄控，著先行交部議處。兵部議降三級調用。詔依議。

以翰林院侍讀學士孫毓汶爲詹事府詹事，以侍講學士徐郙爲少詹事。

十七日辛酉　終日大雪，積至半尺許，寒甚如中冬，此亦平生僅見也。

閲《月齋文集》八卷，《詩集》四卷，平定張穆著。穆字誦風，本名瀛暹，字碩洲，後以石州爲號。編修敦頤之子。道光辛卯優貢生，以教習候選知縣，己亥試順天，被誣黜革。己酉卒，年僅四十五。石州以文章經濟自負，與徐星伯、俞理初、程春海、沈子惇、苗先路、何子貞、陳頌南、何願船交游最契，而壽陽祁文端爲姻家，交推重之，身既斥而名益高。所著《蒙古游牧記》及編輯顧、閻二譜已刊行。《説文屬》《魏延昌地形志》《重修平定州志》《元裔表》《外藩碑目》《漢石存佚表》諸書，則皆未見也。是集爲其門人吴履敬兄弟所編，前有祁文端、何願船兩序。石州長於地理，其文峻岸舒邕，善言事勢，率臆而談，絶無婞娿之態。中如《昆侖虚異同考》《海疆善後》《守令論》《弗夷即法蘭西。貿易章程書後》《俄羅斯事補輯》《與祁叔穎文端字。樞密論夷務》《上書人書》《與徐松龕中丞論瀛寰志略書》《蒙古游牧記自序》《魏延昌地形志自序》，皆考辯精晰，議論錚錚。

卷七爲《會稽莫公事略》，吾鄉寶齋侍郎也。編修爲侍郎督學山西時辛酉拔貢，侍郎後以內妹爲編修繼室。石州幼從繼母，依侍郎居，親承教誨，故知之獨詳。所載侍郎總督倉場時，力爭御史以放代盤之議，與户部兩尚書樞密抗，遂以左官。悉載其奏議劾疏，至今讀之，凜凜有生氣。而宣宗之保全侍郎，主聖臣直，尤古今僅見也。侍郎身後碑志闕如，此文當亟采入志乘。

惟石州於經學、小學，本不甚深。集中卷一《經説》，如《舜典二十二人解》，以彭祖足二十二人之數；《胤征序義》謂『征』當作『正』，言命胤侯往正曆候；《淇奥正義糾繆》謂唐人欲文太宗殺建成之事，故曲護《衛世家》，以武公弑共伯爲解；《翦商解》謂『翦』與『踐』通，言太王始踐商之朝，皆臆説支離，不可以訓。然如《爻法之謂坤解》，謂王輔嗣改爻爲效，其義淺陋，失《繫辭》之本恉；《舜典王肅注考》謂今本僞孔傳，以《釋文》所引王注證之，多不合，知又爲姚方興、劉炫所亂；《隰則有泮解》，謂『隰』當作『濕』，『濕』爲古漯水字，與『淇』皆水名爲對；《正月瞻烏義》謂烏爲周受命之符，詩人憂周將亡，言符命將歸它姓，烏又不知何集矣，皆卓有識見。又如《釋媒氏文争義》引《詩·摽有梅》傳箋解『奔』爲『不待備禮』，譏汪容甫以不禁奔者耻之爲失言。案以《摽梅》傳箋證《周官》此文，江慎修、《周禮疑義舉要》。呂雲里《周禮補注》。皆已言之，石州蓋未見其書，然其説固足以補汪氏之未及也。

其敘事之文，簡老而奮迅，惟喜用案牘，稱謂之間，往往古俗雜出。其《考妣行述》中載編修典試福建時紀恩詩七律三首，既爲非體，詩又甚拙，尤爲失於持擇。編修以嘉慶戊寅科爲福建正考官，行至嚴州而卒。副考官爲內閣中書陳詩，獨蕆試事。陳字竹君，己巳進士，宛平籍，實會稽人也。卷八爲其大父泗州府君事輯，實年譜也。泗州名佩芳，字蓀圃，乾隆丁丑進士，官安徽泗州直隸州知州，著有《陸宣公翰苑集注》二十四卷及《希音堂文集》，皆已刻。詩共一百七十六首，雖工候未深，而直抒所得，氣盛詞富，亦如其文。末附詞六首，則不過具體而已。相傳陳頌南劾琦善等一疏出於石州，潘伯寅尚書爲頌南弟子，亦言頌南博學而澀於文。余幼讀此疏，雄直振厲，固石州筆也。今集中有《與陳頌南先生書》，謂先生以直諫聞天下，而『年來日以招呼名士爲事』，『從無閉户讀書之時』，『所談者皆泛泛不關痛蛘之言』，『經學既日荒廢，治術又不練習，一旦畀以斧柯，亦不過如俗吏之爲而已』，其言甚直。又有《丙午元日送陳頌南給事還晉江詩》五古五首，亦勉以讀書慎交，固足見石州之抗直。而給事年位遠過石州，其言爲平交所不堪，而絕不以爲忤，此豈今人所能及哉！

十八日壬戌　晨及上午雪，午漸晴，有風，甚寒。是日得詩二首。沈松亭來辭行。陳子香邀同黄潄蘭學士、樓廣侯御史夜飲宴賓齋。主人之意甚誠，本已許之矣，恐諸君之作汲直面相向也，終辭之。夜大風。再閲《肙齋集》中題跋。諸文考證頗密，論金石數事亦精。付裝印《荀學齋日記》四册錢九千。

己卯清明後大雪連日積素平階有生所未見也賦此柬故山諸子

清明三日雪大作，積曉寒光滿簾幕。乳鴉雛鵲噤不聲，稚杏夭桃凍回蕚。垂垂花樹誠可憐，先生亦復翹吟肩。敝裘久已付質庫，天公相戲毋乃頑。方今復土戒行早，萬乘三宮急馳道。頗念畚臿千夫皸，欲使橋山一時縞。我思鏡湖春水生，柳花如雪飛江城。上山杜鵑下山薺，籃舁篾舫隨處行。辭家作官計誠拙，執戟虚名不堪説。拋卻一畦田水聲，來看西山暮春雪。

案頭種麥一盆青青可愛水仙紅梅亦尚有花者以山桃雜插入瓶中作詩簡同志諸君

種麥在盆盎，入春葉漸舒。青青作方罫，日日勤溉濡。頗覺几案間，田野漸可撫。水仙雜絳梅，玉佩揚羅襦。數枝擢晚秀，歷久彌妍腴。山桃亦已華，紛插盈瓶盂。絶代本難偶，異質各鮮敷。席硯函尺地，粲粲環名姝。古書相映發，暗香風與俱。静驗生意足，默推物候殊。和氣一以感，泯然化榮枯。爲諗素心友，存養今何如。

邸鈔：掌貴州道御史王立清升吏科給事中。上諭：左宗棠奏布魯特、安集延寇邊，官軍進剿獲勝一摺。上年安集延賊首阿里達什勾通布魯特逆回阿克布都勒哈瑪等竄擾新疆南路邊境，經通政使劉錦棠督軍擊敗，阿里達什伏誅。後阿克布都勒哈瑪等復勾結安集延賊首等内犯，劉錦棠審明地勢，設計圍攻，自本年正月初三至十二日，分布各軍，於烏帕爾、博斯塘、特克等處迭獲大勝，陣斬賊首三名，殺賊二千數百，餘匪逃竄出境，奪獲軍械駝馬無數，辦理極合機宜。劉錦棠運籌決策，調度有方，用能迅赴戎機，實堪嘉尚，著賞給白玉柄小刀一把，火鐮一把，大荷包一對，小荷包二個。陣亡提督銜總兵季青雲、總兵陳大根、總兵銜副將沈煦階、副將銜參將李春廷、參將周桂蘭等十八人均交部從優議恤。

十九日癸亥　晴。湖北按察使姚彦侍送來别敬八金，受之，犒使二千。作書致繆小山，還汪氏《元史本證》等三種，得復。得紱丈書，并見懷詩七律一章，即復。夜有風。

二十日甲子　晴。作書致子縝，詢其新栽花樹消息，則已下路河迎其姬人矣。得所留書。和紱丈詩二首，即寫致之。再得紱丈書，招過談。午後詣之，頃許歸。比日丁香、杏花俱將開，櫻桃、欒枝亦垂垂舒蕊。時時循行花下，芟枝理葉，既妨讀書，亦甚勞勩。人生嗜好，不可有也。

邸鈔：以詹事府少詹事桂昂爲詹事。

二十一日乙丑　晨陰，旋微晴，上午風霾，下午益甚，黄沙如積。是日卯初刻，上奉兩宫啓鑾赴東陵奉安惠陵。得君表書，以楊詠春觀察篆書《漢書·藝文志序》四幅爲贈，即復謝。

閲《汪子遺書》，吴縣汪縉大紳所著也。首有長洲王芑孫序，言大紳所爲書曰《二録》，曰《三録》，曰《詩録》，曰《文録》。殁後，彭允初爲刻其《三録》。而允初卒，方坳堂爲刻其《詩録》，至是得其《二録》稿於允初之門人江鐵君沅，始於嘉慶乙丑爲刻行之，而未及《文録》也。後附諸家評語及江鐵君跋。據彭允初評語，則《三録》上、中之文，經羅臺山及允初所改定也。其《二録》分上、下録：上録五篇，曰《内王王通》，曰《附陳陳亮》，曰《内王附陳》，曰《尊朱》，曰《明尊朱之指》；下録五篇，曰《内陸象山》，曰《内王陽明》，曰《内陸王》，曰《尊朱》，曰《明尊朱之指》。又録後四篇，曰《格物説》上、中、下，曰《規矩説》。《三録》分上、中、下三録：上録曰《準孟》八篇，以孟子爲準也；中録曰《繩荀》六篇，以荀子爲亞孟子，而繩其出入也；下録曰《案刑家》上、下篇，《案兵家》上、下篇，《案陰符家》上、下篇，皆案其出入也。兩録有《自敘》三篇及《録後敘》一篇，述其家世及爲學之略，其意以《二録》當内聖，《三録》當外王。其論治雜王霸，論學宗陸王，而皆以朱子爲歸宿。文筆頗汪洋恣肆，似縱横諸子家，當時得名甚盛。然《二録》所言，大氐出入泛衍，虚空籠罩，而實不得其要領。《三録》之論荀子，亦僅得其膚淺。要其議論，馳騁博辯，固亦一時之雄矣。《案陰符家》下篇以陰符爲道家入兵刑家之樞紐，名言也。

二十二日丙寅　晴，下午微陰，晚有風，甚寒。上午讀書澆樹。下午詣敦夫、敦叔、仲白談。夜敦叔邀飲宴賓齋，二更許歸。付王媪庸錢七千，黄媪八千，楊媪四千，更夫林七千，布錢二十千，桃杏花錢四千。

二十三日丁卯　晨大雪，旋晴，黄昏有大風，旋止。得紱丈書，即復。剃頭。得敦夫書，即復。君表來。

閲王菉友《文字蒙求》。凡四卷。道光戊戌菉友爲其友人陳山嵋所作。取《説文》象形、指事、會意、形聲四類中二千餘字，分類編纂，以教初學，俾識造字之原，爲讀《説文》者之綱領。其説解務取簡要，多有異於許君者。篆亦間取鐘鼎，體例甚善，心得爲多。惟所説亦有臆决支離者。辛未之夏，嘗爲友人有改訂之本，未及録副。今日復取一本，略舉數條，明其得失，善悟者因此類推，思過半矣。卷一《象形》分十四類，卷二《指事》分九類，卷三《會意》分二十一類，卷四《形聲》分四類。其説象形，多解頤之論，如「日」「月」「水」「仌」「自」「幺」「鬼」「鹿」等字皆是。説「巛」字當横看，如畫水紋然，尤爲創發。第三卷字最多，多守許義。而四卷多出入不確。大恉皆本其《説文釋例》。

二十四日戊辰　晴。

二十五日己巳　晴。作書致蓴庭，還《肎齋集》《汪子遺書》《文字蒙求》等書。作片致繆小山，借宋于廷《四書古今訓釋》及《過庭録》，得復。竹篔來，暢談竟日。得趙桐孫是月望日津門書，以所著《左傳質疑》一册屬閲。汝翼來，子縝來。

閲宋氏翔鳳《過庭録》。凡十六卷，前有自記，謂己酉歲于役漢皋所輯，年已七十有三，末題咸豐三年二月。此本不知何人所鈔，頗多訛舛，又至卷十而止，尚闕六卷。于廷爲莊葆琛之甥，其學亦主《公羊》，而湛深古義，紛綸推繹，多有可觀。其卷二、卷三爲《周易考異》，卷四、卷五爲《尚書略説》，卷六爲《尚書譜》，卷七至卷十雜説《詩》《禮》《春秋》《論語》《孝經》《爾雅》《孟子》。其謂孔子生年當從《史記》作襄公廿二年，《公羊》在廿一年者，乃係於廿二年之首，以廿二年經文無可附麗，故先發傳，非係之廿一年也。其論甚繆。廿二年無可附，乃先書廿一年，其所附者何經乎？又謂左氏於隱元年「天王使宰咺來歸惠公、仲子之賵」、二年「夫人子氏薨」、三年「君氏卒」本皆無傳，乃劉歆輩竄入，以與《公羊》立異，尤臆説無稽。

二十六日庚午　上午薄晴，下午晴。是日暖煦，杏花、李花、櫻桃、壽檀皆盛開。上午詣子縝、敦夫談，子縝姬人及兩郎皆出見。在子縝處午飯後歸。閲桐孫《左傳質疑》。議論醇實，考證亦有細心。

二十七日辛未　陰，午微晴，下午溦雨，即止。作書致子縝，詒其兩郎荷包一對，小銀餅兩枚，梨一合，粉麵廿包，得復。閲《過庭録》。其考據精密者甚多。印結局送來是月公費銀三十一兩五錢。敦夫、子縝來。紫丁香開，晚坐花下讀書。夜小雨。

邸鈔：上諭：本日穆宗毅皇帝、孝哲毅皇后梓宫永遠奉安地宫，大事告成。在事諸臣，敬謹襄辦，妥協周詳，俾哀痛迫切之中，得以盡誠盡禮，允宜仰體聖慈，優敷闓澤。所有隨入地宫之恭親王奕訢、禮親王世鐸，御前大臣伯彦訥謨祜、景壽，貝勒載治、載澂、載瀅，奉恩鎮國公奕謨，奉恩輔國公載濂，大學士寶鋆，尚書景廉，侍郎文澂，均著賞加二級。工部執事司員郎中文沛賞給二品封典；鄂禮在任以四五品京堂候補；素麟在任以道員即選，先換頂帶；奎俊在任以道員即選，俟選缺後賞換三品銜；員外郎聯綬俟升郎中後，在任以道員即選，俟得缺後賞換三品銜；郎中鄭錫敞在任以道員即選，俟得缺後賞加二品銜；潘駿猷在任以道員即選；候補郎中吳重憙免補郎中，以知府即選，並賞加三品銜；即補郎中、員外郎蔡同春在任以知府即選，俟選知府後賞加鹽運使銜；即補員外郎、主事沈守廉在任以本部郎中即補，並賞戴花翎。餘著工部堂官酌量保奏。又詔恭理喪儀王大臣均賞加二級；隆福寺值班王公大臣，禮工二部、內務府承辦喪儀堂司各官及值班官員、辦差司員，直隸辦差員弁，均分別加級。兩宫皇太后懿旨：本日穆宗毅皇帝、孝哲毅皇后梓宫永遠奉安惠陵，閲視工程整齊堅固，在工王大臣等敬謹將事，自應優加獎敘，以勵勤勞。恭親王奕訢交宗人府從優議敘，伊子貝勒載澂賞食貝勒雙俸；醇親王奕譞賞食親王雙俸，在紫禁城内乘坐四人轎；步軍統領榮禄交部從優議敘，並遇有都統缺出題奏；禮部尚書恩承賞加太子少保銜；前充承修大臣、刑部尚書翁同龢交部從優議敘；原任户部尚書魁齡之子主事福緒賞給員外郎，俟及歲時分部學習行走。監督等升賞有差。在工各員酌量保奏。上諭：本日敬題穆宗毅皇帝、孝哲毅皇后神主之大學士寶鋆、李鴻章、載齡，協辦大學士沈桂芬，齋肅潔誠，恪恭將事。寶鋆、李鴻章均賞加太子太傅銜，載齡賞加太子少保銜，沈桂芬賞加太子太保銜。上諭：本日穆宗毅皇帝、孝哲毅皇后梓宫永遠奉安惠陵，工部堂官承辦大事，悉臻妥協。尚書潘祖蔭前在都察院左都御史任内特旨派署該部左侍郎，該尚書承辦一切，倍加勤慎，深堪嘉尚，著加太子少保銜。載齡等均交部議敘。

二十八日壬申　晴，大風，至晚止。小極。閲《過庭録》。

二十九日癸酉小盡　戌初一刻十三分穀雨，三月中。晴。以後爲《荀學齋日記》。